献给海南建省办经济特区20周年

In the Celebration of the 20th Anniversary of Establishing
Hainan as a Separate Province and a Special Economic Zone

Research and Recommendations on
Hainan's Reform and
Development

策划天涯
——立足海南的追求和探索

— Aspirations and Explorations

中国（海南）改革发展研究院 著
By China Institute for Reform and Development

人民出版社

策划编辑:郑海燕

装帧设计:肖　辉

图书在版编目(CIP)数据

策划天涯——立足海南的追求和探索/中国(海南)改革发展研究院　著.
-北京:人民出版社,2008.3
ISBN 978-7-01-006906-7

Ⅰ.策…　Ⅱ.中…　Ⅲ.①地区经济-经济体制改革-研究-海南省②地区经济-经济
发展-研究-海南省　Ⅳ.F127.66

中国版本图书馆 CIP 数据核字(2008)第 024338 号

策 划 天 涯
CEHUA TIANYA
——立足海南的追求和探索

中国(海南)改革发展研究院　著

人民出版社 出版发行
(100706　北京朝阳门内大街 166 号)

北京新魏印刷厂印刷　新华书店经销

2008 年 3 月第 1 版　2008 年 3 月北京第 1 次印刷
开本:787 毫米×1092 毫米 1/16　印张:29.25
字数:570 千字

ISBN 978-7-01-006906-7　定价:55.00 元

邮购地址 100706　北京朝阳门内大街 166 号
人民东方图书销售中心　电话 (010)65250042　65289539

序　言

　　1988 年 4 月,在我国改革开放 10 周年之际,海南省暨全国最大的经济特区诞生了。今天,在隆重纪念我国改革开放 30 周年之时,海南也迎来自己建省办经济特区 20 岁生日。值此,中国(海南)改革发展研究院(以下简称"中改院")把建院 16 年来关于海南研究的部分成果,汇编成这本《策划天涯——立足海南的追求与探索》,以献给海南建省办经济特区 20 周年。

　　"立足海南、面向全国、走向世界",是中改院的办院宗旨。《策划天涯——立足海南的追求与探索》是中改院"立足海南"办院宗旨的集中反映。建院 16 年来,中改院一直孜孜不倦地为海南的改革开放发展谏言献策。1991 年 11 月 1 日,中改院建院之日就召开了"海南对外开放战略研讨会"。直至今日,中改院一直以高度的热情关注海南,研究海南,为海南鼓与呼。16 年来,中改院为海南的改革开放和发展提出了多项有价值的建议和研究成果。这些建议和研究成果有些已经被采纳,并付诸实践,如海南社会保障体制改革方案、建设洋浦自由工业港区建议、建设海南国际旅游岛建议等;有些虽由于种种原因没有被采纳,如海南特别关税区方案建议、实行琼台农业项下自由贸易的建议等,但作为一项研究,这些成果仍具有一定的研究参考价值。

　　海南建省办全国最大的经济特区,是邓小平在中国改革开放全局中布下的一颗重要棋子。海南建省办经济特区 20 年的历程,是我国改革开放 30 年辉煌历程的一个缩影。《策划天涯——立足海南的追求与探索》,虽然只是中改院对推进海南改革开放中一些重大问题研究成果的汇编,但其也充分证明了"只有坚持改革开放才能发展中国",只有改革开放才有今天的海南。海南 20 年的发展经验表明,突出"特"字是海南改革开放的主题,是海南发展的主线。什么时候突出了"特"字、抓住了"特"字,什么时候就能发展得快一些、好一些;什么时候忽略了"特"字、没有突出"特"字,什么时候发展就会慢一些、差一些。站在新的历史起点,突出"特"字是海南在我国新时期改革开放中扮演重要角色、抢占发展制高点的一个重大战略。本书对此做了深入研究和探索。

借此书出版之际,祝愿海南在新的发展阶段,能够走出一条"突出'特'字,努力构建具有海南特色的经济结构和更具活力的体制机制"的新路子,以使海南在我国新时期的改革开放中扮演重要角色。

迟 福 林
2008 年 1 月 15 日

目　录 CONTENTS

第三篇　建设洋浦自由工业港区

第六篇　海南新型社会保障制度的建立

第七篇　突出"特"字的新阶段

第八篇　全面建设海南特色的小康社会

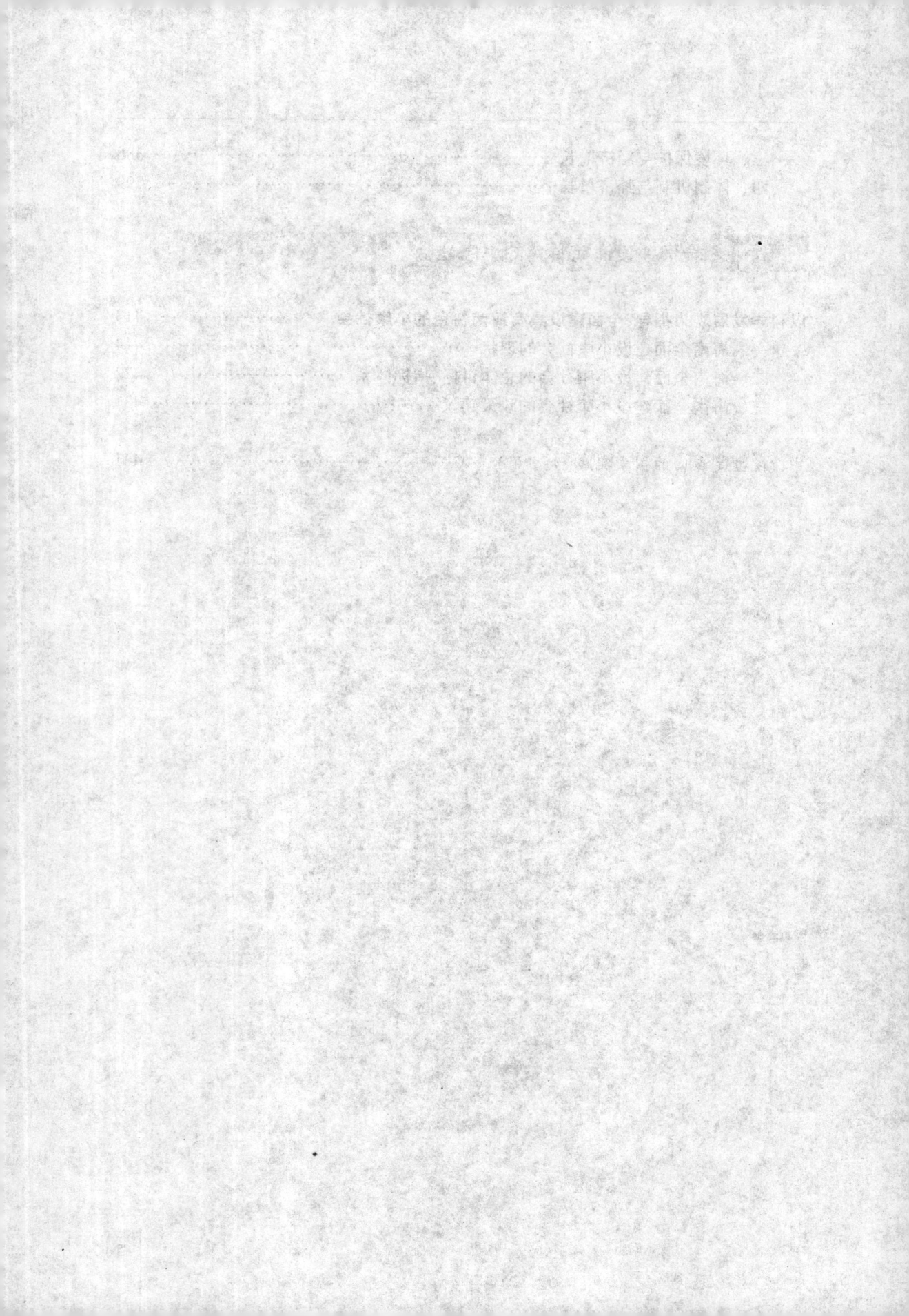

Contents

Chapter Three Development of the Yangpu Free Trade Port Area

Chapter Four Construction of a Strategic Base for Developing
the South China Sea ··

Chapter Five Promoting Reform and Development with

Opening-up

Chapter Six Establishing a New Social Security System in Hainan

Chapter Seven A New Stage Emphasizing "Uniqueness"

Contents

第一篇　实行大开放

●1991 年 11 月 1 日，中改院建院之日召开"海南对外开放战略研讨会"，讨论海南深化改革、扩大开放的战略思路和实际措施，提出了实行"大开放"方针的思路和具体对策。

●1991 年至 1992 年间，中改院先后 4 次在海口、北京召开建立海南特别关税区国际研讨会和咨询会，对海南建立特别关税区的可行性进行了反复研讨和论证。

●1995 年 4 月，中改院在"中国经济特区发展国际研讨会"上提交"海南经济特区向新目标过渡的建议"。这份建议报告是中改院几年来紧密结合海南经济特区改革开放的实践，开展深入研究的成果。

●1996 年 1 月，中改院针对海南的经济发展现状，经过较长时间的调研，提交"关于海南经济特区进一步扩大对外开放的建议(23 条)"，受到多方重视。

建立海南特别关税区，就是充分利用海南独特的地理条件和优越的资源条件，实行"一线放开、二线管住"的特别关税制度和世界上通用的自由港经济政策，建立社会主义市场经济体制，大量吸引外来资金，以高投入带动高增长，推动海南经济全面高速发展，实现中央把海南办成全国最大经济特区的战略意图。

建立海南特别关税区可行性研究报告
（1992 年 12 月）

早在 1984 年，中国改革开放总设计师邓小平就提出，"我们要开发海南岛，如果能把海南岛的经济发展起来，那就是很大的胜利"。海南岛地处南中国海，是中国连接东南亚国家的前沿地区，战略地位十分重要，把这里的经济和文教科技事业尽快搞上去，对于加紧开发南海海洋资源，加强中国同东南亚国家经济合作，巩固国防，完成祖国统一大业，都有着十分重要的意义。

1988 年 4 月海南建省办经济特区。4 年多来，海南的投资环境有了明显改善，经济社会发展取得一定成效。由于海南经济特区的起点低，各方面的基础十分薄弱，有广大的农村和 500 多万农民，是一个孤悬的岛屿，如何把海南办成中国最大的经济特区，需要做深入研究。

海南的经济带有明显的岛屿经济特征。世界上岛屿经济成功经验，特别是亚洲"四小龙"发展外向型经济的成功经验表明，海南要真正办成中国最大的经济特区，实现经济的高速发展，就必须实行高度开放的经济政策，大规模吸引外资，走以开放促开发的经济发展道路。

海南省提出，海南经济特区是坚定不移地实行"大开放"的战略方针。"大开放"

不是一般意义的对外开放,它是能够完全按照国际惯例办事的全方位开放;是实行特殊优惠政策大量吸引外来投资和真正形成有利于各类企业平等竞争局面的深层次开放;是全岛3.4万平方公里的全范围大开放。实行"大开放"的根本性措施,是建立海南特别关税区。建立海南特别关税区,说到底,就是利用海南优越的地理条件和港口条件,再造社会主义的"香港"。

世界上实行特别关税区制度的自由港或自由贸易区,是至今为止国际上公认的、对外开放程度最高的经济特区,它所实行的投资政策比一般经济特区更特。世界上有关国家和地区的实践证明,它是建立外向型经济结构,实现经济高速增长和社会全面发展的最成功的发展模式。建立海南特别关税区,目的是使海南经济特区走出一条比其他经济特区更特的新路子,由此真正实现早在1987年邓小平就提出的,在海南岛搞一个更大的特区,把海南岛的经济好好发展起来的战略意图。

中国(海南)改革发展研究院一建院,本着"立足海南,面向全国,走向世界"的办院宗旨,把建立海南特别关税区的研究作为重要课题。以常务副院长迟福林为组长的"建立海南特别关税区课题组",于1992年5月提出了"建立海南特别关税区可行性研究报告"(讨论稿),并广泛征求了海南省和中央有关部门以及中外专家的意见,先后在北京人民大会堂、海口召开了"建立海南特别关税区可行性研究报告咨询会"、"建立海南特别关税区国际咨询会",就建立海南特别关税区的可行性及其具体操作方案进行咨询。在听取咨询意见的基础上,课题组对研究报告又进行了修改。

研究报告分为五个部分:(一)建立海南特别关税区的基本含义,说明建立海南特别关税区的含义及其实行的政策原则;(二)建立海南特别关税区提出的背景,从多方面说明建立海南特别关税区的必要性;(三)建立海南特别关税区的方案建议,从海关、物资、外贸、金融、财政、税收等八个方面提出了建立海南特别关税区的初步方案;(四)建立海南特别关税区的可行性分析,从海南的地理条件、资源优势、投资环境和社会管理条件诸方面就建立海南特别关税区的可行性进行分析;(五)建立海南特别关税区的意义评价,阐明建立海南特别关税区对于海南经济发展、促进中国对外开放和推动中国统一的意义。

建立海南特别关税区,已成为海南600多万人民群众的强烈呼声和迫切要求,是众多海外投资者普遍关注的焦点问题。相信本研究报告的提出,能为促成海南特别关税区早日建成做出贡献。

一、建立海南特别关税区的基本含义

建立海南特别关税区,就是充分利用海南独特的地理条件和优越的资源条件,实行"一线放开、二线管住"的特别关税制度和世界上通用的自由港经济政策,建立社会主义市场经济体制,大量吸引外来资金,以高投入带动高增长,推动海南经济全面高速发展,实现中央把海南办成全国最大经济特区的战略意图。

1. 实行"一线放开、二线管住"的特别关税制度。

"一线放开",即海南特别关税区与境外的资金、货物、人员进出基本放开。

"二线管住",即在保证海南与内地正常的生产、生活资料交流的同时,严格管理海南免税进口的外国商品输往内地。

2. 实行世界上通用的自由港经济政策。

自由港是目前世界上开放度最高的经济政策,一般说来,它有四个重要的功能:(1)利用自由口岸的功能大力发展贸易特别是中转贸易,并通过中转贸易极大地拉动工业、农业等相关产业的发展。(2)利用生产资料进口和产品出口免税的有利条件,极大地发展免税出口加工业。(3)利用基本免除商品进口税的优惠条件,加速形成价格低廉的购物中心,并由此带动旅游业和第三产业的大发展。(4)充分利用基本放开外汇管制、货币可自由交换的条件,加速形成和发展国际金融业,并由此促进和带动外向型经济的高速发展。

建立海南特别关税区,就是以相对隔离为条件,在遵循、借鉴国际惯例的基础上,采用国际通行的商务、投资规则,实行世界上通用的自由港经济政策,全面实现资金、货物、人员进出的基本自由。

实行放开经营的外贸政策。建立海南特别关税区,海南有充分的贸易进出口自主权,除国际被动配额和少数限制进口的商品外,取消配额和许可证制度,基本实现货物的进出自由。

实行自由兑换的政策。建立海南特别关税区,通过放松乃至取消外汇管制,实现货币的自由兑换,为商品、资本、劳务的自由进出提供必要条件。

实行人员自由进出的政策。对境外人员的进出继续执行"落地签证"的政策,做到方便自由;对内地来海南的人员,须持有海南特别关税区通行证;对本地从事经济、科技、文化活动的业务人员出境予以放宽,并简化手续。

实行自由企业制度的政策。建立特别关税区,大规模引进内外资金,除了实行资金、货物、人员自由进出政策外,一个至关重要的政策,就是实行自由企业制度政策。除鼓励多种所有制企业的平等发展外,还要逐步形成自由办企业的制度。任何投资者都可以申请到海南办企业,经过最简单的审批程序,即可登记注册企业。与此同时,实行放开经营的企业制度,应逐步取消对各类企业经营项目的限制,允许各类企业在平等竞争的条件下放开经营。

3. 为保证海南省在中央的统一领导下享有充分的经济和活动自主权,省内属于中央统一管理的外事、司法、海关、边防等方面的事务,建议由国家主管部门根据海南的特殊情况,制定专项管理办法。其他凡是涉及海南经济发展的政策和体制等方面问题,由海南省根据实际自主决定,报中央备案。

4. 在国家宏观指导下,海南的改革要有更大的灵活性,建立和完善社会主义市场经济体制。新特别关税区,海南根据发展外向型经济的需要,在金融、货币、财政、税收等方面进行一系列改革,全面进行社会主义市场经济的试验。

5. 建立海南特别关税区,海南拥有广泛的经贸自主权,并逐步形成相对独立的贸易政策体系,其透明度和开放度高于全国的政策,关税保护的总水平也会低于全国平均水平。这些都和关税贸易总协定(GATT)中关于单独关税区加入总协定的要求相符合。因此,建立海南特别关税区以后,海南可以创造条件,谋求作为中国的一个单独关税区,加入关贸总协定,以中华人民共和国代表团成员资格参加有关关税和贸易谈判的地区性会议,就某些技术性问题发言,享受单独的国际被动配额分配。

建立海南特别关税区的目的,是进一步开放海南岛,在海南创造一个有利于国际资本全方位进入的宏观经济环境,大大提高海南的对外开放度,推进海南经济发展的国际化,经过若干年的努力,争取把海南建设成为亚太地区新兴的旅游中心、贸易中心、金融中心。

二、建立海南特别关税区提出的背景

1. 建立海南特别关税区,是中央在海南建省办特区之初提出的战略意图,4年来,海南为此做了大量的工作

从1987年下半年中央正式决定在海南岛办全国最大经济特区至今为止,提出和议论建立海南特别关税区问题已有4年多的时间。这个过程大体说来,可以划分为四个阶段。

(1)1988年1月,中央财政领导小组在研究决策海南特区的重大方针政策时,明确提出要在海南岛的周围设关,使海南成为全国统一关税体制之外的第二关税区(即所称的"特别关税区"),把海南推向国际市场,走出比其他特区更特的新路子。由于当时海南处于筹备建省办特区之初,对如何办全国最大经济特区缺乏经验,担心一开始就设立第二关税区,外资能不能很快进来、内资进来会不会受影响、岛内物价飞涨怎么办等问题。建省筹备组主要领导向中央建议,等海南建设一二年有了一些基础以后,再设立第二关税区。

(2)1988年9月,在中共海南省第一次代表大会上,代表们呼吁,为了落实中央战略意图,应尽快建立海南第二关税区。这次党代会所通过的工作报告正式提出建

立海南第二关税区,这对海南省广大人民群众是一个极大的鼓舞。

1988年10月,全国治理整顿开始以后,海南的开发建设遇到一系列困难。为保证海南开发建设的顺利进行,又不影响全国治理整顿的大局,中央领导和国务院特区办、经贸部等有关部委的负责人,又重新提出设立海南第二关税区的问题,并要求海南抓紧研究上报。1988年11月至12月,海南专门组织了由主要领导牵头、各部门负责人参加的建立海南特别关税区研讨小组,并在一个多月内先后五次召开重要会议,反复研究研讨小组提出的研究报告。1988年年底,许士杰书记率团到东南亚有关国家就建立海南特别关税区后引进外资问题做调查研究,泰国、新加坡的一些大财团都表示,海南特别关税区建立后,他们将很快前来投资。在充分研究论证的基础上,1989年1月,海南省正式向中央呈送了请求建立海南特别关税区的报告。

(3)从1989年年底到1991年年底,由于某些情况的变化,建立特别关税区的问题处于一般性研究和议论阶段。但是,两年间对这个问题的研究和议论始终没有停止。1989年年底,海南提出了海南特区发展的上、中、下三种方案,其中把建立海南特别关税区作为上案提出来。这个阶段,有关部门和专家学者,就建立海南特别关税区提出了研究报告、方案建议和学术论文。也有人对建立海南特别关税区提出了许多疑虑,或者持反对意见。

(4)从年初发表邓小平视察南方重要谈话后,海南上下形成建立海南特别关税区的研究、议论热潮,建立海南特别关税区,在海南再造社会主义"香港"成为街头巷尾、茶余饭后人们普遍议论的热点问题。中改院会同有关方面进一步深入研究和设计建立海南特别关税区的操作方案,并从多方面进行具体的准备工作。与此同时,国家体改委、国家经贸部、海关总署、国务院研究室、国务院经济社会发展研究中心、中央政策研究室、国家计委、中国银行等单位的有关领导和专家也为海南建立特别关税区出主意、想办法,积极做促进工作。

2. 关于海南经济特区发展出路的三种主张

第一种主张,认为海南基础条件和管理条件都比较差,办大特区的条件不具备,主张要按广东、福建等沿海开放地区的政策来考虑海南的长期发展问题。

这种主张如果仅仅从海南自身经济发展的条件来说不是一点没有道理。但是,如果从全国改革开放的大局和从海南的长远发展考虑问题,就会清楚地看到实行这种主张会造成两个后果:(1)改变一个现实,即海南岛不再是经济特区,更不是更特、更大的经济特区。(2)形成一个事实,即海南省的经济社会发展要长期落后于广东、福建等沿海地区。这是因为,在海南各方面基础条件还落后于广东、福建等沿海地区的条件下,海南又实行同广东、福建等沿海地区同样的开放政策,海南的经济社会发展不仅长期赶不上广东、福建等沿海地区,而且还会逐渐拉大现实已存在的差距。这样做,既有悖于中央关于海南建省办全国最大经济特区的战略决策,直接影响中国改革开放的大局,又有悖于海南600多万老百姓的意愿。海南为什么就要长期落后于广东、福建呢？海南为什么不能在改革开放中充分发挥自己的优势,尽快赶上去呢？海南的老百姓不会理解,所有关心海南改革开放的人们也不会理解。

必须指出,目前海南特区的政策同广东、福建所实行的开放政策之间的差距已经越来越小,当初给予海南的某些特殊政策,如今在广东、福建都可以实行。这是一个很严峻的现实。如果海南不进一步扩大开放,开放度不比广东、福建等沿海地区大一些,海南要实现本世纪末赶上国内发达地区水平的目标是十分困难的。

第二种主张,认为目前海南办大特区的条件不成熟,只能先搞一两个类似洋浦的"小特区",即"大特区中套小特区"。

从成片开发的效益来说,这种主张有一定道理。但必须明确"小特区"同大特区的关系:(1)如果"小特区"执行的优惠政策没有突破,仍然是原来给予大特区的政策,那么就会造成这样的事实,大特区已不复存在,海南只是几个几十平方公里的"小特区",大特区变成了事实上的"小特区"。(2)如果"小特区"在政策的某些方面虽比大特区有突破,但没有全面突破,"小特区"也不可能起到带动大特区发展的作用。(3)如果实行封闭条件下的免税区政策,也有几个问题:第一,"小特区"的优势有了,大特区的优势发挥却难以很好解决。第二,"小特区"的封闭成本高,并且"小特区"周围区域的开发成本相对提高,这不利于整个海南特区的开发建设。第三,由于"小特区"的一些重要决策权仍旧归中央有关部委,这样,"小特区"就会遇到大特区开发建设中同样难以解决的矛盾和困难。

事实上,只有在海南特区实行大开放的条件下,类似洋浦的成片开发才能从体制和政策上得到保证。如果没有这样一个前提条件,成片开发是难以进行的。因此,在洋浦开发正式上马时提出建立海南特别关税区十分必要。不能等洋浦模式若干年被证明成功以后再推广到全岛,那只会延误大特区的发展。当然,在强调建立海南特别关税区全局性意义的同时,也要十分重视洋浦成片开发对于建立海南特别关税区的推动作用。洋浦的成片开发拉开了海南大开放的序幕,是建立海南特别关税区的一个缩影,应该抓紧时间,加快洋浦成片开发的步伐,把洋浦开发模式尽快推广到全岛,为建立海南特别关税区走出一条成功的道路。

第三种主张,尽快建立海南特别关税区。这种主张认为,海南建省办特区4年来的矛盾一直是现行体制与特殊政策不配套。虽然中央给予海南一些特殊政策,但是由于受现行体制的束缚,海南特区缺乏经济决策自主权,一些重要的政策事实上很难执行。一些重要的经济政策、重要项目的审批,都要请示中央有关部委。中央有关部委不可能事事对海南特殊,事事对海南单独下文。如果遇到类似治理整顿的情况,实行全国"一刀切",海南就更难办了,不得不"跑部前进"。所以,必须在理顺体制方面下工夫。建立海南特别关税区,就是从体制上理顺海南和中央部门的关系,在中央的统一领导下,把经济活动自主权下放给海南省。这样,使海南的政策真正"特"起来,使政策的执行能够得到体制的保证,从而高效率地推动海南的开发建设。

这三种主张实质上严肃地提出了一个问题:面对现实,海南特区是"进"还是"退"。前两种主张在某种意义上是"退",后一种主张是"进"。目前,在全国改革开放的大好形势下,"退"是没有出路的。严峻的现实是,不进则退。在目前的情况下,不进,不在抓好洋浦成片开发的同时,尽快设立海南特别关税区,海南对外开放的总体优势不可能全面充分地发挥,大特区是特不起来的。这是一个严峻的客观现实。

3. 海南经济发展的根本出路

(1)海南的发展道路选择。

海南岛的经济具有明显的岛屿经济特征。我们知道,亚洲"四小龙"自20世纪60年代便根据本地资源(包括资本)不足、市场狭小的岛屿经济特征,转而采取出口导向的外向型经济发展战略,经济迅速起飞。在1966年至1986年的20年间,人均国民生产总值增长10倍,中国台湾、韩国增长20倍,在亚太经济乃至世界经济中的地位迅速上升。亚洲"四小龙"在经济高度开放的前提下走出经济起飞的成功道路,这对海南具有特别重要的借鉴意义。地处南中国海的海南岛,现有工业基础非常薄弱,参与国内产业分工的程度很低。建省办特区,中央又明确主要给政策。海南要实现经济的高速发展,唯一的出路就是大量利用外资,发展外向型经济。发展外向型经济包括两个方面:一是进口替代;一是出口导向。因此,海南由于缺少重要的科技力量,运输成本和劳动成本同内地其他省份特别是发达地区相比,亦不具有明显的竞争优势,海南要发展以竞争国内市场为目标的进口替代工业和加工业是没有前途的。前途在于大力吸引内外资金,引进国内外的先进技术和管理经验,并借助它们已有的市场渠道,参与国际市场竞争,发展以国际市场为导向的外向型经济。发展外向型经济,首先必须创造一个适应国际经济交往的内部经济环境,主要有两个方面:一是要创造一个有利于国际资本进入的宽松条件;二是要为所有企业的产品出口提供一个自由公平的竞争机制。从这个意义上来讲,建立海南特别关税区是海南外向型经济的内在要求。

(2)海南吸引外资的需要。

加速海南开发建设的主要困难是资金的严重缺乏。在国家不可能直接投入大量资金的前提下,出路在于吸引外国资本。这主要取决于两方面因素:一是当今国际资本流向给予海南多大的机会;二是海南的开放程度对外国资本有多大的吸引力。根据当前国际经济发展的大趋势和国际资本流动趋势,海南要大量吸引外国资本,关键取决于第二方面的因素。目前,国际资本市场日益发展,国际投资规模不断扩大。1960年,世界各国对外直接投资总额不过580亿美元,到1989年已突破1万亿美元。据有关资料统计,至1987年年底,国际资本市场拥有的资金总额毛值达4万亿美元。虽然国际资本主要流向是发达国家之间的相互投资,但由于一部分发展中国家和地区在劳动成本、地理位置、资源条件等方面的竞争优势,90年代仍将有相当一部分国际资本投向发展中国家和地区。此外,亚太地区积聚着大量货币资本。有统计资料显示,亚洲发展中国家和地区的外汇储备总额占全世界发展中国家外汇储备总额的1/2。特别是随着世界经济区域化、集团化趋势发展和亚太国家和地区关系的发展,亚洲的主要资本输出国(或地区)将逐渐增加对亚洲国家和地区的投资。由此可以肯定地说,只要中国继续推行对外开放政策,吸引外资的规模会逐步扩大。但是,必须十分清醒地看到,亚太地区在吸引外资方面存在着激烈竞争。海南要在这个竞争中占有优势,关键取决于在对外开放方面比其他国家和地区对外资有更大的吸引力。过去几年,海南每年吸引的外资只有1至2亿美元,这样一个规模同东南亚国家特别是泰国、马来西亚每年吸收数10亿乃至上百亿美元相比,实在是非常有限的。究其原因,除了经济运行机制和自然条件外,投资环境不尽如人意是一个重要原因。

目前,海南经济特区主要依靠为外商投资提供具体的税收优惠政策来吸引外资,但是由于并非所有资本输出国或地区都对本国或地区赴海外投资所得利润实行税收饶让,因此减免所得税对外商投资并不具有普遍有效的吸引力。例如香港是实行税收饶让的地区,所以减免所得税对港商投资就非常具有吸引力;美国是实行税收抵免制的国家,即美国商人海外投资被豁免的所得税必须在本国补交足数,所以减免所得税对美商投资就几乎不具吸引力。因此,必须考虑创造一种更加开放、更吸引外资的宏观经济环境,提高经济的整体开放度。目前,世界上开放度最高、经济发展最成功的自由经济区——自由港的发展经验也表明,在经济活动日趋国际化、多元化的今天,不仅要有一系列的税收优惠政策,还要有一整套适应国际经济活动的自由外汇、金融、贸易制度和税收优惠政策,同时,还要有良好的投资环境相配合,才能全方位大规模吸引外资,推动经济全面发展。海南要想大规模吸引外商投资,实现经济的高速发展,就必须比照世界自由港政策,在继续改善投资环境的同时,全面实现货币兑换自由、资金进出自由、商品进出自由。

海南的自然资源和劳动力资源十分丰富,制约经济增长的主要因素是资金投入,大规模引入外资,就可以实现国民经济的高速增长。国际货币基金组织的有关资料表明,目前利用外资取得较好效益的发展中国家和地区,其利用外资的水平平均达到了国民生产总值的1/3左右。亚洲"四小龙"在其发展过程中的外资利用水平更高。若海南利用外资能达到国际平均水平,按最低估算,"八五"期间年平均利用外资可能达8.5亿美元左右(不包括内资),同期的国民生产总值年均增长率可保持在15%,依此推算,到"八五"末期的1995年,海南的GNP可以达到191亿元人民币,比1990年翻了一番。如果"八五"期间年平均利用外资额能达到15亿美元左右,相应的GNP年均增长率可达到35%,到1995年,GNP将是425亿元人民币,比1990年翻两番。按现有18‰的人口增长率计算,两种方案在1995年所达到的人均GNP分别为2682.7元人民币和5969.4元人民币。

(3)城乡经济协调发展的根本出路。

与其他特区不同,海南岛3.4万平方公里的面积绝大部分是农村,670万人口中有500万农民,如何实现城乡经济协调发展,保证广大农民的生活水平随着特区开发建设的开展亦有不断提高,是一个重要的问题。

海南建省办特区4年,海口、三亚的开发建设取得明显成效。但是广大农村,尤其是少数民族聚居的农村地区,还相当落后,特区经济发展中城乡"二元"结构现象还相当明显。造成这种现象的原因很多,有自然条件方面的,也有政策方面的。政策方面的原因是一个重要的原因。海南特区是670万人民的大特区,只有包括广大农民在内的广大人民生活水平普遍提高,才能充分体现海南最大经济特区的全面发展。从这一点来说,只有建立海南特别关税区,才能逐步地、真正地把广大农村包括在特区建设之中,充分发挥500万农民在大特区建设中的作用。这样,海南的大特区才能"大"起来,走出一条不同于其他特区的新路子,从根本上解决特区经济发展中的城乡"二元"结构问题,实现城乡协调发展。

三、建立海南特别关税区的方案建议

课题组在研究设计海南特别关税区方案时,总的考虑是,既要按照国际惯例办事,又要从海南的实际出发,严格管理;既要大力发展外向型经济,又要有利于加强海南同内地的经济联系;既有利于起步,注意其现实可操作性,又要兼顾长远,逐步到位。从这种考虑出发,设计方案涉及的主要问题是:

1. 海南特别关税区的海关管理

建立海南特别关税区,海南要按照"一线放开、二线管住"的原则,根据基本放开的对外贸易政策,进行海关管理。其具体操作方案设想是:

(1)设立海南特别关税区,海口海关仍隶属国家海关总署,是国家海关总署在海南的派出机构,实行特殊的海关管理体制和政策。建议由国家海关总署制定经国务院批准《海南特别关税区海关管理办法》和《海南特别关税区关税条例》,海口海关依照其监管海南的进出口货物,稽征关税,查缉走私,编制海关统计。

——海口海关实行一、二线管理线重叠的"双线管理",即同时担负海南的进出口管理和海南同内地的物资贸易管理。

——在海关管理的具体政策方面,建议借鉴世界最著名自由港——香港的做法,除遵守国际规范,对战略物资(如武器、军火)、非法商品(如毒品、保护性动植物)、危险性物品(如生物疫苗、放射性物品)等三种物品实行输出入许可证制以外,基本解除海关管制;除对烟草、酒类、甲醇、某些碳氢油和不含酒精饮料、化妆品等六类货品课征关税,其余商品无论自境外进口还是自本岛出口均适用零关税。

(2)在海南特别关税区与国内的二线海关管理上,对海南特别关税区与国内的资金、货物、人员进出,一方面必须实行从严管理;另一方面,还必须在海关监管下,保留传统意义上的正常往来和管理办法。

——从海南特别关税区运往内地的货物,凡含有进口料件的,必须补缴关税;属于国家限制进口的,必须凭证补税后进入内地。

——内地运入海南属于国家配额许可证管理又直接出口的商品,凭国家配额许可证,由海关验放。

(3)加强海关管理,打击走私活动。

——为了使海口海关担负起管住二线的任务,建议扩大海口海关的监管力量,扩充编制和定员,以适应海南特别关税区二线管理的需要。

——为了打击走私活动,必须加强缉私力量,加强海上巡逻,对走私分子从严惩处。

2. 海南特别关税区的金融管理

(1)中国人民银行海南省分行在中国人民银行总行的宏观指导下,充分发挥海南特别关税区中央银行的宏观管理职能和作用,保持资金的总平衡和金融市场的正常秩序。

——中国人民银行总行对海南实行"资金切块",由中国人民银行海南省分行负责管理信贷规模,自求平衡。

——特别关税区的资金进出基本自由。中国人民银行海南省分行通过对利率、准备金率、贴现率的管理和公开市场业务对资金供求和汇率等进行调节。

——制定有关的金融法规,用法律手段保证金融市场的正常秩序。

(2)在海南特别关税区内实行货币的自由兑换。有两种方案:一是将人民币作为区内有限制的可兑换货币,率先进行人民币自由兑换的改革试验;二是将人民币外汇兑换券作为可兑换货币。

——无论采用哪种方式,都应以实行自由汇率制度为目标。为使汇率保持在合理水平,建议国家拨给中国人民银行海南省分行一笔平准基金,通过有关的金融手段,对汇率进行间接调节。

——允许外汇自由汇出特别关税区。

(3)积极稳妥地发展合资银行和外资银行,并对其经营范围适当放宽,既可经营外币业务,也可经营除居民储蓄之外的本币业务。

3. 海南特别关税区的外贸政策

(1)建立海南特别关税区,海南有充分的贸易进出口自主权,实现货物进出基本自由。

——进口方面,除属海关管制物品,所有进口只需向海关申报验关放行。

——出口方面,海南自产产品,包括用内地的原材料、半成品加工增值20%以上的产品,除属国际被动配额商品外,其余商品出口取消配额许可证限制,放开经营,免证免税出口。出口所需国际被动配额,建议国家经贸部下达,由海南按照核定计划组织出口。

——海南特别关税区经营转口贸易的货物经海关核准,可进行储存、拆卸、分类、分级、挑选、清洗、抽样、包装、加标签、展览、装配、制造和拍卖。

(2)允许各类企业自主经营对外贸易。

(3)鉴于海南外贸额很小,年出口创汇额不足全国出口总额的1%,建议在建立海南特别关税区的前5年内,海南外贸创汇全留,5年后视海南外贸发展情况向中央上交外汇。

4. 关于海南特别关税区的财政平衡问题

总的考虑是,海南省要在逐步减少中央财政负担的前提下,主要依靠发展经济和改革财税体制,实现财政收支平衡。

(1)"八五"期间保持现行的财政包干体制,建议国家财政部按原定计划拨给海南开发建设资金。

(2)严格实行公共财政政策,缩减一切不必要的财政支出。

——改革现有支出结构,财政不再负担国营企业的投资和亏损补贴。

——制定合理的公共服务收费水平,对有赢利能力的公用事业实行企业化管理,取消现有的各种不合理补贴。

——动员社会力量兴办科教文卫等社会公益事业,减轻财政负担。

——实行财政支出效益评价制度,提高财政资金的使用效率。

(3)实行简单的低税制,使之既有利于企业发展,又有利于增加财政收入。同时大胆改革现行国有资产管理体制,尽快将国有企业推向市场,提高国有资产在市场竞争中的效益。

——以营业税和企业所得税为主体税种,降低特别关税区的平均税负。

——开征土地增值税、特殊商品消费税等,增加财税收入,并对有关的社会经济行为进行税收调节。

——加强税收管理,将工商登记与税收登记相结合,提高征管水平。

(4)根据需要,本着自借自还的原则发行一定规模的地方建设债券。

海南目前仍处于开发建设的初期阶段,面临着税收基数小、支出任务重的困难,解决这一矛盾的根本出路,是使海南经济在短期内迅速发展起来。建立海南特别关税区,经济发展了,人民逐步富裕了,才有可能逐步增加财政收入,实现财政自给。在建设初期借一些债务,推动经济发展,会在今后带来较大的财政收益,实现长期财政平衡。只要加强对债务收入使用的管理,海南财政是有能力偿还的。

5. 海南特别关税区的物资管理

(1)建立海南特别关税区后,属于国家计划调出、调入的物资仍按原有流通渠道进出,按原方式进行,但须经海关核准,并接受海关监管。海南每年按计划上调国家铁矿石、盐、糖和橡胶等产品,国家继续下拨给海南计划物资。

(2)由内地运往海南特别关税区市场销售的日常生活所需的生活资料和区内生产建设所需物资,以及由海南运往内地的自产产品,在海关监管下,视同国内地区间的货物交流,不受限制。

6. 海南特别关税区的基本建设管理

(1)海南特别关税区的生产建设计划和固定资产投资规模,由海南省人民政府根据国家产业政策的原则和海南的实际自主制定和安排,并报国家计委备案。

(2)除国家禁止建设的项目需报国家有关部门审批外,其余建设项目(含外商投资项目、自借自还的国外贷款项目),不论规模大小,凡属建设、生产、经营条件能够自行平衡的,均由海南省人民政府自行审批。

(3)为适应海南特别关税区基本建设和成片开发的需要,建议下放海南省的建设用地审批权。

7. 海南特别关税区的社会管理

为保证海南特别关税区有一个良好的社会经济环境,必须十分严格地加强对外经济社会管理,建立一个与市场经济新体制相适应的良好的社会经济秩序。

(1)从省到各市、县要建立和完善“小政府”的宏观调控体系,特别是要转变政府职能,强化社会监督部门。

(2)极大地提高干部的管理能力和管理水平。一方面要根据管理和建设需要,逐步引进各类管理人才;另一方面要加快干部人事制度改革,党政机关要尽快实行以严格的考任制为基础的公务员制度;各类事业单位实行严格的聘任制度;企业干部要尽快从党政干部队伍中分离出去。此外,采取各种手段强化干部培训,提高干部素质。

（3）加强社会主义精神文明建设和法制建设，采取各种必要手段，严厉打击刑事犯罪活动和社会丑恶现象，树立一个良好的社会风尚和社会秩序。

8. 海南特别关税区的人员进出管理

（1）境外人员进出海南特别关税区，继续执行"落地签证"政策。

——与中国有外交关系或正常贸易往来的国家和地区的外籍人员到海南从事投资、经营、商务、旅游等，凭本人护照或其他有效证件，到海南特别关税区的口岸办理入境签证手续后，直接往返于海南与境外。

——香港、澳门、台湾同胞和华侨可凭国务院主管部门及其授权机关签发的有效护照或其他有效证件，进出海南特别关税区及转往境内其他地区或者出境，无需办理签证。台湾同胞可以直接在海南特别关税区的口岸申领《台湾同胞旅行证明》。

外国人及港、澳、台同胞和华侨，可凭有效护照或其他有效证件，向海南公安机关申领《海南特别关税区境外人员居住证》（以下简称《居住证》）。《居住证》的有效期，依照申请人的申请事由，由发证机关签注。有效期满后需继续留住海南特别关税区的，可以申请延期。

（2）境内人员进入海南特别关税区，凭个人身份证和县以上单位证明（到海南特别关税区就业的人员可以出具有关单位签发的聘用函件或证明），到县一级公安部门申领《海南特区通行证》，持证可以进入海南岛。

（3）对海南岛常住居民出境从事经济、科技、文化交流活动予以放宽，并简化手续。

——在海南注册的企业向境外派出经济、贸易、旅游机构，到境外举办企业，其人员出国，除国家另有规定者外，由海南省人民政府审批。

——海南因公出港、出国人员，除副省长级以上干部须报国务院审批，到未与中国建交或没有官方贸易往来的国家（地区）的应先向外交部申报以外，均由海南省人民政府审批。

四、建立海南特别关税区的可行性分析

目前，亚洲尤其是东南亚地区局势日趋平稳，经济发展潜力巨大，是国际资本投资的重要区域。地处亚太腹地的海南完全可以通过扩大开放，吸收更多的国际资本，加速经济发展。从海南自身来看，已经在多方面具备建立特别关税区的条件，十分有利于建立"一线放开、二线管住"的特别关税区。

1. 海南有独特的地理条件，便于"一线放开、二线管住"

在中国目前的情况下,搞经济特区,没有隔离就不可能完全特起来,不隔离就不便于给特殊优惠的政策。从这个意义上讲,海南岛最具实行特惠关税、建立特别关税区的条件。海南岛四面环海,这种自然封隔的地理条件决定它拥有其他特区所没有的对外开放优势。由于有琼州海峡这道天然屏障将其与大陆隔离开来,只要采取有效措施,严格管理"二线",海南岛全面对外开放就不会对内地产生冲击;而其管理成本,比较其他特区来说也是非常之低。海南岛由于有琼州海峡这道天然屏障,无须进行"二线"隔离设施建设,其海上缉私队伍建设的投资,也完全可以从缉私收入中得到解决。

从海南所处的战略地位和周边环境,建立特别关税区具有重要的战略作用。海南岛地处南中国海,是中国连接东南亚国家的前沿地区,战略地位十分重要。把这里的经济迅速发展起来,对于加紧开发南海海洋资源,巩固国防,都有着非常重要的意义。目前,在亚太地区,由日本、南朝鲜、中国大陆沿海地区、中国台湾、中国香港和东南亚国家组成了一条经济高速增长的"繁荣弧线",其中有关国家和地区相互投资方兴未艾,推动了这个地带所有执行对外开放政策的国家和地区经济的普遍迅速发展。海南正处在这条新月形经济增长带的中间地区,以海南的面积、人口、资源优势,只要实行更加开放的经济政策,大力吸引外资,积极参与这一地区的经济技术合作,就有可能在比较短的时间内使海南的经济有一个比较快的发展,从而使海南成为环太平洋经济增长带上有力的一环,在推动中国对外开放和国家统一方面发挥更大的作用。

2. 海南优越的资源条件,是建立特别关税区大规模吸引外资的重要基础

海南地上、地下和海洋资源都很丰富,尤其具有发展新兴产业的潜在资源优势,旅游资源、矿产资源、热带农业资源、海洋资源等非常丰富。这些丰富的资源,为建立海南特别关税区,大规模吸引外来投资进行开发建设提供了必要的物质条件。

旅游资源:海南省可供开发的旅游资源有 241 处,按国际惯例与标准,"其资源的独特性,达到国际上有吸引力程度的"A 级资源有 5 处;"能够满足来海南岛的国际旅客鉴赏的"B 级资源有 37 处;"能够联结 A、B 两种旅游资源的游览线上起辅助作用的"C 级资源有 47 处。目前大部分旅游资源尚待开发,是一块依然保持热带自然风貌的处女地。建省办特区 4 年来,在交通、能源、通讯、旅游服务设施与水准、景点建设等方面取得一定成绩,为建立海南特别关税区,进一步发展旅游业,建设国际旅游中心和购物中心奠定了基础。

矿产资源:目前海南省已探明工业储量的矿产有 67 种,占全国 148 种的 45%。已探明的矿产地有 122 处,每万平方公里面积和占有数达 36 处,为全国平均水平的2.4 倍,海南省列入全国储量统计的矿产有 41 种,比较突出的是:石碌铁矿是中国八大露天铁矿之一,也是亚洲最大的富铁矿场,其储量约占全国的 71%,矿石平均品位

高达 68% ,居全国第一;东南沿海 300 公里长的地带上已探明的矿区有 20 多个。其中:钛矿储最占全国的 70%;锆英石储量占全国的 60%;钴矿储量约占全国的 60% 左右(品位相当于国内其他钴矿品位的 10 倍)。

海洋资源:首先,海洋水产丰富,海南岛海域鱼虾贝藻多达 800 余种,约占全国 2000 多种海洋生物的 40% ,其中,主要的经济鱼类有 40 多种,约占全国 150 多种的 27%;全岛主要渔港 24 处,海洋渔场面积相当于海南岛陆地面积的 9 倍,年均鱼捕捞量约在 500 万吨以上。其次,海洋油气储藏量大,在北部湾、莺歌海、琼东南三个大型沉积盆地油气面积为 12 万平方公里,南中国海地石油潜在储量约 787 亿吨,莺歌海天然气已探明可采含量约 700 亿立方米。此外,海盐资源也很可观,莺歌海、东方、榆亚三大盐场,盐田面积约 37.5 平方公里,原盐年产量可达 30 万吨以上。

农业资源:海南全境属热带地区,土地资源丰富多样,宜农、宜热作、宜林、宜牧地以及宜淡水养殖的水面都占有相当的面积,现尚待开发的土地还有 1500 多万亩,适宜成片开发。海南岛气候温和,雨量充沛,光合作用好,发展热带种植业具有得天独厚的条件。橡胶、椰子、胡椒、油棕、咖啡、腰果等热带作物产量占全国同类作物总产量的 53% ~ 99.60%;此外,热带林木年生产量比非热带地区高出一倍左右,具有发展热带农作物加工工业的资源基础条件。种植业可以一年多熟,复种指数较高,可以充分利用土地。海南草场四季常青,而目前草地资源只利用了 1/3 左右,畜牧业发展潜力极大。海南热带种植业、养殖业的发展,形成了别具一格的热带旅游风光,具有丰富的观赏农林业资源,极有利于把大农业发展与旅游业的综合开发结合起来。

3. 海南的基础设施建设初具规模,具有建立特别关税区的投资条件

海南建省办特区 4 年来,经过扎扎实实的打基础工作,已经在电力、交通、通讯等多方面建起了一定规模的基础设施,这为建立海南特别关税区,大规模吸引外资奠定了基础。

——海南省电力装机容量已由 1987 年的 38.8 万千瓦增加到 80 万千瓦,年发电量近 14 亿度,已成为电力富裕省。

——港口已建成 20 个,泊位 60 多个,其中洋浦、马村等万吨级泊位 9 个,年吞吐能力达 1130 万吨。目前,已与世界上 20 多个国家和地区开展了通航贸易往来。公路四通八达,公路密度和通车密度均居全国前列。

——空中航线由建省前的 4 条发展到 21 条,每周 90 多个航班,把海南同国内东北、华北、西北、中南、西南等五大经济区联结起来,并开通了海口至中国香港、曼谷、新加坡的国际航班;海口机场已成为全国十大机场之一,可以起落大型飞机的三亚凤凰国际机场已完成基础工程,1994 年可建成通航。

——长途电话线路和海南省市话交换机容量大幅度增加,通讯条件有了明显改

善,可以直拨全国各大中型城市和世界上大多数国家和地区。

4. 海南初步具备建立特别关税区的社会条件

首先,经过 4 年建省办经济特区的实践,已基本形成了以市场经济为基础的新体制。

——在省一级实行了"小政府、大社会"的新体制,初步建立了以间接管理为主的宏观调控体制。同时,按照对外开放和经济发展的实际需要,按平等竞争的原则规范自己的行为,转变了政府职能,对企业及市场经济活动的直接干预已大大减少。

——初步形成了多种经济成分平等竞争,竞相发展的基本格局。4 年来海南省实际引进内外投资 180 亿元左右,至 1991 年年底止,外引内联企业创造的工业总产值和出口创汇占海南省工业总产值和出口创汇的 25% 以上。

——市场调节范围逐步扩大,市场价格机制正在逐步形成,各类生产要素市场也有较快发育。目前,海南生产资料的市场调节量已达到 85% 以上;生活资料基本上由市场调节;外汇调剂量达 17 亿美元,资金拆进拆出累计达 400 多亿元。此外,技术市场、劳务市场等都有了很大发展。

——社会保障制度改革迈出了重要一步。已完成养老保险、待业保险、工伤保险、医疗保险和公费医疗等 4 项社会保障制度改革方案的设计和论证工作,并以政府行政法规形式颁布,于 1992 年元月 1 日正式实施,与海南市场经济新体制相配套,打破了行业、经济成分的界限,为搞活企业、促进劳务市场的发育创造了良好的社会条件。

其次,有日益完善和健全的法规条例和管理制度。健全法制、严格依法办事是经济特区的必要条件和管理经济特区的主要形式。4 年来,海南省共颁布地方法规、行政规章 145 项,海南的经济和社会工作开始走上法制化、制度化的转道。此外,社会主义精神文明建设进一步加强。教育、科技、文化、艺术、卫生等事业发展较快,城乡人民生活水平显著提高、人民安居乐业,尤其是广大群众的商品经济观念较浓厚,对市场竞争有一定承受力。

政府工作人员的管理能力有明显提高。海南建省办特区以来,实行了"小政府"宏观管理体制,初步摸索和积累了市场经济条件下政府管理的经验。4 年多来,海南省通过改革干部人事制度,强化干部培训,使广大干部的管理能力和管理水平有了明显的提高,并积极从内地特别是发达地区引进各类管理人才。只要继续抓紧抓好干部培训和人才引进工作,就完全能够适应海南特别关税区的管理任务。

五、建立海南特别关税区的意义评价

第二次世界大战以来,日益发展的世界经济一体化趋势迫使广大发展中国家和地区普遍实行经济开放政策。亚洲"四小龙"发展外向型经济的成功经验表明,开放与经济增长有着积极的联系。经济开放,在参与国际分工的基础上,使本国或本地区经济迅速加入世界经济循环,一方面为利用外资创造条件,一方面在内部建立有利于市场经济发展的竞争机制,而这反过来又促进国内资本动员,推动经济发展。建立海南特别关税区,比照世界自由港模式,在海南建立一种原则上完全放开的自由贸易制度,并通过放松乃至取消外汇管制来实现货币的自由兑换,必将在海南营造一个有利于全方位吸引外资的宏观经济环境,由此真正开创一个外资大规模进入的局面,加快海南经济发展,开创特区开发建设的新局面。

建立海南特别关税区,不仅对海南的经济发展有着明显的积极意义,对于中国改革开放大局也有着非常重要的战略意义。

1. 为 20 世纪 90 年代中国改革事业提供全面经验

海南作为一个省级改革试验区,既有广大的农村,又有超前发展的城市,在海南进行改革的先行试验,所取得的经验,同其他城市型特区相比,能够为推动中国 20 世纪 90 年代改革事业提供更适用的经验。建立海南特别关税区,根据海南发展外向型经济和经济发展国际化的需要,在海南进行金融、贸易、财政、税收等一系列配套改革,全面进行社会主义市场经济试验,能够为建设有中国特色的社会主义市场经济提供可资借鉴的经验。比如说贸易政策改革,目前,贸易政策中的关税及非关税性的数量限制是影响发展中国家吸引外资的一个重要原因,中国也是这样(目前,工业化国家的平均关税率只有 3.5%,而发展中国家的平均关税率高达 30%——《世界银行一九九一年发展报告》)。由于国内有大量的效率低下的民族工业,短期内全面开放国内市场,把民族工业全面推向国际市场,可能会导致竞争性失业,从而在一个时期内影响社会稳定。但是,改革外贸体制,逐步将竞争机制引入国内,以便推动国内工业的技术进步,又是必须进行的,这就需要试验。海南岛原有国营企业数量少,产业工人不多,建立海南特别关税区,在海南进行外贸体制改革试验,大幅度削减关税,全面解除贸易数量方面的限制,通过大量利用外资加速经济发展,并在经济发展的基础上实现社会安定,这一改革的成功经验对中国未来的改革事业有特别重要的价值。由于海南经济规模很小,其国民生产总值仅占全国的 0.53%,对外贸易总值也不到全国的 1%,因此,即使海南的试验失败,也不会影响全国经济的稳定发展。

再比如货币政策改革。货币自由兑换是吸引国际资本的重要条件。由于货币不能自由兑换,目前中国特区吸引外资主要是外商直接投资发展出口加工工业,因为产品销往国际市场可以获得可自由兑换的硬通货;而像农业、商业服务业、金融、房地产业等许多产业则很少有外资投入。这就使特区利用外资的渠道和规模大大受到限制,各项产业的发展呈不平衡的畸形状态,在一定程度上出现了有增长而无发展的现象。建立海南特别关税区,实现特区货币自由兑换,必将开创一个全方位吸引外资的局面,推动特区各项产业协调发展,带动经济全面起飞。建立海南特别关税区,发展外向型经济,还要在金融、外汇、财政、税收等方面进行全面的改革试验。

所有这些改革试验都会为全国进一步深入的改革积累宝贵经验。

2. 推动中国对外开放

20世纪90年代中国对外开放将由沿海地区发展战略逐渐转向积极推动整个中国全方位地对外开放,但90年代中国吸引外商直接投资仍将以港台资金为主的格局,决定中国经济特区在未来中国的对外开放战略中仍将具有不可替代的地位。作为中国最大经济特区的海南岛,热带农业资源、海洋资源、旅游资源十分丰富,有着发展经济的广阔前景;建省办特区4年,又在电力、交通、通讯等方面建起了相当规模的基础设施。建立海南特别关税区,进一步改善投资环境特别是投资软环境,必将充分发挥海南资源优势,大规模吸引外资,从而在90年代中国对外开放全局中发挥更大作用:

(1)利用外资。亚洲"四小龙"的发展经验表明,外资对于国民经济发展是非常重要的。由于外资特别是来自工业国家的资本输出总是附带着新的比较先进的机器设备和生产技术乃至新的管理观念进行的,对于加快企业技术进步,提高国民经济素质有特别重要的作用,因此,战后发展中国在其经济现代化过程中,大多采取不同形式的优惠政策,大力吸引国际资本以抵补国内资本的不足,并使本国经济迅速参与国际分工,加快现代化进程。中国对外开放以后,也采取措施吸引外资。20世纪90年代,利用外资来帮助发展经济仍将是中国的基本国策,但是,冷静分析国际资本流向,90年代中国吸引外资应以吸引亚太地区内部资本为主要目标。目前亚太地区是世界上外汇、资本盈余最多的地区,现在日本外汇储备已超过1000亿美元,居世界第一位,东京股票市场和外汇离岸市场在几年内迅速崛起,已成为世界重要金融中心,中国香港和新加坡作为国际金融中心之一的地位也在不断提高。日益增多的外汇、资本盈余使得以日本和亚洲"四小龙"为代表的亚洲主要资本输出者正在大规模向海外投资,其中东南亚是其主要的投资对象。海南正好处在日本、亚洲"四小龙"通往东南亚国家的中间地带;建立海南特别关税区,海南一定能够凭借其高度开放的投资环境,吸引相当一部分由日本、亚洲"四小龙"输出的资本往海南投资,并通过海南引导更多的外商往国内其他地区投资,由此加强海南同内地的经济联系,并适应90年代中国利用外资的需要。

(2)推动中国全面参与亚太经济合作。在世界经济区域集团化倾向愈来愈明显的今天,加强亚太地区经济合作显得更为重要。它能减轻亚太国家对其他经济集团特别是对美国的依赖程度,从而在更大程度上经得起美国乃至世界经济短期衰退可能对亚太国家产生的冲击。加强亚太地区经济合作对于开发亚太地区的自然资源，促进本地区的产业调整从而促进本地区经济的普遍发展亦有重要作用。由于目前经济运行机制同其他亚太国家存在差异，国内市场又没有完全开放，因此中国参与亚太经济合作仍无法全面展开。海南地处亚太腹地，又确立了外向型经济发展战略；建立海南特别关税区，进一步完善社会主义市场经济运行机制，必将使海南成为中国参与亚太经济合作的先行地位，真正起到带动内地经济发展的作用，也对中国进一步全面参与亚太经济合作起推动作用。

3. 加强中国同东南亚国家经济合作关系

在亚太地区，中国和东南亚国家都是战后走上独立发展经济道路的发展中国家。目前，中国与东南亚国家的经济发展水平，或者说整体工业化水平大致相当，而中国在工业结构方面略占优势。中国与大多数东南亚国家产业结构特别是制造业内部结构上的差别和互补性决定了中国同这些国家在经济合作与发展中的水平分工格局和资源开发性质。在这方面，邻近东南亚国家的海南，既有与东南亚国家开展直接经济合作的条件，又可以凭借其方便的地理位置与特殊的优惠政策，在中国大陆与东南亚国家的经济合作中扮演跳板和中间人角色。与东南亚国家同处亚洲热带地区的海南，不只在热带作物的种植与加工方面，在涉及资源开发的所有方面，比如热带旅游资源、海洋渔业及油气矿产资源，乃至于人力资源开发方面，同东南亚国家均有着广泛的开展经济合作的机会。

海南建省办特区 4 年来，已经批准 6000 家内联企业，这些企业大多数是内地各省、各大公司派驻海南的分公司，有着雄厚的潜在经济技术实力。海南建立特别关税区，开放赴海外投资，外汇自由，必将吸引更多的内地企业来海南投资，并通过海南同东南亚国家开展经济合作，海南因此完全可以在中国大陆与东南亚国家日益发展的经济合作中发挥重要作用。建立海南特别关税区，海南不仅有相对内地的政策优势，有比较接近国际市场的贸易环境，有邻近东南亚国家的市场地理条件，而且有十分亲近的人缘关系。现在散居世界各地、祖籍海南的 200 多万华侨大部分居住在东南亚国家，这些华侨 90% 以上已加入住在国国籍而成为华人，基本上融合于当地社会，并在各个领域崛起，出现了一大批政界要人、工商巨子、专业人士和社会名流。这些海外侨胞虽然身居异国，仍不忘乡亲故土，每年都有大批华人回到海南探亲祭祖，他们的生活习惯至今仍保留着许多故乡的传统。这种区域文化上的强烈认同感能够对区域经济合作产生积极的微妙影响。建立海南特别关税区，正像福建厦门近几年对台商投资产生巨大吸引力一样，相信海南在日益蓬勃兴起的中国与东南亚国家经济合作中亦能借助海外华人亲近的人缘关系牵线搭桥，起到先锋和桥梁作用。

4. 促进港澳繁荣，推动中国统一

建立海南特别关税区,大规模吸引外资,必将极大地促进海南外向型经济的发展;而一个发展的、拥有 3.4 万平方公里面积规模的特区经济对于港澳的平稳交接以及回归以后继续保持经济繁荣,并推动两岸统一进程将起积极的、越来越明显的促进作用。

作为亚洲新兴工业经济实体的香港和台湾,出于内部产业结构调整的需要,自 20 世纪 80 年代便开始向中国大陆沿海地区转移其劳动密集型加工工业。拿海南来说,到 1990 年已批准港商投资 840 项,台商投资 92 项,二者合计占海南批准的外商投资项目的 85.2%,投资总额占 74%。建立海南特别关税区,基本实现海南的资金、货物、人员进出自由,必将进一步增强海南对港台资金的吸引力,从而在海南和港澳台之间建立更加密切的产业协作关系,扩大港台的经济发展空间,使香港、台湾充分发挥其在金融、服务业等方面的产业优势,继续保持其经济繁荣。而经济上利益相关必将增强政治上的凝聚力,从这个角度看,建立海南特别关税区,最终可能成为推动中国统一的一个有力的因素。

结　论

1. 建立海南特别关税区,是实现中央关于把海南办成全国最大经济特区战略决策的根本性措施,是海南实行大开放方针,加速开发建设的出路所在。

2. 海南岛最具有建立特别关税区的条件,关键是要对海南经济特区的全局意义和战略影响有充分估计。

3. 建立海南特别关税区有现实的可操作性,只要认识统一,下定决心,很多问题完全可以经过充分的论证和设计,在实践中加以解决。

4. 当前,建立海南特别关税区的时机十分有利。抓住当前的有利时机,尽快宣布建立海南特别关税区,将会极大地加快海南开发建设的步伐。

5. 建立海南特别关税区对中国改革开放的全局将产生重要影响。海南特别关税区的改革开放试验,将为中国的改革开放提供有益的经验。

中国(海南)改革发展研究院"特别关税区"课题组
课题组组长:迟福林
课题组成员:翟力平　陈少白　何云霞　朱根发　刘春旭等

第二篇　推进海南国际旅游岛建设

●1992 年,中改院提出"海南旅游业:战略行动纲领"研究报告。

●1994 年 11 月,中改院主办"海南旅游发展与投资研讨会",提交"以开放带动旅游,以旅游促进开发"的主题报告。

●1998 年 4 月,中改院对"建设三亚国际化旅游城市"进行专题研究,形成了"关于建设三亚国际化旅游城市的建议报告"。

●2001 年 12 月,中改院提出"建立海南国际旅游岛的框架建议"。

●2006 年 7 月,中改院就海南省自然旅游资源整合运作进行研究,形成了"整合自然旅游资源,加快建设海南旅游强省的建议"等报告。

●2007 年 6 月,中改院按照海南省领导的要求,在以往研究的基础上,提出"推进海南国际旅游岛建设(方案建议)"。

国际旅游岛，是指在特定的岛屿区域内，以扩大旅游业开放为重点，对外实行以"免签证、零关税、放航权"为主要特点的旅游开放政策，推进旅游服务的自由化、国际化进程，以成为具有特色和极具影响的国际旅游度假胜地。

推进海南国际旅游岛建设

（2007 年 6 月）

扩大旅游开放，深化旅游业改革，建设海南国际旅游岛，是中共海南省五次党代会落实中央关于"构建具有海南特色的经济结构和更具活力的体制机制"的要求做出的重大战略部署。海南省五次党代会报告指出："旅游业是能够最大限度保持和发挥海南生态环境优势的特色产业。建设以旅游开放为主要内容的综合改革试验区，既是再创海南特区新优势的重要突破口，也是支撑海南长远发展的战略需要。要以建立国际旅游岛为载体，全面提升旅游开发开放水平。"

海南建省办经济特区近 20 年的实践证明，旅游业是海南最具优势、最具特色、最具潜力和竞争力的产业。海南优良的生态环境、宜人的海岛气候，是发展度假旅游的独特优势。建设海南国际旅游岛，大力发展以旅游业为龙头的现代服务业，是海南全面落实科学发展观、实现经济增长方式转变、构建具有海南特色的经济结构和更具活力的体制机制的重大举措，是实现绿色之岛、开放之岛、文明之岛、和谐之岛的现实选择。

本方案建议根据海南省五次党代会精神，在以往研究的基础上，提出了海南国际旅游岛的现实背景、基本内涵和总体目标、总体布局、政策框架、综合改革措施、组织实施等方面的研究建议。

一、建设海南国际旅游岛的现实背景

进入 20 世纪,以加入 WTO 为动力,我国已进入全面开放的新阶段。加快产业开放、提升产业级别是我国新阶段对外开放的重要目标。

当前,包括旅游产业在内的服务业的开放已成为我国新阶段对外开放的重点领域。这为海南通过扩大开放,加快发展以旅游业为重点的现代服务业提供了重要的机遇。抓住机遇,充分利用海南作为经济特区的优势和海南独特的旅游资源,建设海南国际旅游岛,是实现海南又好又快发展的战略选择。

(一)以海岛休闲度假为重要特征的旅游国际化显现出世界旅游发展的大趋势

在经济全球化的大背景下,旅游服务的国际化进程大大加快,尤其是世界岛屿旅游的国际化进程更快。

1. 旅游业开放已成为全球化背景下产业开放的先导

世界旅游服务自由化进程在加快推进。旅游业是服务贸易自由化进程中最引人注目的领域,2001 年 9 月世界旅游组织战略问题小组在日内瓦同 WTO、联合国贸发会议(UNCTAD)及国际航空运输协会(IATA)的领导人就贸易自由化问题举行了会谈。主要内容是继续推进自由化、国际化,减少对旅游业的限制。

20 世纪 90 年代以来,有关国家或地区都在以不同或相同的方式进行着岛屿旅游服务的自由化实践。一些国家把本国的岛屿或地区宣布为特殊旅游经济区,采取更为开放的政策支持这些岛屿和地区旅游业的更好更快发展,取得明显的成效。比如,韩国政府宣布自 2002 年至 2010 年,将把济州岛开发成为集旅游、度假、商务、尖端科技、物流、金融等综合功能为一体,类似中国香港、新加坡免签证、免关税的国际化自由城市。

岛屿经济对开放有较大的依赖性,《2007 经济自由度指数》研究表明,在全世界经济自由度排名前 10 位的国家或地区中,有 9 个是沿海或岛屿国家或地区。

岛屿经济开放的特点之一是其旅游业的高度国际化。海岛度假休闲旅游已经成为国际游客的首选地。在国际上,现代海岛旅游是当今旅游发展的一大趋势。如 20 世纪 60 年代美国开发建设与海南同纬度的夏威夷群岛,成为世界注目的焦点;90 年代中期,马来西亚政府把蓝卡威划为免税港,使蓝卡威成为吸引世界游客和投资商的新选择。

2. 开放使旅游业成为世界经济发展最快的行业

2005 年,世界旅游经济增加值 4.7 万亿美元,占世界 GDP 的 11%;世界旅游出口 1.5 万亿美元,占世界总出口 12%;世界旅游就业人数 2.2 亿人,占世界就业人数的 8.3%。世界旅游组织预测,未来几年国际旅游业将保持良好的发展势头。2010 年全球旅游人数将达到 10 亿人次,2015 年为 12 亿人次,2020 年为 16 亿人次。2020 年全球国际旅游消费收入将达到 2 万亿美元,全球旅游收入年均增长率 6.7%,远高于世界财富年均 3% 的增长率。旅游业将在全球经济的重构中发挥重要作用。

3. 休闲时代来临,旅游业加速转型升级

著名未来学家格雷厄姆·莫利托在《全球经济将出现五大浪潮》一文中指出,到 2015 年人类将走过信息时代的高峰期而进入休闲时代。美国《时代》杂志预言,2015 年前后,发达国家将进入休闲时代,发展中国家也将紧随其后。早在 20 世纪 90 年代初,美国用于休闲的花费就已达 1 万亿美元,占全美消费支出的 1/3,提供了全美 1/4 的就业岗位。

休闲经济的重要内容是度假旅游,休闲度假旅游是实现旅游经济增长方式转变的重要途径。目前,在旅游发达国家,"吃、住、行"占旅游消费的 30%,"游"占 10%,"购、娱"占 60%。亚洲旅游业发达国家和地区如新加坡和中国香港,旅游消费中"游、购、娱"支出占 60%,"吃、住、行"占 40%。当前我国国内旅游消费结构中"吃、住、行"的比重较大,达 75%~85%,"游、购、娱"占 15%~25%。度假休闲旅游几乎集结了旅游的全部要素,它对应占旅游总消费 26% 的长途交通、22% 的商品购物、12% 的住宿,观光游的主要收入是靠景区门票,只占总消费的 5%。休闲度假既顺应了时代发展的要求,又符合旅游业自身发展的趋势。

通过加快旅游产业开放进程,扩大开放的广度,加强开放的深度,建设以国际性休闲度假为重点的国际旅游岛或国际旅游特区,已成为经济全球化的一大趋势。建设海南国际旅游岛,顺应全球化背景下国际旅游业的总体趋势,是海南建设旅游经济强省、实现可持续发展的必然选择。

(二)建设海南国际旅游岛是我国旅游国际化的先行试验和重要举措

适应旅游国际化的大趋势,我国加快了旅游产业的开放进程。从我国旅游发展的全局出发,建设海南国际旅游岛,是新阶段我国旅游产业开放的重大举措,它必将对我国的旅游开放产生积极的影响。

1. 旅游开放加快了我国成为世界旅游强国的步伐

随着服务领域的开放,我国旅游业得到了快速发展;旅游业的开放,扩大了旅游市场的准入,提高了旅游业国际化、自由化的水平;国际资本进入旅游业的重要领域,拉动了旅游业的快速发展。

目前,我国旅游综合实力位居世界第五,亚洲第一,旅游创汇收入位居世界第七,亚洲第一。与世界公认的旅游强国(美国、法国、意大利、西班牙)的差距迅速缩小。从 2005 年世界旅游组织卫星账户统计核算看,我国已经迈入世界旅游经济大国之列。2005 年,我国旅游总需求世界排名第七位,旅游经济增加值排名第六位,旅游直接出口排名第七位,旅游资本投入排名第二位,旅游业就业人数排名第一位。

业内人士分析,未来 5 年,世界旅游发展形势对中国有利。世界旅游业发展的总趋势是,欧美发达国家在全球出入境旅游市场中仍将保持传统优势,但增速放缓;以中国为代表的东亚国家和地区将保持较快增长。世界旅游组织预测:到 2020 年,中国将成为世界第一大旅游目的地和第四大客源市场。

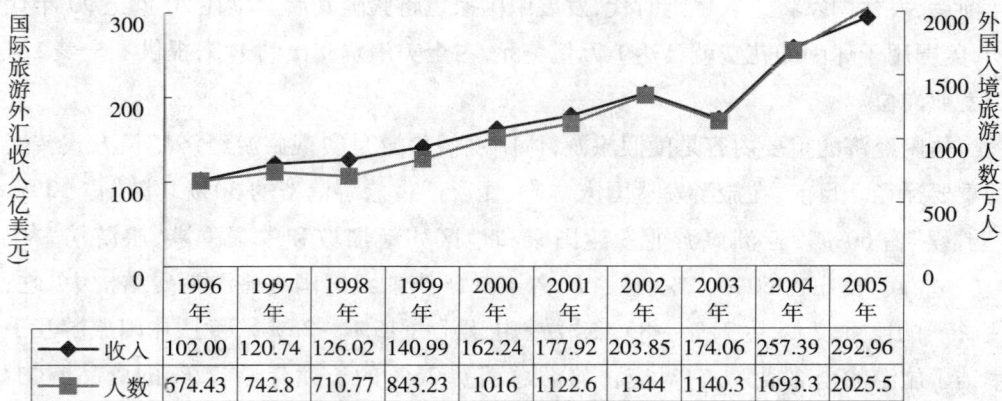

	1996年	1997年	1998年	1999年	2000年	2001年	2002年	2003年	2004年	2005年
收入	102.00	120.74	126.02	140.99	162.24	177.92	203.85	174.06	257.39	292.96
人数	674.43	742.8	710.77	843.23	1016	1122.6	1344	1140.3	1693.3	2025.5

图1 我国近 10 年国际旅游外汇收入和外国人入境旅游趋势

资料来源:相关年份的《中国统计年鉴》。

2. 我国开始步入以休闲度假为重要特征的旅游发展新阶段

我国旅游业经过二十多年改革开放的发展历程,目前正在全面实施由亚洲旅游大国到世界旅游强国跨越的发展战略。我国已具备了休闲度假旅游的两个前提条件:一是经济基础;二是有闲暇时间。有学者称人均 GDP 达 1000 美元观光游剧增;人均 2000 美元休闲游骤升;人均 3000 美元度假游渐旺。双休日、节假日、年假期,甚至离退休,都产生了休闲度假旅游需求。世界旅游组织的官员认为:中国人正逐步走入"休闲时代"。我国专家断言,2006 年是我国的"休闲元年",我国已跨入"休闲时代"的门槛,已开始融入整个国际休闲文化。西方国家花了近百年时间才达到的目标,我国只用了不到 20 年的时间就达到了。休闲时代的来临为我国休闲度假旅游提供了极大的发展动力。

3. 建设海南国际旅游岛,为我国旅游业整体转型提供一个先行先试的试验田

"十一五"时期我国旅游业围绕"两个目标"推进：一是把旅游业培育成为国民经济的重要产业；二是抓好旅游业发展的基础性工作，为建设世界旅游强国夯实基础。我国旅游业"十一五"时期规划发展目标为：实现入境旅游人数和入境过夜旅游者人数年均增长8%，国际旅游收入年均增长12%；国内旅游人数年均增长8%，国内旅游收入年均增长10%；旅游总收入也实现年均增长10%。到2010年，入境过夜旅游人数达到6880万人次、国内旅游人数达17.8亿人次，国际旅游收入达到530亿美元，国内旅游收入达到8500亿元，旅游总收入达到12700亿元。每年旅游业新吸纳就业50万人，到2010年旅游直接就业人数达到1000万人。

独特的气候和生态环境使海南具备了发展休闲度假旅游的资源优势，把海南建设成国际化的休闲旅游度假胜地，是我国由旅游大国迈向旅游强国战略对海南旅游业的客观要求，是海南实施国家旅游强国发展战略的责任和使命，是促进海南旅游业快速发展的重大举措。

海南是我国最大的经济特区，也是我国唯一的热带海岛省份。为了进一步扩大我国和海南旅游业的对外开放，使海南成为境外游客进入我国的新通道，成为我国参与国际旅游竞争的新平台，要尽快把海南建设成为世界一流的海岛度假休闲旅游胜地。参照国际惯例，把国家确定的对外开放和制度创新方面的重大举措，放在海南先行先试，有利于海南新一轮更宽领域、更大范围、更高层次的对外开放；建设海南国际旅游岛，将对进一步实践旅游政策、旅游经济体制和运行机制的新变化积累经验；把我国旅游空白领域的制度设计放在海南先行先试，探索构建海南更新更特的旅游管理体制，为我国旅游业整体转型提供一个先行先试的试验田。

（三）把海南建设成国际旅游岛的时机和条件基本成熟

建设符合国际标准的休闲度假设施，开发国内外游客需要的休闲度假产品，是建设海南国际旅游岛的重要条件。

符合国际标准的休闲度假旅游的内容非常丰富，除观光外，许多特种旅游、专项旅游都是休闲度假的旅游产品，如高尔夫、温泉、冲浪、帆板、划船、狩猎、采摘、自驾、登山、邮轮、漂流、夏冬令营、农家乐等等。海南独特的生态环境和热带岛屿旅游资源为开发这些度假休闲旅游产品提供了得天独厚的条件。

1. 海南具有建设休闲度假胜地的优越条件和良好环境

（1）优越的自然、人文条件。海南虽然地处热带，但有热带季风、海洋和大面积的热带雨林调节，四季如春，气候宜人，平均气温22℃～25℃。海南拥有极其丰富、中国独有的热带海岛旅游资源。海水、阳光、沙滩、森林、温泉、热带物产、少数民族风情等。尤其是海洋资源和热带雨林资源。这些条件,形成了海岛景观、山水风光、温泉休闲、水上运动、热带雨林探险、民族风情等休闲度假旅游产品的基础。

（2）已经培育出为数不少的热带海岛度假休闲旅游品牌。如天涯海角、南山文化旅游区等一批休闲度假景区；亚龙湾、大东海、海口西海岸等一批热带滨海休闲度假旅游区；五指山、尖峰岭、吊罗山等热带雨林休闲度假旅游区；七仙岭、南田等热带温泉康养度假旅游区；南丽湖等滨湖休闲度假旅游区；以及高标准的高尔夫球场等等。

（3）海南省旅游业"十一五"规划的实施,将为把海南岛建设成国际旅游岛打下坚实基础。按照海南旅游业"十一五"规划,海南计划在 2010 年前打造出 10 条旅游黄金路线、20 个精品旅游度假区、30 个王牌旅游景区、30 个五星级国际水准的度假型酒店、30 个高尔夫球场,建成 1 到 2 个类似深圳世界之窗或广西印象桂林的大型演艺场所等。

2. 良好的旅游开放环境

（1）区位优势。海南位于中国最南端,是仅次于中国台湾的第二大岛屿,与越南隔海相望,与东南亚毗邻,位于亚洲版图的中心。

（2）享有我国最优惠的出入境政策。目前已对 21 个国家持普通护照 5 人以上的旅游团队实行 15 天内免签证优惠待遇；来自于与我国有外交关系或者官方贸易往来的国家或地区的外国人,可在海口、三亚口岸办理"落地签证"。台湾同胞可在海口、三亚申请一次出入境有效的《台湾居民来往大陆通行证》。

（3）已成为中国港澳台、日韩、东南亚、中亚及俄罗斯等国家和地区游客度假休闲旅游目的地的重要选择。

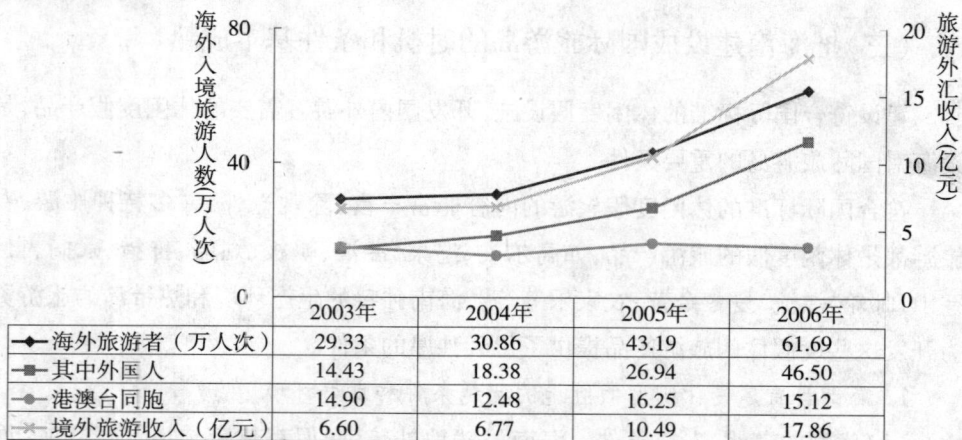

	2003年	2004年	2005年	2006年
◆ 海外旅游者（万人次）	29.33	30.86	43.19	61.69
■ 其中外国人	14.43	18.38	26.94	46.50
● 港澳台同胞	14.90	12.48	16.25	15.12
✕ 境外旅游收入（亿元）	6.60	6.77	10.49	17.86

图 2　境外游客分类统计图

资料来源:海南旅游信息网。

表 1　近两年海南接待韩、俄游客统计

年份 国别	2005		2006	
	人数（人次）	同比（%）	人数（人次）	同比（%）
韩国	54742	49.81	121607	122
俄罗斯（含远东）	29259	177.31	83493	185

资料来源：新华网海南频道。

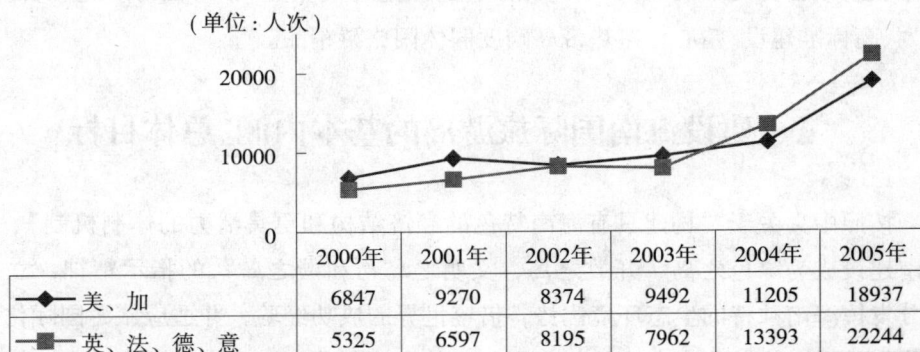

（单位：人次）

	2000年	2001年	2002年	2003年	2004年	2005年
◆— 美、加	6847	9270	8374	9492	11205	18937
■— 英、法、德、意	5325	6597	8195	7962	13393	22244

图 3　近年欧美进入海南旅游人数增长图

资料来源：相关年份的《海南统计年鉴》。

（4）博鳌亚洲论坛极大地提升了海南的知名度和国际形象，有利于海南旅游业的国际化和客源的多元化。随着这一品牌的国际影响的不断扩大，会展旅游将在海南获得极好的发展机遇。

（5）海南历史上有开放的传统。200多万琼籍华侨在国际上的影响和对家乡的热爱，将对海南国际旅游岛的建设产生良好的促进作用。

3. 基本完备的基础设施

600多公里环岛高速公路；中线高等级公路和其他纵横连接的公路，使海南公路交通成网状结构，出游极为方便。海口、三亚两大机场具备国际机场的硬件条件，为岛外客人来琼提供了便利。粤海铁路的开通，使海南从南到北与国内巨大的铁路网络连为一体，海南独具特色的热带滨海旅游资源与国内其他功能的旅游资源更方便地联结起来，既扩大国内外客源市场，又极大地降低旅游成本。海南正在推进东环铁路和海口、三亚绕城高速公路等重点交通工程建设，将进一步完善现代立体交通体系。

海南的旅游接待能力已大为提高。目前全岛三星级以上酒店98家。星级宾馆已达 216 家,年接待能力 2300 万人次。加上尚未纳入旅游统计的住宿接待单位 700 家,总体接待能力近 3000 万人次。

4. 旅游管理正在逐步接近国际标准

海南的旅游服务标准在国内处于领先水平,一些星级酒店采用国际同行业标准管理,许多国际知名酒店管理集团加盟海南旅游业。政府对旅游业的管理方式和水平正在改进和提高,通过规划引导,依法管理,维护市场规范和秩序,创造公平竞争环境。旅游人才基本队伍形成,包括规划、管理人才、导游人才等。

旅游项目开发如火如荼,国内外知名的旅游开发企业、旅行社纷纷进入,高起点规划、高标准建设,精心打造热带岛屿度假休闲旅游精品。

二、建设海南国际旅游岛的基本内涵、总体目标

按照中央关于"构建具有海南特色的经济结构和更具活力的体制机制"、"把海南建设成为绿色之岛、开放之岛、文明之岛与和谐之岛"的指示精神,立足于充分发挥海南独特的生态环境优势,借鉴世界的成功经验,并适应旅游国际化的大趋势,推进以旅游业为龙头的现代服务业的全面开放,实现海南经济社会又好又快发展。

(一)国际旅游岛的基本内涵

1. 基本内涵

国际旅游岛,是指在特定的岛屿区域内,以扩大旅游业开放为重点,对外实行以"免签证、零关税、放航权"为主要特点的旅游开放政策,推进旅游服务的自由化、国际化进程,以成为具有特色和极具影响的国际旅游度假胜地。

(1)"免签证",是最大范围内对国际游客实行"免签证"政策,为国际游客的进出提供尽可能的自由。这已成为旅游服务国际化的一大趋势。

(2)"零关税",是对外资旅游设施建设性产品实行"零关税",吸引外国投资商进入投资旅游业;设立免税商场,便利游客购物。

(3)"放航权",是实行更加开放的航权政策,扩大航空经营权,增加国际航线,为国际游客进出提供便捷的渠道。

2. 国际旅游岛的主要特点

(1)人员、物资、资金进出充分自由、方便、快捷。

(2)"吃、住、行、游、购、娱"旅游要素丰富多元,品位高雅。

(3)旅游业的开发、经营、管理、服务实现国际化、信息化。

美国夏威夷、新加坡、泰国芭提亚、韩国济州岛等都具有国际旅游岛的特征,即人员进出自由便捷、旅游商品丰富、旅游设施完善、旅游服务国际化、旅游社会环境配套、旅游生态环境良好。

(二)海南国际旅游岛建设的总体目标

借鉴世界各地国际旅游岛的经验,按照国际惯例,以科学发展观为指导,实现旅游产业的全面开放,推进海南以旅游产业为龙头的现代服务业的持续快速发展。

总体目标:力争用 10～15 年左右的时间,把海南建设成为世界一流的旅游服务国际化、生态环境持续良好、海岛生态旅游特色鲜明、旅游环境安全、中外游客向往的国际热带海岛度假休闲旅游目的地。

1. 世界一流的国际性的热带岛屿度假休闲旅游胜地

建设海南国际旅游岛,重要目标之一是把海南打造成国内外游客首选的热带岛屿休闲度假旅游重要目的地之一。

(1)优越的开放环境。以国际化度假休闲旅游目的地为核心的国际旅游岛,一个重要特征就是为国际游客的出入境提供比其他旅游目的地更加方便和快捷的条件。在这方面,海南还存在明显差距。如在免签证方面,海南目前只能对 21 个国家免签,远低于夏威夷、马尔代夫、济州岛,也低于巴厘岛、普吉岛。海南要以免签证、落地签证、航权开放为重点,按照世界上同类旅游目的地的水平,实行更加开放的出入境政策,使海南成为名副其实的"开放之岛"。

表 2　著名国际旅游目的地免签证比较(2005 年)

	巴厘岛	济州岛	马尔代夫	夏威夷	普吉岛	海南
免签证的国家或地区数(个)	30	122	任何国家	130	29	21

资料来源:根据网络资料整理。

(2)境外休闲度假游客比重和旅游外汇收入大幅度提升。境外游客人数、旅游外汇收入,是衡量旅游国际化水平的两大指标。近些年来,海南的这两大指标都很低,不仅远低于国际水平,在国内的排名也处于中下游。海南的旅游环境对境外游客具有很大的潜在吸引力,建设高度开放,拥有国际标准的休闲度假旅游产品的国际旅游岛,可以大大提升境外游客人数和旅游外汇收入水平。

根据 2006 年统计,目前我国入境旅游超过 100 万人次的省市区共有 15 个,其中北京 390 万人次,上海 465 万人次,广东 2089 万人次,而海南 2006 年的 61.69 万人次在全国 1.24 亿入境游客中所占比重不足两百分之一。

表3 2005年部分省市入境旅游基本情况

地区	国际旅游外汇收入（万美元）	排名情况	入境旅游人数（万人次）	排名情况
北京	361891	2	363	4
天津	50901	10	74	16
辽宁	73777	8	130.20	10
上海	355588	3	571.35	2
江苏	225974	4	378.3	3
浙江	171626	5	348	5
福建	130529	6	197.39	7
广东	638805	1	1897	1
海南	12846	22	43.19	22
四川	31595	16	106.28	11
云南	52801	9	347.59	6

资料来源：《2006年中国旅游年鉴》。

海南作为我国独一无二的热带宝岛,拥有人们共同向往的阳光、沙滩、碧海、蓝天、清新的空气和热带雨林生态资源。大幅度提高境外休闲度假游客在游客总数中的比例,具有巨大的潜力。

表4 近年著名国际旅游岛基本情况

	巴厘岛	济州岛	夏威夷	普吉岛	海南
面积（平方公里）	5632	1845	16705	570	34000
人口（万人）	315	50	105.4	25	835.88
境外游客人数（万人次）	150	300	220	250	61.69

资料来源:根据海南省旅游局提供的资料及网络资料整理。

2. 世界一流的国际化旅游服务中心

旅游服务符合国际惯例,能为中外游客提供符合国际标准的旅游服务。

（1）旅游业的管理体制、运行机制与国际全面接轨。旅游业的国际惯例和国际规则均得到实行;旅游业高度开放,相关服务业也实行相应的开放,与旅游业的发展相协调;具有符合国际标准的旅游管理服务体系,服务质量达到国际一流水准。

（2）旅游服务设施国际一流。按照满足游客进出顺畅快捷、游览轻松惬意、生活方便舒适的要求,构筑直通世界、网络全国、景区互通、顺畅快捷的旅游交通体系;加快信息化建设,实现旅游信息、旅游服务、旅游管理网络化、国际化;围绕旅游"吃、住、行、游、购、娱"六要素的功能布局合理,能满足不同国家旅游者的不同爱好和消费层次需求。

(3)多方面创造旅游服务国际化必需的软环境。如:良好的政府形象,国际标准的城市管理水平;从业人员训练有素,服务质量一流;金融服务、保险服务国际化;具有良好的国际语言通行环境和标识系统;完善的医疗、安全保障体系;文明的居民素质,对外来旅游者友好的接纳态度等。

3. 世界一流的生态宝岛

良好的生态环境是建设海南国际旅游岛的生命线,也是支撑海南长远发展的战略资源。建设海南国际旅游岛,必须瞄准以下生态目标:

(1)保持一流的生态环境。海南省森林覆盖率达到60%以上,空气质量保持国家规定的一级水平;近海海水和大部分地表水的质量达到国家Ⅰ、Ⅱ类标准,地下水质总体保持良好;旅游城市和旅游景区的空气污染指数和噪音平均值小于国家规定的最低值;度假区、旅游景区污水、垃圾和粪便全部实现无害化处理。

(2)具有世界上先进的环境治理技术和有效的机制。建立生态补偿机制,建立健全严格的产业准入标准;全面实施污染物总量控制、排污许可制度,防治工业污染、控制生活污染;完善法规体系,强化行政执法,确保生态安全。

(3)自然与人文和谐统一。建设海南国际旅游岛,统筹人与自然的和谐发展,是建设和谐海南的重要途径。在旅游业规划方面,实现景点、生态、文化相统一,彰显人性的文化内涵,打造自然与人文和谐统一、"宜居"且"乐居"的独特环境;将优秀的、本土的、厚重的、民族的、独特的文化作为重要的资源进行保护和发扬光大,形成具有独特吸引力的人文环境。把本地黎族、苗族等本土文化与旅游开发结合起来,开发出具有浓厚本土文化色彩的人文景观,彰显海南旅游文化的特色,提升海南旅游的竞争力。

4. 世界一流的海岛生态旅游产品基地

按照国际惯例,实施名牌战略,努力打造具有国际吸引力和竞争力的热带海岛生态旅游产品,使海南在国际上更富有鲜明的海岛度假休闲旅游胜地的魅力。

(1)度假休闲旅游产品丰富多彩。通观著名的度假休闲胜地,旅游产品均丰富多彩,拥有文化观光、主题公园、民俗参与等度假休闲旅游产品系列,满足游客较长时间度假休闲的消费需求。夜生活也是度假旅游不可或缺的内容,甚至被称为"半壁江山",电影院、剧院、音乐厅、展览馆、会议中心等场所有丰富多彩的娱乐活动,酒馆、酒吧、夜总会、博彩场地通宵达旦。目前,海南的旅游产品还比较单一,且多为观光型。海南应策划一批高品位的旅游娱乐、购物等服务配套项目,为中外游客提供符合国际标准的度假休闲服务。

(2)突出海岛生态旅游产品特色。岛屿旅游形象鲜明,旅游产品品位高,达到世界级标准。提升热带滨海度假休闲旅游产品,突出热带滨海生态旅游特色;高起点规划,精心开发热带海岛雨林山地度假休闲旅游产品;整合开发热带海岛温泉康养度假旅游产品;发展热带高尔夫度假旅游产品;开发海上旅游和海上运动旅游产品,把海南建设成为中国最大的海洋旅游中心、最大的海上旅游运动基地。

5. 世界一流的安全旅游目的地

保持良好的社会秩序和诚实、文明的社会风气,建设好客、热情、友善、祥和、闲适、安定、和谐的社会氛围,以良好的软环境吸引国内外游客。

(1)良好的旅游市场秩序。建立健全旅游执法管理体系和综合治理长效机制,切实加强旅游市场秩序综合整治和服务质量监管,依法严厉打击宰客骗客、强买强卖、恶意竞争、价格欺诈等不正当竞争行为。

(2)健全的旅游投诉制度。加强旅游市场日常监管,坚持日常检查与集中检查相结合,定点检查与抽查相结合。完善旅游投诉案件的受理、登记、移交、结案等制度。

(3)加强旅游诚信建设。以建立诚信旅游长效机制为重点,不断健全诚信评价体系和诚信监管体系,建立旅游企业和导游人员"诚信信息库"。在旅游企业中推行信誉等级评估制度,引导游客理性消费,营造旅游诚信环境。

(4)牢牢把握旅游安全生命线。切实把社会治安、消防安全、交通安全、食品卫生安全以及景区景点特种设施安全作为重中之重,强化监督检查,切实增强游客的安全感。

6. 分步实现海南国际旅游岛建设的总体目标

(1)近期目标:利用 3 年左右的时间,大力推进海洋旅游、度假旅游、入境旅游基地建设,提高海南旅游在亚洲、欧洲特别是韩国、日本和俄罗斯等市场的认知度。争取年接待境外游客人数,由 2006 年的 61.69 万人次达到 2010 年的 100 万人次;旅游外汇收入由 2006 年的 2.2 亿美元达到 2010 年的 5 亿美元(外汇收入目前国家旅游局按人均消费 1000 美元标准测算,此方案按人均消费 500 美元标准测算)。

(2)中期目标:再利用 3～5 年的时间,向全球营销海南,不断提高海南旅游的国际知名度和美誉度,打响"中国热带海岛,东方度假天堂"的品牌。争取到 2015 年,为建成海南国际旅游岛综合试验区打下坚实基础,海南省年接待入境旅游者实现 300 万人次,达到或超过世界上同类著名旅游目的地近年的境外游客量;旅游外汇收入超过 20 亿美元。

（3）远期目标：再利用 3～5 年的时间，把海南建设成为中国最大的海洋旅游中心，世界上最大的海洋运动基地，世界一流的海洋度假休闲旅游胜地。主要旅游产品达到国际水准，城市建设、公共服务设施、现代服务业等适应世界发展潮流，综合环境能满足中外游客的各种需求。海南成为中国的旅游强省，年入境旅游人数达到 450 万人次、旅游外汇收入超过 30 亿美元。旅游产业成为海南强力支柱产业，成为重要的就业、富民渠道。海南省旅游产业收入占 GDP 的比重从目前的 13.4% 上升到 20% 以上（有资料统计，在中等发达程度以上的国家，旅游总收入占 GDP 的比重约为 10%，以旅游为支柱或主导产业的国家，其旅游总收入占 GDP 的比重则超过了 20%）。

三、建设海南国际旅游岛的总体布局

建设国际旅游岛，是海南中长期发展的重大战略，既要立足现实，兼顾长远，又要着眼于全局，统一整合资源。为此，要坚持高起点规划、高水平建设，有效整合旅游资源，努力打造旅游精品，建立扩大旅游开放的支撑体系，从多方面为推进海南国际旅游岛建设进程奠定坚实的基础。

（一）全岛统一规划建设"五大旅游经济区"

本着有利于统一规划、统一开发，有利于统一整合资源，发挥资源的整体优势，有利于保护生态环境的原则，按照统筹城乡发展、统筹区域发展、统筹经济社会发展、统筹人与自然和谐发展、统筹国内发展和对外开放的指导思想，把海南全岛规划为"五个旅游经济区"，依托这"五个旅游经济区"推进海南国际旅游岛的建设。

1. 在南部建设"三亚热带滨海旅游经济区"

包括三亚、陵水、保亭、乐东一市三县。总面积 6955 平方公里，总人口 152 万。海岸线总长 329.1 公里，占海南省海岸线总长 21.5%，海域环境良好，加上优美的热带风光，是发展热带滨海旅游度假不可多得的地方。以三亚市为中心建设世界一流的热带滨海旅游经济区，有利于充分利用丰富的资源，拓展三亚旅游经济区的范围，以三亚的旅游品牌带动周边区域发展。

2. 在北部建设"海口滨海文化旅游经济区"

包括海口、文昌、定安、澄迈二市二县。总面积 7972 平方公里，总人口 288 万。海南省政治、经济、科技、文化中心，交通邮电枢纽。以海口市为中心，形成周边一小时旅游圈，建设中国小康社会的第二居住地，具有各种有利条件。

3. 在中部建设"热带雨林旅游经济区"

包括五指山、琼中、屯昌、白沙一市三县。总面积 7184 平方公里,总人口 78 万。地处山区,林业资源丰富,森林蕴藏量最大的地区;四周群山环抱,形成昼热夜凉的山区气候特征,是少数民族主要聚居地。以五指山为重点建设中国的热带雨林旅游经济区,是有效开发中部山区旅游资源的现实选择,潜力巨大,发展前景看好。

4. 在东部建设"国际会展、温泉旅游经济区"

包括琼海、万宁二市。总面积 3576 平方公里,总人口 105 万。两市平原、丘陵为主要地貌,既有奇山、异洞、怪石、海滩、岛屿、温泉、热带珍稀动植物、滨海风光等自然景观,又有文物古迹、革命遗址等人文景观。以博鳌、万宁为两极,建设亚洲一流的会展、温泉旅游经济区,已经具备品牌效应和国际吸引力。

5. 在西部建设"生态工业旅游经济区"

包括儋州、东方、临高、昌江二市二县。总面积 8434 平方公里,总人口 203 万。矿产资源丰富,海域拥有丰富的油气资源。建设以洋浦和东方为两极的生态工业旅游经济区,是新兴工业集群与生态和谐发展的理想示范区。

(二)选择"三亚热带滨海旅游经济区"作为国际旅游岛综合改革试验区的先行试点

1. 在"三亚热带滨海旅游经济区"先行试验旅游产业扩大对外开放和深化改革的重大举措和政策

2. 在"三亚热带滨海旅游经济区"进行统筹发展的改革试验

先行试验统筹城乡发展、统筹区域发展、统筹经济社会发展、统筹人与自然和谐发展、统筹国内发展和对外开放的重大改革举措和政策。

3. 在"三亚热带滨海旅游经济区"试验"以市联县"的行政管理体制

即在经济区内各市县保持原有的独立行政建制的基础上,建立以三亚为中心的十分紧密的经济合作关系,对区域范围内的土地资源、基础设施、城乡产业布局、城乡重要的公共事业、产业发展政策的制定(如在招商引资、土地批租、外贸出口、人才流动、信息共享等)、区域环境保护和生态建设等,实行联合决策,联手开发,联动发展。

(三)规划建设 10 个"乡村生态旅游社区"

充分利用海南广阔农村独特的生态资源和热带农业资源,在上述五大旅游经济区的基础上,规划建设 10 个生态环境一流、城乡统筹发展为特点的"乡村生态旅游社区",作为海南国际旅游岛独特的休闲度假旅游产品。

1. 建设"乡村生态旅游社区"

在文明生态村建设的基础上建设"乡村生态旅游社区"。每个"乡村生态旅游社区"可由 10~20 个文明生态村组成。

2."乡村生态旅游社区"的综合功能

每个"乡村生态旅游社区"都应该至少具备三大功能区:一是热带生态景区;二是热带农业观赏区;三是热带乡村互动文化娱乐区。

3. 扶持农民通过股份合作制建设能够为国内外游客提供住宿、餐饮和娱乐的接待设施

(四)规划建设 10 个国内外知名的旅游景区品牌

在现有 2 个 5A 级旅游景区品牌的基础上,规划建设能够充分代表海南国际旅游岛国际形象的 10 个 5A 级旅游景区,由此提升海南国际旅游岛的国际形象,提高海南国际旅游岛的国际竞争力。

(五)建设海南国际旅游岛的支撑体系

1. 培养与国际旅游岛建设相适应的人力资源队伍

世界各国重要的国际旅游城市,在吸引人才和营造人才成长环境上都不遗余力。海南旅游人力资源不足,推进国际旅游岛建设,必须加快旅游人力资源开发,培养各类旅游专业人才。

(1)做好旅游人力资源规划,创新吸引人才的制度环境和社会环境。针对现实的人力资源状况,将旅游人力资源规划作为国际旅游岛发展规划的重要组成部分,积极营造吸引人、培养人、留住人、激励人的良好环境,使旅游人才在数量、质量和结构上都能适应建设国际旅游岛的目标要求。

(2)加强旅游职业教育。充分发挥高等院校在旅游职业教育方面的作用,坚持院校培养与在岗培训相结合,本地培养与外地引进相结合,加快培养中高级旅游管理人才。

(3)鼓励海外著名旅游人才培训机构进入海南,设立独资或合资的旅游职业或管理培训中心。

(4)加大旅游优秀人才引进力度。引进高水平、熟悉国际规则的旅游企业经营管理、规划策划、市场营销和涉外旅游等专门人才,引进掌握世界先进信息技术、环保技术、生物技术、仿真技术等领域的高端人才。要积极实施借脑工程,聘请国内外旅游专家搞好决策咨询、规划设计、市场拓展、酒店管理和职业培训,全面提升海南旅游产业的发展层次和水平。

2. 构建适应国际旅游岛需求的国际水平的医疗保健服务体系

(1)按照建设国际旅游岛的需要,制定相关优惠政策,积极吸引国内外一流的医

院在海南设立医疗分支机构,鼓励省内高校与国内外知名医疗机构开展合作办学、合作办医。

（2）成立全岛联网的涉外医疗救护中心,在海口、三亚建立国际化水平的以治疗心脑血管等突发病救治为主的急救医院。

（3）利用海南优越的自然环境和温泉资源,建立多元化、多层次的康复保健体系,发展中老年保健、体育保健和养生康复保健。

（4）在医疗保险方面先行先试,率先开通国际、国内联网的医疗保险支付系统。

3. 加强公共服务体系建设

（1）完善旅游信息咨询服务网点。搭建在海南省所有旅游网站都能方便使用的互联网络旅游信息服务平台,加强旅游区公共信息符号和旅游标识标牌的规范化建设,完善旅游交通标识与标牌,提供中英文双语的文字说明。

（2）实现旅游统计的科学化、现代化和网络化等。

（3）政府各级管理部门要提高工作效率,树立诚信形象,塑造公平、公正和公开的行政服务秩序,为各类旅游企业创造平等竞争的环境。

4. 举办"国际旅游岛博鳌论坛"

充分利用博鳌亚洲论坛的国际影响,每年举办一次"国际旅游岛博鳌论坛",吸引国际旅游界知名人士参加,扩大海南国际旅游岛的影响,建立与相关国家海岛的旅游交流合作机制,充分借鉴其他国际旅游岛的发展经验,加快推进海南国际旅游岛的建设。

5. 充分挖掘、利用好具有地方特色的文化内涵

海南民族文化特色鲜明,但疏于提炼加工、疏于升华创新,造成海南旅游文化特色整体不够鲜明、不够突出。

（1）要组织专业人员,对海南省旅游文化进行挖掘、提升和创新,加大人文景观的开发,提升旅游产品的文化内涵。

（2）大力扶持创作具有浓郁地方特色的文化精品,特别是适应旅游市场需要的文艺演出作品、音像作品、图书作品等,促进文化产业发展与旅游产业发展的良性互动。

（3）正确处理好继承与开发创新的关系,高水平开发民族文化旅游产品。

（4）继续策划一些参与性强、吸引力大的旅游文化活动。让海南以崭新的面目呈现在国内外游客面前。

6. 营造文明、好客的社会环境

加强文明城市、文明旅游经济区、文明度假休闲社区、文明景区的建设,开展全民国际旅游岛建设教育活动,把国际旅游礼仪列入中小学德育教育内容,为建设海南国际旅游岛营造良好的社会氛围。

（六）根据海南国际旅游岛建设的中长期目标，进一步加强基础设施建设

1. 进一步健全和完善海南的海、陆、空立体交通网络

（1）请求中央批准建设琼州海峡隧道或跨海大桥工程，完善连接其他省市的方便、快速、安全的交通体系。

（2）按照国际机场标准，加快海口美兰国际机场和三亚凤凰国际机场的扩建工程，完善海口美兰国际机场、三亚凤凰国际机场口岸通关设施，提高两个空港的国际化和现代化水平。

（3）完善岛内高等级公路网建设，尤其是提高通往景区景点的支线公路的标准。提高高速公路多功能服务区配套设施的档次，使其符合国际旅游岛建设的要求。

（4）加快完成全岛城际/重要旅游经济区之间的快速铁路建设。

（5）建设海口、三亚国际客运海港，加快国际邮轮码头的规划和布局，尽快规划建设三亚、海口、博鳌等国际邮轮中心。

2. 大力推进旅游信息化建设

加快通讯网络系统的升级换代，提升网络通信功能，降低通信费用，为海南国际旅游岛建设提供便捷的通信环境。

四、建设海南国际旅游岛的政策框架

根据海南国际旅游岛建设进程，按照国际惯例，争取国家给予更加开放的旅游政策支持，分期、分批到位，逐步建立起与海南国际旅游岛建设总体目标相适应的政策体系。

（一）实行更加开放、更加便利的出入境政策

实行更加开放的出入境政策，为境外游客来海南度假休闲创造更加便利的条件，是建设海南国际旅游岛的首要关键。

1. 实行个人来琼旅游免签证政策

在原批准的21个国家5人以上旅游团来海南实行15天免签证政策的基础上，实行这21个国家的公民个人来琼旅游免签证政策。

2. 扩大免签证国家范围

新选择一批国家，实行5人以上旅游团来海南旅游免签证。

3. 延长免签时间

由目前免签时间最长 15 天,延长至 30 天,最长可至 90 天。

4. 对来海南的国内游客,可以授权海南办理出入境手续使其旅程延伸至东盟国家

(二)扩大免税零售服务,对境外游客实行退税政策

国际性的旅游度假需要便利的旅游购物。按照国际惯例,实行以免税为特点的旅游购物政策,对创造国际性的旅游度假环境至关重要。

1. 设立免税商店

在机场口岸设立免税品商店的基础上,允许海口、三亚等主要旅游城市在市区内设立免税商店。来琼旅游的中外游客均可进入免税商店购买商品。

2. 按照国际惯例实行出境退税

境外游客在海南省内指定的商场购买某些特定的商品,按照国际惯例实行出境退税制度。

(三)实行更加开放的航权政策

旅游开放的关键是航权开放,这对于发展海岛型旅游度假十分重要。

1. 扩大国内航空公司国际航线经营权范围

(1)在开放海南第三、四、五航权以及中途分程权的基础上,给予海南基地航空公司可以用两条航线的名义,接载甲国和乙国乘客及货物往返,但途中必须经过本国。如给予南航海南公司在海南经停,在韩国首尔、泰国曼谷之间运送旅客、货物、邮件的权利。

(2)允许海南基地航空公司经营海南经停或延伸国内任何具备国际口岸的城市(包括北京、上海、广州、香港、澳门)的国际航线。

2. 实行开放航权的减免税费政策

(1)免航油关税等相关费用,降低海南的航油价格。

(2)减免经营海南国际航班新增的航路费、空管费。

(3)减免海南基地航空公司经营海南国际航班的新增起降费。

(4)恢复海南岛内航空企业原享有的进口自用飞机、发动机、航材、航空专用设备减免关税和进口环节增值税政策,在机场设立进口航材保税仓库。

(5)返还减免经营海南新开国际地区航线缴纳的机场建设费,作为海南开放航权发展资金。

3. 允许海南基地航空公司经营海南—台湾节假日包机航班

（四）尽快开放西沙旅游，实行更加开放的海洋旅游政策

海南具有发展海洋旅游的良好条件。海洋旅游的开放，不仅会大大促进海南旅游业的快速发展，而且还会带动环北部湾区域海上旅游圈的形成。当前，海南发展海洋旅游的关键是开放西沙旅游。

1. 尽快开放西沙航路

西沙旅游已经论证多年，且各方面条件也已具备，建议尽快批准"开放西沙旅游"，增加我国海洋旅游开放的新亮点。

2. 尽快建立南海旅游开发管理机构

以开发、开放西沙旅游为契机，选择适当时机设立承担南海石油和南海旅游开发管理职能的综合行政管理机构。

3. 开放南海国际航线

进一步开放国际邮轮航线，使海南旅游与国际海洋旅游航线相衔接。

4. 允许以度假休闲为目的的国外私人游艇进入海南本岛

（五）吸引外资进入海南旅游业的特殊优惠政策

建设国际旅游岛，需要吸引有实力、有经验的外来投资商进入海南旅游业开发、经营，以多方面提高海南旅游业的国际化、现代化水平。

1. 对外资旅游设施建设性产品实行零关税

例如，对外资从事旅游产业的开发与经营，在其投资总额、进口自用的建筑材料、生产经营设备等，经核定，免征关税和增值税。

2. 对外国投资商投资海南旅游业实行优惠政策

按照《关于中部六省比照实施振兴东北地区等老工业基地和西部大开发有关政策范围的通知》规定的鼓励外国投资者再投资的优惠政策，即对把企业利润作为资本投资兴办其他外资企业或增加现有企业注册资本的，退还部分缴纳的税款。

（六）对旅游业相关的服务业实行更加开放的政策

国际性的休闲度假需要相关服务业的开放与发展。因此，建设海南国际旅游岛，要按照国际惯例和适应旅游产业开放的大趋势，实行旅游相关服务业的开放政策。

1. 赋予海南举办国际文化、教育、体育产业的一定权限

（1）允许海南创办具有国际影响的大型旅游文化赛事和体育活动，如国际电影节、国际电视节、国际服装节、国际赛马节、国际游艇大赛等，以吸引更多的国际游客。

（2）争取国家承办的国际比赛项目，安排部分在海南举办。

（3）给予海南更大的文化交流自主权,放宽旅游演艺、国际奥斯卡大片等文化产品进口政策。

（4）扩大国外主要电视频道在海南的落地频道数量。

（5）许可海南建设与旅游相关的各类国际性学校。

（6）允许海南引进其他国际旅游岛普遍提供的高端旅游休闲娱乐项目。

2. 实行更加灵活的高尔夫旅游产业政策

允许海南在严格遵守国家土地政策、确保基本农田得到保护的前提下,利用荒地、废地、滩涂地适度发展高尔夫旅游,吸引更多的境外高端游客来海南休闲度假。密切跟踪高尔夫游客数量的变化趋势,根据需求预测数据,超前规划,建设高尔夫球场。争取到2015年,全岛高尔夫球场达到50个以上,把海南建成世界著名的高尔夫球岛。

3. 实行适度发展旅游公益博彩业政策

海南是四面环海的岛屿,有条件有限开放博彩业。博彩业可由政府专营,在严格管理下,一定时限内只对境外游客开放,所筹资金用于海南当地的社会公益事业。

4. 允许外资举办国际水平的急救中心、医院和康复中心

（1）允许海南引进境外著名医疗机构在海南设立独资或合资具有国际水平的医院、突发病急救中心和康复中心。

（2）许可海南在医疗保险方面先行先试,率先开通国际、国内联网的医疗保险支付系统。

（七）支持海南成为国际会展基地的政策

国际性会展与国际度假旅游的相关性越来越强。海南具备建设国际会议基地的良好条件,应充分用好博鳌亚洲论坛品牌,发展会展产业并形成规模,吸引国内外高层官员、大企业家、专家学者等高端人士云集,以此带动国际性旅游业的发展。

1. 赋予海南省一定的审批权限

除国家特殊规定之外,允许海南自主审批与重大敏感问题无关的国际会议,不受参与国家数量和境外代表人数的限制。

2. 授权海南审核境外机关在海南岛举办国际学术性、专业性会议的权限

3. 争取国家举办的高层国际论坛和各类展览安排部分在海南举办

（八）海南国际旅游岛内货币兑换和流通的便利政策

便利的货币兑换是发展国际性度假旅游的必要条件,也是旅游开放的客观趋势。

1. 允许海南省在国家有关部门监管下自主设立外币兑换窗口

允许海南在机场、旅游区或相关城区,根据旅游发展的需求,自主设立外币兑换窗口。允许进行小额外币自由兑换试点。

2. 适当放宽海外度假游客进境携带的外币数量限制

3. 放宽从海南出境的国内游客携带人民币和外币的数量限制

4. 允许有资质的中外金融机构在海南岛设立分支银行,开办离岸业务

(九)设立海南旅游产业发展基金

资金短缺,尤其是直接融资的能力弱,是海南旅游发展的制约因素。为此,尽快批准海南设立旅游产业发展基金,这对推动海南旅游重大基础设施项目的开发和建设有重要作用。

1. 以公开募集的方式筹集发行海南旅游产业发展基金

2. 允许外资在旅游产业发展基金中占有一定的比例

3. 允许旅游产业发展基金在海内外证券交易所挂牌上市

(十)实行更加灵活的旅游项目审批政策

建设海南国际旅游岛,是我国旅游开放的重大举措,是加快海南经济特区建设的重要途径。为此,国家应当赋予海南省更为灵活和较大的旅游项目审批权。

1. 按照国家批准的海南国际旅游岛总体规划,赋予海南省关于旅游建设项目的自主审批权

2. 将国际旅行社的审批权下放给海南

3. 赋予海南省统一协调国家相关部门在海南特派机构的权限

4. 允许和支持海南省按照国际惯例,推进国际旅游岛建设的综合改革实验

五、推进以国际旅游岛建设为重点的海南综合改革

中共海南省第五次党代会《报告》明确指出:"建设以旅游开放为主要内容的综合改革试验区,既是再创海南特区新优势的重要突破口,也是支撑海南长远发展的战略需要。要以建立国际旅游岛为载体,全面提升旅游开发开放水平。"

根据海南省五次党代会《报告》的精神,建设海南国际旅游岛,必须敢为天下先,勇于探索、善于创新、敢于尝试,"积极推进旅游对外开放"和"加快旅游管理体制及相关配套改革",推进与国际旅游岛建设相关领域的改革。

（一）在推进旅游产业对外高度开放的同时，统筹现代服务业的全面开放

旅游业与很多其他产业之间有着非常明显的交互影响。旅游业在直接拉动众多相关产业发展的同时，也以很多相关产业为其发展的前提和条件。所以，旅游业与其他产业关系和谐，是旅游业稳定发展的基础。建设海南国际旅游岛，就是要把以国际休闲度假为重点的旅游产业发展成海南的最重要的支柱产业之一，把海南建成全世界国际游客首选的休闲度假目的地之一。并以旅游业为龙头，推动海南现代服务业体系的完善和服务标准国际化的不断提高，使海南在全国率先进入休闲型社会和服务型社会。

1. 先行试验旅游产业的对外开放

在当前和今后一个时期内，必须根据"重塑特区意识，重振特区精神"总体要求，大力弘扬敢闯、敢想、敢试、敢为天下先的特区改革精神，大力弘扬面向世界、海纳百川的特区开放精神，大力弘扬只争朝夕、奋发有为的特区创业精神，全面提升旅游开发开放水平，加快旅游管理体制及相关配套改革。全面提升旅游开发开放水平，争取率先试验与旅游产业直接相关行业的改革。

2. 积极推进卫生医疗、会展业、体育产业、文化娱乐产业、新闻媒体产业等在内的服务业对外开放和深化改革的新战略、新措施、新政策

通过深化改革，理顺体制、创新机制，动员和整合一切可以动员整合的资源，进行最优配置；调动一切可以调动的积极因素，形成全社会的合力。

（二）在大胆改革旅游管理体制的同时，统筹旅游投融资体制改革、旅游企业改革和旅游行业规范管理的体制机制建设

构建与国际旅游岛相适应的体制机制，既是支撑海南旅游业可持续发展的关键因素，也是海南旅游实现又好又快发展的根本动力。要按照统筹城乡发展、统筹陆海发展、统筹旅游资源开发和生态环境保护的指导思想，推进海南国际旅游岛建设。

为了推动国际旅游岛建设，海南省五次党代会提出"整合行政资源，设立旅游发展管理委员会，负责推进海南省旅游改革、发展和管理，协调旅游相关行业和部门"。这对于创新和建立更具活力的体制机制，动员和整合一切可以动员整合的资源进行最优配置；对于调动一切可以调动的积极因素；对于推动旅游业转型升级，带动和促进以旅游业为龙头的现代服务业，实现海南长期可持续发展，都具有重要的现实意义。

1. 海南省政府授权省旅游发展管理委员会全面负责国际旅游岛建设

为了保证海南省旅游发展管理委员会承担起领导和组织海南国际旅游岛建设的历史使命,海南省旅游发展管理委员会的运行应该具有明确的体制、机制保障。

(1)负责制定以建设海南国际旅游岛为目标的对外开放和旅游管理体制改革的政策指导文件,并监督执行。

(2)招标委托国内外著名旅游规划设计院所研究设计海南国际旅游岛建设蓝图和总体规划。

(3)跨行业、跨部门、跨市县协调、整合海南省可用于国际旅游岛建设的行政资源、社会资源、自然资源、市场资源、资本资源、技术资源、管理资源和人才资源,加快推动国际旅游岛建设。

(4)审批海南省旅游基础设施建设项目、重要旅游产业开发项目和旅游景点建设项目。

(5)责成职能部门制定海南省旅游产业的国际国内市场开发战略和区域性、国际性旅游合作项目,负责审查批准并监督执行。

(6)负责国际旅游岛建设重大项目的决策和跨行业、跨部门、跨区域的协调落实。

(7)制定以国际旅游岛建设为目的、优先发展旅游业的产业政策。

(8)提交地方立法提案,明确规定政府各相关职能部门、市县政府、海南省旅游相关产业、高等院校、研究机构、社会团体、新闻媒体等在国际旅游岛建设中的责任和义务。

2. 优化投资环境,创建与国际旅游岛建设相适应的投融资体制

(1)扩大对外开放,吸引国内外资金投资海南省旅游业。创新旅游业投融资机制,推进旅游业投资主体多元化,加快市场配置旅游资源的进程。按照旅游资源所有权、管理权和经营权三权分离的原则,以特许、转让和承包方式,广泛吸纳外资和民资。同时,积极推行项目融资、股权置换等融资方式,实现投融资主体多元化。

(2)以政府投资为引导,以社会和外资为主体,积极拓展旅游开发投融资渠道。一是设立海南旅游产业发展基金,扶持重点项目和基础设施网络建设;二是建设旅游资本和产权市场,完善和规范旅游资本准入和退出机制;三是探索运用发行旅游彩票,发行大型旅游区债券,多渠道筹措旅游发展资金。在融资途径上积极争取国家政策性贷款、银行授信贷款、国债资金、财政专项资金等。

(3)整合、优化资源配置,大力培育和推荐旅游上市资源。海南作为旅游大省,完全意义上的旅游类上市公司仅1家,占海南全部上市公司的5%。总的来看,作为旅游大省,海南还有许多可以挖掘的上市资源,如亚龙湾、南山、西岛等。海南应学习借鉴外省的先进经验,加快企业资产重组,构筑旅游龙头企业,发展大型旅游集团整

体上市,通过资本市场筹集资金。

3. 深化旅游企业改革,增强微观经济主体活力

海南拥有得天独厚的旅游资源,也有特区率先建立的市场经济体制和相对完善的旅游市场体系,更有不断增长的旅游人数,但鲜见在旅行社、酒店、景区等旅游产业链中成长起具有龙头作用的大企业、大集团。原因首先是市场过低的准入门槛,绝大多数旅游企业都是过度追求短期利益的中小企业。

旅游企业是建设国际旅游岛的微观经济主体。只有下大力气深化旅游企业改革,提高旅游企业的经营规模、旅游项目开发能力、度假休闲旅游产品的创新能力、市场开发和旅游产品营销能力,建设国际旅游岛才有可靠的微观基础。

(1)吸引真正有实力的国内外企业集团加盟海南国际旅游岛建设。通过出让开发权、经营权、使用权,吸引有实力的海内外大财团作为一级开发商参与海南的旅游开发建设。加快引进国际知名的旅游大企业、大集团进入海南,开发大型度假休闲旅游项目、参与建设国家级度假休闲旅游区,兴办中外合资旅行社、外商独资旅行社,以项目为载体,以资本为纽带,组建国有资本、外国资本和私有资本共同参与的混合所有制大型旅游企业集团,培育建设海南国际旅游岛的航母型主力军。

(2)加快海南省旅游企业的整合重组,提高中小型旅游企业的综合素质。一是引进拥有海南建设国际旅游岛迫切需要的热带岛屿度假休闲旅游产品、全球性市场网络和先进管理经验的海内外企业,并购重组海南中小型旅游企业;二是扶持中小企业细分旅游市场,实行专业化经营,准确定位目标市场,实现服务市场专门化和服务细微化,并与新进入或新组建的大型旅游集团建立互补纽带,在市场夹缝中发现和扩展中小企业生存发展的空间,使中小企业成为国际旅游岛建设不可或缺的微观经济主体。

4. 完善旅游产业规范管理和行业"自律"机制

(1)完善旅游行业协会功能。建立和完善旅行社、酒店、景区、旅游交通等行业自律制度,将规范市场的工作职能从旅游管理部门逐步向旅游协会和行业专业委员会转移,充分发挥旅游行业协会在规范市场秩序方面的积极作用。

(2)促进旅游产业民间组织的发展,加快行业中介服务体系建设,在政策上给予积极引导和扶持,完善旅游市场服务体系及其治理结构。

(3)引导旅游行业组织尽快制定各种旅游服务的质量标准和程序,用标准和程序强化行业自律,进行准入资格资质的公平、公正、透明化审核、管理和监督。

(三)在推进旅游资源一体化管理的同时,统筹城乡发展和区域经济整合

建设海南国际旅游岛,要坚持统筹城乡发展与整合海南省旅游资源相结合。海

南是一个农村占大头的经济特区,应当从实际出发,按照"四个统一"的原则统筹城乡发展,通过全岛范围内资源的统一整合,统一规划、统一土地开发、统一基础设施建设,海南就能走出一条城乡统筹发展的新路子。

建设海南国际旅游岛,要坚持统筹陆海发展与产业结构升级相结合。海南不仅有我国最好的滨海旅游资源,还有我国珍稀热带原始森林等陆地和山区旅游资源。按照建设国际旅游岛的统一规划,形成产业特色鲜明,区域布局合理,陆海并举的发展格局,这既符合旅游发展的客观要求,也符合海南的实际。

1. 改革旅游资源归部门拥有和旅游资源市县属地管理体制

通过强有力的政府协调,处理好资源管理和资源开发利用之间的矛盾,以建设国际旅游岛为导向,通过区域联动、优势互补,实现海南省旅游资源的统一行政管理,统一市场配置、统一规划开发,把潜在的自然资源优势转变为现实的旅游经济效益。

2. 强化海南省旅游资源的立法保护

通过地方立法和行政法规,管理和保护旅游资源,保证旅游资源的高效配置,实现旅游规划编制实施、旅游资源配置、旅游项目开发建设管理的科学化、规范化和法制化。当前,可供开发成度假旅游产品的原始生态旅游资源已经不多,必须提高旅游项目开发的准入门槛,吸引大财团对旅游资源进行整体成片开发,建设若干特色鲜明、消费层次适度区分的休闲度假旅游区;充分考虑生态环境承载能力,通过地方立法和省政府统一管理严格控制旅游区的开发范围和速度。

3. 通过统筹城乡发展,整合海南省旅游资源,促进国际旅游岛建设

以城乡一体化为目标统筹城乡发展,既是建设社会主义新农村的长远目标,也是海南作为独立岛屿整合旅游资源的重要途径。在海南国际旅游岛建设初期,要理顺区域及市县关系,以旅游资源有效整合和优化配置,以规划建设"五大旅游经济区"、10个"乡村生态旅游社区"和"10个品牌旅游景区"为目标,统一规划,统一土地利用,统一基础设施建设,在推动海南国际旅游岛建设的同时,为海南城乡一体化进程奠定基础。

4. 按照实现旅游资源一体化的目标,统筹稀缺旅游资源的跨行政区域的整合与开发

海南的自然旅游资源开发潜力巨大。它既是作为资源性国有资产的重要组成部分,也是海南省发展旅游产业独特而珍贵的资源。如果规划好,开发好,就能成为政府主导旅游产业开发的巨大财富。按照吴仪副总理的要求,海南旅游业的发展,应该实现旅游资源的一体化目标,把海南潜在的资源优势转变为现实的优势。

建议成立由海南省政府控股的海南省旅游发展股份公司。将海南省已开发三级(按国家旅游局《旅游资源分类、调查和评价》行业标准分类)以上优良自然旅游资

源,特别是海口、三亚和部分市县已经开发的优质自然旅游资源,作为经营性国有资产折价入股省旅游发展股份公司。对那些尚未开发的岛屿、热带森林等三级以上自然旅游资源,由省政府分步授权省旅游发展股份公司进行统一经营管理和市场运作。

(四)在推进旅游开发、开放的同时,统筹生态环境保护,建立符合国际标准的环境保护的体制机制

"优良的生态环境是海南持续发展的重要基础",更是建设海南国际旅游岛的最宝贵资源。所以,完善健全生态环境保护的政策法规体系和生态保护机制,是海南国际旅游岛建设的生命线。

建设海南国际旅游岛,要坚持统筹生态环境保护和旅游资源开发相结合。要和生态省建设结合起来,把环境保护与建设开发生态度假旅游产品紧密结合起来,让老百姓在保护环境中真正受益。

1. 建立生态补偿机制,提高居民生态保护意识

(1)率先制定专项生态保护法,为生态环境补偿机制提供法律依据,对自然资源开发与管理、生态环境建设、资金投入与补偿的方针、政策、制度和措施进行地方立法。

(2)积极创新政绩考核制度,完善市县经济和社会发展考核指标体系,将环保和生态指数纳入重点考核范围。

(3)引导社会各方参与环境保护和生态建设。积极引导国内外资金投向生态建设和环境保护,逐步建立政府引导、市场推进、社会参与的生态补偿和生态建设投融资机制,支持鼓励社会资金参与生态建设、环境整治的投资、建设和运营。

通过财政转移支付建立受益地区对保护地区的生态补偿机制,设立省级和市县级生态保护补偿资金,补偿自然生态保护区等生态功能区的财政损失。

2. 积极申请建立海南环保特区,探索海南环保的体制机制创新

环境保护既有经济方面的问题,又有社会方面的问题,更重要的是体制机制的安排问题。建议把生态省作为规划的基本目标,采取严格的环保措施并运用世界上先进的治理环境技术和治理机制,努力使海南成为我国第一个环保特区。

所谓环保特区,是划定一个特定的区域(通常是指一个水循环流域或者一个岛屿地区),采取严格的环保措施并运用世界上先进的治理环境技术和治理机制,采用严格的环境保护标准进行工农业生产和从事经济运行、城市管理的特定区域。同时运用市场的手段对流域内的水源、空气、排污、固体废弃物协调管理、综合整治,使经济和环境协调发展的一个特定区域,执行较其他地区更严格的环境标准和污染物排放标准和节水、节能标准,以及更多关注于环境的保护、整治。

（1）实施世界上最严格的环保措施,运用世界上先进的环境技术和治理机制,采用国际最高环保标准,监管海南省经济社会活动。

（2）抓好自然保护区建设和生物多样性保护,加快水源、道路、城镇、度假休闲旅游区等周边地区保护林建设,抓紧生活污染等防治工作。

（3）按照生态系统良性循环的要求,发展高效低耗无污染的生态产业,营造良好的生态环境,逐步走出一条经济、社会、资源、环境、人口相互协调和相互促进的发展道路。加快开发生态特色产业的步伐,以绿色产业开发促进环境保护。坚持以高新技术为主导,以发展生态型经济为目标,坚持生态环境建设与经济建设相互促进,实现经济效益和生态效益相统一。

六、推进海南国际旅游岛建设的组织实施

实现建设国际旅游岛目标,既需要中央的特殊政策,更需要海南省各级政府以及与旅游直接相关和间接相关部门的共同奋斗,形成建设国际旅游岛的多方合力。这是实现海南国际旅游岛建设目标的决定性因素。

（一）成立由国家有关部委领导参加的海南国际旅游岛建设的组织协调小组

成立由国家有关部委领导和海南省领导参加的建设海南国际旅游岛指导协调小组。其主要职能是:

1. 审定《海南国际旅游岛总体方案》

2. 协调国家相关部委,积极采取措施,支持和指导建设海南国际旅游岛的综合改革试验

3. 赋予海南省政府对某些重要改革试验的自主批准权

4. 对海南国际旅游岛建设组织评估

（二）成立由海南省政府领导牵头、省政府有关部门负责人参加的"海南国际旅游岛"建设领导小组

1. 建立协调会议制度,协调解决"海南国际旅游岛"建设中的重大问题

省政府有关部门,都要围绕建设海南国际旅游岛这个目标,树立全局意识,提出本部门支持国际旅游岛建设的政策、措施,建立层层落实的推进工作机制,大力倡导政府执行文化。

2. 高起点编制《海南国际旅游岛建设总体规划》

在"十一五"海南旅游产业总体规划的基础上,根据国际旅游业发展趋势和我国"十一五"时期旅游产业改革、开放和发展战略,围绕把海南建设成旅游强省、国际化度假休闲旅游胜地的目标,高起点编制《海南国际旅游岛建设总体规划》,将其确定为海南省经济社会发展的重点,纳入海南省经济社会发展规划之中。

3. 营造建设海南国际旅游岛的良好舆论环境

大力整合和利用各种宣传手段,积极推行整体联动宣传,加强与中央有关媒体、欧美新闻媒体、港澳新闻媒体等国内外知名新闻媒体的合作,充分发挥旅游卫视的作用,搞好海南国际旅游岛整体形象的策划、包装和宣传。

4. 立法推进国际旅游岛建设

充分利用海南经济特区的立法权,把推进海南国际旅游岛的有关工作纳入法制轨道。改革试验内容与国家有关部门行政法规有矛盾的,允许海南先行试验。国家法律或行政规章没有规定的,由海南省人大常委会或省政府拟定规章,依法推进。当前,要加快制定《海南国际旅游岛管理条例》、《海南旅游者权益保障条例》、《海南国际旅游岛休闲度假旅游服务质量监管条例》、《海南生态补偿法》等地方法规及相应的实施细则。

(三)建立海南国际旅游岛建设专家咨询组

为更好地推进海南国际旅游岛建设进程,建议海南省人民政府聘请国家相关部门的专家和国内外知名的专家作为海南国际旅游岛建设的咨询顾问,为总体方案的制定和具体实施提供咨询和建议。

中国(海南)改革发展研究院《推进海南国际旅游岛建设》课题组
课题组组长:迟福林
执笔:迟福林　殷仲义　苗树彬　陈文　赵雄飞　甘露　陈伟

整合自然旅游资源对海南旅游业的发展有强大的推动和促进作用,有利于整体上台阶、上档次、上水平、上效益。有效整合旅游资源,是推动旅游经济增长方式由数量扩张型向质量提升型转变的重要选择。建设旅游强省是打造海南产业特色的现实选择,是增强海南经济持久增长动力的重要途径。

整合自然旅游资源,加快建设旅游强省

（2006 年 7 月）

作为中国唯一的热带海岛,海南旅游的天然优势确实无可替代。"十一五"中后期,随着我国消费结构的变化,海南以休闲度假为主要特点的旅游现实优势日益显现,休闲度假旅游已经成为我国全面小康生活的新标志。旅游业是海南最具潜力、最有优势的产业,海南的自然旅游资源的禀赋最适合发展休闲旅游。

从海南省的情况出发,对自然旅游资源的粗放型开发到政府主导型开发的转变,符合自然旅游资源整合的大趋势,有利于海南旅游业健康、持续的发展。

本研究报告着眼于政府主导旅游产业开发,政府强化旅游规划和资源掌控,政府主导、市场监管这一思路,提出海南自然旅游资源整合运作的建议和初步方案。

一、海南自然旅游资源整合的 重要性、迫切性和可行性

1. 重要性

(1)海南自然旅游资源是国有资产的重要组成部分。

国有资产以三种形式存在:第一种是经营性资产,包括国有企业资产,现在各级国资委所管的基本上是这部分资产。由于计划经济时期国家对海南经济建设的投资较少,这部分资产的总量相对较小。第二种是非经营性资产,包括国家利用各种资源、各种收入、投资所形成的各种公共基础设施。第三种是资源型资产,如土地、未开发的矿藏、岛屿、热带雨林等。海南有大量的资源性国有资产,其中自然旅游资源开发潜力巨大。它既是资源性国有资产的重要组成部分,也是海南最珍贵的资源。如果规划好,开发好,就能成为政府主导旅游产业开发的巨大财富。

据统计,2004 年海南省经营性国有资产为 172 亿元,从绝对数量看,位居全国的第 28 位。与 GDP、固定资产投资、工业增加值等在全国的排位基本相同。海南国有资产总量虽然小,但如果我们能够通过资产重组,提升海南省国有资产质量,再以这部分高质量的国有资产进行资本运作,就可以变小为大,带动和吸引内外资金,包括中央政府、中央企业、外资、外省和民营资本的投入,起到以小搏大的作用。

表 1 全国及相关省份国有资产经营收益情况　　　　　(单位:亿元、%)

年份	海南		云南		四川		广西		湖南		全国	
	收益额	比重	收益额	比重	收益额	比重	收益额	比重	收益额	比重	收益额	比重
2000	0.90	1.5	0.90	1.5	6.66	11.1	5.16	8.6	1.53	2.5	60.17	100
2001	1.37	2.4	0.56	1.0	5.47	9.6	4.09	7.1	2.77	4.8	57.21	100
2002	1.29	1.5	0.68	0.8	7.16	8.4	6.61	7.8	4.21	4.9	85.12	100
2003	1.50	1.1	1.78	1.3	9.20	6.8	9.23	6.8	5.21	3.8	135.44	100
2004	2.18	1.0	3.11	1.4	12.10	5.4	16.74	7.5	7.88	3.5	222.73	100

数据来源:相关年份的《中国统计年鉴》。

(2)海南旅游资源中最具特色的是自然旅游资源。

旅游资源按成因分为两大类型:自然旅游资源和人文旅游资源。依据国家旅游局提出、国家质量监督检验检疫总局发布的中华人民共和国国家标准《旅游资源分类、调查与评价》,对旅游资源细分为 8 主类、31 亚类、155 基本类型。8 主类旅游资源中,自然旅游资源占 4 个:地文景观、水域风光、生物景观和天象与气候景观。据此,结合海南的自然旅游资源的特点可分为五类:海滩、温泉、热带雨林、河流、淡水湖泊。海南省旅游业核心优势是自然资源优势。与全国其他兄弟省市相比,由于历史上开发时序较晚,且与政治经济文化中心的距离相对较远,海南省旅游资源的突出优势不是人文历史,而是得天独厚的自然资源。这些资源具有以下自身特点:

资源的独有性。海南岛是我国的第二大宝岛,也是唯一一个地处热带和亚热带的海岛,对生活在其他气候和环境中的人们有独特的吸引力。

资源的多样性。海南有充足的阳光、蓝天碧海、地热温泉、热带雨林、田园风光,可使游客得到多方面的享受。

资源的质优性。海南全岛森林覆盖率 55% 左右,近海海域水质和空气质量达到国家优良标准。1528 公里的海岸线,到处都是洁白的沙滩,堪与夏威夷相媲美。特别是神秘的热带雨林,是世界上保存最好的三大热带雨林之一。

资源的集中性。海南全岛 3.4 万平方公里的陆地上,到处都是旅游风光,游客领略各种不同的旅游产品十分方便。

(3)建设生态省要求处理好旅游资源开发与生态环境保护的关系。

海南以自然风光为特色的旅游资源属于易损型资源,而海岛生态系统和热带雨林生态系统也是比较脆弱的生态类型。

生态环境的保护与旅游资源的开发利用是一对矛盾。始终坚持旅游资源的严格保护、合理开发和永续使用相结合,坚持旅游发展的经济效益、社会效益和环境效益相结合,努力做到建设旅游强省和生态省的统一,就会充分发挥海南热带海岛和良好生态环境的优势,进一步美化旅游环境,把海南岛建设成为特色鲜明的"花园岛"、"休闲岛"、"健康岛"。因此,保持良好的生态环境,是海南旅游业长期和可持续发展的生命线,也直接关系到海南经济社会发展的大局。

(4)符合从旅游大省向旅游强省跨越的发展目标。

整合自然旅游资源对海南旅游业的发展有强大的推动和促进作用,有利于整体上台阶、上档次、上水平、上效益。有效整合旅游资源,是推动旅游经济增长方式由数量扩张型向质量提升型转变的重要选择。建设旅游强省是打造海南产业特色的现实选择,是增强海南经济持久增长动力的重要途径。目前,海南省虽然有一流的旅游资源,但还没有形成一流的旅游经济,整体上只是一个旅游资源大省,还不是旅游经济强省。

海南建设旅游强省的目标是:以休闲度假为主体,形成一流的环境、一流的服务、一流的设施、一流的秩序以及一定规模的旅游收入。由此,必须推动观光游向度假游、国内客源向国际客源的转变,旅游产业在管理、服务、秩序等方面要全面升级,以加快把海南建设成为世界著名、亚洲一流的热带海岛度假休闲目的地。

2. 迫切性

(1)破坏性开发普遍。

海南以其国内唯一的热带海滨和热带森林旅游资源及舒适的环境,在吸引休闲度假旅游方面有独特的优势。这意味着旅游活动对海南的影响,无论从广度上,还是从深度上,都将大大增强。从海南省的情况看,目前存在某些粗放型的开发模式。例如:随着旅游的开发,一些经营者追求急功近利,对沙滩进行破坏性开发,建筑设施离海岸越来越近,使得一些美丽的沙滩面目全非。在经济增长的同时,伴随的是资源的破坏和环境的恶化,这种只顾谋求局部的、暂时的经济利益,造成的是全局的、长远的经济损害和环境损害,没有真正达到发展经济的目的。生态破坏和环境污染,既破坏了旅游业长期赖以存在和发展的自然资源基础,也降低了旅游质量。

（2）近年一些企业圈占自然旅游资源,待势而建、待价而沽的现象较为普遍。

建省以来,以圈占土地和资源为主要目的的开发一直屡禁不止,本应由政府统一管理和收益的海南自然旅游资源在一定程度上为企业占有,变成企业资源。目前,由于旅游资源"出让"的准入和退出机制尚未健全,有些地方政府急于发展旅游业或者说急于招商引资,在旅游景区的"出让"时降低门槛,较为普遍的做法是"先进来,后谈判,先建设,后规范",由此导致纠纷不断。有的地方出现了"一流资源,二流开发,三流产品"的困境,投资商投入不力,态度消极,待势而建、待价而沽,而无法撤出,成为当前"圈地运动"的又一特色。旅游景区,特别是一些自然景区,属不可再生资源,一旦破坏,无法恢复,而且国有资源的利益也难以确保。如因投资者资金不到位或合同承诺无法实现时,应协商退出,再找新的投资者,以期景区永续利用、持续发展。这种退出,可能因投资者的投资战略调整、资金不够、管理跟不上等等缘故,但不管什么原因,应协商解决,把双方的损失降到最低。

（3）自然旅游资源具有不可再生性,而分散、无序的资源开发破坏了环境,极大地浪费了宝贵资源。任何旅游资源在一定时期内有一定的承载极限,必须把不可再生自然旅游资源的开发与保护结合起来,实现可持续发展。只有得到精心保护、处在良性循环状态的自然环境和人文景观,才能激发人们的旅游愿望并转化为现实的旅游需求。

海南旅游资源的开发需要确定"保护性开发"的主题。随着海南旅游业的迅猛发展和旅游资源开发利用热情的高涨,我们需要保持清醒头脑。过去,海南旅游项目盲目开发、低水平重复建设严重,旅游开发的统一管理和执行规划乏力,许多地方和部门对旅游资源开发缺乏"适度"的理念,产生了不少以牺牲环境为代价换取眼前经济利益的问题。生态系统作为旅游资源来开发,人类活动的影响必然削弱其自我恢复能力,所以旅游开发与资源和环境保护要融为一体,在有效保护的前提下进行适度开发,对高品位资源要通过价格约束机制来限制客流量,以保持其有完全的更新能力,实现可持续发展。

（4）按照"十一五"规划,以统筹城乡发展为目标,整合自然旅游资源。

海南自然旅游资源的整合也符合海南实现城乡一体化的发展目标。海南由于自身独特岛屿的地理位置,应作为一个整体,按照实现城乡一体化的目标统筹城乡发展,以使海南的优势得到最大程度的发挥,通过整合区域旅游资源可以走出一条城乡协调发展的新路。以自然旅游资源的合理布局为基础,统一规划,统一土地利用,统一基础设施建设。如在海口、三亚、博鳌等地,建设各具特色的旅游经济区,实现区域发展的突破,为推进海南城乡一体化进程奠定基础。

3. 可行性

(1)政府主导整合自然旅游资源的大趋势和主要作用。

政府主导的成功模式。从我国和许多发展中国家的实践经验看,政府主导是发展旅游产业的成功模式。

充分发挥国有资产的作用。我国的自然旅游资源是国有资产,海南国有资产总量小,自然旅游资源作为国有资产的重要组成部分,可以通过资产重组和资本运作,提升海南省国有资产质量并带动和吸引内外资金的投入,起到以小搏大的作用。

强化政府主导,发挥多方面的积极性。目前,在自然旅游资源产权未界定的情况下,地方、部门责任边界相对模糊,只有强化政府主导,才能充分发挥地方以及相关部门的职能作用,在旅游业的发展过程中予以积极支持和配合,推动旅游产业的健康、快速发展。

整顿市场秩序。海南旅游的自然条件非常优越,但好的旅游资源往往都在公司手中、在私人手中,政府主导作用包括规划、开发、旅行社管理等都受到很大的限制,致使海南旅游业市场比较混乱,旅游业发展较为缓慢,也极大地影响了海南省旅游业的形象,急需加以整顿。

建立自然旅游资源持续开发的投融资平台。旅游资源作为一种具备产生收益的基础资源,是具有资本属性的资源。要依托海南省独特的自然旅游资源,建立以政府为主导的支撑自然旅游资源持续开发的投融资平台。

卫留成省长提出政府主导旅游业发展的4个方面是:主导规划、主导基础建设、主导运作、主导投融资。海南旅游要变资源为资本,增强政府主导自然旅游资源开发的实力。政府主导不是政府包揽,而是政府要遵循市场经济规律,充分发挥市场配置资源的基础性作用,不断提高市场化运作水平。

(2)海南自然旅游资源一体化是旅游产业持续发展的客观要求。

吴仪副总理在考察海南时指出,海南旅游业发展,应该实现旅游资源的一体化目标,把海南潜在的自然资源优势转变为现实的优势。为更好地落实吴仪副总理的指示,在一定程度上改善旅游资源多头管理的现状,提升旅游行业管理水平,国家旅游局已将地方旅游资源一体化改革列为2006年的工作重点。其主要内容是,改变旅游资源由建设、文化、林业等部门多头管理为一个部门统一管理,从而达到有效利用资源、提高效率和效益、促进市场规范和行业管理的目的。

旅游资源是海南的优势资源之一,旅游业是最具发展潜力的一个产业。但是,海南旅游资源条块分割,缺乏统一管理、统一经营,未形成整体竞争优势。由于缺少旅游龙头企业,重要旅游资源没有掌控在政府手中等,在旅游产业市场经济秩序尚未形成的阶段,政府缺乏强有力的引导旅游产业发展的调控手段。

整合资源是发展旅游业的重要途径。海南要以海岸带资源、河流与湖泊资源、热带森林资源、温泉资源等自然旅游资源开发利用为重点,做好旅游业的统一规划和布局,实现自然资源的整合和优化,实现有序开发。通过实施旅游资源的整合,实现旅游资源保护和开发的理性化。这既是旅游产业发展的大趋势,又是旅游产业发展的客观要求。

表2　全国及相关省份旅游收入及境外游客数　（单位:亿元、万人次）

地区 \ 年份		2001年	2002年	2003年	2004年	2005年
海南	旅游总收入	87.9	95.4	93.6	111.0	125.1
	境外游客数	45.7	38.9	29.3	30.9	43.2
云南	旅游总收入	257.0	289.9	306.6	369.3	430.1
	境外游客数	113.1	130.4	100.0	110.1	347.6
四川	旅游总收入	314.2	380.2	420.8	566.2	721.3
	境外游客数	57.5	66.7	45.2	96.6	106.3
广西	旅游总收入	199.7	223.0	204.3	254.7	303.6
	境外游客数	126.7	136.3	65.0	117.6	146.2
湖南	旅游总收入	210.0	246.0	294.1	371.6	453.6
	境外游客数	50.5	56.6	15.4	55.3	72.0
全国	旅游总收入	4992.3	5566.5	4882.2	6838.2	7686.0
	境外游客数	8901.3	9790.8	9166.2	10903.8	12029.0

数据来源:相关年份的《中国统计年鉴》和各省及全国国民经济和社会发展统计公报。

（3）海南自然旅游资源适合发展休闲旅游的客观大趋势,具有巨大的现实价值和潜在价值。

世界旅游业市场的发展将从观光旅游向休闲旅游转变。美匡的未来学家甘赫曼将人类社会发展的第四次浪潮预言为"休闲时代"。度假休闲旅游产品在当代旅游产业中是档次最高的产品,代表着旅游业发展的趋势。生产力高度发达后,人们的生活水平极大地提高,既有经济能力,也有闲暇时间,对度假休闲旅游的需求越来越旺。海南旅游资源禀赋最适合发展休闲旅游。

海南岛是中国唯一的热带亚热带宝岛,有漫长的海岸线,海水清澈,沙白如絮,清洁柔软;还有特殊的热带海岸森林景观红树林和热带特有的海岸地貌景观珊瑚礁。

这里有一流的空气、沙滩、水源、温泉、热带雨林。在环境污染成为全球性问题的今天,海南这块国内甚至世界范围内少有的、基本上未受工业污染的人间净土,非常难得。在我国旅游业发展的总体格局中,海南最具备条件建成热带海岛海滨旅游度假胜地和国际著名的休闲度假胜地。为此,应当确立休闲度假旅游的主导地位,根据海南自然旅游资源的独特优势来实现旅游产业升级,把海南建成亚洲第一、世界著名的海岛度假休闲胜地。通过发展度假休闲旅游带动整个旅游产业,提高旅游产业的整体经济效益。对国人而言,到海南旅游度假已经成为一种时尚。海南会成为越来越多的国内游客首选的度假之地。表3中海南品牌旅游资源综合评价在全国31个省区中排名第28位,一方面表明现在品牌优势尚未形成,另一方面又表明打造品牌的潜力巨大。

表3　中国各省(自治区、直辖市)品牌旅游资源综合评价

地区	得分	排名	地区	得分	排名	地区	得分	排名
北京	2218.40	13	安徽	2341.00	10	四川	3134.25	2
天津	503.50	29	福建	2227.50	12	贵州	1223.00	22
河北	2644.89	7	江西	1602.50	18	云南	2201.25	14
山西	2471.67	8	山东	2791.89	5	西藏	743.50	27
内蒙	1511.00	19	河南	2962.00	4	陕西	2275.89	11
辽宁	2350.67	9	湖北	2145.25	15	甘肃	1395.50	21
吉林	1149.00	24	湖南	2084.50	16	青海	455.50	30
黑龙江	1898.00	17	广东	2759.50	6	宁夏	420.89	31
上海	763.00	26	广西	1451.25	20	新疆	1033.25	25
江苏	2992.50	3	海南	636.50	28			
浙江	3474.00	1	重庆	1151.50	23			

注:运算中涉及的所有数据均来自互联网,香港、澳门、台湾不在此次统计之列。

数据来源:李经龙、郑淑婧:"中国品牌旅游资源空间布局研究",《旅游管理》2006年4期。

表4　旅游资源评价结果排序的相关比较

地区	品牌旅游资源值	传统旅游资源值	旅游总产值	国内生产总值	地区	品牌旅游资源值	传统旅游资源值	旅游总产值	国内生产总值
北京	13	10	2	15	湖北	15	23	11	9
天津	29	29	10	20	湖南	16	13	15	12
河北	7	18	14	6	广东	6	19	1	1
山西	8	14	22	22	广西	20	6	16	16
内蒙	19	20	27	24	海南	28	22	25	28

续表

地区	品牌旅游资源值	传统旅游资源值	旅游总产值	国内生产总值	地区	品牌旅游资源值	传统旅游资源值	旅游总产值	国内生产总值
辽宁	9	27	7	7	重庆	23	2	17	23
吉林	24	28	23	18	四川	2	2	12	10
黑龙江	17	24	19	13	贵州	22	8	24	26
上海	26	—	3	8	云南	14	3	13	19
江苏	3	7	2	2	西藏	27	4	31	31
浙江	1	5	5	4	陕西	11	11	21	21
安徽	10	12	18	14	甘肃	21	9	28	27
福建	12	17	8	11	青海	30	25	29	29
江西	18	16	20	17	宁夏	31	26	30	30
山东	5	15	6	3	新疆	25	1	26	25
河南	4	21	9	5					

数据来源:李经龙、郑淑婧:"中国品牌旅游资源空间布局研究",《旅游管理》2006 年 4 期。

表5 中国品牌旅游资源等级划分

分级标准（旅游资源值）	省、自治区、直辖市		
	东部沿海地区	中部地区	西部地区
一级	≥3000	浙江		四川
二级	2500～3000	广东、河北、江苏、山东	河南	
三级	2000～2500	北京、辽宁、福建	安徽、山西、湖北、湖南	云南、陕西
四级	1500～2000		江西、黑龙江、内蒙古	
五级	1000～1500	广西	吉林	重庆、贵州、甘肃、新疆
六级	≤1000	上海、海南、天津		西藏、青海、宁夏

数据来源:李经龙、郑淑婧:"中国品牌旅游资源空间布局研究",《旅游管理》2006 年 4 期。

二、海南自然旅游资源整合的目标、范围和原则

发挥政府在旅游产业的主导作用,主要目的是:一是旅游业的关联度特别大,其

产业带动作用也特别明显。二是旅游资源大多是生态的或不可再生的。只有强化政府主导,才能推动旅游产业的健康、快速发展。

1. 整合的目标

通过整合自然旅游资源,利用海南旅游自然资源的核心优质资产,形成与国际惯例对接的产业和资本平台,通过品牌项目规划实现国内外资本市场的融资,统一规划和建设海南省旅游基础设施和项目,实现整合、融资、规划建设和产业升级的良性循环,把海南旅游产业做强做大,实现旅游大省向旅游强省的跨越,促进区域经济和社会事业全面协调发展。

2. 分类与管理

根据国家标准《旅游资源分类、调查与评价》,对自然旅游资源进行分类分级和评估,在此基础上进行分层次管理。按资源的重要程度和开发价值合理划分省与市县各自的管理范围。

评价项目有 3 个:"资源要素价值"、"资源影响力"、"附加值"。评价体系依据"旅游资源共有因子综合评价系统"赋分。依据旅游资源单体评价总分,将其分为 5 级,从高级到低级。

五级旅游资源称为"特品级旅游资源";五级、四级、三级旅游资源被通称为"优良级旅游资源";二级、一级旅游资源被通称为"普通级旅游资源"。

按资源的重要程度分类评级,建议五级、四级、三级旅游资源的"优良级旅游资源"由省里统一管理;二级、一级旅游资源的"普通级旅游资源"由市县管理。

3. 整合的原则

主要的原则有四条:

(1)有利于统筹城乡发展的原则。按照大区域发展来规划、整合、开发。通过整合区域旅游资源,使海南的优势得到最大程度的发挥,实现区域发展的突破,为海南城乡一体化建设奠定基础。

(2)有利于进行旅游产业市场运作的原则。通过整合海南旅游自然资源核心优质资产,形成与国际惯例对接的产业和资本平台,可以通过品牌项目规划实现国内外资本市场融资,从而实现海南旅游业的跨越式发展。同时,通过加强对国有旅游资源的管理和有效利用,实现国有资产的保值增值。

(3)有利于对自然旅游资源进行统一规划、统一基础设施建设、统一开发的原则。规划是旅游发展的龙头,科学制定和严格实施旅游规划是实施政府主导型发展战略的重要内容。政府通过规划来指导旅游资源的保护和有序开发,抑制无序竞争和盲目建设,推动区域合作,整合产业要素,实现旅游协调发展。在《海南省旅游发展总体规划纲要》的基础上,制定海南省重点旅游区域的规划建设方案,对海南省旅游的开发与保护起到指导作用。坚持旅游开发先规划后建设,严格按照规划组织实施。

(4)有利于发挥多方面积极性的原则。"政府主导"不是"政府包揽"。在社会主义市场经济条件下,充分发挥市场配置资源的基础性作用。要做好统筹协调,发挥多方面的积极性,形成推动合力。

三、海南自然旅游资源整合的两种方案

(一)基本思路

1. 方案一:成立海南省旅游发展股份公司

(1)方案内容

建议成立由海南省政府控股的海南省旅游发展股份公司。将海南省已开发三级(按国家旅游局《旅游资源分类、调查和评价》行业标准分类)以上优良自然旅游资源,特别是海口、三亚和部分市县已经开发的、可以先期整合上市的优质自然旅游资源,作为经营性国有资产折价入股省旅游发展股份公司。对那些尚未开发的岛屿、热带森林等三级以上自然旅游资源,由省政府授权省旅游发展股份公司进行统一经营管理和市场运作。

(2)方案的利弊

优点:

——有利于实现海南省主要旅游资源统一规划、统一开发、统一建设、统一经营的战略整合,推进海南旅游资源一体化进程。

——有利于迅速建立统一的融资平台,公司组建后即可开展资本运营,把国有控股公司做大做强。

——有利于协调旅游资源的开发与保护。

——一步到位,有利于减少渐进式整合所产生的摩擦成本。

缺点:

——要打破海南国有旅游资源现有的管理模式和利益格局,实施难度较大,需要海南省政府下大决心和强有力的支持。

——要对海南省重要的已开发自然旅游资源进行评估,费时较长,成本较高。

2. 方案二:成立海南省旅游开发(控股)公司

(1)方案内容

将海南省三级以上尚未开发的自然旅游资源全部移交控股公司统一开发、经营,控股公司按岛屿、热带森林等资源类别设立2~3个子公司。

（2）方案的利弊

优点：

——可以回避与市县之间的利益矛盾；可以较快完成控股公司的组建。

——新企业没有历史负担，轻装上阵，可以按市场化的要求进行运作。

缺点：

——不能对海南省范围的旅游资源进行统一规划，难以提高海南旅游业整体竞争优势。

——控股公司缺乏海南品牌效应的精品景区资源，难以迅速构筑统一的融资平台，将影响旅游资源向旅游资产转化的进程。

——难以改变目前这种低水平重复建设、恶性竞争、行业和企业管理混乱、整体效益不高的局面。

结论：综合以上两个方案的利弊，我们认为第一方案有利于统一经营运作，有利于通过公司化运作把企业做强做大，并且能够尽快实现投融资的目标。为此，我们建议选择这一方案。

（二）公司的基本框架（按第一方案）

1. 股份公司拟定注册资本金4亿~5亿元人民币，资产规模达到40亿~50亿元人民币

2. 出资方式

股份公司注册资本金由海南省政府以一定比例的现金出资，余下部分选择优质景区资产以评估价作价出资。

3. 股份公司组织架构

股份公司设立股东会、董事会、监事会和若干独立董事，董事长为公司法定代表人。

股份公司聘任总经理负责日常经营管理，公司下设综合部、财务部、经营管理部、投资证券部、市场营销部和企业发展部。

建立规范的母子公司体制。即股份公司（母公司）、按区域或按行业板块设立的二级公司和景区分公司的分层管理体系。二级公司实行母公司控股或参股的股权多元化。

4. 母子公司的功能定位

股份公司是全公司的投融资中心和决策中心，负责全公司项目和产品的统一规划、统一投融资、统一开发建设和统一营销策划。

二级子公司负责所辖区域项目和产品的统一经营管理,定位为经营中心和利润中心。

景区分公司具体负责对所辖景区景点的管理工作。

(三)首批进入公司的优质资产

首批进入股份公司的优质资产应当具有海南的代表性、是有一定发展基础的核心旅游资源,还有较好的赢利能力和发展前景,便于短期内进行资产评估和运作上市融资。

首批进入股份公司的优质资产分为以下四个板块:

1. 三亚的天涯海角、鹿回头、大小洞天景区;

2. 兴隆华侨农场除农业以外的土地和道路等基础设施和温泉旅游资源;

3. 兴隆华侨农场下属酒店、海口琼苑宾馆、高速公路股份公司金银岛系列酒店、金元投资控股公司的明珠系列酒店资产、假日酒店股权;

4. 海南省旅游总公司、海南省国际旅行社有效资产和资源。

以上述资产为基础进行筛选,组建一个股本 5 亿元的股份公司。

在上述四大板块中,三亚的三大景点资源一直是海南享誉国内外的知名景点,是股份公司的龙头板块,将成为公司的强势品牌;兴隆华侨农场的温泉资源,可为股份公司拓展海岛温泉休闲度假空间;兴隆华侨农场、金元公司和高速公路系列酒店是几大国有公司的非主营业务,且经营状况和剥离处置不够理想,并入股份公司,有利于实现集约化经营;海南省旅游总公司和海南省国旅,有良好的客户资源和知名品牌,并入后将作为联接旅游各要素的纽带,有利于组织客源和统一对外营销。四大板块资产、资源并入股份公司和新建项目一起,能形成吃、住、行、游、购、娱完整的产业链,各板块合理分工、通力合作,能提高海南旅游产业整体品牌效应和股份公司赢利能力。

(四)公司组建后计划投资的重点项目

为提升海南旅游业的整体水平,扩大游、购、娱和完善休闲度假旅游的配套和服务,计划兴建三大重点项目:

1. 在三亚新建一个海洋馆,投资规模 3 亿元,建设期限 2 年。按每年 100 万人次、门票价格 60 元/人预测,年收入可达 6000 万元。

2. 在三亚新建一个文化产业园,预计投资 5000 万元,长年举办《鹿鸣天涯》等大型文化演出活动,按每年 100 万人次、门票价格 80 元/人预测,年收入可达 8000 万元,一年即可收回投资。

3. 拟在海口、三亚两地兴建大型旅游连锁购物中心,投资规模 2 亿元。

（五）上市筹资规模预测

股份公司组建后,要将公开上市作为重要战略目标。通过公司上市或发行债券等形式,预计在公司成立的近五年内(即"十一五"规划期间),可融资 30 亿～40 亿元人民币。

1. 首期上市融资。比照前几年同类行业上市公司发行定价方法和目前《证券法》、《上市公司证券发行管理办法》和《首次公开发行股票并上市管理办法》有关规定,股份公司首次可对外募集 2 亿股份。在考虑市场因素和政策因素稳定的前提下,拟筹措的资金可超过 10 亿元。筹资金额预测见表 6。

表 6　海南省旅游发展股份公司首期上市融资额预测

公司名称	海南旅游
发行前总股本(万股)	50000
上年净利润(万元)	20000
前三年平均每股收益(元/股)	0.40
市盈率(倍)	15
发行价(元/股)	6.00
发行股份(万股)	20000
筹资金额(万元)	120000

2. 该公司上市后,在"十一五"规划期间,可增发一次新股,启动新的项目。如增发 2 亿股,每股发行价 6.5 元,则可再融资 13 亿元人民币。

3. "十一五"期间末期,还可视公司发展状况,争取组织 1～2 家专业板块或景区公司在境内外上市,预计在二级市场融资 10 亿元左右。

此外,还可通过发行企业债券募集资金。

根据《证券法》的相关规定,首次发行股票的公司必须设立 3 年以上,并且程序较为复杂,因此我们建议采取借壳上市途径,这样不仅可以节省时间、成本低,还可以利用海南省内已上市公司的壳资源,拯救濒临摘牌危机的上市公司,实现双赢的目标。

（六）利益分配与行政关系调整

1. 资产管理关系调整

(1)原隶属林业部门管理的热带森林资源、国土资源部门管理的国家地质公园和地质遗迹保护区、市县管理的重要旅游景点的资产管理关系,划归省政府作为省级国有资产统一管理。

（2）海南省各相关部门不再具体管理自然旅游资源后，更有利于专司政策法规的制定，以及行业和市场监管职能的发挥。

（3）海南省各市县政府在发展旅游产业中的主要职能是属地领导、协调、监管和服务。

2. 利益分配关系的调整

在组建股份公司方案中未考虑市县参股问题，相关市县的利益采取补偿的办法。

（1）为保证市县旅游业收入不至于因为重组受到较大的影响，可以其所辖景区2005年的收入为基数，由省旅游发展股份公司给予补偿。

（2）对未开发地区自然旅游资源经营管理权移交的补偿，可按地方历年维护资源的资金投入确定一个总的补偿金额。

如果与市县的协调难度很大也可考虑以下方案：即在对海南省已开发自然旅游资源全面评估的基础上，以省国有资本绝对控股为前提和地方政府对景区的历史投资额为依据，确定省、市（县）政府在公司中的股权比例。

（七）重组和方案的实施步骤

1. 领导机构

由于自然旅游资源的重组涉及面较大，又牵涉多方面的利益关系，为此，建议成立由海南省政府主要领导牵头，海南省国资委和相关部门领导和海口市、三亚市政府主要领导参加的海南省旅游业国有资产整合重组领导小组，负责拟定有关政策措施，统一协调各方面关系。

整合重组领导小组下设办公室，由省国资委负责日常具体工作。

2. 重组步骤

第一步，公司的组建与旅游企业重组。

资产评估。聘请知名的资产评估机构，按照国际通行的收益现值法或成本法，对拟纳入控股公司的可以先期整合上市的主要景区景点及其他优质资产进行评估。

调整资源管理和行政隶属关系。厘清和协调省市（县）之间、海南省国资委与有关部门之间的资源管理和行政隶属等各项关系。

成立海南省旅游发展股份公司。抓紧完成该公司注册、组建及相关资产、机构、人员和业务的重组，为下一步的发展奠定组织和制度上的基础。

旅游资源分类评级。股份公司成立后，由省旅游局牵头按照国家旅游局提出并于2003年5月1日实施的《旅游资源分类、调查和评价》行业标准对海南省各类型旅游资源进行分类评级，并实行分级管理。

第二步,整合优质资源上市。

组建由省旅游发展股份公司控股的区域性二级公司及设立景区管理分公司,引进战略投资者、实行产权多元化,同时对国有旅游企业进行改制。

吸纳外部资产,以合资合作、兼并收购方式促进资本扩张,对海南省主要景点、旅行社、酒店、旅游购物、旅游娱乐等优质资源进行整合,将优质资产进入控股公司,建立覆盖全岛的精品景点景区、旅游购物中心、休闲度假酒店、高尔夫中心、康体保健中心、会展中心等。

鼓励和支持省内省外、境内境外有实力的旅游企业参与股份公司所属企业的改组改造,逐步建立起一批有竞争力的旅游企业,并选择优质板块整合陆续上市或借壳上市。

四、整合海南自然旅游资源的相关建议

1. 统一认识,高度重视

自然旅游资源整合、运作关系到海南省相关部门和市县、旅游企业的利益,涉及到许多重大问题,如跨区域规划、基础设施建设、资源环境保护等诸多问题都需要各方面从海南省旅游发展的全局高度来加以推动。为此,需要在海南省政府的统一领导协调下,各方面顾全大局,齐心协力,以尽快走出一条具有海南特色的旅游资源整合发展的路子。

2. 加快改革,理顺体制

整合旅游资源,需要加快推进海南省旅游管理体制改革。按照实现旅游资源一体化的目标,要对现行的旅游资源"属地管理"的体制进行改革。统筹岛屿、沿海观光线、热带森林等稀缺优势资源的跨行政区域的整合与开发,实现海南旅游业优势互补和整体竞争力的提升。为此,要统一制定方案,组成强有力的工作机构,进行全面的旅游管理体制改革。

3. 处理好省与市县的利益关系

实行"统一管理",要制定切实可行的政策,打破旅游资源的市县属地管理和行业管理的体制界限,将分散在各市县和相关部门的资源,特别是尚未开发的精品旅游资源纳入统一规划和开发的轨道。

省与市县在旅游资源管理方面的关系发生变化,必将对市县的现行利益产生重大影响。为此,要充分考虑到地方的利益,以实现多赢。

4. 加强战略研究,搞好发展规划

海南旅游资源得天独厚,必须坚持高起点、大手笔,努力做到"高水平规划,高标准建设,高效能管理"。当前,要以科学发展观为指导,学习借鉴国内外成功经验,高水平地编制旅游资源整合的实施方案。要加强对旅游资源开发的保护和管理,抑制无序竞争和盲目建设。

5. 坚持保护性开发,实现旅游资源的永续利用

积极倡导生态旅游,使生态旅游进入人们的生活,并逐渐成为一种时尚,做到以旅游带动资源开发,以资源开发促进旅游发展,加强对旅游资源的保护,实现自然旅游资源的开发与保护的统筹兼顾。

本着着眼未来,谋划长远的原则,逐步将省内尚未开发的自然旅游资源进行全面规划和整体开发。努力做到"高水平规划,高标准建设,高效能管理"。做到旅游资源开发一项、见效一项、保护一项,实现海南旅游产业的持续增长和永续发展。

6. 积极提供政策性支持

充分利用国家鼓励政策,争取政策支持性的信贷融资,包括:旅游国债项目、生态保护项目、文物保护项目、世界旅游组织规划支持、国家及省市旅游产业结构调整基金等。

中国(海南)改革发展研究院《整合海南自然旅游资源》课题组
课题组负责人:迟福林
执笔:陈文　赵雄飞

在海南全岛的区域内,围绕旅游产业的开发和经营,对外实行以"免签证、零关税"为主要特征的投资贸易自由化政策,加快推进海南旅游服务国际化、自由化进程。其本质要求是旅游业的高度开放,表现在人员进出上是"免签证",表现在货物进出上是"零关税",表现在投资注来上是"自由化"。

建设海南旅游经济特区

（2004 年 4 月）

旅游业是海南最具特色和竞争力的优势产业。随着我国加入 WTO,海南旅游业面临着进一步开放开发的良好机遇。充分利用海南作为经济特区的优势和海南独特的旅游资源和基础,抓住加入 WTO 和航权开放带来的重要机遇,适时地实行旅游业的全面开放,建设我国旅游经济特区,经过努力建成世界知名的国际旅游岛,这是我国改革开放新时期,海南一个现实而重要的战略举措。

一、建设海南旅游经济特区的历史机遇

（一）由区域性开放向产业开放转变,建立开放型经济体系,是我国加入 WTO、积极应对经济全球化的重要战略选择

在经济全球化、区域一体化的大背景下,海南面临着进一步开放的良好机遇和严峻挑战。海南抓住机遇并充分地利用作为经济特区的优势和独特的旅游资源优势,

适时地实行旅游产业的全面开放,建设旅游经济特区,经过努力建成世界知名的国际旅游岛,这是新时期海南的重要战略选择。

(二)在"旅游服务自由化"的推动下,世界旅游业得到蓬勃的发展

1. 旅游业已成为世界经济发展最快的行业

20世纪50年代以来,旅游业得到了蓬勃的发展。国际旅游业每年的产值高达4.5万亿美元,占世界国内生产总值的11%;从业人员多达2.07亿人,占世界就业人数的8.2%。

世界旅游组织的预测显示,在未来几年里国际旅游业将保持良好的发展势头。2010年全球国际旅游人次将达到10亿人次,2015年12亿,2020年16亿。2020年全球国际旅游消费收入将达到2万亿美元,全球旅游收入年均增长率6.7%,远高于世界财富年均3%的增长率。届时,国际旅游人口将占世界总人口的3.5%,旅游业将在全球经济的重构中发挥重要作用。

表1 1950年～2000年世界旅游业的蓬勃发展之一

	1950年	2000年	2000年比1950年增长
接待旅游人数	2530万人次	6.35亿人次	25倍
国际旅游收入	21亿美元	4786亿美元	227.9倍

数据来源:世界旅游组织网站。

表2 1950年～2000年世界旅游业的蓬勃发展之二

世界旅游业年增长速度	7.1%
国际旅游业每年的产值	4.5万亿美元
国际旅游业每年的产值占世界国内生产总值	11%
国际旅游业从业人数	2.07亿人
国际旅游业从业者占世界就业人数	8.2%

数据来源:世界旅游组织网站。

表3 未来几年世界旅游业发展的预测之一

	2010	2015	2020
全球国际旅游人次	10亿	12亿	16亿

表4 未来几年世界旅游业发展的预测之二

	2000～2020年	2000～2010年	2010～2020年
国际旅游活动年平均增长率	4.4%	4.0%	4.8%

表5 未来几年世界旅游业发展的预测之三

	2020 年
全球国际旅游消费收入	2 万亿美元
国际旅游年均增长率	6.7%
世界财富年均增长率	3%
国际旅游人口占世界总人口	3.5%

2. 世界旅游服务自由化进程在加快推进

旅游业是 WTO 关于服务贸易自由化进程中最引人注目的领域。据 WTO 的统计,到 1999 年,承诺开放宾馆与饭店服务业的成员方已超过 100 个,开放旅行社及旅游经营者提供的服务有 80 多个,开放导游服务也已超过 30 个。与其他服务贸易相比,旅游服务的开放和自由化程度已相对较高。

"旅游服务自由化"正式被提上日程。1999 年,世界贸易组织提出了在 GATS 中增加旅游业附件的建议。WTO 在西雅图会议前公布了一份由世界旅游组织与 WTO 服务贸易理事会共同设计的《关于旅游业的附件草案》,"草案"在第 7 部分的"旅游可持续的合作"中指出,WTO 成员应认识到一个充满活力的旅游部门对于所有国家的发展是至关重要的,尤其是对于发展中国家,并且发展中国家不断提高在世界服务贸易中的参与度十分重要。2001 年 9 月世界旅游组织战略问题小组在日内瓦同 WTO、联合国贸发中心(UNCTAD)及国际航空运输协会(IATA)的领导人就贸易自由化问题举行了会谈。会谈的焦点集中在是否采纳《服务贸易总协定(GATS)》中关于"旅游业附件"的问题。世界旅游组织秘书长佛朗加利说,讨论的主要议题是如何使旅游服务的自由化(特别是在发展中国家)达到某种平衡。会议中,大家同意继续推动更多的自由化,以及减少旅游业的限制。

3. 世界岛屿旅游的全面开放已成为一个大趋势

世界相关各国或地区都在以不同或相同的方式进行着岛屿旅游服务的自由化实践。国际经验证明,人均 GDP 从 1000 美元到 3000 美元的岛屿经济,服务业在岛屿经济的比重大都在 50% 以上,许多岛屿仅旅游业就超过一半以上,如巴哈马、马尔代夫等岛屿。近些年来,一些国家把本国的某个岛屿或地区宣布为特殊的旅游经济区,采取更为开放的政策支持本地区的发展,取得明显的成效。韩国政府宣布自 2002 年至 2010 年,将把济州岛开发成为旅游、度假、商务、尖端科技、物流、金融等综合功能为一体的类似中国香港、新加坡免签证、免关税的国际自由城市。

(三)我国从低收入国家向中等收入国家迈进,旅游业将成为国民经济的重要产业

1. 我国已确立将旅游产业作为国民经济重要产业的基本方针

一个国家和地区人均国内生产总值由 1000 美元向 3000 美元迈进,既是一个经济结构、社会结构急剧变动的时期,又是一个具有持续的、巨大的经济增长潜力的时期。2003 年 10 月,温家宝总理在世界旅游组织第 15 届全体大会上指出:"新中国成立后,特别是改革开放以来,中国政府高度重视旅游工作,旅游业持续快速发展,已经成为旅游大国⋯⋯我们要把旅游业培育成为中国国民经济的重要产业。"

2. 我国旅游业进入快速发展时期

我国在改革开放后旅游接待人数和旅游外汇收入均得到了长足的发展,分别从 1980 年的第 18 位和第 34 位上升到 2002 年的第 5 位。据国家旅游局统计,2002 年,我国入境旅客人数为 9791 万,比 1980 年增长了近 12 倍,外汇收入为 204 亿美元;国内旅游人数从 1984 年的 2 亿增加到 2002 年的 8.78 亿,国内旅游收益为 3878 亿元人民币。全国已有星级饭店 8880 家,旅行社 11552 家。旅游从业人员 564.1 万,到 2000 年年末,全国旅游业已拥有固定资产 6473.62 亿元。

表 6　中国主要年份入境旅游人数和旅游收入的世界排名

年份	过夜旅游者人数(万人次)	世界排名	旅游外汇收入(亿美元)	世界排名
1980	350.00	18	6.17	34
1990	1048.40	11	22.18	25
1995	2003.40	8	87.33	10
2000	3122.88	5	162.24	7
2001	3316.67	5	177.92	5
2002	3680.26	5	203.85	5

数据来源:世界统计年鉴(2003/2004)。

据有关资料统计,目前我国旅游综合实力已被列为世界第 5 大旅游国,但是与世界公认的旅游强国(美国、法国、意大利、西班牙)相比,有明显的差距,而这种差距的核心是旅游产业的国际化水平低和旅游业的开放水平低。2002 年中国的旅游外汇收入,仅相当于美国的 25%、意大利的 69%、法国的 59%、西班牙的 54%;2002 年中国接待入境旅游者,分别比法国少 3990 万人次、比西班牙少 1490 万人次、比美国少 860 万人次。

表 7　中国旅游与世界旅游强国的比较

2002 年	中国旅游相当于世界旅游强国的水平			
	美国	意大利	法国	西班牙
中国旅游外汇收入 178 亿美元(2001 年)	25%	69%	59%	54%
中国接待过夜入境旅游人数 3680 万人次	81%	85%(2001 年)	48%	71%

资料来源:《2003 年中国统计年鉴》、《世界经济年鉴 2003/2004》。

3. 我国将逐步发展成旅游大国

加入 WTO 会给我国旅游业的发展带来新的机遇。随着服务领域的相继开放，将大大有利于旅游业的快速发展；旅游业开放的承诺，将会扩大旅游市场的准入，提高旅游业国际化、自由化的水平；国际资本将大举进入旅游业的重要领域，拉动旅游业的快速发展。2000 年，中国是全球第 5 大旅游目的地。据世界旅游组织预测，到2020 年，我国将跃升为全球首位旅游目的地，入境旅客人数将由 2000 年的 3100 万增加到 2020 年的 1.3 亿。出境旅客人数将达到 1 亿，成为世界第 4 大旅客来源地，仅次于德国、日本和美国。

表8　未来 10 年中国旅游及旅行业发展预测之一

	2013 年
中国旅游及旅行业创造的国内生产总值	8446 亿元
直接及间接创造工作岗位	6580 万个

表9　未来 10 年中国旅游及旅行业发展预测之二

	2004 年
中国旅游及旅行业年增长率（2004～2013 年）	10.4%
世界旅游业发展经济体位次	第四
中国旅游及旅行业年增长率	33.6%
直接创造的国内生产总值	2892 亿元
直接创造的工作岗位	5410 万个
中国旅游及旅行投资	5121 亿元人民币（612 亿美元）
中国旅游及旅行投资占总投资额比重	9.6%

表10　未来 20 年中国旅游及旅行业发展预测之一

	2000 年	2020 年
入境旅客人数	3100 万	1.3 亿
出境旅客人数		1 亿
旅客来源地位次		第 4

表11　未来 20 年中国旅游及旅行业发展预测之二

	2004 年	2013 年	2020 年
旅游直接从业人员	60 万		700 万
旅游及旅行经济创造工作岗位（亿个）	2.01	3.3	

续表

	2004 年	2013 年	2020 年
旅游业增长速度位次	第 1	第 1	第 1

数据说明:中国旅游业快速发展。2004 年旅游及旅游业增长率预计为 33.6%,未来 10 年年均增长率超过 10%,从业人员增长率的总量和增长居世界第一。到 2020 年,中国将跃升为全球首位旅游目的地国。入境旅客由 2000 年的 3100 万人上升到 1.3 亿,出境达到 1 亿人,成为世界旅游强国。

(四)海南旅游业进入快速增长期。经过努力,海南将逐步建成生态环境优美、国际化的休闲度假基地之一,并将成为最具吸引力的第二居住地

1. 海南旅游业进入快速增长期

建省办经济特区以来,海南旅游基础设施不断完善、配套设施进一步改善,一大批新的景区、景点相继建成,接待能力进一步增强,服务质量明显提高,来琼游客不断增加。2003 年海南省接待旅游人数突破千万人次大关,达 1234.10 万人次,其中旅游饭店接待人数 936.31 万人次,比 1987 年增长 11.5 倍,年平均增长 17.1%;旅游总收入 93.55 亿元,其中境外旅游收入 0.80 亿美元,比 1987 年增长 5.7 倍,年平均增长 12.6%。

2. 经过努力,海南将逐步建成生态环境优美、国际化的休闲度假基地之一,并将成为最具吸引力的第二居住地

海南有特殊的旅游资源,在目前的资源条件和产业格局中,旅游业的优势和特色已无可争议,就全国来说,它是唯一的热带海岛,随着 13 亿人初步实现小康以及继续向全面小康迈进,现实旅游需求巨大,前景广阔。

在 13 亿人口中,以广深港为核心的珠三角城市群,以沪宁杭为核心的长三角城市群,以京津塘为核心的华北城市群,构成海南国内旅游的现实需求。从国际市场看,除东盟和周边国家和地区与海南的传统联系外,日韩市场正在兴起,前苏联、东欧以至西欧、北欧市场潜力巨大。经过努力,海南将逐步建成生态环境优美、国际化的休闲度假基地之一,并将成为最具吸引力的第二居住地。

3. 经过 20 年努力,海南完全有条件建成中国旅游强省,并成为世界著名的国际性热带海岛休闲度假旅游目的地

经过 20 年的努力,2020 年海南旅游人数达 807 万人,为 2000 年的 2.4 倍,其中入境人数达 158 万人,为 2000 年的 8.18 倍;旅游总收入达 377.5 亿元,为 2000 年的 4.3 倍,其中外汇收入 18.32 亿美元,为 2000 年的 16.3 倍;旅游财政收入达 33.9 亿元,为 2000 年的 4.4 倍。

经过 20 年的努力,使海南进入全国旅游强省的行列。衡量旅游强省有两个主要指标:一是旅游外汇收入;二是旅游入境人数。在海南旅游经济特区的框架下,贯彻国家旅游局提出的"以入境旅游为主导,以国内旅游为基础"的发展方针,使海南旅游创汇收入占旅游总收入的比重,从 2000 年的 1.1% 提高到 2020 年的 40%,入境旅游人数占旅游总人数的比重,从 2000 年的 5% 提高到 2020 年的 20%。

表 12　2000 ~ 2020 年海南旅游业发展预测

项　目	2000 年	2005 年	2010 年	2020 年
旅游人数(万人)	338	415	511	807
其中入境人数	19.3	29.5	51	158
旅游总收入(亿元)	78.56	120	173.8	377.5
其中外汇收入(亿美元)	1.09	1.13	4.46	18.32
财政收入(亿元)	6.91	11.5	16.2	33.9
就业机会(万人)	9.37	15.28	20.52	33.31

资料来源:《海南省旅游发展总体规划》(初稿)。

经过 20 年的努力,着力提高海南旅游国际化水平,以高档次、高消费国际市场为目标,树立海南旅游市场形象;以国际标准的旅游管理和旅游服务为目标,提高海南旅游国际化水准;以海南独特的热带生态环境和高水准的度假设施为目标,提高海南在国际旅游市场的知名度。使海南成为世界著名的国际性热带海岛度假休闲旅游目的地。

4. 海南已明确实施优势产业战略,这为旅游业发展展现了十分广阔的发展空间

中共海南省四次党代会提出,积极实施优势产业战略。并指出:旅游业是海南省最具特色和竞争力的优势产业之一。海南经济经过 3 年低谷徘徊进入了 5 年的发展回升时期,但回升速度不快,加快发展的势头尚未形成。从 1998 年开始,海南年 GDP 增长速度高于全国平均水平,但是有两个现象值得重视:一是增长速度与各省比较是不高的,如 2002 年海南 GDP 增长 9.3%(均高于 1998 ~ 2001 年),全国 GDP 增长 8.0%,高于全国平均水平,但与全国各省市相比较,海南排在第 25 位;二是经济发展回升的 5 年,海南人均 GDP 仍然均低于全国平均水平,1998 年人均 GDP 比全国低 285 元,1999 年低 164 元,2000 年低 190 元,2001 年低 408 元,2002 年低 381 元。

热带农业、海洋业、旅游业是海南的三大优势产业,相比较而言:①旅游业及其相关服务业的对外开放,最易操作,开放成本最低,开放风险最小。因此开放的效果会来得快,来得好。②旅游业及其相关服务业的开发和发展有更大的空间和更大的潜力,这是因为未来 5 ~ 10 年服务业的开放和发展是全国的重点,而海南以旅游业及其相关服务业为主的第三产业占海南省 GDP 的比重达 39%,一旦得到率先的开放和优

先的发展,对海南省 GDP 的拉动是很大的,将成为加速发展的主要推动力。

二、建设海南旅游经济特区的三大举措

(一)实行旅游产业的全面开放,建立国际化的旅游经济特区

1. 海南旅游经济特区的基本涵义

在海南全岛的区域内,围绕旅游产业的开发和经营,对外实行以"免签证、零关税"为主要特征的投资贸易自由化政策,加快推进海南旅游服务国际化、自由化进程。其本质要求是旅游业的高度开放,表现在人员进出上是"免签证",表现在货物进出上是"零关税",表现在投资往来上是"自由化"。

2. 实行最大范围的"免签证"政策

"免签证"是旅游业国际公认的高度开放的重要标志,它以国际游客为主要对象,为游客的出入提供最大的方便和自由。

目前海南的免签政策是有范围、有条件的。如 2000 年 12 月海南获准的免签证政策,一是限定于 21 个国家;二是经国家旅游局批准在海南省内注册的国际旅行社组团来海南旅游的游客,组团人数不得少于 5 人;三是免签时间不超过 15 天;四是外国记者不属于免签范围。

世界上不同国家免签政策有所不同。如泰国免签对象不限于旅游者,只要持有免签国家和地区的护照抵泰后可自动获 30 天的免签停留时间,其中对巴西、新西兰、韩国、秘鲁等国可获 90 天的免签停留时间。中国香港与 93 个国家和地区互免签证,免签时间最长为 90 天。

根据情况,国家对免签政策随时可做调整。一般而言,其政策逐步放宽,免签国家和地区的数量、时间的限定均由少至多。但也可以做紧缩性调整。如泰国政府 2001 年 12 月 18 日重新检讨有关外国人入境政策,大幅度进行调整,可享受免签的国家和地区从原来的 57 个调整为 37 个,可享受落地签证的国家和地区从原来的 96 个调整为 15 个。免签时间 30 天,最长 90 天,落地签证时间 15 天。

免签证和落地签证都是为境外人员入境提供方便的政策,但是开放程度上有所不同,免签证要比落地签证更方便更自由,免签证比落地签证的透明度更大,因此给予免签证的对象控制更严一些,免签国家应有外交关系,应以对等免签为优先。

把海南建成旅游经济特区,我们建议所有与中国建立外交关系的国家来海南旅游实行免签证。其步骤是:

——对国家已经批准给予免签的 21 个国家和地区的游客,其免签范围由团体逐

步扩大至个人,先对与海南有直航的若干周边国家与地区的游客给予个人入境免签,对每年来海南参加重要国际会议、国际商务活动、重要旅游节庆活动的境外客人给予个人入境免签,运行一年后,对所有21个国家与地区的个人游客给予免签入境。

——免签时间由目前的15天增加至30天。

——对来海南休闲度假10天以上的国内游客,允许在指定旅行社的组织下,去中国香港、澳门、台湾等地区和东南亚国家,从海口、三亚出境作短期旅游。

——鉴于在博鳌、三亚已着手开发建设"分时度假村",海南作为著名国际休闲度假旅游胜地,将有国外人员到海南进行分时度假旅游,海南应争取分时度假免签政策。

——经过2年左右的时间过渡,争取所有与中国建立外交关系的国家来海南旅游一律免签证。

3. 实行与国际惯例接轨的旅游管理体制

海南旅游经济特区与一般国际旅游城市,它们共同之处都是旅游业的高度对外开放,但是开放的程度不同。海南旅游经济特区对外开放的范围和整体水平,均比一般国际旅游城市大和高,它要求相关的服务业也实行相应的开放,使之与旅游业的发展相协调,因此,海南旅游经济特区对整个经济和社会的发展效应会更大。

(1)海南旅游经济特区要求旅游业与国际全面接轨,旅游业的国际惯例和国际规则均应得到实行,尽管达到这一目标有一个过程,但是构建海南旅游经济特区时的参照系是明确的,比一般国际旅游城市的要求更高。因此,海南旅游经济特区在实现我国旅游业与国际惯例的对接,对推进WTO有关旅游服务自由化进程,其示范作用是一般国际旅游城市做不到的。

建议国家在目前旅游管理体制方面,赋予海南经济特区特殊的旅游管理模式。如旅行社的设立、旅游景点的开发审批权限、星级酒店的评定。

(2)放开国际旅行社的准入,加快旅游国际化。我国承诺2003年允许外商控股办旅行社,2005年允许独资旅行社,并取消合资旅行社设分支机构限制。截至2003年11月下旬,中国批准成立的外商投资旅行社共有12家,绝大多数是中方控股的合资旅行社,其中北京4家、广州2家、天津、云南、无锡、甘肃各1家,分别与日本、德国、马来西亚、中国香港、新加坡、瑞士的旅行社合作。

2002年1月,国务院副总理钱其琛视察海南时提出:"海南是中国唯一的热带省份,旅游资源十分丰富和独特,距离港澳和东南亚国家也比较近,区位优势明显,又是经济特区,发展旅游业大有可为。要进一步扩大旅游业对外开放,通过开放带动开发,推动海南省经济的快速发展。"要"想办法引进国外的大旅行社来琼开展业务,提升海南旅行社的管理水平,吸引更多的游客来海南。"海南可争取先试先行,争取2004年实现国际旅行社独资或合资在海南开办国际旅行社,直接经营国际旅行业务;港澳台大型旅行社在海口、三亚设立分社,办理当地游客来海南和国内游客到港澳台的旅游业务;取消设立分支机构的限制。

(3)扩大旅游直接相关产业的开放。

按照旅游发展的要求,在海南试点开放第三、四、五航空权之机,逐步扩大航空权的开放,把海口美兰、三亚凤凰国际机场建成航空自由港。

旅游餐饮业,我国加入 WTO 时承诺允许控股经营,2003 年年底取消相关限制,海南酒店、餐饮业的开放已有较好基础,可允许国际著名旅游饭店集团及连锁饭店独资或合资建设、经营涉外宾馆、饭店;允许国际酒店集团以租赁、承包、托管等形式参与中资大型宾馆、饭店、度假村的经营。

我国加入 WTO 时承诺,外商可在中国投资旅游景点建设,景区、景点对外可实行转让经营,海南应积极引进外资,允许外商独资或合资创办大型娱乐中心、文化中心、游览中心、会议中心等,发展适合国际游客的健康娱乐业;鼓励外商投资旅游商品生产,对其为生产旅游商品而进口的原材料、零部件、元器件、配套件、辅料、包装物料等,按照保税货物的有关规定办理。

对旅游汽车,我国承诺 2006 年 7 月 1 日关税减至 25%,2005 年取消进口配额许可证,海南可争取先行先试,用于旅游业的大巴、中巴(不含小轿车)的进口提前于 2005 年取消配额许可证,关税减至 25%。允许境外旅游汽车公司独资或合资开办相应业务。

对零售业,我国承诺加入 WTO 一年后在海南可建立合资公司,2 年后外资可控股,建议海南抓紧实施并争取先行,允许外商、港澳台商独资或合资建设百货商场,经营批发零售业务。

(4)扩大旅游外围相关服务业的开放。加入 WTO 后我国承诺 2003 年所有电信服务都将放开,鉴于海南电信业发展已有较好基础,为适应旅游业全面开放的需要,可允许外商在海南合资经营电信服务业和投资电信服务业。

我国在人寿保险和非人寿保险的承诺上,由于地理限制,两年内海南未列入本领域开放范围之内,建议海南争取先行,列入开放范围地区,允许外国服务商在海口建立分支机构,经营旅游保险和人寿保险业务。

建议在限定地区、限定数量的条件下,允许外商合资建设经营电影院;允许外商独资或合资开办医院经营医疗保健业。

海南应大力开放国际学术交流、国际文化教育交流和国际文艺体育交流,放宽审批限制,提供宽松的发展环境,促进国际会议产业、教育产业、体育产业,在海南旅游经济特区的大环境下得到发展。

4. 实行优惠的旅游业相关的货物进出口政策,即零关税政策

鼓励中外投资者参与海南的旅游开发和经营。对投资海南旅游饭店规模达到

3000万美元,投资其他旅游景点规模达到1000万美元的企业,在其投资总额内进口自用项目建设的建筑材料、生产经营设备、交通工具和办公用品,以及常驻人员所需进口的安家物品和自用交通工具,在合理范围内,经核实,免征关税和增值税。对投资海南旅游业的中外企业,经营期在10年以上者,从企业获利年度起,第1年至第3年免征企业所得税,第4年至第6年减半征收企业所得税。

5. 在条件成熟的情况下,实行某些特殊的旅游项目开发政策

如博彩业,建议按照国际惯例进行方案设计,并在严格管理的条件下实行有条件的开放。

表13 我国旅游业及相关产业加入WTO承诺与建立海南旅游经济特区的自由化政策

行业	我国加入WTO承诺	海南旅游经济特区政策
旅行社	①2003年年底允许外资控股办旅行社 ②2005年年底允许独资旅行社,取消合资旅行社设分支机构限制	无限制
餐饮业	①允许控股经营、建设酒店 ②2003年年底取消相关限制	无限制
旅游汽车	①2006年7月1日,关税减至25% ②2005年取消进口配额许可证 ③轿车关税2006年1月1日28%,2006年7月1日25% ④零部件市场关税2006年10% ⑤汽车连锁店放开,不能控股;到2006年取消限制	①大巴、中巴车2003年关税为25%,取消配额许可证; ②小轿车维持原限制
零售业	①加入WTO1年在5个特区(含海南),4个城市建立合资公司,不超过2个 ②加入WTO2年可以控股 ③加入WTO3年股权、地域、数量不再有限制	无限制
旅游景区景点	①可在中国投资景区建设 ②景区景点对外实行转让经营	无限制

(二)实行全岛旅游资源的统一整合,形成五大旅游经济区的基本格局

区域划分一般应遵循以下几个原则:(1)空间上相互毗邻;(2)自然条件、资源禀赋结构相近;(3)经济发展水平接近;(5)经济上相互联系密切或面临相似的发展问题;(5)社会结构相仿;(6)区块规模适度;(7)适当考虑历史延续性;(8)保持行政区划的完整型;(9)便于进行区域研究和区域政策分析。

结合海南的实际,本着三个有利于,即有利于统一规划,统一开发;有利于统一整合资源,发挥资源的整体优势;有利于保护生态环境的原则,我们对海南旅游经济特区划分为五大区域,实行有重点、有步骤的开发建设。

(1)南部:包括三亚市、陵水县、保亭县、乐东县一市三县。总面积6955平方公里,2002年总人口144万。海岸线总长329.1公里,占海南省海岸线总长21.5%,海域环境良好,加上优美的热带风光,是发展热带滨海旅游不可多得的地方。以三亚为重点建设中国一流、世界知名的热带滨海旅游区。

(2)北部:包括海口市、文昌市、定安县、澄迈县二市二县。总面积7972平方公里,2002年总人口268万。海南省政治、经济、科技、文化中心,交通邮电枢纽。以海口为重点,建设中国小康社会第二居住地。

(3)中部:包括五指山市、琼中县、屯昌县、白沙县一市三县。总面积7184平方公里,2002年总人口76万。地处山区,林产资源丰富,森林蕴藏量最大的地区;四周群山环抱,形成昼热夜凉的山区气候特征;是少数民族主要聚居地。以五指山为重点建设中国唯一的热带雨林旅游区。

(4)东部:包括琼海市、万宁市二市。总面积3576平方公里,2002年总人口101万。平原、丘陵为主要地貌,既有奇山、异洞、怪石、海滩、岛屿、温泉、热带珍稀动植物、滨海风光等自然景观,又有文物古迹、革命遗址等人文景观。以博鳌、万宁为重点,建设亚洲一流的会展、温泉等旅游区。

(5)西部:包括儋州市、东方市、临高县、昌江县二市二县。总面积8434平方公里,2002年总人口190万。矿产资源丰富,海域拥有丰富的油气资源。建设以洋浦和东方为两极的生态工业旅游区。

表14　海南岛旅游五大区域基本情况

占海南省比重	人口（人）	面积（平方公里）	第一产业（万元）	第二产业（万元）	第三产业（万元）
北部	34.4%	23.4%	27.1%	57.6%	61.1%
东部	12.9%	10.5%	15.2%	12.5%	11.4%
南部	18.5%	20.4%	16.6%	7.8%	10.2%
中部	9.7%	21.1%	6.4%	2.9%	4.1%
西部	24.5%	24.6%	34.7%	19.2%	11.3%

注:数据来源《2003年海南统计年鉴》。

(三)实行旅游开发建设的双重体制,在有效地发挥政府作用的同时,大力吸引海内外有实力的企业来海南开发旅游资源

借鉴国际经验,并从海南的基本省情出发,应当确立企业在旅游开发中的主体地

位。为此,应当采取灵活有效的措施,支持和鼓励有实力的海内外财团作为一级开发商参与海南的旅游开发建设;鼓励和支持社会各方面和中小企业按照海南省的统一规划,进行旅游的具体项目的建设。这样,有利于统一规划,统一开发;有利于吸引企业参与的积极性;有利于高水平、高质量的开发建设。

1. 采取多种方式,出让开发权、经营权、使用权,鼓励支持海内外大企业、大财团投资开发旅游业,合资兴办旅行社。

2. 采用 BOT 方式鼓励和支持有实力的企业进行旅游基础设施建设。

3. 允许和鼓励海内外有实力的企业参与五大区域的开发建设(包括统一规划、基础设施建设、项目招商等)。

4. 五大区域的旅游开发项目向海内外企业公开招标。

三、建设海南旅游经济特区的基本条件

旅游业的发展对基础条件提出了较高的要求,海南优越的自然条件、开放环境、基础设施、开发管理等方面的许多旅游基础条件在国内处于领先地位。

(一)优越的自然条件

1. 区位优势。海南位于中国最南端,是仅次于台湾的第二大岛屿,离中国南部最发达区域珠江三角洲很近;与越南隔海相望;与东南亚毗邻。

2. 气候优势。海南虽然地处热带,但有热带季风、海洋和大面积的热带雨林调节,四季如春,气候宜人,平均气温22℃～25℃。

3. 资源优势。海南拥有极其丰富的、中国独有的热带海岛旅游资源:海水、阳光、沙滩、森林、温泉、热带物产、少数民族风情等。

(二)优越的开放环境

1. 海南享有中国最优惠的出入境政策。目前已对 21 个国家持普通护照 5 人以上的旅游团队 15 天内免签证;对与中国有外交关系或者官方贸易往来的国家或地区的外国人,可在海口、三亚口岸办理"落地签证"。台湾同胞可在海口、三亚申请一次出入境有效的《台湾居民来往大陆通行证》。

2. 海南第三、四、五航权开放政策的试点。随着国际航线的逐步开通,海南海外游客市场也将扩大。

3. 博鳌亚洲论坛极大地提升了海南的知名度和国际形象,也有利于海南旅游业的国际化和客源的多元化。随着这一论坛品牌的确立,会展旅游将在海南获得极好的发展机遇。

4. 海南历史上有开放的传统。300 万琼籍海外华人和琼籍港澳同胞在国际上的影响和对家乡的热爱,将为海南旅游经济特区的建设产生良好的促进作用。

(三)初具规模的基础设施条件

1. 交通条件已有巨大改变。600 多公里环岛高速公路已贯通;中线高等级公路和其他纵横连接的公路,使海南公路交通成网状结构,出游极为方便。海口、三亚两大机场建成并投入使用,具备国际机场的硬件条件,也为岛外客人来琼提供了便利。粤海铁路开通,使海南从南到北与国内巨大的铁路网络连为一体,使海南独具特色的热带滨海的旅游资源与国内其他功能的旅游资源更方便地联结起来,既扩大国内外客源市场,又极大地降低旅游成本。

2. 通信条件大为改善。海南已成为全国通信条件最优越的省份。邮电通信方面已建成包括光纤、数字微波、程控交换、移动通信等覆盖海南省、通达全国及世界的公用电信网。互联网的应用条件在全国处于中上水平。

3. 旅游接待能力大为提高。2002 年全岛三星级以上酒店 130 家,全岛已具备年接待游客 2000 多万人次的能力。

4. 旅游景点具有特色且初具规模。

(四)旅游开发、管理条件正在改善

1. 市场化的开发主体日渐成熟、日渐增多。海南旅游开放一开始走的就是政府规划、企业自主开发的路子。随着旅游优势的凸现,国内知名的旅游开发企业、旅行社已纷纷介入海南旅游开发,开发主体呈现规模扩大的趋势。

2. 旅游服务水平起点高。旅游服务标准在国内处于领先水平,一些星级酒店采用国际同行业标准管理,也有国际知名酒店管理集团加盟海南旅游业。

3. 政府对旅游业的管理方式和水平正在改进和提高。主要表现在,规划引导,依法管理,维护市场规范和秩序,创造公平竞争环境等方面。

4. 旅游人才基本队伍形成。包括规划、管理人才、导游人才等。

四、建设海南旅游经济特区的作用

十六届三中全会提出的"五个统筹",即统筹城乡发展、统筹区域发展、统筹经济社会发展、统筹人与自然和谐发展、统筹国内发展和对外开放,是实现科学发展观的根本要求。其实质,是在全面建设小康社会和实现现代化的进程中,选择什么样的发

展道路和发展模式,如何发展得更好的问题。建设海南旅游经济特区是落实科学发展观的具体行动。明确以统筹区域发展为基础,带动其他四个统筹发展。因为没有区域统筹的发展,就会失去其他四个统筹发展的依托,就没有海南的全面、协调、持续的发展。

(一)建设旅游经济特区,统筹城乡发展的特殊作用就是尽快打破城乡间巨大差距,为充分利用农村旅游资源,消化农村剩余劳动力起到重大作用

由于旅游业的广泛性和丰富性,决定了旅游业是一项高度劳动密集型行业,不仅可以直接吸收较多的劳动力,同时还可以间接地为社会提供大量的就业机会。世界旅游理事会就旅游就业的函数关系根据直接就业与间接诱发就业的数量关系得出就业乘数为2.4~3之间,而这对拥有丰富劳动力资源的中国以及海南来说,都提供了旅游业发展的巨大空间。

1998年海南旅游业从业人员3.06万人,占海南省就业人数的1/100,若以乘数2.4~3计算,旅游业及其相关产业的就业人员就达7.3~9.2万人,就业人数成倍增长。据专家预测,海南旅游业创造的直接和间接就业机会,2000年为9.37万人,2005年为15.28万人,2010年为20.52万人,2020年达33.31万人。可见海南旅游业是一个高就业的劳动密集型产业部门。

表15　海南旅游业创造的直接和间接就业机会预测　　　　(单位:个)

项目	2000 年	2005 年	2010 年	2015 年	2020 年
酒店部门	40600	62400	81500	105300	133800
其他直接从业	21900	36200	46700	59300	74400
间接与派生从业	31200	54200	77000	98700	124900
总计	93700	152800	205200	263300	333100

数据来源:海南省旅游发展总体规划。

(二)建立海南旅游经济特区,对经济社会协调发展将起到直接的促进作用

1. 海南旅游业对经济的拉动作用。按世界旅游理事会1992年统计,旅游收入对国民经济总产出的乘数为2.5。根据海南省旅游局规划预测2020年旅游收入为373亿元,占GDP的比重为19%,对国民经济的贡献额以2.5的乘数计算约为932.5亿元,这将占到GDP的47%。由此可见,如果建立海南旅游经济特区对海南经济的

拉动是十分明显的。

表16 海南旅游业对经济总量的贡献

项目	2000 年	2005 年	2010 年	2020 年
旅游收入（亿元）	78	120	174	373
旅游收入占海南省 GDP 比例（%）	15	15	17	19
海南 GDP（亿元）	518	798	1000	2000
其中:旅游业带动所形成的 GDP（亿元）	195	300	435	932.5
旅游业带动所形成的 GDP 占海南省 GDP 比例（%）	38	38	44	47

注:旅游收入数为海南省旅游发展总体规划（2000）预测数;海南 GDP 数为海南省国民经济发展第十个五年计划数计算而得。上述预测数字的估计是常规性的,建成旅游经济特区比现在数字会高出 30% ～50%,甚至更多。

2. 海南旅游业对相关产业的带动作用。旅游业是关联度较大、发展带动作用较强的产业。据日本野村综合研究所的测算,在工业发达国家,旅游消费支出每增加一个单位,工业产值可扩大 2.71 倍,国民收入可以扩大 1.36 倍,投资可以扩大 0.25 倍。在发展中国家起作用相对会更高,分别可以扩大到 3.7 倍、2.7 倍、0.9 倍。《世界旅游组织研究报告》1993 年预测,到 2000 年全世界旅游消费总量将超过 16000 亿美元,其中有 4% 用于交通和住宿,6% 用于购买消费品、旅游商品。世界旅游理事会提出,全球旅游收入为旅游业增加乘数 0.50,为相关行业增加 0.517,诱导其他部门 0.48。旅游消费直接投向是吃、住、行、游、购、娱等 6 个部门。间接影响的有金融、保险、通讯、医疗、农业、房地产、环保、印刷等 58 个部门。据有关研究测算,在中国旅游收入每增加 1 元,可带动第三产业相应增加 10.7 元,旅游外汇收入每增加 1 美元,利用外资额则相应增加 5.9 美元。旅游业的发展明显带动直接和间接相关产业的同步发展,产生了相互拉动的作用。

从海南的产业优势和经济发展的现状看,旅游与房地产的关系已日益密切。旅游房地产是以度假、休闲、养老为目的的房地产开发经营模式。主要形式有:时权酒店,产权酒店,养老型酒店,高尔夫、登山、滑雪运动度假村,时值度假型酒店。这些形式起源法国,20 世纪 70 年代中期美国处理经济过热后造成的大量积压房地产时,引进了旅游房地产开发模式中的时权酒店经营模式,取得了巨大成功。目前,以休闲为主题的旅游业对闲置房地产的消化已经起到了十分明显的作用。海南的旅游用房总量已达 270 万平方米,其中相当大的一部分是由闲置房转化的。在三亚、海口和琼海,大批别墅商住区被改建成高档旅游用房,吸引了大批消费人群和一批海内外投资者,对海南经济的恢复起到了一定的作用。

3. 对人文环境建设的影响。旅游是一种具有重大经济与文化意义的活动,它的产生和发展紧随社会前进的步伐,旅游者的价值取向也将随着社会的不断进步不断变化。人文旅游以其多样的形式、深刻的内涵表现出强大的魅力与旺盛的生命力。据资料统计:日本来华旅游兴趣分类中了解中国历史文化、古迹,民俗风情的旅客占到71%。可见,建立海南旅游经济特区,吸引国际游客的旅游产品不光是游览、娱乐,而且还有海南独特的人文环境魅力。海南特有的少数民族黎族,应形成独具特色的文化生态环境和原生态文化资源环境。将黎族文化生态融入国际旅游的建设中,从而达到弘扬民族文化、发展民族经济的目的。在保护海南现有的历史古迹苏东坡故居、五公祠、海瑞墓等的基础上,还可以挖掘和提炼出新的核心内容:即独特的岛屿文化。海南的人文环境建设将极大地提高海南旅游的国际竞争力。

4. 对教育的影响。建设海南旅游经济特区,人才是关键。各类专业技术人才和具有一定素质的劳动者的培养有极大的需求。海南大学已建立旅游学院,与旅游相关的酒店、航空等专门人才的正规教育将会得到较快的发展。

（三）实现海南省区域协调发展,统一规划、统一整合旅游资源。不仅形成合理的旅游区域布局,并且能够逐步缩小区域间发展的巨大差距

（四）建设海南旅游经济特区有利于海南生态环境的保护

以高质量的阳光、空气、海水、沙滩、温泉及其丰富的热带雨林构成的海南优良的生态环境资源,是海南旅游业发展的基础,以此为基础发展起来的生态旅游必将成为海南旅游业的特色与优势。生态旅游所进行的旅游开发,体现了生态资源的开发与保护相统一,自然生态环境与营造生态环境相统一。因此,海南生态旅游的发展,有利于不断提高现有的环境质量和生态水平,不断地推进生态环境建设,并且在新的发展水平上,建立新的平衡,相互协调,相互促进,实现可持续发展,成为海南生态省建设的重要内容。

（五）建设海南旅游经济特区,对内、对外的开放有机结合,是落实科学发展观关键的战略举措

五、建设海南旅游经济特区的相关建议

（一）在严格保护生态环境的前提下进行旅游资源开发,走出一条经济效益、社会效益、生态效益相协调的可持续发展之路

1. 生态环境保护要引入国际标准

2. 加快建立生态环境保护的相关立法

3. 生态环境保护应当实行全民参与、综合协调的治理方针

4. 采取国际通行的办法,加快污水、垃圾处理等生态环境保护的基础设施建设

5. 新型工业和其他产业的发展必须以保护生态环境为前提

6. 强化政府在生态环境保护中的主导作用

（二）实行以政府为主导,以企业为主体,以市场为基础的旅游资源开发运作机制。全岛旅游资源要统一规划、统一开发,严格防止各行其是,遍地开花

按照所有权、管理权、经营权"三权分离"的原则,大胆创新投融资体制,以项目为载体,以企业为平台,以资本为纽带,建立全方位的旅游开放体系。

（三）从陆地走向海洋,有步骤地开发海洋旅游资源

（四）大力发展与旅游相关的教育培训,严格旅游服务的岗位标准,提高旅游从业人员的基本素质

旅游业是海南的优势产业,但高素质人才和人才培养院校较少,其旅游院校和学生数在全国分别在第 27、24 位。目前,海南省旅游行业约有 7 万名员工,据了解,只有 35% 的管理人员和 25% 的服务人员受过正式培训,估计到 2020 年旅游行业从业人员的数量将超过 18 万,人才的数量和质量均与发展的要求不相适应。

要把人力资源开发作为一项重要任务。实行教育向社会开放、向国外开放。发挥全社会多方面的积极性,鼓励和支持社会办学,并为社会办学创造多方面的有利条件。改变单一的政府财政投资办学体制,实行政府、社会团体、企业、个人多渠道投资的办学体制。以国际标准的旅游管理和旅游服务,提高旅游国际化水准。

（五）尽快建立和完善与旅游开发相配套的服务业体系。当前的重点是金融服务、医疗保健两大方面,建议采取措施,尽快使金融服务、医疗保健同全岛的旅游发展相适应

（六）加强旅游发展中的人文建设。例如:要挖掘历史文化遗产,建设独具特色的人文景观项目;要建立全岛的旅游信用体系,大大改善旅游的软环境

（七）参照国际惯例和成功经验，制定有关旅游特区的专项法规，以推动和规范旅游特区的管理和发展

可借鉴墨西哥发展旅游度假区的管理模式。在确定旅游发展方式的过程中，起初成立了国家旅游基础设施建设基金委员会。墨西哥政府意识到建立权威机构的重要性，决定把旅游部提升到国务院秘书处的内阁级别。与此同时，旅游基础设施建设国家基金委员会也同旅游业保证资金委员会进行了合并。这两个机构都有足够的资金来源，从而能够按照旅游规划和发展计划的日程进行规划、投资和执行发展项目。该机构的责任也随着时间的推移不断地扩大，而且工作效率也得到了很大的提高，这样才能满足旅游发展进程的需要。

（八）积极、主动地争取中央政府的支持。在全面开放中建设中国第一个旅游经济特区

1. 争取中央的财力支持，加快旅游特区基础设施和公共设施建设。充分运用积极的财政政策，大力争取国债资金用于基础设施建设项目；争取中央财政支持，发动社会力量，建立"旅游特区"教育发展基金；争取中央财政支持，并发动社会力量，建立"旅游特区"公共医疗卫生保障基金。

2. 争取中央的政策扶持，加快"旅游特区"的建设。在旅游业及相关产业限定范围内，实施更加开放的措施，率先实行 WTO 的相关规则。在海南试点实施开放第三、四、五航空权之机，海口、三亚国际机场逐步建成航空自由港。

3. 争取国家教育部支持批准用中外合作方式在旅游特区开办以培养旅游管理及技术专业人才为重点的本科院校和职业技术院校。

4. 争取国家卫生部支持，允许与外商合作在旅游特区开办医院，并在主要度假旅游景区开设下属诊所，为国外游客提供医疗保健服务。

中国（海南）改革发展研究院《建设海南旅游经济特区》课题组
课题组负责人：迟福林
执笔：迟福林　李昌邦　陈文

> 三亚在旅游业总体发展水平不高,国际旅游竞争又十分激烈的情况下,加快旅游业发展,增强国际旅游竞争力的唯一有效途径,就是全面扩大对外开放。

关于建设三亚国际化旅游城市的建议报告

(1998 年 5 月)

海南是我国热带旅游资源最丰富的省份,在全国旅游业发展的区际分工和参与国际旅游竞争中,担负着发展热带旅游业,积极进军国际旅游市场的重要任务。海南建省 10 年来旅游业发展的经验表明,扩大对外开放,在开放中获得发展的动力与机遇,是加快海南旅游业发展的必由之路。钱其琛副总理在九届全国人大一次会议上参加海南代表团讨论时就明确指出,"海南发展旅游业前景广阔","在旅游业的开放方面,可以进行一些积极的探索"。经过综合分析比较,我们认为,海南旅游业开放与发展的重点首选三亚。把三亚尽快建成我国第一个国际化旅游城市,将为全国旅游业发展和对外开放做出重大贡献。

一、三亚旅游业跨世纪发展目标
——国际化旅游城市

三亚是我国最南端的热带新兴旅游城市。从资源条件、市场区位和环境质量这 3 个旅游业发展的关键因素衡量,三亚是我国能够有条件参与国际旅游市场竞争的为数不多的地方之一。

十多年来,三亚已基本形成热带滨海旅游城市的雏形。旅游业已初步发展成为三亚市的主导产业。1992～1996 年,全市以旅游业为主体的第三产业增加值累计占全市国内生产总值的 32.77%,年均增长率为 40.8%;1996 年以旅游业为主体的第三产业从业人员占全市从业人员的比例达 41.61%。由于多方面因素的制约,三亚在开拓国际旅游市场方面较为迟缓,与其所具备的基本发展条件很不相称。1990～1996 年间,三亚接待的境外游客年平均增长率只有 7.69%,低于海南省的平均水平(10.25%)。来三亚的境外游客中 75%～80% 以上是港澳台旅游者。1996 年三亚接待的境外游客只占游客总数的 6.13%,与 1992 年相比下降了 1.34 个百分点,涉外宾馆(酒店)的开房率只有 42%。三亚凤凰国际机场因旅客少,运输能力严重闲置。1996 年运送旅客 26 万人次,只占到该机场第一期设计能力的 17.33%,占当年海南省旅客空运量的 8.07%。造成三亚国际旅游业务开展严重不足的主要原因是三亚对外开放度低,国际旅游竞争力弱。由于对外开放度低,境外游客进入三亚不便,游客数量少;由于对外开放度低,限制了国外投资者直接参与三亚的旅游开发和经营,进而制约了三亚旅游业发展能力的快速提高和与国际旅游市场的联系;由于对外开放度低,阻碍了三亚引进和推行国际旅游业的服务惯例,难以为境外游客提供国际标准的旅游服务;由于对外开放度低,三亚旅游业的经营服务范围局限性大,仅停留在观光旅游阶段,旅游收入少、重游率低、国际影响小。

我们认为,三亚在旅游业总体发展水平不高、国际旅游竞争又十分激烈的情况下,加快旅游业发展,增强国际旅游竞争力的唯一有效途径,就是全面扩大对外开放。以扩大对外开放为主导,消除束缚国际旅游发展的体制障碍和政策矛盾,释放旅游业发展的潜力,提高旅游业的内在素质,增强国际竞争力,充分发挥三亚在我国参与国际旅游市场竞争中的作用。

所谓国际化旅游城市是指旅游开发与经营对外高度开放,以国际游客为目标市场,按照国际公认标准或惯例为游客提供旅游产品和服务的旅游城市。它具有以下基本特征:拥有在国际旅游市场上知名度高、竞争力强的旅游产品,总体形象富有鲜明的个性和魅力,旅游内容丰富多彩;具有高质量的旅游环境,能为游客提供符合国际惯例的旅游服务;高度开放,旅游开发与经营国际化;具有开拓国际客源市场的能力和条件。

国际化旅游城市是根据现代旅游业发展日益国际化、国外著名旅游城市的旅游开发与经营高度开放且行业规范逐步趋同的大趋势而提出的新概念,它与通常所说的国际旅游城市有着重大的区别。其一,一般而言,对国际游客开放,且国际游客在游客总数中占有较高的比例的旅游城市都可称其为国际旅游城市。而国际化旅游城市除具有这一特征外,更重要的是,它的开放度要比国际旅游城市高得多,不仅对国际游客开放,它还在旅游资源开发、旅游基础设施建设、旅游业经营与管理、旅游人才培养等方面,对国外投资者进行全方位开放。其二,国际化旅游城市在为游客提供旅游产品和服务时,必须遵循国际公认标准或惯例,而国际旅游城市在旅游业经营中则多是按国内标准或当地规则开展业务。其三,国际化旅游城市的旅游开发与经营活动有国外投资者的广泛参与,成为国际旅游经济网络中的一员,在国际旅游的信息获取、国际或区域性旅游合作、国际客源市场开发等方面,都远优于国际旅游城市。其四,国际化旅游城市建设不仅在旅游业要实现国际化,而且还要求与之相关的产业发展、旅游环境建设、城市管理等方面向国际化靠拢,进行必要的改革开放,便于与旅游业发展取得协调。因此,国际化旅游城市的旅游业发展对经济社会的改革开放波及效应远大于一般性国际旅游城市。

我们认为,根据三亚旅游业发展的条件和基础,国际旅游业发展与竞争的大趋势,以及新时期全国旅游业发展和对外开放的需要,三亚旅游业跨世纪发展的目标应该定位为国际化旅游城市。

二、建设三亚国际化旅游城市,将有利于增强我国旅游业的国际竞争力,充分发挥海南在全国旅游发展区际分工中的作用

现代旅游业是一个高度开放的产业。随着全球经济一体化,世界旅游业发展日趋国际化,大量国际化旅游城市的产生,是这一趋势的集中体现。国外经验表明,抓住机遇,重点建设国际化旅游城市,是发展中国家加快旅游业发展,实现与国际旅游业接轨的有效途径。

1. 建设三亚国际化旅游城市,将促进我国旅游业发展的国际化进程

现代交通运输业和通讯业的快速发展,国际关系的日益改善,为开展国际旅游创造了更加便捷、自由的条件,打破了旅游以国界为限的封闭状态,逐步形成了统一的世界旅游体系,任何一个国家的旅游业都需要在世界旅游体系中寻找发展的方向和机遇。改革开放以来,我国旅游业以国际入境旅游为契机,取得了以高于国民经济总体发展速度的长足发展,成为国际旅游市场的一个重要组成部分。但是,总体而言,我国对旅游资源的开发利用层次仍然处于观光旅游的初级阶段,国际旅游市场的开拓能力和旅游服务水平与国际旅游发达国家相比,仍存在较大的差距。对外开放不够,国际化水平低,是制约我国旅游业,特别是国际旅游业发展的关键因素。

鉴于我国旅游业国际竞争能力较弱,旅游业的对外开放不可能一下子全面放开,而只能由点到面逐步推进。因此,建设三亚国际化旅游城市对加速我国旅游业的国际化进程,提高现代化水平,就有着十分特殊的重要意义。其一,三亚可以作为我国

旅游业对外开放试验区,大胆地引进外资参与旅游资源开发、旅游业经营和管理,在利用外资发展旅游的政策、范围、方式等方面积累经验,再向其他地区推广。其二,三亚可以直接引进国际先进的旅游管理技术、经营方式、企业制度和有效的发展政策,逐步推行旅游经营管理和服务的国际标准或惯例,率先与国际旅游业接轨,成为我国旅游业与国际接轨的对接点。其三,三亚建设国际化旅游城市,必然要求与国际旅游相关的对外交通、出入境管理、城市建设、环境保护、金融政策、人员培养等方面进行相应的配套改革和对外开放,从而可以探索为促进我国旅游业国际化而进行综合改革开放的方式、方法。

2. 建设三亚国际化旅游城市,将增强我国旅游业的国际竞争力

从某种意义上讲,发展国际旅游业是一个国家参与国际财富分配、分享世界经济增长成果的有效途径。因此,现代旅游业发展的国际竞争日益激烈。我国旅游业在走向世界的过程中,既有良好的发展机遇,又面临着竞争的挑战。从世界旅游市场格局的变化趋势看,未来世界旅游的重心将向东方转移。据世界旅游组织预测,1996～2010年,世界各地的旅游人数年均增长率,东亚是 6.6%,南亚是 6.2%,非洲是4.5%,中东是 4.1%,美洲是 4.0%,欧洲只有 2.6%,全世界平均只有 3.7%。东亚和南亚地区的旅游人数增长明显高于世界平均水平,居于首位。这是我国旅游业发展的历史性机遇。同时,我国旅游业发展又遇到东南亚国家的激烈竞争。新加坡、泰国、马来西亚、印尼等国家的旅游业均比较发达,是我国发展国际旅游的竞争对手。特别是东南亚金融危机之后,一方面,这些国家短期内出国旅游人数减少,影响了我国旅游的国际客源;另一方面,它们还针对我国不断升温的出境旅游,大力吸引我国游客到东南亚地区旅游。这对我国旅游业发展产生了一定的压力。

国外的经验表明,一个国家参与国际旅游市场竞争,必须有自己独特的旅游名牌产品和进入国际旅游市场的有效渠道。建设三亚国际化旅游城市,完全可以在这两个方面,为我国旅游业发展做出特殊贡献。第一,三亚拥有世界上质量上乘的热带旅游资源和独特的中华文化,十分符合现代旅游业对发展度假旅游、生态旅游、高品位文化旅游的要求。而且,三亚位居东南亚这个当前国际旅游最活跃地区的腹地,具有连接东亚、南亚和欧洲的区位优势。因此,三亚有条件以独特的个性和较低的距离成本,直接进入国际旅游市场竞争,成为我国参与国际旅游市场竞争的名牌和拳头产品。第二,三亚旅游业的国际化,必然有利于增强我国与国际著名旅游公司、区域性和国际性旅游组织的联系,进入国际旅游网络,从而及时获得世界旅游信息,开展国际合作,增加国际客源,构造我国进入国际旅游市场的有效渠道。

3. 建设三亚国际化旅游城市,将有利于充分发挥海南在全国旅游区际分工中的作用

我国热带地区狭小。海南是我国热带旅游资源最丰富、生态环境质量最好的地区,在全国旅游区际分工中的职能应是发展热带旅游、对环境质量要求高的国际会议旅游和文化旅游。就海南而言,三亚则是热带滨海、海洋和森林旅游资源最富有、环境质量最佳的地方。因此,建设三亚国际化旅游城市,就可以形成我国主要的热带观光、度假旅游目的地,成为我国举办国际会议旅游、大型文化体育旅游的最佳场所。

4. 建设三亚国际化旅游城市,将有利于支持港澳地区的经济繁荣,促进海峡两岸关系发展

香港、澳门、台湾和三亚同位于南中国地区,前三者旅游业较为发达,在国际旅游市场上有较大的影响,后者的旅游业发展条件优越。三亚与港澳台之间在旅游产品供给、市场需求、管理水平、客源渠道等方面具有很强的互补性。旅游业是香港和澳门的重要经济部门,它的发展直接影响到香港和澳门回归祖国之后的经济稳定和繁荣。建设三亚国际化旅游城市,采取更加开放的政策,鼓励香港和澳门的旅游公司参与三亚的旅游开发和经营,就为它们的旅游业创造了新的发展机会。同时,也为生活空间狭小的港澳居民,特别是中低收入水平的居民,提供了就近休闲度假的旅游场所。

目前,海南与台湾之间开展大规模的旅游合作尚存在一定的障碍,游客相互往来在交通和出入境方面也有不便之处。建设三亚国际化旅游城市,则可吸引台商参与三亚旅游开发和经营,对台胞来海南旅游提供方便,从而增强琼台之间的经济合作与人员往来。

三、制定和实施特殊政策,支持三亚
国际化旅游城市建设

根据国外同类旅游城市的发展经验和三亚国际化旅游城市建设的需要,建议国家从扩大对外开放出发,制定和实施特殊政策,支持三亚国际化旅游城市建设。

1. 开放三亚凤凰国际机场为自由空港,批准三亚海港为国家一级口岸

拥有便捷、顺畅的对外交通是开展国际旅游业务的先决条件之一。国外一些后起的旅游经济大国,均把开放主要旅游城市对外交通作为发展国际旅游的重要措施。三亚的国际游客数量很少,主要原因之一,就是对国外的航空、航海开放度低。并且,造成现有航空运输能力严重闲置。因此,建议:

(1)划定三亚凤凰国际机场及周围一定范围内地区为自由空港区。实行人员、飞机进出境自由。在目前尚未具备外飞的条件下,允许外国航空公司先行开办本国至三亚旅游包机或定期航班业务。保留对飞权,待外飞条件成熟以后再实现对飞。

同时,允许外国航空公司的旅游包机经三亚到大陆航空口岸作两点停留,以利于三亚开展国际游客过境旅游业务。

(2)批准三亚海港为国家一级口岸。有与中国港澳台、东南亚等主要客源地的对开权,通行远程客轮和游轮。

2. 进一步简化出入境手续,允许对主要国际客源地的游客免签证入境

为了方便和吸引更多的国际游客,世界上许多国家纷纷对主要国际客源地的游客实行免签证入境,进行短期旅游。这一做法已成国际惯例。泰国早在20世纪90年代初给予免签证的国家和地区就达150多个。目前,三亚虽然有对境外游客的落地签证政策,但仍不及免签证方便,不利于三亚大力拓展主要国际客源地市场。因此,三亚需要参照国际惯例,在切实执行落地签证政策的基础上,进一步简化出入境手续。具体建议如下:

(1)允许三亚对中国香港、澳门、台湾和东南亚等主要客源地国家和地区的游客,免予签证入境。允许三亚对来自韩国、日本和欧洲国家的旅游团或乘坐旅游包机入境的游客,凡旅游时间在2周之内的,只需办理边关登记,可不办理签证。

(2)允许三亚在特定时期(如旅游旺季、旅游节、重大商务和会议期间等),经国家主管部门批准,临时扩大对国外游客的免签入境范围。获免签入境的国际游客在三亚逗留时间为15天。

(3)允许来三亚度假10天以上的国内游客,在指定旅行社的组织下,去香港、澳门做短期旅游。国内游客持有效签证可从三亚凤凰国际机场和海港出境旅游。

3. 允许外商在三亚开办国际旅行社

吸引国际大型旅游公司(集团)来本地开办旅行社,借助其国际业务网络来组织大量的国际游客入境旅游,是许多发展中国家开展国际旅游的通行做法。鉴于三亚目前没有力量自己组织国际客源,必须积极利用国际大型旅游公司(集团)为三亚打开国际客源市场。因此,建议:

(1)允许国际著名旅游公司(集团)与中方合资或独资在三亚开办国际旅行社,直接开展国际旅游业务。

(2)允许港澳台的大型旅行社在三亚设立分社,办理当地游客来三亚的旅游业务。

4. 逐步放开对旅游业务范围的限制

国际化旅游城市的主要特征之一,就是旅游服务业对国外经营者开放,旅游内容丰富多彩,以满足游客多样化旅游需求为服务宗旨。目前,三亚旅游服务业对外开放度低,主要以观光旅游为主,活动内容单调,极不利于开拓国际国内旅游市场。建议参照国际惯例,扩大外商在三亚的旅游业务范围,大力发展三亚免税商品业,丰富三

亚的旅游活动内容,提高对国内外游客的吸引力。

(1)扩大外商在三亚的旅游业务范围

①允许国际著名旅游饭店集团及连锁饭店独资或合资经营涉外宾馆、饭店,或以参股的方式发展连锁成员。允许国际酒店管理集团以租赁、承包、托管等形式参与中资大型宾馆、饭店、度假村的经营。从而,有利于三亚按照国际惯例为游客提供服务,提高服务的质量和水平。并能依托这些国外公司,为三亚吸引来更多的国际游客。

②允许外商独资或与中方合资创办大型游乐中心、文化中心、展览中心、会议中心等,发展适合国际游客的健康娱乐业,以丰富三亚旅游活动的多样性,增强对国际游客的吸引力。

(2)大力发展三亚旅游免税商品业

①允许三亚开办旅游免税商店,为国内外的游客提供购买免税进口商品的机会;同时,允许外商独资或合资建设百货商场,从事批发零售业务,从而刺激三亚购物旅游的发展,增强对游客的吸引力。

②鼓励外商投资旅游商品生产。对其为生产出口旅游商品而进口的原材料、零部件、元器件、配套件、辅料、包装物料等,按照保税货物的有关规定办理。

5. 实行优惠政策,吸引中外投资者参与三亚旅游开发和经营

目前,三亚的旅游设施数量及水平离国际化旅游城市还有不小的差距,旅游建设成本比内地大约高15%,且不少设备和原材料需从国外进口。为解决这一问题,就需要实行优惠政策、吸引中外投资者参与三亚旅游开发和经营,加快三亚国际化旅游城市建设步伐。

(1)对投资于三亚旅游开发和经营的企业,其在投资总额内进口自用的建筑材料、生产经营设备、交通工具和办公用品,以及常驻人员所需进口的安家物品和自用交通工具,在合理数量范围内,经核定,免征关税和增值税。

(2)对投资于三亚旅游业的中外企业,经营期在10年以上者,从企业获利年度起,第一年至第三年免征企业所得税,第四年至第六年减半征收企业所得税。

6. 运用多元化的融资方式,支持三亚国际化旅游城市建设

建设资金不足是制约三亚国际化旅游城市建设的又一个关键性因素。因此,需要参照国外的一些通行做法,采取多元化的融资方式,支持三亚国际化旅游城市建设。具体建议如下:

(1)支持建立三亚旅游发展基金,主要用于旅游基础设施建设和大型旅游项目开发。"发展基金"由国内看好三亚旅游发展的投资者联合发起。经国家主管部门批准,可以在海南或全国范围内公开发行,在条件成熟时,允许在国内证券市场上市交易。

（2）对投资旅游基础设施建设的国内投资者,提供低息贷款,适当延长贷款使用年限。

（3）在国家主管部门严格监管下,允许三亚在国内外发行旅游开发债券,在国内发行旅游彩票,筹集旅游业发展资金,并严格限定用于旅游开发项目。

（4）参照国际惯例,由国家指定的金融机构,对来三亚旅游的国际游客,视其需要,核定数量,实行人民币与外汇自由兑换。试行在大型免税商店和涉外宾馆直接使用外币。

四、采取相应措施,加快三亚国际化旅游城市建设

鉴于三亚旅游业和城市建设的自我发展能力有限,建议国家和海南省政府采取相应措施,加快三亚国际化旅游城市建设。

1. 建议国务院批准三亚为国家支持建设的我国首个国际化旅游城市,对外宣布国家制定的三亚国际化旅游城市建设优惠政策,以提高三亚在国际旅游市场的知名度,增强对中外投资者的吸引力。

2. 建议海南省政府根据国家对三亚国际化旅游城市建设的总体指导思想,组织制定《三亚国际化旅游城市建设总体规划》,并上报国务院批准。经国务院批准的《总体规划》是三亚国际化旅游城市建设的基本法律依据。

3. 建议国家把三亚国际化旅游城市建设列为全国旅游业发展的重点,责成有关部委给予优先扶植。

（1）建议国家计委把三亚国际化旅游城市建设列入今后 5 ~ 10 年内全国旅游业重点建设项目和争取国际援助及低息贷款的重点项目,优先提供建设资金。

（2）建议国家旅游局组织国家大型国际旅行社尽快在三亚设立国际旅行分社,帮助三亚开拓国际旅游业务。

（3）建议国务院各部委优先把计划在我国举办的一些国际会议、大型商务活动、文化活动等放在三亚举行,扩大三亚的国际影响,帮助三亚发展会议旅游、商务旅游、文化旅游等,丰富三亚的旅游内容。

（4）建议国家教育部批准中外合作在三亚开办旅游学院和旅游职业学校,直接为三亚培养急需的具有国际水平的旅游管理及技术专业人才。

（5）鉴于国际游客对在三亚旅游期间有较高的医疗保健要求,建议国家卫生部允许外商独资或合资在三亚开办一家医院,并在主要度假旅游风景区开设其下属诊所,为国外游客提供医疗保健服务,增强三亚对国际游客的吸引力。

4. 建议海南省政府制定以三亚为中心,包括周边市县旅游风景点在内的大三亚

旅游圈总体开发、控制规划,协调三亚国际化旅游城市建设与周边市县旅游资源开发、环境保护之间的关系,保证三亚国际化旅游城市可持续发展。同时,参照国际通行做法和成功经验,制定三亚国际化旅游城市建设的专项法规,如《三亚国际化旅游城市开发促进法》、《三亚旅游业服务质量标准》等,以推动和规范三亚旅游业及城市发展。

5. 建议国家把三亚列为全国综合改革试点城市,允许三亚以国际化旅游城市建设为导向,在招商引资、财政税收、公司设立、项目审批、进出口贸易、土地政策、市政建设、人才引进、管理体制等方面进行全方位的大胆改革试验。

6. 建议国家和海南省支持三亚争创世界卫生城市,全国十佳环保城市、园林城市、精神文明城市和中国优秀旅游城市,全面改善旅游环境,树立美好的形象,使三亚真正成为我国旅游业进军国际旅游市场的名牌产品、拳头产品。

中国(海南)改革发展研究院课题组
课题组负责人:迟福林
执笔:迟福林　李昌邦　覃成林

　　"三亚旅游经济区"主要指的是：三亚市、陵水县、保亭县、乐东县等4个市县的经济合作关系，即形成以三亚市为中心、以旅游业为重点、以城乡统筹协调发展为目标的特殊经济合作区域，并实行与之相适应的"以市联县"（也可称"有限的以市代管县"）的特殊管理体制，走一条通过区域统筹发展，带动和促进海南南部地区全面、协调、持续发展的新路，并创造条件，逐步实现建设"大三亚"的发展目标。

建立"三亚旅游经济区"的建议

（2004 年 3 月）

　　十六届三中全会提出的"五个统筹"，即统筹城乡发展、统筹区域发展、统筹经济社会发展、统筹人与自然和谐发展、统筹国内发展和对外开放，是实现科学发展观的根本要求。其实质，是在全面建设小康社会和实现现代化的进程中，选择什么样的发展道路和发展模式，如何发展得更好的问题。

　　以中央提出的"五个统筹"为指导，实施海南省委提出的"南北带动"发展方针，带动海南南部地区经济社会全面、协调、持续发展，这是海南省实现全面建设小康社会宏伟目标的重要课题。总结南部地区发展的历史经验，分析南部地区独特现状，借鉴我国区域经济发展的成功实践，我们根据区域布局和区域分工理论，提出建立以三亚市为中心、以旅游为重点、以城乡统筹发展为目标的"三亚旅游经济区"的设想，实行"以市联县"（也可称"有限的以市代管县"）的特殊管理体制，走出一条充分发挥南部地区资源优势，加快南部地区发展的新路子。

一、建立"三亚旅游经济区"的条件和作用

(一)"三亚旅游经济区"的基本内涵

1."三亚旅游经济区"的概念

"三亚旅游经济区"主要指的是:三亚市、陵水县、保亭县、乐东县等4个市县的经济合作关系,即形成以三亚市为中心、以旅游业为重点、以城乡统筹协调发展为目标的特殊经济合作区域,并实行与之相适应的"以市联县"(也可称"有限的以市代管县")的特殊管理体制,走一条通过区域统筹发展,带动和促进海南南部地区全面、协调、持续发展的新路,并创造条件,逐步实现建设"大三亚"的发展目标。

与国内其他经济区域相比较,"三亚旅游经济区"具有两大特色和优势,一是"三亚旅游经济区"是在"三亚品牌"的基础上,充分发挥这个经济区域中特有的旅游资源优势、生态资源优势、土地资源优势,通过统筹整合和开发,使之成为我国第一个具有热带旅游的鲜明特色和优势的旅游经济区。二是"三亚旅游经济区"是在一个相对落后的地区,以旅游业的开放带动整体改革和全面发展,以促进城乡统筹协调发展为目标,使之成为全面落实科学发展观,加快实现经济社会和人的全面发展的旅游经济区。

2."三亚旅游经济区"的提出

"三亚旅游经济区"的提出,是建立在对当今经济发展趋势认识的两个最基本判断的基础上。

(1)从行政区经济走向经济区经济已成为带动各个国家和地区区域经济发展的主要趋势。在世界范围内,区域经济的合作与发展已成为世界各个国家、各个地区经济发展的主要趋势,而在我国,从行政区经济走向经济区经济已成为各个地区带动区域经济发展的主要形式。经过多年的实践,那种以行政区划为范围、以"市管县"为代表模式的行政区经济,出现了种种的弊端与矛盾,行政区经济的传统束缚,不仅限制了区域经济一体化的进程,也制约了各地自身经济的进一步发展。进入新世纪以来,跨越行政区划范围,以相同或互补的资源为基础而形成的经济区经济,方兴未艾,蓬勃发展,尽管在管理上还有一些亟待完善需要解决的问题,但已显示出巨大的经济活力。许多专家认为,随着我国对外开放进程的加快,随着市场经济机制的日臻完善,经济区经济必将成为在经济全球化条件下经济发展的主要形式。

(2)区域布局和区域分工理论,在区域经济合作的发展潮流中,已成为指导发展经济区经济的重要理论。组成一个经济区经济的各个地区,要以自身的相对优势,在

其中确立自己的地位与分工,形成自身的优势,求得自身的快速、持续发展,以避免产业上的"重构",建设上的"重复",结构上"求全",参与区域经济的整合与合作,实现地区经济社会发展的共赢。

据此,海南省在规划未来发展时,应当从海南省经济发展的大格局中,对所属的各个地区,超越行政区划的范围,做出科学合理的布局和分工。以三亚市为中心的南部地区,经过多年的发展,已形成旅游经济的巨大优势。以生态资源优势、旅游资源优势和热带国土资源优势而形成的"三亚品牌",不仅闻名全国,也闻名世界,三亚及其周边有待开发的优势资源潜力已十分巨大。"三亚旅游经济区"将以此参与更大范围的区域经济的分工与竞争。

3."三亚旅游经济区"的目标

初步设想,"三亚旅游经济区"通过 10 年的努力,实现以下两个主要目标:

(1)把"三亚旅游经济区"首先建成以三亚国际性热带滨海旅游城市为核心,在国内外具有鲜明特色和竞争力的,亚洲一流、世界著名的"国际旅游经济区"。在区域范围内,按照国际化旅游水准的要求,整合旅游资源,优化旅游结构,合理布局旅游产品和景点,提高与旅游业相配套的基础设施水平,统一旅游市场管理,加大旅游对外开放,把三亚旅游经济区建设成为集海岸风景旅游带、热带田园风情旅游带、温泉疗养旅游带、高山森林旅游带于一身的"国际旅游经济区"。

(2)把"三亚旅游经济区"建成以区域统筹实现城乡统筹发展的旅游经济区。通过区域经济社会发展统筹,加快区域内资源转化为资本的进程,促进三亚旅游经济区生态环境与社会经济、人口、资源的协调发展,推动海南南部地区在改革开放中走出一条经济发展、生活富裕、生态良好的可持续发展道路。

(二)建立"三亚旅游经济区"的背景

1. 旅游业将成为我国国民经济的重要产业

20 世纪 50 年代以来世界经济发展的实际表明,旅游业已成为世界经济中最大和发展最快的行业之一。世界旅游组织的预测显示,2010 年全球国际旅游人次将达到 10 亿人次(2000 年为 6.35 亿人次),2015 年达 12 亿人次,2020 年达 16 亿人次。我国已提出,到 2020 年建成世界旅游强国的目标,按世界旅游组织预测,至 2020 年我国将跃升为全球首位旅游目的地,入境旅游人数将由 2000 年的 3100 万增到 2020 年的 1.3 亿,出境旅客将达到 1 亿。目前我国与世界公认的旅游强国(美国、法国、意大利、西班牙)相比,最大的差距在于旅游产业国际水平低和旅游产业开放水平低。而加入 WTO 会给我国旅游业的发展带来新的机遇,世界旅游业的高度开放将迅速推动我国旅游业的开放,加快我国旅游服务自由化的进程。2003 年 10 月,温家宝总理在世界旅游组织第 15 届全体大会上指出:"新中国成立后,特别是改革开放以来,中国政府高度重视旅游工作,旅游业持续快速发展,已经成为旅游大国……我们要把旅游业培育成为中国国民经济的重要产业。"

二十多年来,三亚在改革开放的浪潮中迅速崛起,取得了巨大成就,产生了巨大变化,最根本的是靠旅游;三亚以自己的特色优势和美好的形象,闻名于全国和全世界,靠的也是旅游;推动三亚未来快速发展的主要力量,来源还是旅游。因此,在全国经济发展与分工的总体格局中,三亚应建成以休闲度假为主的滨海旅游目的地和国际一流人居环境城市,应建成国际性热带滨海旅游城市,应成为我国开放度最高的国际化旅游城市。

2. 三亚有条件在旅游经济发展中参与更高层次的区域经济合作

纵观全球经济发展,区域经济的合作与发展,风起云涌,呈现出巨大的经济活力,已成为世界范围内经济发展的主要趋势,也成为许多欠发展的国家和地区求得迅速发展的重要选择。海南岛的北边,珠三角区域经济迅速壮大,海南岛的南边,"中国—东盟自由贸易区"迅速推进,参与区域经济合作应成为新世纪海南经济发展最重要的战略举措。在这样的背景下,伴随着三亚作为我国开放度最高的国际化旅游城市的竞争力和知名度的不断提高,伴随着以三亚市为中心的"三亚旅游经济区"的经济实力和影响力的不断增大,三亚必将依托并带领这个区域的经济,进入珠三角、港澳台和东南亚区域,参与更大范围更高层次的区域经济合作,并求得自己更大的发展和提升。因此,三亚应成为海南特区进入珠三角、港澳台、东南亚区域的"排头兵",成为我国与东盟各国经贸往来的"中转站",成为我国旅游业对外开放的"重要窗口"。

3. 三亚有能力和潜力成为海南南部地区发展的中心

党的十六大提出,至 2020 年我国将实现全面建设小康社会的宏伟目标,这标志着我国社会主义现代化建设进入了一个新的发展阶段。为了实现这一宏伟目标,海南省第四次党代会确定了实施"南北带动"的发展方针,这是总结了海南经济社会发展的历史经验,符合海南实际的正确方针。从海南建省办特区 15 年发展新形成的格局以及今后发展的趋势看,实施"南北带动"的方针,带动北部靠海口,带动南部靠三亚。因此,在海南省经济社会发展总格局中,三亚市应当发展成为省级中心城市,成为海南南部地区经济、文化、教育、卫生的中心,成为带动南部地区发展的火车头。

(三)建立"三亚旅游经济区"的基础

1. 海南岛南部地区是一个具有十分独特的区位优势和资源优势的地区

它地处中国陆地最南端,是南海最前沿,和东南亚各国与海相邻,是一个具有重要战略意义的经济区域。在产业上旅游业和热带高效农业具有独特的优势,旅游业塑造了这一地区鲜明的个性形象,闻名于全国和全世界,是一个以旅游为主要特征的经济区域,是旅游业和热带农业对外开放最佳的区域,这个区域的发展对海南特区、对南中国海的开发、对"10 + 1"都会产生重要影响。

这是一个少数民族集居的地区。以三亚市及其周边陵水、保亭、乐东组成的4个市县为例,4个市县均属黎苗族自治市县,区域内居住有黎族、苗族、壮族、回族等16个少数民族,少数民族人口占整个区域人口的46.3%。

这是一个贫穷落后的地区。4个市县中,陵水、保亭为国家级贫困县,乐东为省级贫困县;4市县GDP总量2002年仅有75.3亿元,人均GDP为5223元,仅为海南省平均水平的64.7%,最低的是保亭县仅为3863元;2002年4市县的财政总收入为4.98亿元,最低的是保亭县仅为3382万元;农民年人均纯收入三亚为2781元,陵水为1845元,乐东为2166元,保亭为1427元;4市县非农人口占全区域总人口的比重为23.5%,最低的是乐东县为14.7%,均低于海南省平均水平26%。

2. 三亚市正处在成长的初期,初步具有了良好的发展基础和发展势头

三亚市2002年GDP增长12.2%,财政增长28%;2003年预计GDP增长12%,财政收入增长15%,今后的发展态势是喜人的,预计将会以两位数的增长速度持续发展。三亚市基础设施的现代化程度越来越高,已具备国际化机场、港口、高速公路、城市化主干道。良好的基础设施为向周边地区的延伸奠定了良好的硬件条件。三亚市的旅游设施,人均酒店宾馆,名列世界前茅,以旅游为主导的产业结构外向度高,围绕这一产业,三亚集聚了大量的资源、人才、信息、管理技术,通过这些经济要素的集聚、扩散、转换,为周边的发展提供了良好机遇。但是,它尚未具备省级中心城市的集聚与扩散功能,与带动南部地区发展的重任不相适应。

三亚市是在原来的崖县基础上改制建成的,市区面积过小,郊区面积过大,市区面积64.39平方公里,但建成面积不足20平方公里,5个乡镇面积为1852.4平方公里。市区人口仅17万。远未形成由众多的各种规模、各种性质、各种产业的企业形成的企业群体和企业家队伍。

三亚市经济总量太小,经济实力过弱,2002年全市GDP仅为35.88亿元,人均GDP 7311元,比海南省平均水平低760元。2002年全市财政收入3.3亿元,与沿海省市地级市比较,三亚市处在最为弱小的行列之中。

三亚市的文化、教育、卫生等社会发展的整体水平过低,基础设施落后。至今没有一所高等学府,三亚的医院、图书馆、博物馆、演出剧场、体育设施等,或无或小,与三亚市的品位和形象很不相配,反映出经济社会发展的严重不协调。

三亚市以旅游业为代表的对外开放水平较高,各种国际性、全国性的活动十分活

跃,但三亚的人力资源的开发跟不上,人口整体素质水平过低,城市管理水平也较低。

3. 三亚及其周边地区统一互动发展的需要已经形成并十分迫切

长期以来,海南南部地区一直在探求一条摆脱贫困,发展致富的道路。改革开放之前,成立了海南黎苗族自治州,对所辖的9个自治县,实施统一领导,依靠中央的民族政策,来促进这一地区经济发展和社会进步。但30年过去,并未如愿实现,进步很小,落后依旧。进入20世纪80年代改革开放之后,海南建省办特区,自治州撤销,南部各自治县直归省领导,在改革开放大潮的带动下,在中央民族政策扶持下,20年过去了,南部地区发生了重大变化,人民生活水平有了大的提高,但是多数自治县,贫困仍然存在,差距并未缩小,然而,在这个时期,南部地区出现了一颗闪亮之星,三亚市迅速崛起,为南部地区发展树立了榜样,指明了道路,带来了希望。以三亚市为中心,建立"三亚旅游经济区",发展区域经济实现共同繁荣,是南部地区各市县经过半个世纪风雨历程取得的共识,既体现了南部地区经济社会发展进入新世纪的客观要求,又反映了这一地区广大群众的根本利益和强烈愿望。

(四)建设"三亚旅游经济区"的重要作用

1. 建立"三亚旅游经济区"对海南贯彻中央提出的"五个统筹",走科学发展观的道路,在理论和实践上,均有重要价值和示范作用

"三亚旅游经济区"的建设,在"五个统筹"关系的认识和处理上,从自身的实际出发,形成特有的思路:一是明确以统筹区域发展为基础,带动其他四个统筹发展。因为没有区域统筹的发展,就会失去其他四个统筹发展的依托,就难以形成三亚市及其周边县的全面、协调、持续发展的格局。二是确立以区域统筹实现城乡统筹发展的目标。城乡发展不平衡是整个区域发展的突出矛盾,实现城乡统筹发展的关键是实现区域资源的整合。三是以强调统筹人与自然和谐发展为根本。优良的生态环境是三亚的最大优势,发扬优势,把"三亚旅游经济区"建成我国第一个以生态为特征的旅游经济区,是实现全面、协调、持续发展的第一要素。海南省2020年实现全面建设小康社会目标的最大难点在农村,最关键的地区在南部。三亚市及其南部地区探求出一条在比较落后的欠发达地区全面实施科学发展观的有效途径,不论对海南还是全国,其影响是广泛而深远的。

2."三亚旅游经济区"为三亚市的发展提供了更大的发展空间和更丰富的产业资源

作为中国第一个具有生态特色的"旅游经济区",三亚市周边陵水县的吊罗山、乐东县的尖峰岭、保亭县的七仙岭三大山岳型旅游资源和三亚市的亚龙湾、三亚湾、大小东海等沙滩型旅游资源的整合,将实现"蓝色旅游"与"绿色旅游"的互补和"海

洋旅游"与"山地旅游"的互补;三亚市的海棠湾和陵水县的土福湾、香水湾组成的海南岛东南部黄金海岸的统筹规划和合理布局,将使三亚和陵水沙滩型旅游资源整合开发走上新的水平。这些均将极大地丰富三亚的旅游产品,有力地创造三亚旅游的特色和提升三亚旅游业的国际竞争力。

3."三亚旅游经济区"的发展壮大,必将以旅游产业的开放与港澳台、珠三角和东南亚进行双边或者多边的区域经济合作,对海南走向亚洲,走向世界将起重要的带动作用

二、"三亚旅游经济区"的基本构想

(一)"三亚旅游经济区"的区划界定

"三亚旅游经济区"含三亚市、陵水黎族自治县、保亭黎族苗族自治县和乐东黎族自治县1市3县辖区。位于海南省的南部,除保亭属于内陆地区外,三亚、陵水和乐东都是临海的市县。

三亚市位于海南省最南端,辖2个区、5个镇、111个村委会、5个国营农场。总面积1919平方公里,海岸线长209公里,有10多个岛屿,19个港湾。总人口49.57万人,城市人口18.65万人,少数民族人口占总人口的42.8%。属热带海洋季风气候,年平均气温25.4℃～28.8℃。三亚作为中国的南大门,是中国同东南亚、西南亚、非洲的海上交通枢纽,是中国南疆对外贸易的重要港口和海南省南部的经济中心和交通、通讯枢纽。

陵水黎族自治县,总面积1128平方公里。有14个乡镇,114个行政村,611个自然村。县内有国有南平农场、岭门农场和吊罗山林业总公司。年平均温度24℃。全县有16个民族,是个黎、汉、苗族人口居多的地方。人口32万人,其中汉族人口占总人口的44.85%;其他民族人口占55.15%。

保亭县总面积1160.7平方公里。全县有12个乡镇,辖62个村(居)委会,464个自然村;县内有5个国有农场。人口15.73万人,黎族占总人口的54.7%,苗族占3.32%。年平均气温在20.7℃～24.5℃之间。

乐东黎族自治县总面积2747平方公里,人口46.18万人,其中黎族占总人口的37%,是海南省少数民族自治县中人口最多、土地面积最大的县。辖11个镇、5个乡、173个村委会,县内有7个国有农场。海岸线长62.5公里。年平均温度23℃～25℃。

(二)"三亚旅游经济区"的主要任务

我们认为,"三亚旅游经济区"的发展道路应该是:统筹规划、分步实施、综合开发、配套建设、合理布局、优势互补、协调发展、共同繁荣。具体来说,这种有特色的发展道路包含以下方面的内容。

1. 高标准、高起点做好经济区统筹发展规划,按经济区发展目标要求,制定4市县"十一五"发展计划

(1)统筹城乡基础设施。规划与建设以"路、水、电、气、宽带"五网合一为主要内容的区域内的城乡一体化基础设施,逐步建成区域性的各项基础设施网络。

(2)统筹城乡产业布局。对经济区内旅游业、热带高效农业和海洋业的资源整合、结构提升和布局优化。

(3)统筹城乡重要的公共事业。对经济区内的文化、教育、公共卫生事业进行整体规划与建设,构建区内文化教育网络和公共医疗卫生网络。

(4)统筹制定产业发展政策。如在招商引资、土地批租、外贸出口、人才流动、信息共享等方面制定区域性统一政策。

(5)统筹区域环境保护和生态建设。规划和保护经济区内生态环境,在发展经济的同时,重视区域生态建设,提高生态环境质量和水平,实现经济建设与生态建设的协调发展。

2. 整合区域资源,创建区域整体优势和特色

(1)整合区域旅游资源,统筹区域旅游业规划,合理布局和优化旅游产业结构,全面提升旅游业的竞争力。

——进行海洋旅游与山地热带森林旅游的资源整合。对三亚的旅游资源和三个县的吊罗山、尖峰岭、七仙岭旅游资源进行统筹规划和合理布局。

——进行三亚和陵水海湾沙滩型旅游资源整合。对三亚的海棠湾和陵水的土福湾、香水湾组成的黄金海岸统筹规划和合理布局。

——进行以三亚的历史文化资源和三县的黎苗民族风情资源整合,统筹规划和合理布局黎苗少数民族文化风情观光旅游。

——建立区域性旅游协会等中介组织,统一区域旅游市场,规范旅游市场管理和行业自律,构建协同统一的旅游服务网络,推动旅游管理国际化水平。

(2)加强对外经济合作,带动和提高经济区域热带高效农业和海洋产业。

——大力推进"三亚旅游经济区"与台湾的农业与渔业合作,共建农副产品加工和水产品加工基地,共建种植业和养殖业的良种生产基地,以应对由"10＋1"对海南省农业的新挑战。

——积极推进"三亚旅游经济区"与我国东部沿海地区的渔业合作,争取海洋捕捞业由东海向南海转移,合作发展渔业船队。

——统筹规划经济区域内的农副产品和水产品的批发市场,建立以三亚为中心的统一市场体系,推动以三亚为中心的区域物流业发展。

3. 实施经济区基础设施建设整体规划,加快建设全区范围的路、电、水、气、宽带五大基础设施网络

完善的基础设施是强化经济区功能的前提,是迈向城市的基础。要把基础设施建设,放在优先地位做出安排。必须根据地方财力、物力、能力,统筹安排基础设施,避免重复建设,强调统筹安排,统一建设,实现基础设施区域共享和有效利用。要把基础设施的规划、设计与投资计划紧密结合起来,实行分阶段、分项目、分期开发建设,集中财力、重点突破。同时,在基础设施建设中,还要把经济效益、生态效益和社会效益有机结合起来,切实提高经济区的环境质量。

4. 坚持合理布局原则,正确引导中小城镇的健康发展

小城镇是中心城市和农村的过渡地带,是"三亚旅游经济区"发展的基础。发达的城镇经济不仅能推动居住、消费等功能,而且还可以带动城镇就业和环境建设。为防止小城镇"遍地开花",小城镇建设必须纳入整个区域的总体背景考虑。确定小城镇建设在空间密度上的合理定位,形成金字塔形层次分布。在把三亚市建成省级中心城市的同时,应建设一批中心镇,使其成为 10 万 ~ 15 万人左右的现代化小城市,中心镇可由其附近的二三个集镇归并而成,并加快中心镇的基础设施建设。最后,归并过多的小城镇,使其成为一般集镇,并促使乡镇企业向小城镇集中。此外,对于重点发展的小城镇,也要根据本镇的特点,做好自身的科学规划,是建成工业型的镇,还是商业型、旅游型或是综合型的城镇,在功能上也要有定位,并由此做出详细的规划。

5. 统筹实施生态环境保护措施,实现经济区可持续发展

"三亚旅游经济区"生态系统的良性循环是经济区社会发展、效率提高、环境优化的必然条件,也是经济区可持续发展的必然选择。其实质是合理开发利用自然资源,避免在生产和生活中对资源造成破坏和生态系统的失衡。建设生态的"三亚旅游经济区",一是按照生态经济学原理,将经济区人口、资源、经济、社会、环境融合到生态系统中去,统一规划和发展;二是实施经济区生态环境工程,提高经济环境质量;三是统一建设污染处理设施;四是统一制定污染物的排放指标;五是统一制定并实施环境保护的规章制度和具体措施,严格控制污染项目。通过统一规划和统一整治和管理,实现"三亚旅游经济区"经济、社会、生态环境的和谐发展。

6. 全面引入社区规划思想,逐步实现公共事业一体化建设

社区是城市社会的基层细胞。社区建设是以建设美好生态环境为目标的。在

"三亚旅游经济区"公共事业规划中,要打破按行政区规划的传统惯例,全面引入社区规划思想,对经济区中的文化、信息、教育、医疗、公共卫生、公园、体育运动场所、防灾抗灾系统、社区服务等公共服务设施实行等级分类,逐级地融合到中心城市、中心镇、中心区的建设中,在布局合理的基础上,做到资源共享,防止重复浪费,实现公共事业的一体化消费。只有这样,才能彻底改变农村地区封闭、落后的局面,提高农村人口的素质和技能,使他们也能够享受现代社会丰富的物质生活,从而实现农村的城市化。

(三)建设"三亚旅游经济区"的三大原则

1. 在区域经济建设上,应体现"统筹规划、旅游特色、三亚品牌"的原则

在涉及经济与社会发展的重大事项上,应在区域范围内,进行统筹规划,协调发展,朝着区域经济一体化方向逐步推进。在整合区域资源和优化生产力布局上,应突出旅游业在产业结构中的支柱地位,在区域范围内,优先整合旅游资源,优化旅游产业结构,优化旅游产品布局,首先在旅游产业发展和管理上实现区域经济一体化。在对外经济活动和合作上,要充分发挥"三亚品牌"作用,在三亚经济实力对区域经济的带动辐射作用较弱的情况下,要大力发挥"三亚品牌"优势对周边地区的带动和辐射,要依托区域的优势强化"三亚品牌"的竞争力和影响力,引进外企,引进外资,引进技术与人才,促进区域经济的发展。

2. 在制度建设上,应体现"海南省政府主导,三亚为中心,周边县独立"的原则

海南省政府对"三亚旅游经济区"的建立与发展应发挥主导和支持作用,这种作用集中表现在规划层面上和政策层面上。区内重大事项建设规划应纳入海南省中长期发展规划并给予立项和资金上的有力扶持,通过规划强化整个区域的联合协作和协调发展,海南省政府应采取必要的政策措施扶持"三亚旅游经济区"的发展。同时,加强对各市县的直接领导,强化对计划、财政、人事等方面的直接管理和支持。必须确立三亚市在"三亚旅游经济区"的中心地位,在整个区域范围内优先考虑和规划三亚市的发展,以三亚市为龙头,加快区域经济一体化进程;应从三亚市城市发展的目标定位出发,超越行政区划范围,进行统筹规划,为三亚市的发展提供更大的发展空间。提供更丰富的产业资源,不断提高三亚品牌的竞争力。必须保持周边各县的独立建制,在统筹规划,推进区域经济一体化的同时,充分发挥各周边县的积极性和主动性,充分尊重各周边县的独立性和自主性。

3. 在利益关系处理上,应体现"资源互补,利益共享、合作共赢"的原则

在加大三亚市经济聚集功能建设的同时,必须建设区域经济网络,如交通运输网络、产业合作网络、教育卫生事业网络、城镇体系网络等等;在招商引资、土地批租、外

贸出口、人才流动、技术开发、信息共享等方面,应有统一政策,营造一种区域经济发展无差异的政策环境;要十分注意兼顾农民的利益,保护农民的权益,努力缩小城乡不平衡发展形成的差距。要十分注意兼顾周边县区的利益,给予周边贫困县更多的财力、人力支持,实现共同繁荣。

(四)"三亚旅游经济区"的实施步骤

我们设想,用 10 年左右的时间,即在海南基本实现全面建设小康社会宏伟目标之时,分步分阶段基本实现"三亚旅游经济区"的发展目标。

第一步:2005～2010 年,基础建设阶段

1. 推进三亚城市建设。在城市聚集功能建设和城乡统筹协调发展两大方面,有重大进展,并在建制上撤销 5 个乡镇改建区、形成市区两级行政建制,全面奠定省级中心城市的基础。扭转人均 GDP 这个重要指标低于海南省平均水平的状况,赶上并超过海南省平均水平(人均 GDP 2002 年海南省为 8071 元,三亚为 7311 元)。

2. 完成区域范围内有关经济社会发展重大事项的统筹规划,并开始实施。这个阶段,城乡统筹建设有重大进展,在路、电、水、气、宽带等五个方面的基础设施建设和文化、教育、公共卫生事业建设方面,形成基本的框架网络。首先在三亚市范围内实现城乡统筹协调发展,弱化 2 区与 5 乡镇的差别,实现 2 区 5 乡镇各种资源的融会贯通和合理配置,实现 2 区 5 乡镇基础设施的统一规划和建设,实现 5 乡镇的城镇化,进而逐步推进三亚市与周边 3 县之间的城乡统筹协调发展。在推进城乡统筹协调发展的过程中,以改革为动力,以保护农民权益为重点,大力推进农村改革。

3. 制定"三亚国际性热带滨海旅游城市"和"三亚国际旅游经济区"的指标体系和实施方案。这个阶段,在旅游产业开放和相关配套的基础建设方面有重大突破。

4. 大力宣传、倡导生态价值观,唤起人们对生态旅游建设的重视。建立示范工程,加强能力建设,对社会经济组织结构、功能进行初步调整,为进入经济区建设阶段做好准备、打下基础。

第二步:2010～2015 年,加快发展,建设"大三亚"阶段

1. 三亚市率先实现城乡统筹协调发展目标的基本要求,综合经济实力大为提高,市建成区面积和市区人口迅速扩大。

(1)GDP 年增长率保持两位数的发展势头,至 2015 年,GDP 将达 150 亿元左右,人均 GDP 将达 2.5 万元左右;

(2)第三产业占 GDP 的比重超过 50%;

(3)非农化水平超过 60%;

(4)生态环境水平保持最优状态;

（5）三亚市已具备省级中心城市的主要功能，并能担负起带动周边3县发展的重任。

2．区域经济建设有重大进展。主要表现在重要的区域性网络，如交通运输网络、城镇体系网络、产业合作网络、统一市场网络、教育体系网络、公共医疗卫生网络、信息网络等基本形成。3县的经济和社会发展迅速提升，彻底摆脱贫困实现小康。

3．社会经济组织结构基本调整改造到位，环境质量和人民生活水平明显提高。区域自我组织、自我调节、共生能力不断增强，公民生态意识已经形成，自觉广泛参与区域生态化建设的力度不断加大。

4．全面实施"三亚国际性热带滨海旅游城市"和"三亚国际旅游经济区"的建设。全方位开放旅游产业，全面提升旅游管理和旅游服务的国际水准，现有的"三亚品牌"将以高开放度为特征的国际化旅游城市闻名于国内外。

经过10年左右的努力，以三亚为中心的一市三县的合理布局、协调发展的格局初步形成。我们设想，在充分利用旅游、环境和土地主要要素的资源整合能量，以区域统筹带动其他方面的统筹，在三亚品牌的无形资产以及开放航权等条件下，"三亚旅游经济区"还有望更快地建立起来。在此基础上，3个县部分或全部划入三亚市范围，形成新的区域结构和管理模式，实现"南北带动"方针赋予三亚市的目标要求，为海南省进入全面建设小康社会尽其责任，做出贡献。

三、"三亚旅游经济区"的运作机制

（一）实行"以市联县"（也可称"有限的以市代管县"）的管理体制

1．"以市联县"的主要内容

在经济区内各市县保持原有的独立行政建制的基础上，建立以三亚为中心的十分紧密的经济合作关系，对区域范围内的土地资源、基础设施、城乡产业布局、城乡重要的公共事业、产业发展政策的制定（如在招商引资、土地批租、外贸出口、人才流动、信息共享等）、区域环境保护和生态建设等，实行联合决策，联手开发，联动发展。

2．"以市联县"运行模式的基本要点

（1）建议省政府正式批准建立"三亚旅游经济区"，并以行政法规的形式，提供制度和法律保障。

（2）建议省委、省政府给予三亚市委常委会和三亚市政府市长特别办公会议明确的授权，确保决策机构和执行机构的权威性。

（3）中共三亚市委常委会是"三亚旅游经济区"的决策机构。建议3县的县委书记进入三亚市委常委会班子。

（4）三亚市政府市长特别办公会议是"三亚旅游经济区"的行政执行机构，市长特别办公会议由三亚市正副市长和3县的县长组成。

（5）将省管辖的部分干部管理权赋予三亚市委。可考虑做如下规定：

县委书记仍属省管不变；

各县县长由省管为主，三亚市委有建议权；

各县副书记、副县长的任免，以三亚市委常委会的意见为主；

各县委、县政府原有的干部管理权限不变。

（6）1市3县保留原有的行政建制，在省里保留计划单列和财政独立；1市3县的党政日常工作各自独立开展，"三亚旅游经济区"党政系统不设职能部门或办事机构。

（二）强化省委、省政府的领导作用

鉴于"三亚旅游经济区"所具有的经济弱小、民族地区、农村主体的特色，在"以市联县"的管理模式中，离不开海南省政府的主导作用，必须强化省委、省政府对经济区的领导和支持。

1. 建议海南省委、海南省政府对三亚市委、市政府给予4方面的明确授权

一是对涉及经济区范围内经济社会和人的全面发展的重大事项，赋予统一规划权；

二是对经省批准的规划范围内的土地使用，赋予统一管理权；

三是对经省批准规划范围内基础设施网络建设，赋予统一领导权；

四是将省管辖的部分干部管理权赋予三亚市委。

2. "三亚旅游经济区"发展规划经海南省政府批准后，重大的建设项目应纳入海南省中长期发展规划，并给予立项和资金上的大力支持，海南省政府应实行必要的优惠政策，加快"三亚旅游经济区"的发展

3. 海南省委、海南省政府应给"三亚旅游经济区"更多的关心和支持，特别是海南省计划、财政、商务、国土资源、教育、卫生、文化等部门应加强与经济区的会商与协调，保持经济区资源的合理配置和政策的一致性，帮助解决遇到的困难和问题

（三）三亚市的中心地位与3县的相对独立

1. 必须确立三亚市的中心地位，发挥三亚市作为这一经济区域中心城市的作用

（1）三亚市委、市政府在海南省委、省政府的授权范围内，对整个区域经济社会发展的重大事项实行统一领导；

（2）三亚市作为经济区的龙头，在自身改革和对外开放方面应发挥示范和带头作用，特别在推进城乡统筹协调发展进程方面率先起步，做出榜样；

（3）三亚市对区域范围内的基础设施网络建设和以教育、医疗、卫生事业为重点的公用事业网络建设，起带动作用，给予必要的财力支持；

（4）在整个区域范围内优先考虑和规划三亚市的发展，通过资源整合和开发，加快三亚市中心城市的聚集功能和扩散功能，发展和提升"三亚品牌"。

2. 确立3县的相对独立地位，充分发挥3县在区域建设和发展中的主动性和积极性

（1）3县在海南省里保留计划单列和财政独立，与海南省的隶属关系不变；

（2）贯彻区域布局和区域分工理论，发挥各县的现实优势和潜在优势，在区域范围内优化产业结构布局和分工时，为各县确立各自的优势地位，并获得经济区整体的扶持加以发展；

（3）各县作为少数民族自治县独立享受中央扶持民族地区发展的优惠政策，各县独立与中央和省相关部门联系，独立享受从中央和省获得的财政和政策支持；

（4）对经济区的重大决策和相关决定，各县应将其变成本县县委、县政府的决定，并在本县范围内，依靠自身的党政系统，认真贯彻执行。

（四）"以市联县"管理模式中的市场协调作用

区域经济的发展，市场力量的协调作用是不可缺少的。在加强和健全政府行政协调作用的同时，必须按照政府改革的要求，充分发挥市场的协调作用：

1. 在"三亚旅游经济区"社会经济发展规划纲要的前提下，加强主要产业和主要领域的全面协调，在企业及行业的微观层面上建立一体化发展协调机制。尽快设立跨行政区的行业协会或联合会，有效地实行横向协调、业内自律与监督，既可以避免恶性竞争，又可以避免政府行政的过度干预。例如，成立三亚旅游经济区旅游发展协会、三亚旅游经济区农业产业化协作委员会、三亚旅游经济区基础设施与社会事业发展联合会等。

2. 建立"三亚旅游经济区"市场一体化机制。包括金融、保险、产权、外贸、物流、电力、电信、信息、航空、航运、商贸、旅游等诸多市场领域，实现一体化的市场机制和统一的市场管理政策，大力消除和避免以邻为壑的运作与管理方式。

3. 发挥企业和其他市场主体在经济区一体化发展中的作用。成立跨行政区域的企业集团或股份合作公司，比如成立三亚旅游经济区旅游发展股份公司、现代农业股份公司等。

4. 创立区域一体化发展的研究咨询机制。建议设立三亚旅游经济区研究咨询

机构。例如,设立"三亚旅游经济区发展研究院(所)",负责研究课题的项目发布招标、组织研究力量、召集研讨会,甚至可以设立定期化、制度化的"三亚旅游经济区发展论坛",汇聚政界、学界、企业界和城市规划设计机构等各方面的人士,研究"三亚旅游经济区"运行中的问题和发展的方向,为科学决策提供有价值的选择方案或参考意见,也为本区域的一体化发展营造良好的舆论氛围。

(五)我国区域经济发展的模式比较

"三亚旅游经济区"管理体制的提出,是充分吸取我国区域经济发展长期积累的成功经验,从三亚及其周边地区的实际出发,进行改革创新,走一条有特色的、区域化的社会经济发展道路。改革开放之后,我国区域经济发展实践中出现过以下三种有代表性的模式和运行机制:

第一种模式的经济区是以地区级行政中心所在的城市管辖行政级别低一级的县(或县级市),即通常所说的"市管县"模式。从运行机制方面来看,这一种模式的经济区的运行机制属于典型的"管治型"。多层次的管理体制容易导致中心城市与其管辖的下级县市争夺资源,使资源向中心城市高度集中,虽然有利于中心城市的迅速成长,但容易扼杀下级行政单位的积极性,对中小城市以及农村的发展带来不利影响。因此,东南部发达地区后来都经过进一步的行政区划调整,把这些市管县变成了"市辖区",强化了发展的均衡性,提高了一体化程度。

第二种模式是由大都市与其卫星城市形成的经济区域,这是一种典型的"带领型"运行机制。由于大都市的巨大聚集力和辐射力可以超越行政区划的界限,在大都市辐射半径内的地区即使与它没有行政隶属关系,也可以形成相对紧密的经济协作关系。长三角和珠三角两大经济区属于此类型,这两大经济区之所以具有强大的发展动力,主要因为上海以及广州、深圳所具有的巨大辐射和带动作用,高度市场化而非行政协调在这两个经济区过去的阶段发挥着重大作用。随着这两大经济区进一步的发展,这种对话型而非制度化的合作机制显得单调和缺乏效率的问题开始凸显,从而使经济区协调机制制度化的问题引起从中央到地方的高度关注。

第三种模式是由若干个没有行政隶属关系的中心城市为核心形成的经济区,这是一种多中心的经济区,以环渤海经济区表现最为典型。环渤海经济区有多个重要的大城市:北京、天津、青岛、大连分别是京津冀地区,山东半岛、辽东半岛的中心城市,它们各自形成了次中心。中央原先将天津定位为这一经济区的中心,但是它并未真正发挥龙头的作用。实际上,到目前为止,没有任何一个次中心能够成为这一经济区的真正龙头,这就使得曾经在这一经济区建立起来的 5 省 2 市"联席会议"协调机制基本上不发挥作用。因此,环渤海经济区采取的是协调能力最弱的一种合作机制。

比较以上三种经济区的形成原因和目前所采取的运作机制,我们认为,"管治型"和"带领型"的合作模式都不适合"三亚旅游经济区"。"市管县"的方式可能影响县级行政区自身发展的积极性,而且可能使中心城市背上包袱,增加行政成本。而过于松散的协调机制被证明起不到太大的效果,尤其在三亚市目前的聚集力和辐射力都不够强大的情况下,尤其如此。因此,我们需要对"三亚旅游经济区"的合作机制进行创新,即采取"市联县"的合作模式。

"市联县"模式的着眼点和创新之处在于,针对本区总体规模小、发展水平低,中心城市的带动能力弱,而经济结构和资源的互补性强,中心城市的无形资产和基础设施可利用程度高等一系列特点,强化三亚在经济协作区中的带领和协调作用,同时又要充分调动 3 县自身发展的积极性。这种运作机制回避一个"管"字,或者简单的"帮"字,而突出一个"联"字,也就是强调双向互动,发挥各方的积极性,强调联合决策,联手开发,联动发展。我们认为,"市联县"的安排更能充分体现海南省委、省政府关于"南北带动"区域经济发展战略布局和本区有关各方已经达成初步共识的三项合作原则,是从当前实际出发、较为合理的制度选择。

四、建立"三亚旅游经济区"的相关建议

建立"三亚旅游经济区"的目的是整合资源,形成区域优势。达到这个目的的重要手段是深化改革,扩大开放。要以建设三亚国际旅游城市为目标,提升"三亚旅游经济区"的地位和层次,以合作的深化来推动三亚国际旅游城市的实现。为此,必须站在全面改革和扩大开放的高度来谋划"三亚旅游经济区"的发展对策和措施。

(一)以全面的开放,建立"三亚旅游经济区"

1. 以旅游产业的开放推进"三亚旅游经济区"的建设。在三亚率先实施我国加入 WTO 承诺,加快全方位开放旅游市场,使三亚市成为国际旅游经济网络中的一员;抓住航空权开放的机遇,加大旅游产业开放力度,推进三亚旅游业自由化进程。引进国外大型旅行社进入三亚,加快中外合作。使三亚旅游率先与国际旅游接轨,成为我国旅游业进入国际旅游市场的有效通道,成为旅游对外开放的重要窗口。

2. "三亚旅游经济区"的建设要按照国际标准来规划。按"国际性热带滨海旅游城市"的城市发展目标要求,抓紧制定"三亚旅游经济区"旅游发展总体规划和建设"国际性热带滨海旅游城市"的指标体系。以独特的热带生态环境和高水准的度假设施,提高三亚在国际旅游市场的知名度;以国际标准的旅游管理和旅游服务,提高

三亚旅游国际化水准。

3. 参照国际惯例和成功经验,制定科学化、人性化和国际化旅游城市管理的专项法规。以推动和规范三亚旅游业的管理和城市的发展。营造一个安全、文明、规范,世界一流的旅游环境。

(二)在区域建设和城市经营中,广泛地运用 BOT 等方式,大力吸引各种投资

要打破垄断,改革和创新"三亚旅游经济区"基础领域和公用事业领域投资方式,运用 BOT 等方式,引入国内外有实力的企业进入城市的供水、供电、污水处理等公用事业领域和公路、铁路、港口、电讯、电力等一批基础产业项目和教育、医疗的相关项目。市场化改革走到今天,凡是经营性项目都应当向全社会公开招标,以尽快形成吸引内外投资的一个热点。并利用相关机制给予相应的土地、经营权和现金等多种形式的补偿。

(三)加快人力资源开发,把人力资源开发作为改革的一项重要任务

建立"三亚旅游经济区",重要的是加快人力资源开发,培养人才,培养各类专业技术人才和具有一定素质的劳动者。在这方面,三亚等 4 市县与海南省及全国相比有明显的差距。改变这一局面的出路仍在于改革,实行教育开放:向社会开放。建立学校与社会和经济的紧密联系和互动关系。借助社会力量联合办学,发展教育产业;借助社会力量,推行素质教育,培养人才。向国外开放。参与教育国际化进程,引进国外名牌大学和人才,借助先进的教育管理、教学内容和教育手段,采取多种形式,合作办学,优化教育结构。向学生开放,为更多的青年提供学习机会。在基础教育、职业教育和继续教育领域,实行开放办学,采取"入口宽、出口严"的政策,着眼于提高全社会劳动者文化技术素质水平;对于普通高等教育,仍可坚持"双严"政策,着眼于培养造就高质量具有创新能力的人才。

在加快教育体制改革、整合教育资源的同时,发挥全社会多方面的积极性,鼓励和支持社会办学,并为社会办学创造多方面的有利条件。改变单一的政府财政投资办学体制,实行政府、社会团体、企业、个人多渠道投资的办学体制,公办与民办共存,也可实行"一校多制"。突出基础教育的主体地位,创办"三亚旅游经济区"的高等教育事业,加快职业技术教育和继续教育的发展。不在这个方面寻求出路,就难以扭转人力资源发展的落后局面。

（四）以促进"三亚旅游经济区"发展为目标，加快政府改革

1. 在各市县保持独立建制的基础上，应强化通过三亚市委常委会实施党对整个经济区域在经济和社会发展重大问题上做出决策的统一领导作用，强化由各市县长组成的经济区这一行政执行机构的权威作用，海南省委、省政府对这一制度安排应给予明确的授权，各市县对这一制度安排应做出具有约束性的决定。

2. 为发挥三亚市在"三亚旅游经济区"的中心地位作用，应加快三亚市政府体制改革，当前最迫切的是，申报建立河东、河西2个区级行政，形成市管2区5乡镇的体制。在条件成熟时，5个乡镇改为区，从而完成市辖区的建制。为使三亚市委、市政府以更多精力致力于"三亚旅游经济区"的重大事项的决策和处理，应扩大2区5乡镇在行政管理上的自主权。

3. 各市县应按十六届三中全会的要求，完善政府社会管理和公共服务职能，为全面建设小康社会提供强有力的体制保障。

（五）中央、海南省的扶持政策

1. 争取中央和省的财力支持，加快区域基础设施和公共设施建设

（1）积极争取国债资金用于"三亚旅游经济区"的基础设施建设项目。

（2）争取中央和省财政支持，三亚市财政给予必要的资助，并发动社会力量，建立"三亚旅游经济区"教育发展基金。

（3）争取中央、省的财政支持，三亚市财政给予必要的资助，并发动社会力量，建立"三亚旅游经济区"公共医疗卫生保障基金。

（4）充分运用少数民族政策，扩大争取少数民族扶贫资金。

2. 争取中央和省的政策扶持，加快"三亚旅游经济区"的建设

（1）争取中央和有关部门的支持，在"三亚旅游经济区"的区域中，在旅游业和农业的限定范围内，实施更加开放的措施，率先实行 WTO 的相关规则。

（2）在海南试点实施开放第三、四、五航空权之机，把三亚凤凰国际机场逐步建成航空自由港。

（3）与博鳌亚洲论坛秘书处紧密合作，策划有关亚洲地区的专业性论坛，如中国与东盟旅游合作论坛设在三亚，带动三亚发展会展旅游、商务旅游、文化旅游，使三亚成为与东南亚地区国家的一个连接点。

（4）争取国家教育部支持批准用中外合作方式在三亚开办以培养旅游管理及技术专业人才为重点的本科院校和职业技术院校。

（5）争取国家卫生部的支持，允许与外商合作在三亚开办医院，并在主要度假旅游景区开设下属诊所，为国外游客提供医疗保健服务。

中国（海南）改革发展研究院《"三亚旅游经济区"发展战略研究》课题组
课题组组长：迟福林
执笔：迟福林　李昌邦　詹长智　王丽娅　陈文

第三篇　建设洋浦自由工业港区

洋浦经济开发区自 1992 年成立以来，中改院始终把洋浦经济开发区的发展作为重点研究课题。

●1997 年 4 月，中改院与洋浦管理局、海南省社科联联合主办了"以工业项目带动洋浦开发，以洋浦开发带动海南经济"研讨会。会议讨论了"洋浦经济开发区在海南特区建设中的地位和作用"、"洋浦经济开发区重化工业体系框架"等问题。

●1998 年、2001 年在深入调研的基础上，中改院分别提出了"关于确定洋浦经济开发区为出口加工区的几点建议"、"把我省天然气发电建设重点放在洋浦开发区的建议"以及"洋浦经济开发区应成为海南油气综合加工产业集中发展的新兴地区建议报告"。

●2001 年，中改院课题组提出洋浦的发展定位——以油气综合开发为主的新型工业基地。

●2005 年 3 月，根据吴仪副总理视察洋浦经济开发区时提出的"打造新模式、创造新洋浦"要求，中改院对洋浦发展的总体规划和产业定位进行了深入研究，提出"建设洋浦自由工业港区的建议报告"。

洋浦经济开发区的设立是我国改革开放的重大战略步骤之一,也是海南省经济发展的重中之重。目前,洋浦经济开发区正面临着新的历史发展机遇,处于发展的关键时期。要在洋浦经济开发区范围内,以油气综合开发为重点,以实行自由港区的发展模式为目标,把洋浦建成具有国际竞争优势的现代化的油气综合开发基地和新型工业基地,成为我国对外开放程度最高的工业自由港区。

洋浦自由工业港区建设的总体设想

(2005 年 3 月)

洋浦经济开发区的设立是我国改革开放的重大战略步骤之一,也是海南省经济发展的重中之重。目前,洋浦经济开发区正面临着新的历史发展机遇,处于发展的关键时期。努力把洋浦建设成区位优势突出、具有国际竞争优势的现代自由工业港区,可以实现邓小平同志当年的战略设想。在这个大背景下,研究洋浦总体规划和产业定位,对于"打造新模式、创造新洋浦"具有重要意义。

中国(海南)改革发展研究院始终把洋浦经济开发区的发展作为重点研究课题之一。中改院课题组曾在 2001 年提出洋浦的发展定位——以油气综合开发为主的新型工业基地,并在 2002 年年初由全国政协副主席陈锦华在北京主持由若干部委领导和专家学者参加的座谈会,专题讨论洋浦发展定位问题。最近,中改院课题组受洋浦经济开发区管理局委托,对洋浦发展的总体规划和产业定位进行深入研究,提出了这份关于洋浦总体建设的框架性研究报告。

根据吴仪副总理前不久视察洋浦经济开发区的讲话精神,我们形成这份洋浦自

由工业港区建设的总体设想的基本思路是:

1. 从经济全球化和区域经济一体化的大趋势出发,抓住中国与东盟建立自由贸易区的机遇,并根据洋浦区位优势及资源优势,提出洋浦的总体发展目标是:建设成符合国际惯例的、高度开放的、新型自由工业港区。

2. 从比较优势出发,研究洋浦自由工业港区的总体规划与产业定位,培育能够突出自身优势的产业集群。据此,我们提出"一个基地、三个集群"的总体设想,即把洋浦自由工业港区定位为中国南海油气综合开发基地,同时积极发展油气综合开发产业集群、特色制造产业集群和现代物流产业集群。

3. 本着"解放思想、开拓创新、实事求是、敢为人先"的精神,本报告提出,利用3～5年左右的时间分两步走,使洋浦成为我国第一个工业自由港区,并作为我国国家级经济技术开发区转型的先行示范。

一、洋浦自由工业港区的基本内涵及其可行性

(一)洋浦自由工业港区的基本内涵

1. 洋浦自由工业港区的基本内涵

本建议报告提出的工业港区,不同于一般的工业开发区,它是指工业区与自由港的结合。

洋浦自由工业港区的基本内涵是:在洋浦经济开发区范围内,以油气综合开发为重点,以实行自由港区的发展模式为目标,把洋浦建成具有国际竞争优势的现代化的油气综合开发基地和新型工业基地,成为我国对外开放程度最高的工业自由港区。

2. 洋浦自由工业港区的主要特点

洋浦自由工业港区有如下4个主要特点:

(1)洋浦自由工业港区的产业发展方向突出。即以油气综合开发为重点,形成以油气加工为主的产业集群,同时利用海南特色资源优势和洋浦港口优势,发展特色资源加工业和现代物流业。

(2)洋浦自由工业港区符合国际惯例,实行高度的对外开放。按照国际惯例,洋浦自由工业港区实行产业项下高度开放和自由港的发展模式及基本政策。

(3)洋浦自由工业港区以大项目和大企业为主。洋浦自由工业港区以油气综合开发为主,以国际市场为主要依托,因此,必然要求引进大企业、大项目。

(4)洋浦自由工业港区实行分两步走的发展战略。第一步,从现在开始,实行不完全自由港区的相关政策和体制,即实行以油气综合开发为重点的产业自由贸易政策与自由

港的某些政策相结合;第二步,经过 3～5 年的努力,争取在"十一五"末期,按照自由港区的规范,把洋浦建成现代化的新型工业港区,使之成为我国第一个工业自由港区。

(二)把洋浦建设成为油气综合开发基地是邓小平的遗愿

在 20 世纪 80 年代先后设立的中国 5 个经济特区中,海南与深圳、珠海等其他 4 个特区的根本不同之点,在于它不是一个小面积的城市,而是一个具有独立地理单元与丰富自然资源、实施更特殊政策的大面积区域。因而被人们形象地称为"大特区"。如果说,邓小平对其他特区(特别是深圳)提出的要求,主要是在旧的计划经济体制中"杀出一条血路",发挥联结国际市场的"窗口"作用的话,那么,对"大特区"提出的要求则有所不同,更侧重强调了其自身生产力的发展,即海南各种优势资源的开发,特别是对刚发现不久的海上石油天然气的开发利用寄予了极大的希望。

1983 年 7 月 26 日至 8 月 3 日,中国海洋石油总公司与美国阿科公司合作在三亚之南的崖城 13 构造上,打出日产天然气 120 万立方米的高产井,发现了崖 13 大气田。消息传到北京,邓小平十分高兴,12 月 1 日在北京亲自会见了美国阿科公司董事长罗伯特·安德森,就崖 13 气田天然气的开发利用问题交换了意见。12 月 22 日,邓小平听了姚依林、宋平的汇报后,又指示说:"海南天然气很有希望。最近,美国阿科公司董事长安德森对我说,那里的天然气储量可能有 900 亿～1000 亿立方米,用来搞化肥,产量可达 700 多万吨。如果这个情况属实,那是很好的。可以同外商合资生产化肥。"

随后,阿科公司提出了在海南岛搞 500 万吨尿素化肥厂的设想,邓小平又很高兴地说:"很好,你们来干"。安德森迅速地在美国提出了具体方案,并制作了化肥厂装置的模型,用飞机运到北京,请小平和中央领导观看。同时,组织专家会同国家计委、化工部在海南全岛进行踏勘,选择海南具有最好深水良港的洋浦为拟建大化肥的厂址。

1984 年 2 月,邓小平在视察广东、福建、上海等地回京后同中央几位负责同志谈话中指出:"我们还要开发海南岛,如果能把海南岛的经济发展起来,那就是一个很大的胜利。"4 月,中央做出进一步开放 14 个沿海港口城市和海南岛的重大决定。5 月 29日,邓小平会见美国著名企业家哈默,向他转告了这一重大决定,并说:"我们决定开发海南岛,利用天然气还可带动其他产业,这里铁矿丰富,可以发展钢铁工业"。

1987 年 6 月 12 日,在海南特区即将诞生前夕,邓小平在会见南斯拉夫客人时说:"我们在搞一个更大的特区,这就是海南岛特区。海南岛和台湾面积差不多,那里有许多资源,有富铁矿、有石油天然气,还有橡胶和别的热带亚热带作物。海南岛好好发展起来,是很了不起的。"

可以非常清楚地看出,邓小平对海南近海石油天然气资源开发利用的高度重视。这种高度的重视,完全基于他对海南经济特区所寄予的愿望,基于他对石油天然气在现代经济发展中具有的特殊战略作用的透彻把握。正是在邓小平指示精神的推动下,国家与海南省先后数次组织编制了海南经济发展的战略规划,其中最主要的有两次,即 1985～1988 年日本国际协力团与国家计委编制的《海南岛综合开发计划调查》和 1987～1988 年由中国社科院专家编制的《海南经济发展战略研究报告》。这两个发展战略计划均把油气综合加工作为海南经济发展的一个重要方面,并毫无例外地把洋浦选择为发展海南油气加工的最佳基地。

为了把洋浦尽快建成一个能发展现代工业的基地,海南省采取了引入外商进行成片土地开发的创新路子。当不少人对这样的做法提出异议、质难并引发一场不大不小的"风波"时,又是邓小平挺身而出肯定、支持了海南省的做法。1989 年 4 月 28 日,邓小平在中共海南省委关于设立洋浦经济开发区的汇报材料上批示:"我最近了解情况后,认为海南省委的决策是正确的,机会难得,不宜拖延。但须向党外不同意见者说清楚,手续要迅速周全。"在这个批示中,被邓小平称为"正确的"海南省委的决策内容,主要有两点:除了外商成片开发外,就是中外专家在多次规划中提出的,将洋浦建设成为以近海天然气为主的大型综合油气加工基地。

(三)建设以油气综合开发为重点的洋浦自由工业港区,一直是多年来规划的基本思路

1988 年 5 月,日本协力团完成的《海南岛综合开发计划调查》最终报告书中提出:铺设全岛输气管,把崖 13—1 气田的天然气直接送到洋浦。"在洋浦开发大型、临海的'综合化学工业基地',以天然气为原料的合成氨、尿素的生产中心,生产甲醇、乙炔、烧碱、氯等的基础化学制品和这些物质衍生产品。另外,经洋浦港输入原材料,生产各种合成树脂及其制品。这样,可使洋浦发展成为大型的综合化学工业基地。"

1988 年 1 月,中国社科院课题组关于《海南经济发展战略研究报告》提出:"全岛可规划为五个经济区,这就是:北部的海口经济圈,主要是以发展轻工、电子和第三产业;东部的文昌经济圈,主要是发展农业和农产品加工;南部的三亚经济圈,主要是以旅游为中心,建立国际旅游区;西北部的那大经济圈,主要是以洋浦为中心,以天然气和石油为主,发展石油化工;西南部的八所经济圈,主要是发展钢铁、水泥等重工业。"

在 1988 年 8 月 25 日召开的海南省第一届人民代表大会上,海南省政府做的报告中这种基本思路也得到了充分的反映。报告指出:"以洋浦为中心的西北经济区,主要利用天然气发展石油化工行业","根据海南省经济发展战略部署,我们将首先集中力量搞好洋浦开发区的建设。在不远的将来,洋浦将成为以化工工业为主的综合性的中等工业城市,走出一条成片开发,综合开发工业区的新路子,为其他开发区的建设提供经验和示范。"

中改院于 2000 年开始正式提出《洋浦经济开发区应成为海南油气综合开发产业集中发展的新兴地区》的报告,并于 2000 年年初向国家发改委提出《南海开发计划与海南战略基地建设》的"18 条"建议。在这份建议报告中,中改院专门提到,要把洋浦建成我国新型工业港区。

(四)建设洋浦自由工业港区的基础条件

1. 丰富的南海海洋资源是建设洋浦自由工业港区雄厚的物质基础,南海开发的战略性、长期性为洋浦自由工业港区的可持续发展提供了保障

南海蕴藏着丰富的油气资源,经初步估计,整个南海的石油地质储量大致在 230 亿至 300 亿吨之间,约占中国总资源量的 1/3,有"第二个波斯湾"之称。现已探明的南海天然气资源主要分布在莺歌海盆地(见表 1),距洋浦 200~300 公里,计划 2005 年天然气生产能力达到 60 亿立方米,2010 年达到 187 亿立方米,2015 年达到 257 亿立方米。此外,南海地区还发现了新型的替代能源"可燃冰",学名天然气水合物。据新近的勘测结果,仅南海北部的可燃冰储量就已达到我国陆地石油总量的一半左右。在西沙海槽已初步圈出可燃冰分布面积 5242 平方公里,其资源量估算达 4.1 万亿立方米,按成矿条件推测,整个南海的可燃冰的资源量相当于我国常规油气资源的一半,可燃冰是解决中国未来能源问题的最大希望所在。

表 1 海南省管辖海域主要盆地油气资源赋存情况估算表

序号	盆地面积	面积(km^2)	资源赋存状况(估算)
1	莺歌海盆地	60000	$54000 \times 10^8 m^3$ 天然气
2	琼东南盆地	50000	$14000 \times 10^8 m^3$ 天然气
3	珠江口盆地	5020(文昌区域)	$9400 \times 10^8 m^3$ 天然气
4	北部湾盆地	38000	$6022 \times 10^4 t$ 石油
5	曾母盆地	183240	$177 \times 10^8 t$ 石油
6	万安滩盆地	67000	$28 \times 10^8 t$ 石油
7	文莱—沙巴盆地	80000	$80 \times 10^8 t$ 石油
8	礼乐滩盆地	26700	$14 \times 10^8 t$ 石油
9	西北巴拉望盆地	30000	$17 \times 10^8 t$ 石油
10	中越盆地	20000	$10 \times 10^8 t$ 石油
11	安渡滩盆地	24000	$12 \times 10^8 t$ 石油
12	郑和盆地	13000	$6.5 \times 10^8 t$ 石油

资料来源:张本、潘建纲:《海南经济特区定位研究》,海南出版社 2000 年版。

南海不仅蕴藏着丰富的能源资源,同时也蕴藏着丰富的矿产资源、渔业资源。南海的开发刚刚起步,以南海海洋资源为对象,在洋浦发展以油气资源加工为重点的资

源加工业具有广阔的空间,是一个长期而又艰巨的任务,是大有作为的。

2. 得天独厚的优良港口及广大的腹地是洋浦自由工业港区发展临港工业集群的最好依托,是洋浦自由工业港区内三大产业集群协调发展的重要保障

洋浦半岛三面环海,海域面积辽阔,且水域较深,东南 24 公里的海岸线上,分布着大小 20 多个海湾。洋浦湾内可建港岸线长 6.6 公里,可建 20 多个万吨级泊位,最大泊位可达 10 万吨级。海岸地质稳定坚固,航道近岸且深,湾内水深平均 11 米,最深处达 24.6 米,2 万吨级船舶可不受潮水影响自由进出。腹地辽阔,现有 31 平方公里保税区,进一步扩展可到 260 平方公里范围内选择。而泛珠三角地区的主要港口,或者发展空间有限,或者不具备发展原油码头的条件(见表 2)。

表 2 泛珠江三角洲地区港口概况表(2004 年)

港口名称	货物吞吐量(万吨)	标准集装箱(万个)	石油概况	主要货物类型	最大泊位(万吨)	附近石油储备和加工情况
广州	13800	213.6	主要货种是煤炭、干散货。石油品种较少	煤炭、成品油、原油、金属矿石、钢杂、沙石、水泥、木材、化肥、散粮、散糖、粮杂、非金属矿石和集装箱等	30	拟新建 1000 万吨级别的炼油厂。2004 年已经开工,2006 年投产
深圳	13500	1365.54	进口 15% 的石油天然气	集装箱、油、石料、煤、化肥、粮食、钢铁等	7.5	没有石油加工项目,但附近的惠州有 1200 万吨的炼油厂
湛江	约 3081.7	约 14.6	石油是首选大宗货物	石油、矿石、煤炭、粮食、化肥、木片	30	已建成 30 万吨的原油码头和 300 万吨的炼油厂。拟扩建 500 万吨
茂名	1031	17409(1～10月份)	石油	原油	25	有 1200 万吨的炼油厂。有望入选第二批国家战略石油基地
北海	654.06	约 3	油气产品占最大比例	矿石、煤炭、化肥、木材、粮食、糖	3.5	投资 120 亿元建立 800 万吨炼油厂
防城	1600	9	比例不大	粮食、水泥、化肥、木片、油气、磷酸、沥青、植物油、液体硫黄	15	无
珠海	3203	44.8	比例不大	机械设备、农产品	8	筹建大炼油、乙烯及其石油化工产业链项目

资料来源:由互联网资料整理得到。

3. 独特的区位优势,使洋浦自由工业港区最具条件发展成为面向国际的自由港区,并为洋浦自由工业港区参与国际区域经济合作提供最便捷的途径

在未来开发南海油气,就相应需要一个石油加工、冶炼、储备的基地,与潜在的消费市场紧密相连以保证开采—加工—冶炼—储备—运输—消费的产业链条。洋浦地处海南岛西部,位于北部湾中段,紧连我国华南、西南通向东南亚要冲,并与东盟国家隔海相望,具备大陆通往环太平洋诸国要道的区位条件。从这个角度来看,洋浦港最有可能成为我国挺进南海进行油气综合开发的后方战略基地。泛珠江三角洲是中国经济最活跃的地区之一,该地区常规能源十分缺乏,尤其石油天然气短缺的矛盾十分突出。而洋浦自由工业港区是地理上距离泛珠三角最近的能源供给地,从海南岛到珠江三角洲的距离仅为从新疆到上海距离的1%,洋浦可以其自身的产业优势开展与港、澳、台地区的经济合作。此外,与泛珠江三角洲其他港口相比,洋浦与印尼、文莱等东盟著名石油、天然气生产出口大国隔海相望,距中东产油区海上航程最短,洋浦自由工业港区可以利用自身的优势,在海洋开发、海上运输、海上贸易等领域与东盟各国进行多种形式的区域经济合作。

开发南海,迫在眉睫,难在南沙。目前,周边国家在南沙的开发处在先动、主动的态势,我国处在十分被动的状态。海南岛应成为我国推进南海油气综合开发的后方战略基地,洋浦自由工业港区的建立,是这一后方基地建设的核心组成部分。洋浦不仅是南海油气综合加工基地,同时也是南海油气勘探开发的支撑基地。洋浦自由工业港区要生产开发南海所需要的海上钻井平台及相应的配套机械和海底油气管道的支架等,并成为南海开发所需各类机械设备的备品、备件的存储基地。

4. 十多年的建设发展所形成的产业基础,为洋浦自由工业港区的未来发展奠定了良好的基础

表3 洋浦已建骨干项目

序号	项目名称	建设规模	总投资额 (亿元人民币)
1	中石化炼油项目	800万吨(项目包括建设一个30万吨级原油码头及10万吨级成品油码头以及金海浆纸厂2万吨级的专用码头)	113
2	洋浦电厂油改气及余热发电项目	44万千瓦	15
3	金海浆纸项目	100万吨漂白木浆	180 (首期项目投资额95)
4	海发面粉加工项目	50万吨	8.6
5	椰岛变性淀粉项目	2万吨	0.7

在中央的大力支持下,一些重大的项目已经入户洋浦,如 800 万吨炼油项目,44 万千瓦的天然气发电以及相配套的电网建设,20 亿立方米的天然气管道已铺设到洋浦,60 万吨的深白木浆厂,以及一批有特色的粮油的农副产品的加工项目等(见表 3)。洋浦港口的建设也正取得重大的进展,洋浦港已建成 3 个 3.5 万吨级深水泊位, 2 个 2 万吨级多用途泊位,1 个 3 万吨级泊位和集装箱码头,年吞吐能力已达 250 万吨。

(五)建设洋浦自由工业港区的基本原则

1. 开放性原则

当洋浦由外商主导开发转变为由政府主导开发之后,仍然必须坚持以大开放带动大发展,走一条与国内其他国家级经济开发区不相同的发展道路。

(1)洋浦自由工业港区必须在积极参与泛珠江三角洲的经济合作中发展自己,特别是以自身的优势产业积极开展与港澳台的经济合作活动。

(2)洋浦自由工业港区必须参与中国—东盟自由贸易区的经济合作中发展自己,首先是与北部湾国家与地区,进而是南中国周边国家开展双边的经济合作。

(3)洋浦自由工业港区必须坚持以产业开放拉动产业发展。坚持引进大企业、开发大项目;坚持引进外商投资,并进一步发展为以外商投资为主。

(4)洋浦自由工业港区必须充分依靠国际国内两个市场、两种资源发展自己。在市场开发上应逐步发展成为以国际市场为主,同时兼顾国内市场;在资源利用上,首先依靠国内市场,同时尽最大努力开发利用国外资源。我们总的建议是,要坚持自由工业港区的基本特征,把洋浦自由工业港区建设成为一个十分鲜明的外向型工业港区。

在中国—东盟自由贸易区发展的背景下,洋浦自由工业港区的建立对推进"10+1"在海洋领域实行多边、双边的经济合作,有着不可替代的作用。未来 5~10 年,中国—东盟自由贸易区将迅速发展成为世界上极具影响的自由贸易区之一,区域经济合作会越来越广、越来越深,其合作领域必定从陆地向海洋发展。海南岛地处中国与东盟的最前沿,是中国大陆面向东南亚的桥头堡,这些独特的优势为洋浦抓住中国—东盟自由贸易区的机遇创造了非常有利的条件。我国与东盟国家有争议的海域面积有 150 余万平方公里,我国在南海断续线内的海域面积为 200 万平方公里,而越南、菲律宾、马来西亚、印尼、文莱 5 国要求的海域有 154 万平方公里(扣除重叠部分)进入我国断续线内,留给我国无争议的海域仅有 44 万平方公里,仅占 22%。目前,周边国家在南海的油气开发已经形成了相当大的生产能力。而我国在南海的开发范围还仅限于近海海域,距离南海有争议的海域还很远。按照我国政府提出"主权在我,搁置争议,共同开发"的基本主张,洋浦自由工业港区完全有可能在突破南海共同开发方面,做出自己的贡献。

2. 可持续性原则

(1)确保洋浦自由工业港区走可持续发展道路,更要确保海南省走可持续发展道路。洋浦自由工业港区的工业项目,不可能没有污染,但是必须确保稳定在国家允许的范围内,必须严格控制好已有污染项目的发展规模,必须严格限制再上严重的污染项目。洋浦的发展必须服从海南生态省建设,绝不能以损害海南优良的生态环境为代价。

(2)规划经济发展要考虑环保容量,而且要考虑资源容量,要以资源可以支撑的程度来规划产业发展,而且对海洋资源的开发利用,必须适度,不可盲目。

(3)随着经济的发展,要警惕港区环境质量下降的趋势。要一方面抓环境保护,一方面抓环境建设。加强区内生态环境建设,提高区内环境质量和生态水平,才有可能实现真正的可持续发展。

3. 战略性原则

(1)要着眼于南海地区的共同开发和长期合作目标。要坚持从国家大局和长远战略出发,面向海洋、面向未来,来处理洋浦自由工业港区发展过程中面临的重大问题,把洋浦建设成我国挺进南海的基地。

(2)要服务于"10+1"区域合作的大框架。应从中国与东盟合作的需求出发,利用独特的区位优势,使洋浦成为我国面向东南亚的桥头堡,成为中国—东盟自由贸易区的重要口岸。

(3)以战略的眼光从全国和海南省的全局出发,对洋浦自由工业港区的发展统一规划、分步实施,积极又稳妥地加快工业港区的建设。

二、洋浦自由工业港区产业定位的基本思路

海南工业发展的关键在于洋浦,洋浦发展的关键在于正确而有效的产业定位。我们从洋浦的实际出发,提出以油气综合开发为重点的洋浦产业定位和产业总体发展目标。我们认为,这是确定洋浦新发展模式与新管理模式的基础和前提。

关于洋浦的产业定位,我们基本的思路是:"一个基地、三个集群"。即把洋浦自由工业港区定位为中国南海油气综合开发基地,同时积极发展油气综合开发产业集群、特色制造产业集群和现代物流产业集群。

(一)洋浦自由工业港区产业定位的总体设想

1. 立足海南资源优势,把洋浦建设成以油气综合开发为主的新型工业港区

随着我国经济总量的不断增长,对能源的需求也与日俱增。由于我国陆地开采能源的空间已经不大,我国石油开采的潜力已经转向海洋。因此,无论从资源储备、技术储备,还是从国家安全的角度考虑,在我国石油多元化战略中,开发海洋油气资源已成为重要一环。目前,南海油气开采正处于快速发展的起步阶段,技术、资金方面已无问题,各方面时机已基本成熟,只是缺乏必要的后勤保障和储运、加工基地,从这一点看,海南的洋浦港最有条件成为中国南海油气综合开发基地。我国华南、西南地区尚无一家石油天然气储运基地,能源布局严重不均衡。洋浦依托南海丰富的油气资源和重要的区位优势,正在成为重要的油气加工基地。洋浦最新落户年产800万吨炼油项目,使之具备开发石油天然气的产业依托。因此,在北部湾地区的洋浦是泛珠三角地区和中国—东盟区域商业性油气储备基地的首选。目前,除了北部湾的北海、钦州港,中国南部没有一个可以供大型油轮停靠的码头。北海、钦州都不具备发展大型油气资源码头的条件,也都没有相应的石油化工行业作为石油储备的依托,而位于北部湾的洋浦港就具有上述这些得天独厚的条件。

2. 从实际出发,发展具有洋浦自身特色的产业集群

通过产业集群发展经济是发达国家和地区发展经济的经验,也是现代工业发展的客观规律。洋浦要实现新型工业港区的发展目标,应当以自身的综合优势为基础,充分发挥产业集群的效应。

产业集群是关键生产要素在地理上的集聚,并形成完整、互动的产业系统。作为一种先进的产业组织方式,产业集群有如下四个主要特点:一是产业集群在地理上的集中性。正是在某个特定的地域集中了许多产品相关度较高的企业,才会产生产业集群,并进一步吸引更多的同类企业加入。二是产业集群延伸产业价值链的特征。产业集群的主要经济效应之一就是一个有竞争力的产业能够带动或创造其他产业的竞争力,使得整个产业集群的各个组成部分都成为国内甚至国际知名的产业集群。三是产业集群具备刺激产业间共同创新、学习、良性竞争平台的特征。产业集群的另一个重要经济效应就是产业之间的良性互动。一个产业之间的创新会在第一时间传递给其他相关产业,使整个产业集群的学习能力空前提高,并能够提高整个产业集群的竞争力。四是产业集群具有产业间联合行动的网络创新模式的特征。协同行动是争取产业集群利益的一个根本制度保证。在产业集群中,由于大家最终利益被绑在一起,所以,集群内成员都难以违背承诺。

在充分借鉴国内外经验的同时,充分发挥洋浦的资源优势,发展具有洋浦自身特色的产业集群,是发展洋浦的有效路径。因此,洋浦的产业发展,除了确定把油气综合开发作为主导产业外,还可根据其拥有的深水港口优势与海南本岛所拥有的各种优势资源,规划发展一些有特色的加工制造产业,从而构造洋浦其他特色加工产业

集群。

（1）充分利用南海油气资源，发展油气综合开发产业集群。随着海南岛周边近海及南海丰富的油气资源的发现与开采，海南面临着发展油气综合开发产业的极好机遇。洋浦所具有的发展工业的优势是海南其他地区所不可替代的。从国际经验看，无论是政府倡导还是市场自发形成的产业集群都以丰富的自然资源和人力资源为基础，例如瑞士的钟表产业集群以及新加坡的化学岛石化产业集群。因此，根据洋浦的资源、区位与地理优势，以及市场需求导向，把洋浦定位为油气综合开发基地，是可行的。

天然气供应、天然气发电、油气综合开发和油气储备中转等构成洋浦油气综合开发产业集群，通过这些产业奠定洋浦以油气综合开发为主的重化工业基地地位。天然气输到洋浦，还为高级玻璃、人造大理石等利用海南本岛金属矿产资源的企业提供洁净的能源。

（2）充分利用海南各种资源，发展海南特色制造产业集群。从发达国家经验看，美国底特律的三大汽车公司催生了世界几个最大、最集中的汽车产业集群；意大利米兰的时装设计业带动了当地的成衣产业，并共同使米兰成为一个世界时尚中心。这些案例都充分说明以某个具有竞争力的产业为基础发展起来的产业集群将对当地经济产生无法估量的效果。海南是一个资源大省，洋浦开发必须从这个最基本的现实出发，发展具有海南特色的制造产业集群。第一，充分利用天然气资源和海南当地林业资源，发展符合国际环保标准的造纸项目；第二，充分利用海南优良的农业资源，发展包括水果深加工、粮食深加工等农产品深加工项目；第三，充分利用国家开发南海的契机，发展为其服务的相关机械制造业，如启动并加快南海勘探支撑基地的建设；第四，充分利用洋浦建设油气综合开发基地的契机，发展服务于油气综合开发的各种高科技产业。

（3）利用洋浦区位和港口优势，发展现代物流业。洋浦有比较好的港口资源，充分发挥这个资源优势，建立现代物流产业集群，是发展洋浦的一个现实选择。基于洋浦发展的总体设想，洋浦的物流产业集群主要包括以下几方面：第一，发展为自由港提供配套服务的保税物流产业；第二，充分利用大企业资源，发展大企业物流；第三，利用油气开发的契机，发展区域性商业石油基地，形成石油储备、转港、易货等物流产业；第四，利用港区内各种类型企业，发展出口加工物流产业。

3. 确立洋浦产业定位的基本原则

洋浦在进行产业定位的时候，既要遵循产业定位的一般原则，吸收先进国家自由港区发展经验，又要充分发挥自身优势，从自己的实际情况出发。

（1）自然资源禀赋原则。一个好的产业定位必须以当地具有优势的生产要素资源为核心制定,这是一个地区制定、执行产业政策的根本。从国内外各个产业发展的道路看,以具有区域优势的生产要素为基础的产业定位在后续产业发展过程中起着决定性的作用。从自然资源角度分析,洋浦丰富的油气资源无疑是进行产业定位的基础。因此,充分利用既有的油气资源,进行综合开发利用,是保证洋浦产业定位有效的第一原则。

(2)物流畅通原则。产业发展的最终目的是带动当地经济的发展并加深市场化程度。所以,在产业定位的过程中要充分考虑交易成本对该产业发展的影响,必须能够保证目标产业在地理上距离市场非常接近,或者发达的物流设施能够降低空间距离带来的交易成本。洋浦具有优良的天然港口条件——港口水深,能够停泊远洋巨轮;基础运输设施稍加改造即可满足远洋货运需要;此外,由于北部湾气候状况好于太平洋等水域,从洋浦到中国内陆和东南亚的运输条件良好,也大大降低了运输成本。

(3)产业网络化原则。产业集群这一网络结构内部企业在互相竞争的同时,又互相联系、互相补充,实现了信息、资源的共享,不仅大大地降低了企业间的交易费用,而且促进了知识的流动与创新。更为重要的是,随着产业集群的形成,它会产生自我加强机制,积聚规模越来越大,产业网络也不断得到强化,使得规模效应与范围经济得到更清晰的体现。比较典型的是广东的"专业镇"现象。由于高度的专业化分工及网络信息的共享,广东许多镇已经形成了某些产品的网络格局。例如,佛山陶瓷产业集群、铝材产业集群和顺德的家私产业集群,就是其典型。因此,洋浦自由工业港区在产业定位与产业集群设计时,必须充分考虑围绕油气产业的网络化原则,非产业网络内企业尽量不列入招商引资的范围。

(4)高新技术原则。吸收国际大型跨国公司尤其是世界500强企业的投资是我国开发区的主要发展模式。但是,在引入外资时,必须坚持高新技术原则。洋浦在进行产业定位时一定要关注国际产业转移的主要趋势,大力引进科技含量高、产业链长的产业。因此,一方面,洋浦在产业定位上不能接受落后产业和污染产业的转移;另一方面,更为重要的是,除了引入高新技术之外,洋浦自由工业港区内企业必须形成自己的技术创新与发展能力,形成自己的核心技术和知名品牌。

(5)完善的市场制度原则。产业的最终发展要靠市场,产业的集群效应也只有在市场中才能得到充分发挥。因此,在洋浦的发展过程中,必须正确摆好政府与工业港区的关系。政府的主要任务是创造良好的发展环境和提供有效的公共服务,并通过提供制度性公共产品、社会性公共产品和经济性公共产品支持洋浦自由工业港区的发展,为劳资各方服务,包括解决外来投资以及外来技术、管理移民的生活配套问题。同时,政府放手企业经营,不干预企业的微观管理活动。包括政府主导招商引资等在过渡时期所采取的特殊措施,都要逐步放手给企业。

4. 按照"三为主、二致力、一促进"的原则,做好洋浦产业定位规划

在我国加入 WTO 的特定背景下,国家级经济技术开发区应当按照"三为主、二致力、一促进"的原则加快转型。即,必须以提高吸收外资质量为主,以发展现代制造业为主,以优化出口结构为主;同时要致力于发展高新技术产业,致力于发展高附加值服务业;达到促进国家级经济技术开发区向多功能综合性产业区发展的目的。

洋浦自由工业港区的规划中包含了油气综合开发基地、油气储备转运基地、现代保税物流中心等产业集群和发展方向。在研究洋浦产业定位时,既考虑到与国家曾经给予的一系列政策组合,又考虑到要结合"三为主、二致力、一促进"的原则。因此,洋浦产业定位重点要抓好主导产业的产业链延伸与拓展,突出产业集聚效应,重视高新技术产业和现代服务业的发展,做好循环经济这篇文章,使洋浦真正加快发展起来。

把洋浦定位为油气综合开发基地,符合我国产业发展和经济社会发展的要求。

(1)我国正处于从一般工业向重化工业升级的过程之中,对油气等能源需求量日益上升,发展洋浦油气开发基地,有助于缓解我国能源缺口。

(2)洋浦自由工业港区充分利用了国内外资源,符合开放性、国际化的趋势,具有区域合作化的特点。

(3)洋浦自由工业港区在建设之初以中外合资企业为主,在建设过程中将逐步转向以外资企业为主,同时充分利用国际国内两个市场,大力发展外向型经济。

(4)洋浦自由工业港区以大公司和大项目为主,必然带动技术升级,促进高科技产业发展。

(5)洋浦自由工业港区发展现代高附加值的服务业,走一条服务于油气综合开发的第三产业发展之路。

据此,我们把洋浦自由工业港区定位为中国南海油气综合开发基地,同时积极发展油气综合开发产业集群、特色制造产业集群和现代物流产业集群。我们认为,这个定位兼顾了洋浦乃至海南的第一产业发展,突出了第二产业发展,同时也带动了第三产业发展。

(二)洋浦油气综合开发基地的基本布局

根据洋浦油气综合开发产业集群中主导产业的发展需要,把洋浦划分为天然气供应、天然气发电、油气综合开发、油气储备中转和南海勘探开发支撑基地五大功能区。

1. 天然气供应

世界各地尤其是南海天然气资源从洋浦上岸,不仅可以供洋浦自由工业港区内企业使用,而且可从洋浦转销国内乃至国际市场。

中国海洋石油总公司在未来的10~15年间计划发展中国东南沿海的天然气管道运输通道,将在南海生产的天然气和进口的液化天然气从海南大本营输出,途经广东、福建和浙江,运抵上海,形成中国南部和东部的天然气管道网络。目前,中国海洋石油总公司每年由南海的崖13—1气田向香港和海南供应天然气34亿立方米,待莺歌海盆地的东方和乐东两个气田年产24亿立方米天然气基地建成后,计划将与我国东海的天然气管道联网,将通道延伸至台湾、江西和湖南等省份。洋浦应在产业布局上做好应对,力争建设成为全国性重要的天然气供应基地之一。洋浦天然气供应应该从长远综合开发考虑,着手规划重点项目,例如,以每年接受300万吨(40亿立方米纯天然气)的规模为目标,规划好20年内建设进口液化天然气接收站项目。

我们初步的建议规划是:在2006~2010年,建设150万吨/年的进口液化天然气接收站;在2011~2020年,建设液化天然气接收站二期项目,新增年进口150万吨液化天然气的能力,使洋浦进口液化天然气接收能力达到每年300万吨的规模。

2. 天然气发电

发电是天然气产业利用的一个主要方向,在发达国家的趋势是发电用量远超过化工用量。其主要优点有:电厂效率高;电厂耗水量小、占地少,并且无污染。天然气发电应是洋浦自由工业港区近海天然气利用的主要方向,这与国际发展的趋势相一致。洋浦工业布局中,建设天然气发电基地是充分利用天然气资源的重点举措。其目标有两方面:第一,随着工业的集中发展,洋浦本身也将很快成为一个越来越大的用电市场。气电能够从长远保证洋浦工业能源的基本需求。第二,通过"气电北送",可以缓解华东与华南的能源短缺。首先,在今后的5~10年间,在华南地区特别是广东有庞大的电力需求;其次,海南的"气电"与"西电"相比,具有无峰谷之差、供电稳定、距离近、成本低等优势。第三,气电北送在技术上没有问题。东方和乐东气田的储量可以充分保证供气;通过琼州海峡18公里的输电缆也不存在技术难题。因此,洋浦"气电北送"计划的实施,在经济上、技术上均是可行的。

我们初步的规划建议是:在2006~2010年内,建设2×35千瓦的天然气发电项目。在2011~2020年内,建设装机容量为2×35万千瓦的液化天然气发电二期项目(与天然气接收站二期工程相配套),使建成后洋浦电厂的装机容量可增至184万千瓦。

3. 油气综合开发

从技术上分析,单纯开发天然气的绩效最低,单纯开发石油的绩效略高,而油气综合开发的绩效是最高的。以原油价值为1,原油炼制增值率为1.2~1.3;加工成三大合成材料和基本有机化工原料时,其增值率可达 5～10;进一步深加工至最终产品时,其增值率甚至可高达 100。从这个意义上说,油气综合利用产品的增值和带动相关产业发展前景远大于天然气产品。因此,洋浦自由工业港区必须周密考虑油气综合开发化工产业的发展,科学布局油气综合开发基地。

洋浦的石油化工产业集群目前正处在构建的初期,炼油是最重要的奠基性重大项目。以石油为原料的加工产品链众多,随着加工深度增加产品的增值程度越明显,形成的相关企业集群十分庞大。800 万吨/年炼化项目于 2004 年上半年在洋浦兴建,对今后这个新型产业在洋浦以及海南的延伸与辐射具有举足轻重的作用。

我们初步的规划建议是:在 2006～2010 年内,启动芳烃及其深加工项目、乙烯及其深加工项目。在 2011～2020 年内,新增 1200 万吨/年的炼油能力,使洋浦地区的炼油总能力达 2000 万吨;新增 100～120 万吨/年的乙烯生产能力,使洋浦地区的乙烯生产总能力达 200 万吨;开辟油气综合深加工的新型化工区,把洋浦建设成为具有国际竞争力和影响力的现代化大型油气综合开发基地。

4. 油气储备与中转

目前,区域合作是发展地方经济的一个普遍趋势。海南既是泛珠三角区域合作的成员之一,又是我国在中国—东盟"10＋1"合作中的前哨。洋浦产业定位必须从这个最大的现实出发。一方面,无论是泛珠三角区域合作还是中国—东盟"10＋1"合作,都是区域合作的典范,洋浦自由工业港区定位为外向型、区域化和国际化,符合这个基本的趋势;另一方面,无论是泛珠三角区域合作还是中国—东盟"10＋1"合作,能源合作都是其核心与关键。洋浦利用自身优势,抓住区域商业性油气储备与中转这个中枢,对其发展是非常有利的。

做出以上判断的根据是:第一,洋浦的油气资源丰富,在洋浦建立油气储备基地是非常必要的;第二,凭借洋浦优良的港口条件可以接受并储备进口油气;第三,洋浦良好的海上运输条件,使洋浦可以定位成油气中转基地,既把进口油气转运至我国内陆,又可以把洋浦油气深加工产品销售至东南亚甚至更远。

我们初步的规划建议是:在 5 年之内建立目标总量为 500 万 m^3 的大型石油储备基地项目。这主要是与 800 万以及未来 2000 万吨炼油项目相配的民间性石油储备中转库,保证洋浦油气加工产业原料供给的连续性和稳定性,以及其他民用和商业中转。

5. 南海勘探开发支持基地

根据国家南海发展战略,利用洋浦已有的产业基础和区位港口优势,争取把洋浦作为国家南海油气勘探开发支持基地,在这里生产开发南海所需的海上钻井平台及其相应的配套机械、海底油气管道支架等,同时把洋浦作为南海开发所需各类机构设备的备品备件的存储基地。

我们的初步规划建议是：在洋浦设立国家南海油气勘探机械设计与制造，以此为契机，拉动洋浦机械设计与机械制造产业发展。

当前，洋浦自由工业港区面临一个重大的模式转变，即从外商主导开发转变为政府主导开发。这个模式的转变，给洋浦带来了新的机遇，也带来了一系列必须解决的问题。产业定位和产业布局就是其中最为关键的一个。通过分析洋浦的实际情况，结合国内外工业港区的发展经验，我们把洋浦定位为"一个基地、三大集群"，寄希望于通过产业定位转变抓住这个机遇。同时，我们也清楚地看到，洋浦自由工业港区的建设是一个系统工程，要配套洋浦产业定位，必须要有相应的体制转变和国家相关政策的支持。

三、洋浦自由工业港区的体制模式与基本政策

（一）洋浦自由工业港区管理体制的主要特点

新形势下，从我国国家级经济技术开发区规范发展的大趋势和洋浦的实际情况出发，洋浦自由工业港区的管理体制应当具有如下主要特点：

1. 境内关外，一线放开，二线管住，高度开放

洋浦自由工业港区的体制模式从根本上讲是自由港区模式。自由港区在本质上指全部或绝大多数外国商品可以豁免关税进出的港口，它处于一国的主权国境之内，但处在一国的关税国境（即关境）以外。在这个港口区域之内，货物可以免征关税而自由进出，而且一般允许在港区内进行改装、挑选、修理、加工、装卸、买卖、销毁和存储。自由港区实行人员进出和居留的充分自由，投资资本可以自由进入和抽走，利润、红利等各种收入可以自由汇出和兑换。自由港区有不同类型，包括工业区、出口加工区、科技工业园及其他。

按照自由港区的原则，规范洋浦自由工业港区体制模式。洋浦自由工业港区目标定位明确，一是以油气综合开发为重点的新型工业港区；二是实行自由港的相关政策。同时依据洋浦自由工业港区的基本内涵，按照国际惯例进行体制模式创新。

2. 区港一体化，工业区与港口相互依存、共同发展

洋浦自身具有的优势，一是有天然的良港，且港口发展潜力十分巨大，能够基本满足以油气综合开发为重点的工业发展对港口的基本要求；二是与港口相结合的腹地。腹地开阔，且不适合发展农业，人口密度小，在港区一体化背景下，依托港口发展新型工业提供了巨大的空间。把洋浦港与洋浦半岛优势相结合，建设洋浦自由工业

港区,并实行新的管理模式,是洋浦的一大突出优势。

3. 以油气综合开发为主体的产业集群

按照我们的规划设计,洋浦的定位是"一个基地、三大集群"。洋浦自由工业港区是以油气资源综合开发为主的产业集群,利用本地资源或进口原材料,引进大公司、大项目进行投资开发,并利用优良的港口进而拓展储备、物流中转等以工业为基础的港区。从洋浦自身条件和产业定位需求看,可用本岛和海洋资源中最具战略性价值的天然气、优质石英砂等发展油气化工和建材工业;利用南海这条世界石油黄金通道,作为能源战略储备基地;利用港口优势,将加工、储备和物流结合起来,把海南油气资源与优良的港口优势相结合,适应经济全球化、贸易自由化的趋势。

新加坡裕廊化工岛的发展模式可以为洋浦自由工业港区提供较好范例。该岛是新加坡政府在本岛南部的 7 个小群岛中,用填海的方式连接而成的总面积为 32 平方公里的人工岛屿。裕廊岛在上世纪 60 年代只有两家炼油厂。1991 年新加坡政府开始对裕廊岛进行全面规划,将七个小岛连成一片,并于 20 世纪 90 年代中期开始填土工程,配套建成完善的基础设施。经过多年的努力,裕廊岛已逐渐建成环境幽雅的专业化工园区,形成了完整的石油和化学工业体系。目前,裕廊岛有 3 座炼化厂、72 家公司、6500 名员工。园区企业投资总产值 220 亿新元(约 130 亿美元),2003 年实现工业总产值 390 亿新元(约 230 亿美元),是全球第三大石油炼制中心和全球十大乙烯生产中心之一。

4. 以南海油气资源共同开发为依托,以服务于中国与东盟自由贸易区为重要目标

洋浦自由工业港区的体制模式设计,要面向未来、与国家和海南省的战略性发展需求相适应,使之能抓住机遇,将洋浦的发展提高到一个新的水平。

洋浦目前面临着两大战略性发展机遇:一是南海开发;二是中国与东盟建立"10＋1"自由贸易区。随着"10＋1"自由贸易区进程的推进,以及南海共同开发速度加快,洋浦自由工业港区迎来了历史性的机遇。洋浦要努力抓住这一难得的机遇,勇于创新、力争率先成立中国—东盟自由贸易区的重要口岸,为中国—东盟自由贸易的顺利推进积累经验,做出贡献。洋浦应以新的体制,走一条新的发展道路,为国家开发南海做出贡献。

5. 目标明确,分两步到位

按我们的设计,洋浦在明确的定位下,分两步开发,这十分有利于洋浦形成优良的经济发展环境,也有助于洋浦引进国内外大项目和大企业。

第一步的目标是:(1)实行服务于油气资源综合开发项下的自由贸易;(2)实现"港区联动"、"港区合作";(3)完成必备的法制建设和制度建设。

第二步的目标是:(1)满足"港区一体化"的最终目标要求;(2)实行"一线放开,二线管住"的海关监管;(3)完成对港区新的政策体系设计并获中央批准;(4)宣布正式设立洋浦自由工业港区。

6. 统一协调,高效管理

洋浦实行统一协调、高效管理的机制,构建符合自由港区要求的管理体制。这主要包括4个方面的内容:(1)通过人大立法或政府条例,建立依法管理的体制;(2)在微观管理层面上,建立政府主导、政企分开型的管理体制;(3)在地方监管方面建立独立型直接监管体制;(4)在管理机构设置上建立精干、高效、廉洁的管理机构。

(二)洋浦自由工业港区管理体制创新的基本要求

根据洋浦开发区当前管理体制面临的实际情况以及市场经济和国际惯例的要求,洋浦开发区管理体制的创新应遵循以下原则:

1. 建立事权集中、管理统一的授权领导机制。国内外开发区发展的实践证明,赋予开发区较大的经济与社会管理权限,支持开发区在区域内自主进行改革创新是开发区较快发展的重要因素。

2. 开发区管理机构的设置及职能要和开发区产业的功能定位及产出活动特征密切结合。开发区管理部门不仅具有相对独立的行政管理权限,而且具有经济开发管理职能,即开发区兼有开发区和行政区的双重职能。

3. 开发区的管理要体现出机构精干、办事高效的"小政府、大市场"、"小管理、大服务"的管理原则。

4. 开发区管理体制要具备与中央部委和地方政府相协调的能力,保证开发区优惠政策能够顺利地实施。

5. 开发区的管理要坚持"以人为本"的管理理念,形成选优用优、效率优先的激励机制。

6. 开发区的管理重点要从以招商引资为主逐步转变到加强对区内公共产品和准公共产品的提供和服务,营造良好的投资环境,促进产业集群的形成和发展上来。

(三)洋浦自由工业港区建设的基本政策需求

1. 洋浦自由工业港区建设的基本政策需求

参照国际上成功的自由港区经验,从洋浦自由工业港区的产业定位和体制创新的需要出发,洋浦自由工业港区有6大方面的政策需求:一是实行高效、便捷的海关监管政策;二是实行具有竞争性的税收政策;三是基于自身优势的产业政策,即优先发展油气综合开发利用;四是实行外汇支付自由的金融政策;五是实行更加开放的企业准入制度;六是实行符合国际标准的环保政策。以上 6 个方面应成为设计洋浦自由工业港区基本政策的基础和重点。

2. 洋浦自由工业港区的相关政策建议

按照分两步走的战略设计,我们建议洋浦自由工业港区采取如下相关政策。

(1)产业政策。

——从国家大局和长远战略出发,"十一五"期间国家在海南布局大型油气资源综合开发项目,把洋浦列为国家南海油气资源综合开发基地和区域商业性石油储备、中转基地,并根据条件,开展石油的易货贸易。

——对洋浦产业发展规划中需国家审批的项目,在规划审核时一并审批。在这个前提下,把区内项目的审批权一次性下放给海南省和洋浦自由工业港区。

(2)海关政策。

随着产业发展的规模,本着有利于企业引进大项目,利用国际国内两个市场的原则,按照两步走的战略设计,海关管理的政策重点是:

——凡是符合油气综合开发利用加工产业定位的所需要的生产设备、装置、原材料、零部件等免征进口关税和增值税。进口不限,出口自由。

——开发区基础设施建设所需进口的机器、设备和基建物资,免关税和增值税;区内企业进口自用的建筑和装修材料、生产和管理设备、生产及营业用的燃料,以及上述机器设备所需维修零配件,免关税和增值税。

——进口原油,不实行出口退税,生产成品照章纳税后,可自由进入国内市场。但是进口区内生活资料,照章纳税。

——进出放开,实行人、财、物的充分自由流动,海关实行隔离监管。

(3)税收政策。

——长期实行优惠的企业所得税。

——从现在起 10 年内洋浦产生的全部税收留用于洋浦滚动开发。

——国家拿出一定的国债资金和贴息贷款支持洋浦基础设施及相关的配套设施建设。

(4)金融政策。

适应洋浦产业发展的阶段,金融政策可从长计议,采取如下分期步骤:

——区内企业经批准可以在境内外发行债券、股票。可以用不动产向国外金融机构抵押贷款。

——逐步完善洋浦的金融服务功能,鼓励支持设立中外合资、外商独资的金融机构。

——区内货币自由兑换。外商投资企业资金进出自由,用汇自由,调剂外汇自由,企业税后利润汇出自由。中资企业外汇收入流程允许保留现汇周转使用,区内企业或个人可去银行、其他金融机构自由调剂外汇。

(5)企业政策。

——为吸引外商投资,洋浦油气资源开发项下的产业,允许外商独资。

——参照国际自由港区的通用做法,洋浦对区内的工业产品实行具有弹性的内外销政策。对启动洋浦项目进入有重大带动作用的产品,适当放宽内销比例。

(6)土地政策。

洋浦自由工业港区的土地政策分两步到位:

——土地需求与产业发展规划。首先规划和利用好现有的31平方公里;并从长计议,规划和设计产业发展所需的100平方公里预留地。在土地开发过程中要对土地实行严格控制的政策。

——洋浦土地规划制定时,国家一次性批准用地规划(含开发预留地)。

四、建设洋浦自由工业港区的相关建议

(一)建议把洋浦作为我国建立自由港区的先行试验

按照分两步走,并在3~5年左右把洋浦自由工业港区建设成严格规范的自由港区的总体设想,当务之急是要明确自由港区作为洋浦未来发展的目标定位,这既是洋浦自由工业港区发展的内在需求,又是经济全球化和区域经济一体化对洋浦自由工业港区按照国际惯例规范发展面临的紧迫任务。

目前,国家级经济开发区发展模式转型越来越具迫切性,部分条件具备的开发区向自由港区或自由贸易区的发展模式过渡是大势所趋。实际上,目前我国在部分开发区实行的"区港联动"就代表了开发区转型的基本趋向,是开发区向自由港区或自由贸易区转型的过渡形式。在这个大背景下,洋浦作为我国最接近自由港区体制的经济开发区,具备许多有利条件成为我国开发区向自由港区转型的第一梯队。因此,建议国家尽快把洋浦列入第一批向自由港区过渡的国家级开发区。

(二)建议尽快组织力量,研究制定洋浦自由工业港区的产业发展规划

在产业目标定位的前提下,要尽快制定洋浦自由工业港区的产业发展规划,以便尽快对现行的产业发展做出调整,使产业发展布局趋向合理、科学。有利于选择和引进符合产业规划的项目,以尽快形成具有优势的产业集群;有利于按照国际标准严格

控制有污染的项目准入,以便保护生态环境,维护海南生态优势;有利于加快吸引内外投资,吸引国外大企业入户洋浦,加快发展步伐。因此,建议尽快组织相关部门和专家,在已有的洋浦各种规划和论证材料的基础上,在总的发展目标认可的前提下,集思广益,统一思想,尽快制定和通过洋浦自由工业港区产业发展规划。

（三）建议按照洋浦发展目标的要求,构建洋浦自由工业港区的管理体制

洋浦作为我国建立自由贸易区的先行试验,必须创建新体制,造就新模式。洋浦经济开发区在创建初期,在管理体制上曾有过好的经验,但在发展过程中,由于目标管理不明确,已发生变化。现行的管理体制与自由港区的目标定位是不相适应的,需要进行切实的改造和创新。构建洋浦新的管理体制,需要总结和借鉴国内外开发区、特区的成功经验,特别是国际上成功的自由港区的经验。构建洋浦新管理体制务必要充分研究我国加入 WTO 后面临的新形势,要充分适应区域经济一体化发展的新要求。

经验证明,一个开发区的竞争力和基本优势,不仅在于政策的优惠,更重要的是创造自由、宽松的投资创业环境和优质高效的公共服务。洋浦开发区二次创业的实质是开发模式和管理体制的转换和创新,而不是原有模式和体制的延续。科学的构筑适应开发区发展需要的富有生机和活力的新型管理体制,应该是洋浦开发区抓住新的机遇,实现二次创业的根本任务。尽管我国很多开发区在管理体制上有很多先进的经验,但由于地域情况、产业布局、资源优势不同,洋浦开发区的管理体制不能照搬别的开发区的模式,而是必须结合自身的优势,建立一套适合洋浦开发区优势的新体制。

因此,建议尽快组织专家研究提出洋浦管理体制的设计方案。

中国（海南）改革发展研究院《洋浦工业港区总体设计》课题组
课题组组长：迟福林
执笔：迟福林　李昌邦　夏明文　陈　文　王丽娅　詹兴文

洋浦经济开发区应依托海南丰富的天然气为原料，发展成为"综合性的化学工业基地"，同时依托海南丰富的农产、水产、矿产资源和中央赋予的特惠政策，建立"洋浦出口加工区"。

努力把洋浦建成
海南大型综合性工业基地

（2002 年 4 月）

国务院在关于海南省吸收外商投资开发洋浦地区的批复中明确指出："洋浦经济开发区应建成以技术先进工业为主导，第三产业相应发展的外向型工业区。"海南的工业集中在西部，洋浦是海南工业的主要基地，已经成为上上下下的共识。但是怎样把洋浦建成海南工业的主要基地，多年来有过争论，徘徊不定。因此，10 年过去了，洋浦的工业基地远没有形成，洋浦的发展错过了一次又一次机会。今天，进入新世纪，面对新形势，未来 5 年是洋浦经济开发区发展的关键时期，也是洋浦面临的最后一次发展机遇，我们既要坚持把洋浦建成海南工业主要基地的方向目标不变，又要从现在的基础实际出发解决如何把洋浦建成海南工业主要基地这一关键问题。

一、洋浦应建成综合性油气化工基地

海南建省办特区以来，有关洋浦发展问题的研究一直没有间断，洋浦开发区的命运与海南特区的命运联系在一起，研究海南发展问题也必然研究洋浦问题，从 1987 年至今最重要的研究活动有 6 次。对一个经济开发区，在不到 10 年的时间，进行如此众多的研究是不多见的，各方面专家对洋浦的发展所提出的研究成果是相当充分的。今天纵观这些重要研究活动的成果,仍深感很有价值。

1. 1987 年至 1988 年年初,受海南建省筹备组委托,中国社科院 15 位专家组成的海南调研组,由刘国光同志任组长,开展了海南经济发展战略研究,研究报告把海南全岛划为 5 个经济区,并明确西北经济区,以利用天然气和石油为主,是海南省石油化工、钛白粉和水产品加工基地,中后期的中心将逐步转移到洋浦港。认为洋浦港是海南各港口中最具有发展前景的良港,港区邻近有一大片可供配置大型工业的场地,利用北部湾的石油,莺歌海的天然气、食盐,以石油炼制和电解食盐为基础,可形成包括合成氨、尿素、甲醇及其下游产品的综合性化学工业基地……远期可建立"出口加工区"利用国外资金与技术发展精细化工。

2. 1985 年应中国政府请求,由日本国际协力事业团负责,对海南岛开展地区综合开发计划调查,聘请了各个领域专家 22 名,历时 3 年完成了《海南岛综合开发计划调查最终报告书》该报告提出海南岛工业开发中 5 种工业基地类型,并明确认为:"在洋浦开发大型、临海型的'综合化学工业基地',以天然气为原料的合成氨、尿素的生产为中心,生产甲醇、乙炔、烧碱、氯等基础化学制品和这些物质衍生品,另外生产碳酸钠、平板玻璃。尤其是经洋浦港而输入石油系列的原料,生产各种合成树脂及其制品,这样,可使洋浦发展成为大型的综合化学工业基地"。同时也认为:"在洋浦港可开发与'化学工业基地'有关联的'洋浦出口加工区'。"并在工业地的布局上具体地提出:(1)洋浦骨干工业基地(510 公顷)——邻接洋浦港,开发综合化学工业基地。(2)洋浦出口加工区——邻接上面的骨干工业基地内的港口,开发出口加工区。

3. 1996 年应中国政府要求,由日本丸红株式会社负责经过调研,提出《中国海南省及洋浦经济开发区的开发战略》报告,有关洋浦发展问题,该报告提出:(1)海南省优先发展的产业。在短、中期内,有可能开发的产业是:传统热带农业和渔业现代化;以三亚为中心,以中国内地和邻近各国或地区(中国香港、中国台湾、新加坡、韩国、日本)为对象的旅游业;以海口为中心的轻工业;以天然气为原料的化肥及天然气相关产业,以及在洋浦开发区利用先进基础设施,兴建重化工业。(2)从亚洲经济特别区的开发经验看,以轻工业、电子产业为中心的经济开发区成功的条件是:能够利用主要城市既有的各种服务,或能够得到切实可行的优惠政策和预算支持,同时造成必要的硬、软投资环境,否则要取得成功是困难的。就洋浦而言,可以说发展轻工业、电子产业的条件是不具备的,也就是说,从亚洲的经验看,洋浦开发适宜作为重化学工业基地来推进,除此之外,没有其他好办法可寻。(3)对洋浦具体的开发新战略,报告提出:改变开发思路,从小香港模式转向韩国、日本、亚洲各国实行的临海重化学工业基地模式;从出口加工模式转向国内市场需求与出口加工型模式;从单一的企业型开发转向多国籍、国家项目型开发模式;利用海南岛最有希望的天然气资源,推动第一期开发;中央和海南省明确地把洋浦定为中国南部地区的重要化学工业基地,积极支持项目引进。

4. 1997 年受海南省委托,由中国国际咨询公司负责,联合成都化工工程公司、中化国际咨询公司、北京钢铁设计研究院,共同编制《海南省石油天然气加工利用规划》,该规划关于项目布局的建议,根据海南省国土规划中提出工业发展布局主要在西部的要求,以临高、洋浦、八所、梅山作为西部石油化工发展的骨干基地进行了多方面的分析论述后提出:"当前海南省工业发展应以洋浦为核心,洋浦开发区经几年的投入已建设了大量的基础设施,港口投入,又有开发区的各项优惠政策,完全具有建设大型石油天然气化工基地的条件。"同时提出相应的建议:(1)适时调整开发战略,洋浦经济开发区应当确立以利用海南当地优势和大进大出的原材料加工产业为主的滨海进口替代型重化工基地的开发战略,为此必须明确让出部分国内市场,为起步阶段安排的大型基础原材料项目留出一定的发展空间。(2)建议国家把目前在海南岛近海探明的有限天然气资源,以合理价格集中安排在以洋浦为首的西部工业走廊就近加工利用。(3)由国家支持、海南省和开发商积极配合,优先安排几个资源加工型的大项目在洋浦经济开发区起步运作。(4)调整开发思路,从原来的以金融、商贸、出口加工为主转向以原料加工型的重化工业为主。

5. 1998 年以来,中国(海南)改革发展研究院对洋浦问题进行了多次研究

(1)1998 年提出了《关于确立洋浦经济开发区为出口加工区的几点建议》报告,报告强调指出,与世界各国出口加工区相比较,洋浦出口加工区有着自身明显的特点,是一个多功能的出口加工区,因为洋浦出口加工区有一个十分优良的对外开放的港口,占地 30 平方公里,比台湾的高雄出口加工区(占地 69 公顷)、楠梓出口加工区(占地 90 公顷)、台中出口加工区(占地 23 公顷)大 30 倍以上,区内不仅可从事工业和发展第三产业,还可从事码头经营、内外贸易,既有工业开发区功能,又有保税区功能和自由贸易区功能。因此建议:国家对洋浦出口加工区实行海关总署 1992 年 7 月 27 日颁布的《中华人民共和国海关对进出口海南省洋浦经济开发区货物、运输工具、个人携带物品和邮递物品的管理办法》及其《实施细则》;对洋浦出口加工区区内的工业产品实行具有弹性的内外销政策,适当放宽内销比例;洋浦出口加工区海关管理采取"进口境内关外,出口境内关内"的管理方式等。

(2)2001 年 8 月在《加快海南油气综合开发利用的建议》研究报告中,提出洋浦经济开发区应成为南海油气产业集中发展的新兴地区。认为洋浦与东方应合理分工,统筹安排,各有特点,共同带动海南新兴工业的发展,使之成为海南新兴工业的两个主要基地。并在项目布局上具体建议:①把天然气发电建设重点放在洋浦。②把洋浦作为我国南方石油储备基地,争取国家支持,建设 500 万立方米的石油储备与中转项目。③把 1993 年批准立项至今未能建成的 600 万吨炼油项目放在洋浦,与 500

万立方米石油储备与中转项目相匹配。④把 60 万吨甲醇项目放在洋浦。上述建议曾向海南省财经领导小组会议作过汇报。

6. 洋浦北部湾研究所多年来一直关注洋浦问题研究,于 2000 年提出了《洋浦经济开发区在北部湾中的重要战略地位》的年度研究报告。该报告提出:洋浦经济开发区可望在 21 世纪初叶建成亚洲最大的天然气重化工基地,建成环境幽雅、信息发达、物流畅通、以高新技术为主的新兴工业基地。并认为在洋浦工业项目初期启动阶段,要充分利用海南的资源优势和洋浦的政策优势、港口优势,尽快形成北部湾海上天然气资源加工、本岛林木矿产资源加工、进口粮食加工和高新技术产品组装等四大具有国内国际比较优势的奠基项目。

该报告对上述四大奠基项目分别进行分析:

粮油加工属最终产品,后向联系高,前向联系低(谷类制成品系数为 0.98 与 0.42,精制食品为 0.61 与 0.51)。从洋浦情况看,其后向联系主要是进口,带动的只是贸易货运;前向联系卖给最终消费者,工业带动效应很小。

高新技术组装项目。属于高科技、高附加值、高效益的项目,前期组装又具有劳动密集型的特点,适宜洋浦的近期启动。高科技项目更高水平的发展,洋浦目前还不具备这方面的条件,是 21 世纪的努力方向。

浆纸生产属中间产品,后向及前向联系均高,系数分别为 0.57 与 0.78,其后向联系即购买木材,主要带动的是海南各市县的农民;前向联系是造纸,所产生的效应近期可能外溢(即供长江流域的造纸厂),中远期可能会在洋浦体现。

天然气项目的后向联系属中间初级产品,后向联系低,前向联系高,系数分别为 0.15 与 0.95。其后向联系,主要是铺设输气管道,海上打井,以及将来沿途供气相关县市发展的一些小型项目,对洋浦经济带动效应不够大。而其前向效应,即以天然气为起点原料的各种化工产品的加工与再加工项目,包括合成氨、尿素、甲醇、乙二睛、ABS、蛋氨酸、三聚氯氰,三聚氰氨、丙烯腈、聚苯乙烯、聚氯乙烯等一大串,这些项目组合起来,就可奠定洋浦以天然气加工为主的重化工业基地地位。天然气输到洋浦,还有很强的旁向联系,即为高级玻璃、人造大理石等利用海南本岛金属矿产资源的企业和发电厂提供洁净的能源。

基于上述分析,该报告的结论是:天然气加工业是洋浦四个奠基项目中的核心和关键。

二、洋浦具有发展大型综合性工业基地的优势条件

综上所述,不论是国外专家,还是国内专家、省内专家,对洋浦未来的开发建设所

见略同。一致认为:洋浦经济开发区应依托海南丰富的天然气为原料,发展成为"综合性的化学工业基地",同时依托海南丰富的农产、水产、矿产资源和中央赋予的特惠政策,建立"洋浦出口加工区"。这一研究结论是建立在对洋浦经济开发区优势和劣势分析的基础上,扬优避劣,发展自己。与国内、省内其他地区比较,洋浦具有三大比较发展优势:一是具有发展大型工业基地的先天自然优势,尤其是港口优势和周边的资源优势,为未来发展提供了广阔的空间;二是10年开发建设积累的后天优势,近60亿元基础设施的投入,奠定了洋浦成为大型工业基地的基础;三是国家赋予洋浦的体制优势与政策优势,使洋浦在我国加入 WTO 背景下的新发展处在有利的地位。

(一)发展大型综合性工业基地的自然优势

1. 特有的区位优势和港口优势。洋浦地处南海的海南岛西部,南海扼太平洋和印度洋之要冲,是东亚、东北亚通往西亚、南亚海上交通的必经之地,洋浦距新加坡、马来西亚、印尼等国较近,又是海南对北部湾区域最佳的前沿,距越南海防150海里,距广西北海120海里,距广州488海里,距香港389海里,2003年粤海铁路通车,洋浦与全国铁路联网。

洋浦开发区三面环海,西面为北部湾、东面为新英湾、南面为洋浦湾。特别是在其东南长达24公里的海岸线上,分布着20多个大小港湾,平均水深11米,最大水深24.6M,洋浦港是海南岛最好的深水良港,水深、不淤、避风、岸峭,不仅具备优越的建港条件,也具备发展成大型良港的前景。交通部水运规划院于1993年对洋浦地区海岸线利用进行总体规划,可建20～25个万吨级泊位,总吞吐能力最大可达2400万吨/年。在洋浦,港口与开发区连为一体,对外运输便捷,码头建设来势迅猛。

2. 发展新兴工业的战略性资源优势。洋浦开发区的设立与发展始终与海南本岛与近海的各种丰富资源的直接开发相关。其中在经济上最具战略性价值的资源就是近海天然气、优质石英砂以及各种热带优势生物资源。

南海油气资源极为丰富,人们常称南海为"第二海湾"。据初步估计,其中海南省管辖海域可采天然气总储量达4万亿 m^3,石油达20亿吨。除年产34亿 m^3、储量为1000亿 m^3 的崖13—1气田外,中国海洋石油总公司近十年在海南岛邻近海域早已探明亟待开采的天然气还有1750亿 m^3;并计划到2015年建成年产200亿 m^3 的中国最大的海上天然气生产基地。这些已探明和正在勘探的近海整装气田,离洋浦的直线距离,一般都不超过200公里。

此外,海南的农产品资源、水产品资源、热带树林、高品位铁矿石、石英砂、原盐等资源也十分丰富。同时洋浦良好的地理环境,海运条件以及保税区政策,也为进口资源创造了有利的条件。

　　3. 有保障的淡水资源。洋浦开发区地下水资源虽不丰富,但在开发区东南及南面 20 公里附近有大小水库 5 个,其中春江水库,库容 2620 万立方米,扩容后可达 1.357 亿立方米,在正常情况下可向开发区供水 25 万立方米/天,松涛水库是海南第一大水库,总库容达 33.45 亿立方米。实现松涛水库与春江水库联合供水,向开发区最大供水规模可达到 45 ~ 50 万立方米/天。只要将已在进行中的引水、供水工程搞好,完全可以充分保障开发区生产及生活的长远发展需要。

　　4. 最大的环境容量。洋浦半岛三面环海,又地处海南岛主导风向的末端,对周边地区及海南全岛环境的影响最小,适宜发展工业。从海南海南省来讲,在洋浦集中发展工业,各种工业污染易于控制与处理,环境代价最低,环境保护的投资成本最小,对海南独特的热带农业资源和旅游资源的开发影响也最轻微。

　　5. 广阔的土地资源。洋浦半岛原本不宜农耕,荒地多而人口少。开发区占地 30 平方公里,还有预留地和规划控制地 70 平方公里,有广阔的发展空间,适宜发展大型工业基地。洋浦半岛地势平坦,标高适当,基岩裸露,地基稳固,承载力高,建筑成本低,是理想的工业用地。

(二)10 年开发建设积累的后天优势

　　1. 先进合理的总体和分区规划。开发区总体规划由开发商委托英资的香港茂盛工程咨询有限公司为主,并吸收国内几个著名的规划设计院联合编制。这个规划吸取了欧美先进工业区的经验,采用最新的理念进行了区内外的交通组织,全面考虑了与工业发展相适应的其他配套设施。若严格按这个规划进行建设,可以把洋浦建设成为一个高水准的、具有鲜明时代特点的现代化的海港工业城市。

　　2. 高标准的市政道路与地下管网建设。开发区目前完成的土地平整 20 平方公里,11.4 公里的海关隔离网,60 公里的主干道路和相应的地下管网。洋浦全区排水系统均以百年一遇的高标准建设。近十年来洋浦发生过多次特大的暴雨降水,都没有出现在国内其他开发区和城市不断出现的水淹道路和建筑物的现象。

　　3. 双源的供水系统与有效的污水处理系统。洋浦的供水源有两个:地下水水源与松涛水库的地表水水源。这两个不同性质的供水源有机合理的配置,可以确保开发区内主要区域的不间断供水。尽管目前年供水量 25 万吨的引水工程和日供水 6 万吨的自来水厂一期还在建设之中,但有效启用日供水总量达 6 万吨的地下水系统,完全可以在近两年内确保大型工业项目的施工和中小工业项目的生产用水。与此相关的排污和污水处理系统,近年内可以得到完善。日处理 10 万吨的污水处理厂和深海排放系统,可随进区的大型工业项目同时建成运行。

　　4. 双源的供电系统与"三网合一"的信息系统。洋浦的电力供应不仅有已建成的双回路220千伏的高压输电线路与海南省主干电网相联,而且还有正在改造之中的装机容量为48万千瓦、目前国内规模最大的天然气发电厂和区内独立的134千伏和10千伏的高压供电线路。到各小区的配电系统也在高标准地设计、施工之中。这样的双源供电系统,可以使对电力供应十分敏感的电子、光通讯、制药等高新技术企业、以连续生产为特点的天然气化工企业,避免因电力供应突然中断而造成巨大经济损失。

此外,洋浦开发区还利用"后发优势",实施电话网、英特网和有线电视网的"三网合一"工程,以适应新世纪信息化社会的新要求。

5. 洁净的能源供给与有特色的生态建设。和国内外老的工业基地与开发区不同,洋浦开发区的工业项目和居民生活一开始就不用煤,而采取进区的天然气或液化气为洁净能源。从一开始就高度重视环境保护,大力进行有特色的生态绿化建设,把洋浦建成一个天蓝、水洁、气净、树绿、花香的21世纪新型港口工业城市。

6. 发展中的便捷多样的对外交通。海口到洋浦的高速公路以及高质量的26公里的出口路早已建成,使洋浦到海口以及美兰国际机场的时间,从过去的4个多小时缩短到1个半到2个小时之间。洋浦港一期两个2万吨级和一个3千吨级的码头早已投产、二期3个3.5万吨级的码头2002年年底基本建成,其中海南唯一的一个集装箱专用码头将提前投入运行,2002年吞吐量就达5万标箱。各种国际国内的航线和定期航班正在逐步地确立和增加。随着粤海铁路的通车,铁路也将很快入区,把洋浦与全国的铁路网络系统连成一片。

(三)国家赋予的特中之特的政策优势与体制优势

洋浦是国务院正式批准的实行保税区政策的开发区,成立以来始终享有国家对外开放最优惠的政策,特别是1995年国务院34号文件重申保留洋浦优惠政策不变,给后起的洋浦开发区创造了比目前特区和其他开发区更加优惠的政策软环境。除了享有特区政策优惠之外,在洋浦,最主要的优惠在于对凡是用于区内生产的建筑装修材料、原材料、设备和单位自用物品以及用于中转、存储的各类商品,均免征关税、免领许可证,今后还将对上述区内进口物品实行只登记不报关。对区内产品运至区外进入国内市场时,只需对其中所含进口料件向海关申报补征或免征关税。这种我国保税区的政策,实质上也是原先特区所享有关税优惠的延续,在我国所有开发区中仅洋浦独一无二地保留着。

三、洋浦建设大型综合性工业基地的基本思路

洋浦虽然具有发展大型工业基地的基础条件,但是洋浦能不能建成大型工业基

地并无定论。海南历届省委省政府一再重申,洋浦是海南改革开放和经济建设重中之重的地位不变,必须以工业项目带动洋浦开发,以洋浦开发带动海南经济发展。10年之后的洋浦并没有起到这一作用。在我们总结过去,面向未来进行调研时,人们向我们提出两个十分严肃的问题,一是东方化工城的建立与发展,洋浦有没有必要成为海南的综合化学工业基地? 二是洋浦开发不成功,开发主体最终宣告破产,我们收回土地重新再搞,有什么利弊? 我们深感,洋浦经济开发区的发展前途处在关键时期,不进则退,不成则败,面对新形势,挑战大于机遇,急需做出果断的选择。

（一）海南需要洋浦,洋浦重中之重的地位不能改变,洋浦开发对海南经济发展的带动作用亟待发挥

1. 海南需要通过洋浦在短时间内加快工业发展,迅速提高二产比重,增强海南省经济总量。发展海南工业固然不需要过于分散的走廊式工业布点,但仅仅依靠一个东方化工城也不足于实现海南省工业发展目标要求。要建设一个大型工业基地需要大量的投入,建设完善的基础设施,工业发展才有后劲。已经投入近 60 亿元人民币于基础设施建设的洋浦为发展大型工业提供的条件是海南任何地区包括东方市在内所没有的。今天的洋浦只要再投入 3 亿～4 亿元就可以为发展大型工业提供完善的、配套的基础条件。只要发展思路正确,未来 5 年左右时间,洋浦完全有望发展成为成效最快的大型工业基地,而这 5 年正是海南经济发展最关键最宝贵的 5 年,洋浦的作用举足轻重。

2. 海南需要通过洋浦大量引进外企外资,在参与区域经济自由贸易一体化进程中,开展经济合作与竞争。近五年来,海南实际利用外资逐年下降,“九五”期间与“八五”相比,海南实际利用外资仅增长 2.2%,而全国同期增长 80%。这已成为制约海南经济快速发展的主要因素。在加入 WTO 的背景下,面对大量外资将涌入中国市场的好机遇,海南如何把握时机,大量引进外企外资,以加快经济发展。纵观海南省各个地区,洋浦以其优良的港口优势和国家赋予洋浦的体制与政策优势,是海南大规模引进外企外资发展工业的最佳地区,海南要争取率先参与区域经济自由贸易一体化进程,要想一举扭转利用外资长期落后的局面,其重要的突破口在洋浦。

3. 海南需要洋浦为自己树立良好的改革开放形象。洋浦是经国务院正式批准并在国际上有过影响的特殊区域,洋浦经济开发区创立之初,曾使海南特区闻名海内外,成为海南对外开放的一面旗帜,是海南对外开放一个品牌,中央领导对洋浦的发展曾经给予许多关怀,正因为这种特殊背景,洋浦与今天的博鳌一样,对海南经济特区的影响,不仅有经济上的意义,还有政治上的意义,同样具有多方面的品牌效应,当我国加入 WTO,对外开放进入新的发展阶段时,海南更需要洋浦。

（二）中央和省的支持是洋浦迅速发展成为大型工业基地的必不可少的条件

1. 亚洲国家经济开发区建设的经验提供了例证。日本丸红株式会社的专家对亚洲各国设在距离中心城市 100 公里之外的近 10 个工业经济开发区进行研究，总结其经验，认为重化学工业基地开发成功的条件是：(1)发展中国家的政府把开发区作为重要的国家项目来批准，并纳入国家计划和预算；(2)开发区至少要有一个以上的政府批准的中心产业（例如：钢铁、化工、天然气系列产业）；(3)与有关部门协调，推进周边地区的基础设施建设；(4)这样一种大规模的开发最困难的往往是项目的引进，因此一般情况下，或者把政府的项目放在区内启动，或者是政府积极支持民间项目才能成功。这些经验对洋浦的建设很有价值。

2. 洋浦经济开发区自身的经验也提供了例证。洋浦由于特殊的开发模式，区内土地一次性转让给外商，区内基础设施投入、土地经营的管理，以及招商引资均由开发主体负责，实践表明，这样的开发模式，如果没有中央和海南省的支持，洋浦的开发就会陷入困境。至 2000 年在洋浦投入的基础设施建设有 50 亿元，其中国家投入约 15 亿元，没有国家支持洋浦的基础条件就没有今天的水平。洋浦在建设初期，由于远离中心城市，基础设施在建设过程中，洋浦不是投资者选定的满意地区，招商引资进展十分困难，至今为止几个重大项目能够入区完全是由于中央和省支持的结果。50 万吨面粉加工厂项目总投资 8.6 亿元，年加工进口小麦 50 万吨，日可处理小麦 2000 吨，是中央政府指定放在洋浦的项目；光纤光缆项目，总投资 16.75 亿元，年产光纤预制棒 114 吨，光纤 60 万公里，如果没有中央政府极其明确的支持，韩国三星集团也不会同意把项目放在洋浦。同样也有案例可以说明，只要这种支持略为不力，业主就会选择其他地区。

3. 工业项目能否带动洋浦开发正处在关键时候，诸多困难需要中央和海南省强有力的支持帮助。(1)具有带动效应的奠基性质大项目，急需创造条件，促成入区，尽快开工，按时投产，发挥作用。海南省计划厅拟定的四大项目，50 万吨面粉加工厂已于 2002 年 3 月 18 日剪彩开工，但尚未动工；国家计委 1997 年批准的 60 万吨木浆厂于 2001 年已停建；光纤光缆项目正在洽谈；国家进口疫麦专储库项目正在争取。尽管洋浦目前投产和在建项目有 37 个，但我们在洋浦大地上感受不到轰轰烈烈的建设场面，上述具有带动效应的项目若不能尽快落实，尽快动工，洋浦开发难以出现新的局面。(2)天然气的供应量已成为洋浦发展天然气系列产业和以天然气为燃料的矿产加工业的"瓶颈"。需要中央以及中海油对洋浦发展所需要的天然气给予重点的照顾和支持。(3)经过几次开发主体的转换，洋浦开发已由过去外商为主转为以内商为主,洋浦开发主体和管理体制存在的问题亟待解决,而解决这一关键难题需要中央和省做出决断并给予必要的支持。

(三)依托海南资源优势,以引进外企外资为主,是洋浦大型综合性工业基地建设的基本道路

洋浦大型工业基地在东方化工城日益发展的情况下,有其存在的必要和发展的可能。这是因为洋浦大型工业基地有其自身的特色及其价值,从现在的基础和今后发展的趋向看有以下三个重要特色,并形成自己的发展道路。

1. 洋浦依托海南资源优势发展工业,但不是单项资源的集中利用,而是多种优势资源的综合利用。从已建、在建和拟建的 40 多个项目看,其工业项目包含三类主要优势资源:一是农业、矿业资源利用,如年产 60 万吨纸浆厂、变性淀粉厂、菠萝罐头椰汁加工厂、果酒加工厂、石英地板厂等;二是以天然气为原料和燃料的油气资源利用,如天然气发电厂和正在引进的天然气化工项目等;三是依托港口优势的进口原料的加工利用,如 50 万吨面粉厂等。

从目前将成为带动洋浦发展的四大奠基项目及其发展前景看,洋浦将发展成为主要包含四大系列产品加工的综合型的大型工业基地:在 50 万吨小麦加工厂的基础上,可进一步扩大规模,进行各类高档面制品深加工,发展面粉系列产品加工,使之形成规模化和产业化;吸引大公司、大企业、大财团来洋浦投资,发展天然气系列产品加工,海南省计划厅正与国家计委、中国国际工程咨询公司衔接进行这一系列产品加工项目的引进;加快 60 万吨木浆厂建设,以木浆为主要原料进行深加工,发展纸产品系列加工;以韩国三星集团的在光纤预制棒、拉纤、光缆等方面的技术优势,发展光纤系列产品加工。上述四大系列产品加工项目,已列入海南省计划厅的议事日程,是完全有望实现的。

2. 洋浦依托国家赋予的体制优势和政策优势,走主要依靠外企、外资与国内大企业合作,发展工业的道路,使洋浦工业基地更具外向型经济的特征。从现在招商引资的情况看,洋浦已基本显示出这种特征。现已投产和在建的工业项目 27 项,总投资额 117.345 亿元,其中独资项目投资 106.57 亿元,占总投资额 90.8%,合资项目投资 4.046 亿元,占 3.4%;拟开工和新招重点项目有 29 项,总投资额为 41.89 亿元,其中独资项目投资 18.96 亿元,占投资总额 45.3%,合资项目投资 0.26 亿元,占 0.6%。上述四类项目累计总投资额为 158.69 亿元,其中独资项目投资 125.49 亿元,占总投资额 79%,合资项目投资5.025亿元,占 3.2%。在上述四类项目中投资超亿元的大项目有 9 项,总投资额为 149.55 亿元,其中独资项目投资 122.8 亿元,占投资总额 82.1%,合资项目投资 3.15 亿元,占投资总额 2.1%,民营项目投资 13 亿元,

占投资总额 8.7%，股份制项目投资 10.6 亿元，占投资总额 7%。由此可见，若上述项目全部建成，外企独资投资额已达 80%。可以预见，随着我国对外开放的不断扩大，国外大企业、大财团对华投资热进一步升温，洋浦投资环境进一步完善，洋浦走以依靠外资为主发展工业的道路会越来越宽。当然，洋浦开发区必须重视国内企业集团的进入，特别是初期，依靠它们引进外企外资开展项目合作。

（四）在 WTO 的框架下，与国际惯例接轨，向出口加工区和自由经济区转型，是洋浦大型工业基地发展的重要途径

1. 洋浦经济开发区适时向投资贸易自由化方向转型的条件已成熟。在加入 WTO 前，2000 年 4 月国务院正式批准建立 15 个出口加工区，经过一年试点，由海关总署、国家计委、国家经贸委、财政部、国税局、工商总局和外汇总局组成的联合验收小组验收，发给验收合格证书，正式封关运作。在批准建立出口加工区同时，国家制定了《中国海关对出口加工区监管的暂行办法》、《出口加工区外汇管理暂行办法》。出口加工区被认为是我国对外开放格局中开放程度最大的特殊经济区之一。在税收政策、海关管理等方面具有的优势，是其他经济区域不可替代的。海关总署赵光华副署长针对有人担心加入 WTO 后出口加工区政策是否改变时表示：出口加工区将继续朝着更符合国际惯例、更符合现代企业发展需要的方向，去研究探索更简化、更宽松、更快捷的"通关作业模式"。加入 WTO 后，我国 15 个保税区都已探讨保税区未来发展的选择。普遍认为，在保税区实行的"一线放开、二线管住、区内自由"的管理模式，向开放程度更高，与 WTO 全面接轨的自由贸易区转型的条件已经成熟。洋浦是国务院特批的享有比保税区更为特殊政策的经济开发区，在国家已先后批准建立 17 个出口加工区的先例下，洋浦适时地向出口加工区和自由经济区转型，其外部条件已成熟。洋浦经济开发区建立之初，实质上按准自由贸易区的要求构建了体制框架，经过近十年的建设发展，其内部条件也基本具备。

2. 转型选择之一：建立洋浦出口加工区。出口加工区是第二次世界大战后才涌现的一种新型的自由经济区，它是属于工业型的自由经济区。世界各种类型的自由经济区，在发展过程中出现了新的发展趋势，主要表现为商业型自由经济区与工业型自由经济区相互融合，单一目标功能的自由经济区向多项目标功能的自由经济区转化。出口加工区也是如此。例如台湾于 1965～1969 年先后建立的高雄、楠梓、台中三个出口加工区，由于成功的经营曾被誉为出口加工区的"楷模"，但是进入 20 世纪 80 年代之后，随着台湾经济发展水平提高和对外开放的不断扩大，为顺应经济国际化趋势，出口加工区原有的优惠差别日趋缩小，使台湾出口加工区也面临衰退的危机，台湾当局为开创出口加工区第二个春天采取了一些重要的举措，一是推行出口加

工区多元化经营,准许在区内设立贸易、资讯、金融、保险以及其他服务业;二是提高产品课税内销比例,零部件部分不能超过年产量的 50%,成品部分不得超过 40%;三是输出出口加工区或筹建"境外出口加工区",由于台湾资源短缺,劳工不足,工资高涨等问题的困扰,产业纷纷外移发展,台湾当局在哥斯达黎加和巴拿马各建一个出口加工区。

适应当今世界出口加工区发展的趋势,符合洋浦经济开发区的实际情况,洋浦出口加工区应不同于国内已建的 17 个出口加工区,目前国内已建出口加工区规定,一是区内不允许住有居民,二是区内不得建立营业性的生活消费设施,不得经营商业零售、一般贸易、转口贸易及其他与加工区无关的业务。而洋浦出口加工区应当是一个综合性多功能的出口加工区,与国内出口加工区和国外出口加工区相比较,有着自身明显的特点。一是占地 30 平方公里,区内允许居住人口,目前全区人口近 4 万人,规划人口达到 40 万人。区内不仅从事工业和发展第三产业,还可从事码头经营、内外贸易和边境贸易,既有工业开发区的功能,也有保税区和自由贸易区的功能。二是洋浦可通过扩大内联到技术,人才的扩散,对海南的经济发展和产业升级,负有辐射和带动作用;可吸引国内一些大的企业集团,在洋浦上项目,并允许部分产品进入国内市场。三是洋浦负有实现海南特区功能目标的责任,在我国对外开放中发挥应有的作用,在推动两岸关系与琼台经济合作和与港澳经济合作,做出特殊的贡献。

3. 转型选择之二:区域性多边合作的经济开发区。

(1)保留洋浦经济开发区的名称不变和中央设立洋浦经济开发区时的体制框架和政策框架不变。在此基础上,依据 GATT 第 24 条关于发展中国家区域性或全球性安排的规定中有关授权条款的规定,通过与周边国家与地区双边或多边的合作,使洋浦实际上成为区域性多边合作的经济开发区,从实质上推行区内投资贸易的自由化进程。

(2)坚持洋浦经济开发区为工业型为主的有多功能目标,在我国推进区域经济一体化进程中,积极开展与东盟各国和港台地区双边经济合作,如类似于新加坡、马来西亚和印尼进行的"新—柔—廖增长三角区",它由马来西亚佛州和印度尼西亚巴淡岛提供土地、水、电和劳工,新加坡提供技术和管理,共同开辟的出口导向的工业区,洋浦经济开发区可依托海南岛近海丰富的天然气为主的油气资源和海南省丰富的热带农业资源和海洋资源、土地和劳动力,依托国内、省内有一定实力的企业,与对方的资金、技术和管理合作,并实行投资贸易自由化的相关政策来推动合作进程,成为现代工业为主体的工业园区。

(3)洋浦可借鉴荷兰鹿特丹经济区的运行操作经验,鹿特丹名义上不是自由港,但却比一般的自由港更具吸引力,被誉为"不叫自由港的自由港"。洋浦在名义上既不称为"出口加工区"也不称为"自由贸易区",但在具体操作上,充分体现投资贸易自由化的要求。为此,一要取得中央授权,在双边和多边合作活动中,签订不受关贸总协定第一条最惠国待遇的限制的区域性优惠安排,这种安排允许相互间的进口产品相互给予减免关税;二是海关管理实行更简化、更宽松、更快捷的通关制度,建议继续实施海关总署 1992 年 7 月 27 日颁布的《中华人民共和国海关对进出口海南省洋浦经济开发区货物、运输工具、个人携带物品和邮递物品的管理办法》;三是实行"港区一体化"完善相应的设施和制度,使之充分发挥自由港功能作用。

中国(海南)改革发展研究院《洋浦经济开发区发展问题研究》课题组
课题组负责人:迟福林
本报告执笔:迟福林　夏明文

第四篇　南海开发战略基地建设

●2000 年下半年,中改院组织了十多位专家对"海南油气综合开发利用"课题进行了研究。2001 年 8 月,中改院课题组形成一份建议报告"加快海南油气综合开发利用的建议",四份专题研究报告:"海南岛天然气综合开发基地建设的研究报告"、"洋浦经济开发区应成为海南油气综合加工产业集中发展的新兴地区"、"未来 5~10 年海南电力产业发展的建议报告"、"海南省海洋油气资源的认识与评价"。

●2005 年 2 月 1 日,中改院课题组形成"南海开发计划与海南战略基地建设——对我国'十一五'规划的建议(18 条)",建议将海南确立为我国南海开发的战略基地并列入国家规划。

海南岛应成为中国挺进南海进行油气综合开发的后方基地,集中地体现并发挥国家对南海开发的强大后盾和强有力支援的作用。通过后、中、前方三级基地的建设,可以缩短我国大陆与南沙的距离,推进南海开发的进程。

南海开发计划与海南战略基地建设

——对我国"十一五"规划的建议(18条)

(2005年2月)

一、实施南海开发计划,建设国家能源战略基地的背景与作用

1. 我国的能源战略应当从陆地走向海洋。加快南海油气资源开发是解决我国能源出路的重点之一

随着我国经济总量的不断增长,对能源的需求也与日俱增。2003年,我国已经取代日本成为世界石油第二大进口国和消费国,对进口石油依存度已达36%。一般国际上认为,当一国资源的对外依存度达到20%～30%时,就面临着较高的风险。各方面预测表明,我国能源供求远景不乐观。我国原油需求量,2010年约为3.0亿吨,2015年约为3.5亿吨,2020年约为4.0亿吨。纵观国际能源组织和国内十几家研究机构以及能源企业的中长期战略规划,我国原油产量至2020年最多能达2.0亿吨,预计在2010年和2020年,我国每年需要进口原油大约为1.5亿吨和2.0亿吨,进口依存度高达50%(见表1)。

表1　中国原油需求预测　　　　　　　　　　　　　（单位:亿吨）

数据预测单位	2010 年	2015 年	2020 年
"西部可持续能源发展战略"(国家发改委宏观院能源所)	2.96		3.90
"中国后续能源发展战备研究"(科技部)	2.80		3.60
中石油	3.10	3.50	4.0
中石化	3.20	3.86	4.30

资料来源:美国能源信息署网站。

按国际通常标准,任何一个国家的石油进口超过 5000 万吨时,国际市场的行情将会直接影响该国的国民经济运行;当进口超过 1 亿吨时,就要考虑采取外交、经济、军事措施以保证石油供应安全。

国际能源机构也在 2002 年的一份报告中预言,在 2030 年,中国的石油净进口量将从 2002 年的每天不足 200 万桶增加到 980 万桶。中国将在未来 5～10 年遭遇"资源安全"问题,在未来 10～20 年,中国的能源问题将变得更加严峻。

随着陆地资源的日趋枯竭和海洋开发的深入,越来越多的国家已经把目光投向了海洋。海洋不仅具有地缘和交通等传统意义,其所蕴藏的极其丰富的资源对一国的经济实力有着深远的影响,我国陆地能源资源的勘探与开发已经达到了一个历史性高度,无论从时机和多年来在资金、技术、人才等方面的积累来说,还是从根本改变能源消费结构来看,都应该到了向海洋油气开发进军的时候。从长远能源战略出发,南海油气可以作为稳定的国内石油供给,成为战略石油储备的一个重要组成部分。

实施海洋强国战略,不仅是世界强国发展的成功战略和地缘政治的选择,而且是中国所处战略环境的客观需要。南海的油气资源优势和特殊地理优势,使南海油气资源勘探、开发与利用成为我国开发海洋,建设海洋强国和治国兴邦的重大举措。

2. 南海是我国重要的海上能源通道,开发南海有助于保护我国海上能源大动脉,维护国家经济安全

南沙群岛不仅能源、渔业和旅游资源特别丰富,而且区位战略地位十分显要。

在战略上,南沙群岛地处太平洋与印度洋之间,扼守两洋海运的要冲,是多条国际海运线和航空运输线的必经之地,也是扼守马六甲海峡的关键所在,是中国南方海防前哨,具有重要的战略地位。无论是中国、越南还是东盟别的国家,谁控制了南沙群岛,谁就将成为海上强国。

目前,南海的海上斗争正显现"多极化、南南化"的新特点:过去以美、苏两个海洋大国为主的海洋对峙,现在已演变为众多沿海国家竞相参与的海上争夺;过去美苏以争夺具有战略意义的海区和战略通道为主,现在南海周边国家则以争夺岛屿、海域

和海洋资源为主,斗争焦点集中在岛屿的归属上。

南沙群岛陆地面积虽小,但周围的海域面积巨大,约有 82 万平方公里,它紧扼太平洋、印度洋间的交通咽喉,战略地位十分重要。日本 80% 以上的进口石油,都要通过南沙海域。太平岛距马六甲海峡东口的新加坡仅 540 海里,控制住它,就可以很轻易地控制住两洋间的海上交通。

南海是太平洋通往印度洋的海上走廊,是沟通中国与世界各地的一条重要通道。控制这一通道,就将直接或间接地控制了从马六甲海峡到日本,从新加坡到中国香港,从广东至马尼拉,甚至从东亚到西亚、非洲和欧洲的大多数海上通道。目前,我国进出口贸易的 80% 是通过南海运输的。我国原油进口来源,中东地区占 60%,非洲地区占 20%,亚太地区占 14%,欧洲中亚地区占 6%,据估计,到 2020 年从中东地区进口石油所占比重将达 80%,其中绝大部分进口是依赖海上运输的。可见,海上交通线的安全极其重要。

控制南海战略通道,不仅涉及国家的经济利益,也涉及国家安全。据有关专家分析,由于南海战略地位极其重要和南海局势的错综复杂,美国对南海争端的态度由过去的"不介入不表态"过渡到"显示力量"。若美国插手南沙,控制南海,并与美韩、美日同盟连成一线,将完成对中国的封堵,使我国的活动空间受到极大的限制,不仅南海问题变得更加棘手,台湾问题也将更难解决,国家安全将受到严重威胁。

3. 加快开发南海油气,对泛珠江三角洲区域经济的持续增长至关重要

南海蕴藏着丰富的油气资源,举世瞩目。因此,从国家经济、能源安全的全局考虑,南海地区应该成为我国油气资源开发的重要地区。

2004 年最新地质调查表明,中国南海的石油地质储量约在 230 亿～300 亿吨之间,约占中国总资源量的 1/3。南海地区还发现了新型的替代能源"可燃冰",学名天然气水合物。据新近的勘测结果,仅南海北部的可燃冰储量就已达到我国陆地石油总量的一半左右。在西沙海槽已初步圈出可燃冰分布面积 5242 平方公里,其资源量估算达 4.1 万亿立方米,按成矿条件推测,整个南海的可燃冰的资源量相当于我国常规油气资源的一半,可燃冰是解决中国未来能源问题的最大希望所在。

开发南海油气有助于泛珠江三角洲的经济可持续增长。泛珠江三角洲是中国经济最活跃的地区之一,对能源的需求与日俱增,"9 + 2"的区域合作态势必然推动华南经济圈在中国经济格局中扮演更为重要的角色。华南地区经济虽然增长迅速,但是其自身也有难以克服的"硬伤",该地区常规能源十分缺乏,尤其石油、天然气短缺的矛盾十分突出。因此,南海的油气开发具有明显的区位比较优势。可以说,南海的油气是地理上距离泛珠三角最近的能源原产地,从海南岛到珠江三角洲的距离仅为从新疆到上海距离的 1%。开发南海油气对于支撑我国华南经济乃至全国经济的持

续发展具有巨大意义。

4. 我国在南海争端上面临严峻局面,未来 20 年周边国家对南海的争夺将更加激烈

目前,南沙群岛的现实不容乐观,我国南沙岛屿大部分被周边国家强占。自 1970 年起,菲律宾强占了马欢等 8 个岛屿,并开始单方面进行钻探开采石油。1977 年,马来西亚紧随越南、菲律宾之后,也派兵侵占了南沙的几个岛屿。印度尼西亚则根据 1969 年 10 月与马来西亚片面签订的大陆架协定,侵占我南沙海域 5 万平方公里,1980 年 3 月又单方面宣布建立 200 海里专属经济区,企图进一步公开、"合法"地侵占我国南沙的石油等海洋资源。此外,文莱也在我国南沙海域开采石油和天然气资源。目前南沙的岛屿实际控制情况是:中国台湾 1 个、菲律宾 9 个、马来西亚 9 个、越南 28 个、印尼 2 个、文莱 1 个。中国大陆只是控制了一些礁盘。我国在南沙面临的形势极其严峻,问题极其复杂,解决难度也极其巨大。中国在南沙的政策一直非常友好,除在关于民族尊严和国家根本利益的主权归属问题上毫不让步外,中国一直采取非常克制容忍的政策。在坚持和平外交政策和考虑南沙群岛的现实状况下,我国政府提出"搁置争议,共同开发"的原则。

现实情况是,有关国家为维护在南沙的既得利益,继续在南海"主权"问题上向中国展开政治、军事、外交和岛礁海域开发的攻势,除强化对已占岛礁和海域的军事管控之外,还加快了对南海资源的开发和掠夺的步伐。与此同时,美国、日本、印度等大国加强了向南海的军事渗透。南海问题继续朝着复杂化和国际化的方向发展。

在南海海域,有两个现实问题绝不可忽视,一是周边国家在南海海域开采油气资源步子快、数量大,而我国至今在南海无一口油井,未产一桶原油。据美国能源信息署 2002 年 5 月的资料,南海地区每天产出石油 200 万桶,每年产出天然气 2.5 亿立方英尺,其中文莱、马来西亚、菲律宾、越南、印尼 5 国每天产出石油合计 152.5 万桶,每年产出天然气 1.8 亿立方英尺,分别占 76.2% 和 72%(见表 2)。如果照此速度开采,那么南海的油气约有 20 年就采掘殆尽,必须引起我们的警示。

表 2　南海周边 5 国油气开采情况

国家	石油产出/天(万桶)	天然气产出/年(亿立方英尺)
文莱	1.95	3340
马来西亚	75	14370
菲律宾	0.946	10
越南	35.6	190
印尼	21.5	120
合计	152.546	18030

第二个值得注意的是：我国与东盟国家争议的海域面积有 150 余万平方公里。我国在南海断续线内的海域面积为 200 万平方公里，而越南、菲律宾、马来西亚、印尼、文莱 5 国要求的海域有 154 万平方公里（扣除重叠部分）进入我国断续线内，留给我国无争议的海域仅有 44 万平方公里，仅占 22%。

联合国海洋法公约缔结以来，国际上海洋国土概念发生了重大变化。200 海里专属经济区的建立使海洋国土范围超出了近海海域范围。我们不能给侵占领土的国家以足够的时间制造既成事实，我们更不能让其他国家以利用外资为名把西方势力卷入南海，使南海主权问题更加复杂化。

5. 海峡两岸在南海问题上有共同利益，应求同存异，共同解决南海问题

在南沙问题上，海峡两岸的立场应该是而且实际上也基本是一致的。两岸的中国人都坚持南沙是中国的领土，这是双方合作的基础。现在，台湾军队驻守着南沙面积最大、自然条件最好的岛屿——太平岛。太平岛是开发南沙的最佳的前线阵地，台湾也存在能源短缺的严重问题。所以，在南沙问题上台湾和祖国大陆的根本利益是一致的，有着联合开发南沙的基础。通过联合开发南沙，有利于促进祖国统一。两岸在南海问题上合作的展开，将明显加强中国在南沙问题上的实力。

二、全面实施南海开发计划，建设 海南战略基地的主要条件

6. 我国已完全具备处理复杂的南海局面和扭转在南海开发利用方面由被动转为主动的能力

南海周边国家在南海海域开采油气资源步子快，而我国至今在南海无一口油井，这是一个与国力不相容的严峻现实。

共同开发，首要的是自己参与开发。我国提出共同开发的方针，但是唯独自己不参与开发，这种现状务必尽快改变。有效地实施共同开发南海的计划，首先必须清醒认识我们在南海区域的优势与劣势。与南海区域周边国家相比较，我们的劣势有两个，优势也有两个。

劣势之一，开发南海着眼南沙，而周边国家距南沙近在咫尺，我国距南沙远在千里，实施开发计划所必需的各种条件、各项支援和保障措施，均是鞭长乏力。

劣势之二，周边国家早在 20 世纪 60 年代末 70 年代初已着手开发南沙资源，已经积累了经验，获得了巨大的经济效益，在南沙开发利用处在先动、主动的态势，并逐渐形成联合对我的局面。然而，我国从 1987 年才开始在南沙海域进行油气资源的勘探，勘探工作仅限在地球物理，至今未实施钻探，我国处在十分被动的状态。

优势之一,海洋资源的开发利用必须依托高新技术,技术力量是开发利用海洋资源的基本力量,对海洋资源开发利用具有长远性决定性影响。就技术力量而言,我国虽然落后于美国、俄罗斯、日本等国,但却领先于南海周边国家。如被视为人类未来最理想的替代能源之一的可燃冰,我国从 1999 年已开始对其进行了实质性调查和研究,并取得重大进展。据报道,美国、日本均计划在 2015 年对可燃冰进行商业试采,我国可望在 2015 年进行试采。由此可见,依靠日益发展的高新技术力量,我们不仅在油气资源的开发利用上形成后发优势,而且可在新能源的开发利用上占据新的制高点,开创新的长远优势。

优势之二,海洋资源开发利用以强大的经济为基础。国家经济力量也是影响海洋资源开发利用的另一个决定性因素。历经改革开放之后,我国综合国力不断增强,在亚洲乃至世界经济的影响力不断增大,已成为不可忽视的力量,与南海周边国家的经贸合作和交往迅速发展,区域经济合作出现了新的发展格局,我国经济上的强国地位必定为建设海洋强国提供强有力的保证。以我为主形成的日益稳定友好的国家睦邻关系必将为合作开发创造良好的环境和条件。我国已完全具备稳妥地处理已经出现的复杂的南海局面和扭转在南海开发利用上由被动转为主动的能力。

7. 海南岛应成为我国挺进南海进行油气综合开发的后方战略基地

海南建省办经济特区以来,经过十六年多的快速发展,基础设施已日趋完善,海南省电力供应已跨入富余省行列,电信基础网络已全部实现数字化,城市电话普及率、省会城市电话普及率和信息技术应用均进入全国先进行列,环岛高速公路已全线贯通,有三亚凤凰、海口美兰南北两个国际机场,新建港口 24 个,粤海铁路货运和客运均已通车,海陆空主体交通体系已全部建成,海南省经济发展已进入新的一轮快速增长期,奠定了把海南岛建成我国挺进南海后方战略基地的基础条件。

开发南海,难在南沙。南沙群岛陆地面积仅约 2 平方公里,最大的太平岛也仅有 0.43 平方公里,南沙距海南岛榆林港有 1500 公里,太平岛是开发南沙的最佳前方基地。西沙群岛陆地面积约 10 平方公里,其中,最大的永兴岛 2.1 平方公里,东岛 1.7 平方公里,中建岛 1.15 平方公里;西沙距海南岛榆林港有 337 公里,距越南岘港约 76.5 公里,西沙是开发南沙的中间基地或前方基地。显然,海南岛应成为中国挺进南海进行油气综合开发的后方基地,集中地体现并发挥国家对南海开发的强大后盾和强有力支援的作用。通过后、中、前方三级基地的建设,可以缩短我国大陆与南沙的距离,推进南海开发的进程。

前、中、后方基地的建设和作用的发挥,必须以足够的经济实力和必要的军事实力为基础。国家应按基地的建设目标加快海南岛和西沙群岛的开发和建设,应把与南海开发目标相一致和相匹配的重大建设项目放在海南岛,并列入"十一五"和"十二五"计划,使海南岛经过若干年的迅速发展,具备发挥基地作用的基础设施和经济与技术条件。作为挺进南海的后方基地,海南省应建设成为南海油气综合开发利用基地,成为国家南部能源战略储备中心基地,成为农副产品、水产品加工出口基地,成为"10＋3"和"9＋2"的物流中转基地,成为国家商业卫星发射基地。国家要采取特殊措施加速西沙群岛的开发,按前沿基地的建设目标规划和定位西沙群岛的建设发展,尽快建设西沙作为中间基地或前方基地所必需的供水、供电、道路、码头、机场等各项基础设施。国家应按基地建设的目标强化海南岛的军事现代化建设,应把一些军民两用的重大建设项目,特别是一些高科技项目放在海南岛,直接或间接地推进军队现代化建设的发展。

提高海南及西沙的地位和作用,应按这一建设目标给予海南省和海南特区新的定位,给予海南省更多的管理权限,使之有效地行使全国人大赋予海南省对南海海域的管辖权,给予海南特区一些特殊的政策措施,加大海南对外开放的步伐,加快海南省的改革进程,充分发挥海南经济特区的作用。

8. 中国睦邻友好的外交政策取得了巨大成功,为开发南海创造了良好的环境条件,共同开发南海正处在较好的时期

进入21世纪以来,南海周边国家的政策发生了一定的变化,并对我国提出的共同开发表示出相当的兴趣。在2000年5月8日我国和印度尼西亚发表共同声明,双方同意在许多重要领域进行合作,其中包括矿产和渔业。2000年5月16日我国与菲律宾发表的关于21世纪双边合作框架的联合声明,"决心完成建立中菲信任措施工作小组的工作,促进本地区的和平与稳定",并重申"将为制定和达成沿海地区行为准则做出积极贡献"。2000年12月15日我国和越南发表关于新世纪全面合作的联合声明,双方同意在有关南海争议问题上,"坚持通过和平谈判,寻求一项双方都能接受的基本和长久的解决办法。"南海周边国家的这种变化,有利于南海地区未来进行共同开发的实际操作。

三、开发南海资源,加快建设海南
战略基地需要把握的原则

9. 以产业开放作为推动共同开发的基本政策

南海开发活动,一要坚持以我为主,二要实行大开放,以开放寻求合作,不论是发展海洋油气业、海洋渔业、海洋旅游业、海洋运输业和海洋服务业均应实行产业开放政策。开发海南,开发西沙,开发南沙均应以开放带动开发,以开放带动发展,在海南全省真正形成全方位开放的格局,形成大开放的优势。

10. 在区域经济合作背景下把海南岛建成"10＋3"、"9＋2"的港口物流中心

中国经济逐步走向国际社会,海洋贸易成为经济发展的重要推动因素,海洋战略的实施使得港口行业获得了巨大的发展空间。从 1991 年到 2003 年的 13 年间,港口行业经济指标均远高于国民经济发展水平。13 年间全国主要港口货物吞吐量平均增长 13.15%,主要港口货物吞吐量平均增长 18.83%,集装箱吞吐量平均增长更是达到 33.60%,远高于同期 GDP 平均 9.15%的增长水平。

从整体上看,目前我国港口供给能力同市场需求差距较大,尤其是集装箱码头,实际吞吐能力远远高于港口设计能力。沿海主要港口公用码头完成吞吐量超过设计标准的 10%,集装箱码头长期超负荷运作,利用率达到 130%。随着中国—东盟自由贸易区的即将建立和泛珠江三角洲经济合作的深入,尤其是前者带来激增的贸易总量和该地区港口常常供不应求的格局,给海南发展港口业提供了潜在的机会。

11. 处理好外交上"稳定周边,共同开发"的关系

稳定周边是大局,要处理好周边各种矛盾,发展周边和平友好关系,促进与周边国家双边、多边的合作,为我国实现现代化建设宏伟目标争取和平环境和机遇时间,这是大局,机遇重要,务必维护。但是,我国早已提出共同开发南海的主张,周边国家早已大张旗鼓地开发南沙油气,我国却只勘探不开发,这种被动局面必须迅速扭转。对此我们必须有所作为,在扭转被动局面中,处理得不好将会影响"稳定周边",但是处理得好可在共同开发中有利于"稳定周边",在发展中"稳定周边"。

我国政府提出"主权在我,搁置争议,共同开发"的主张。主权属我,必须旗帜鲜明,坚持原则。面对争议,不做主权让步,又不加剧争议矛盾,而是把争议暂时搁置,采取模糊态度,留待以后解决。当前,我国必须尽快启动南沙油气开采,着力推进共同开发,为了促成共同开发,扭转我国在开发上的落后局面,我们可以在某些合作开发项目上牺牲某些短期权益,以追求更长远的权益。

12. 统一领导,协调配合,充分发挥中央与地方、军队与民众多方面的积极性

涉及南海问题的一切重大决策和活动,都必须由中央统一领导与协调,南海油气资源的开发利用必须由国家统一授权,不可多元行事。全国人大赋予海南省对南海海域行使管辖权,海南岛是南海开发的后方基地,要充分发挥海南省的行政管理职能和开发南海发展经济的积极作用,在产业开放、产业开发、双边合作等一些经济活动领域,中央给予海南省必要的授权,赋予海南有更大的自主权,去从事一些不需中央出面而由海南省出面的活动会更为主动、更加有效。

四、抓住机遇,着眼全局,果断决策,建设海南战略基地

13. 以海洋旅游业为先导,开发西沙,带动前、中、后方基地建设

开发西沙,挺进南海,应以人为先,在西沙营造人多势众的气氛,为捍卫海岛主权造势。西沙人主要不是为数极少的渔民和军人,而应是人数众多的游客。应首先使中国人的足迹频频踏入南海海域,使更多的中国人和外国人往返入住西沙群岛,让西沙群岛的人气旺盛起来。更多的人往返西沙,必然会给西沙带来各种商机,也会给其他产业的发展带来机会。为此,从发展旅游业入手,带动西沙基地的建设,是最有效率的正确途径。西沙的珊瑚礁生物资源和景观资源并不亚于世界闻名的澳大利亚的大堡礁。

热带海岛旅游资源是海南省独特的优势资源,开发西沙旅游应成为海南旅游产业发展的重要部分。鉴于南海问题的复杂与敏感,在开发西沙旅游时,应多干少说,在对外宣传上宜低调处理,把开发西沙旅游视为经济活动,强调用市场方式实施西沙旅游的开发项目。开发西沙旅游应内外有别,在指导思想上务必十分明确。开发西沙是南海开发战略计划的一个重要组成部分,应从开发南海的战略目标,建立挺进南海基地的要求,完善海南旅游产业的发展规划,制定西沙海洋旅游业的发展计划。开发西沙海洋旅游必须在中央统一领导下,协调各方面的力量,依靠各部委和军队的支持;海南省的一切重大决策,必须服从于中央的协调,服从于全国大局。西沙海洋旅游业的发展必须与海南国际旅游岛建设相匹配,与南海开发基地建设要求相统一,进行基础设施建设,设计海洋旅游航线,发展航海旅游、海洋运输业和海洋服务业。

鉴于海南岛拥有独特的资源优势、区位优势和生态优势,旅游业已取得迅猛发展,并形成自己的品牌,闻名于全国和世界,建议中央政府明确宣布把海南岛建成国际旅游岛和环保特区。

14. 以扩大国际科技合作作为挺进南海的先导

充分发挥我国在科技方面领先于周边国家的优势,在南海海域开展广泛的国际科技合作活动,特别是加强与欧盟国家如德、法的科技合作。率先开展海洋资源的科技勘探、考察的合作研究活动,开展以可燃冰为重点的新能源的合作考察研究活动。开展海洋观测、深海采矿、海洋生物与药物等新技术的合作研究活动,还可开展科技旅游,让我国的海洋科研船队频频进入南海,让我国的科学家、科技人员会同国外的专家进入南海。以科技开发作为先头部队进入南海,既有现实意义,又具长远意义,是突破合作开发最为现实的途径。

15. 尽快将洋浦经济开发区从 30 平方公里扩大到 100 平方公里,建成自由港区

未来中国石油开采的潜力已经转向海洋。因此,无论从资源储备、技术储备,还是从国家安全的角度考虑,在我国石油多元化战略中,开发海洋油气资源已成为重要一环。目前南海油气开采已经处于快速发展的起点,技术、资金方面已无问题,各方面时机已经成熟。海南作为我国南海地区的最大岛屿,最有条件成为我国在南海地

区未来最大石油加工、储运基地。我国华南、西南地区尚无一家石油天然气储运基地,能源布局严重不均衡。在未来南海开发的战略中,海南理所当然的能够扮演一个举足轻重的角色。而开发南海油气,就相应需要一个石油加工、冶炼、储备的基地,与潜在的消费市场紧密相连以保证开采—加工—冶炼—储备—运输—消费的产业链条。从这个角度来看,海南的洋浦港最有可能成为建立南海石油开采基地的首选。

我国正在筹建的四大石油储备基地大连、黄岛、舟山、镇海都在华东地区,战略布局不甚均衡。西南地区历来是我国能源缺乏地区,除了水电之外,煤炭、石油等常规能源都很缺乏。随着西部大开发的进行和西部工业化进程的加剧,对油气资源的需求也与日俱增,整个西南地区却没有一个区域性的石油储备中心,这显然不利于我国的能源布局。

目前,除了北部湾的北海港和钦州港,没有一个可以供大型油轮停靠的码头。北海、钦州都不具备发展大型油气资源码头的条件,也都没有相应的石油化工行业作为石油储备的依托,而位于北部湾的洋浦港就具有上述这些得天独厚的条件。洋浦地处海南岛西部,位于北部湾中段,紧连我国华南、西南通向东南亚要冲,并与东盟国家隔海相望,具备大陆通往环太平洋诸国要道的区位条件。洋浦同时又是一个天然良港,可供建港的海岸线达 6.6 公里,可建成 20 个万吨级泊位,港口年吞吐量达 2800 万吨,2 万吨级别的船舶不受潮汐影响直接自由出入。更重要的是,洋浦依托南海丰富的油气资源和重要的区位优势,正在成为重要的石油化工加工基地。洋浦最新落户年产 800 万吨炼油项目,使之具备开发石油天然气的产业依托。因此,在北部湾地区洋浦是石油储备基地的首选。目前,洋浦 30 平方公里的土地已基本用完,随着大规模开发的开始,以区域合作为特点,以石油储备天然气加工为重点,以建立洋浦自由港区为目标,把洋浦经济开发区从 30 平方公里扩大到 100 平方公里已是客观要求。

16. 把海南岛作为南海问题研究基地

南海问题错综复杂,又极其敏感,既有区域内多国矛盾的交错,又有区域外多国介入矛盾的交错,既涉及经济问题,又涉及政治问题、军事问题、法理问题。需加强海洋国际法的研究,为推动南海开发和稳妥处理南海问题提供法理支持。为此,一要加速中国南海研究院的建设,充分发挥其作用,使之成为我国研究南海问题的最具影响力的研究机构。二是研究活动既要坚持内外有别,又要积极开展国际合作,以积极活跃的学术上的研究合作,推动区域合作开展,推动南海的共同开发进程。

南海地区发现了蕴藏丰富的"可燃冰"资源,一些国家技术人员估计 2015 年后可进入开采期。因此,南海油气的开发对我国目前石油产量增长有着极大潜在的贡献。南海地区丰富的油气资源和"可燃冰"储备,是南海有望成为下一个全球的"波斯湾"。海南作为南海前哨,也对将来研究、勘探、开发可燃冰提供后勤基地的条件。

17. 从国家大局和长远战略出发,从"十一五"开始在海南布局大型油气化工项目

从国家大局和长远战略出发,建议将海南建设成为南海油气勘探开发的支持基地和国家石油战略储备基地。"十一五"期间国家在海南布局大型油气化工项目:支持 90 万吨乙烯及下游产业链延伸项目、乐东气田开发、300 万吨液化天然气(LNG)、120 万吨甲醇、大型天然气发电等项目。

18. 建议中央对海南省和海南经济特区给予新的定位,海南特区应抓住新机遇,创造新特区,打造新模式

我国 21 世纪的发展战略已经转向海洋。这分别体现在贸易依存度比例逐年提高、海洋经济在 GDP 的比重逐年上升以及南中国海在未来我国海洋政治和经济中上升为最具有潜力的地区等方面。中国的现代化,需要有一个完整的海洋战略。海南省是我国最大的海洋省,管辖着 200 万平方公里的南海海域。面向海洋、面向未来,面对极其复杂的南海诸多矛盾,海南省具有极其独特的地位和作用,中央应给予海南省和海南特区新的定位,这一新的定位主要内涵是:

海南省应成为我国开发南海、挺进南海的基地;海南省应成为我国南部油气化工生产基地和石油储备转运基地;中央拟定海洋行政管理的相关法规,并授权海南省,使海南省实现南海海域的管辖权;海南特区应成为我国面向东南亚的桥头堡,成为中国东盟自由贸易区的口岸。

海南应在区域行政区划建制上有所突破。海洋战略的客观实际要求中央赋予海南对南海海域新的管辖权,管辖的载体可以在目前海南省作为一个省级的管理体制基础上,改省级建制为类似香港、澳门一样的"海南特别行政区"来管理对南海的开发和主权的维护。因此,有必要从南海开发、海洋资源保护,以及中国与东盟合作的需求出发,把海南经济特区提升为"海南特别行政区"将是最好的选择。

中国(海南)改革发展研究院课题组

课题组组长:迟福林

本报告执笔:迟福林 李昌邦 陈文 陈岚桦

　　以海南近海油气资源开发利用为重点的海洋产业的发展,是海南经济特区实现经济结构战略性调整的重要环节,是海南经济特区实现持续快速发展,建设经济强省和海洋强省的希望所在,是海南人民实现邓小平同志和中央建立海南经济特区战略思想和战略目标的关键所在。

加快海南油气综合开发利用的建议

(2001 年 8 月)

　　海洋储藏了全球超过 70% 的油气资源,油气资源未来的出路将更多地依赖于海洋。21 世纪在高新技术的推动下,海洋资源的地位将更加突出,海洋资源开发与竞争将更加激烈。建设海洋强国已成为我国社会主义现代化宏伟目标的重要组成部分。在 21 世纪中叶,当我们实现社会主义现代化强国之时,也是我们实现海洋强国之日。

　　海南油气资源十分丰富,海南岛近海天然气储量位居全国第二,是我国海洋天然气产量增长的主要地区。加快海南油气综合开发利用,发展油气产业,是海南省实现经济结构战略性调整的重要环节。同时,对于缓解我国能源开发建设中的矛盾,调整能源结构,实现能源优质化,有着十分重要的作用。从建设海洋强国的战略目标出发,在实施我国"十五"规划之际,以海南油气的综合开发利用为切入口,把海南岛建成我国天然气综合开发基地,带动海南特区经济的持续快速增长,为我国加快挺进南海,实施南海油气资源开发战略做出贡献。

一、南海油气资源的开发利用是国家海洋发展战略的重中之重

（一）南海油气资源勘探、开发与利用是我国开发海洋,建设海洋强国的重点

随着陆地资源的日趋枯竭和人类开发海洋能力的日益提高,海洋已日益成为世界各国的重点开发领域,各国围绕海洋权益的矛盾与斗争也越来越突出。21 世纪必将成为海洋的世纪,从战略的高度审视海洋,迫切要求我们将"建设海洋强国"列为国家发展战略,并做出相应的战略性部署。南海的油气资源优势和特殊地理优势,使南海油气资源勘探、开发与利用成为我国开发海洋,建设海洋强国的重中之重。

中国管辖 300 万平方公里的海域,是陆地国土的三分之一,其中南海海域拥有 200 万平方公里,占我国管辖海域的三分之二。南海蕴藏有巨大的海洋资源,其中油气资源尤其丰富,油气资源潜量高达 707 亿吨,其中天然气潜量为 58 万亿立方米,石油为 20 亿吨,与波斯湾、墨西哥湾、北海齐名为世界四大海洋油气区;南海海底矿产资源丰富,锰结核、钴结壳等储量大;南海生物资源多样性指数高,渔业生物物种占全国的 67% ~ 80%,渔场面积占全国的 65%;南海蕴藏有巨量清洁的可再生潮汐能、波浪能、海流能、温差能和盐差能等海洋能;最近南海发现有大量的可替代煤和石油天然气的新能源——天然气水合物。

南海扼太平洋和印度洋之要冲,是东亚、东北亚通往西亚、南亚、欧洲和非洲等海上交通的必经之地。近年来,每年通过南海的船舶有 8 万艘以上;每年有 6000 亿美元的货物要通过这里,其运输量占世界总量的 1/3;我国每年出口贸易额约 3/4 要在这里通过。21 世纪要保持我国可持续发展的战略态势,南海的战略地位与资源开发将日显重要。

党中央、国务院十分重视海洋强国的建设,已将海洋资源的可持续开发与保护列为《中国 21 世纪议程——中国 21 世纪人口、环境与发展白皮书》的重要内容,八届全国人大四次会议批准通过的《中华人民共和国国民经济和社会发展"九五"计划和 2010 年远景目标纲要》已将"加强海洋资源调查,开发海洋产业,保护海洋环境"确立为国民经济全面发展的重要内容。江泽民总书记为建设海洋多次发出指示:"加强人民海军建设,保卫祖国海洋主权"、"开发海洋"、"开发蓝色国土"、"振兴海洋、繁荣经济"。中央的重视大大推进了我国海洋强国的建设进程。

从战略高度策划,南海应成为我国建设海洋强国的重点。南海油气资源的勘探、

开发与利用将成为我国建设海洋强国和新世纪治国兴邦的重大举措。

（二）南海油气资源勘探、开发与利用对我国能源开发战略和可持续发展战略有重要促进作用

由于我国能源结构不合理，能源优化水平低，在未来能源发展建设过程中，面临两个突出矛盾：一是天然气的产需矛盾十分尖锐；二是石油需求的快速增长与后备资源不足的矛盾十分尖锐。

目前世界一次能源结构中，石油占 40%、煤炭占 27%、天然气占 23%、水电与核电占 10%。而中国的一次能源结构中，石油占 11.64%、煤炭占 78.31%、天然气占 2.1%、水电与核电占 1.95%。根据预测，世界煤炭可采年限 230 年，中国为 90 年；世界石油可采年限 48 年，中国为 22 年；世界天然气可采年限 68 年，我国为 95 年。由于天然气为清洁燃料，具有多方面的优势，在未来发展中，世界一次能源消费结构，天然气的比重将扩大，煤和石油的比重将减少（见表 1 和表 2）。

表 1　世界与中国一次能源比例关系

项目	煤炭	石油	天然气	水电与核电
世界平均水平	27%	40%	23%	10%
世界可采年限	230	48	68	
中国平均水平	78.31%	17.64%	2.1%	1.95%
中国可采年限	90	22	95	

数据来源：《中国电力"九五"规划》和英国 BP 公司《1997 世界能源年鉴》。

表 2　中国与世界各地区天然气消费构成　　　　　　　　　　（单位：%）

国家与地区	发电	工业	化工原料	城市与商用	占能源消费比例
世界水平	26	43	5	26	23.2
北美	13	34	4	39	27.2
西欧	17	24	4	45	19.4
东欧	16	45	13	26	——
前苏联	36	44	4	16	50.9
中东	32	54	9	5	37.7
非洲	42	45	4		16.8
日本	70	29	1	——	11.2
东南亚	38	44	10	8	——
中国	15	16.8	50.8	17.4	2.1

我国天然气的勘探、开发与利用还比较落后。我国天然气资源占世界总资源的2%,居世界第10位,但已探明可采储量仅约占世界的0.9%,居世界第20位;1999年世界天然气产量总计2.4万亿立方米,我国仅为228.8亿立方米,居世界第19位,约占世界总产量的1%。

我国石油需求的快速增长与后备资源不足的矛盾也非常尖锐,"十五"期间及以后一个时期内,我国石油产量最多只能保持目前的1.6亿吨或有微小增长,2010年时石油需求中对进口的依赖程度可能超过50%,新增的石油需求几乎将全部依赖进口。至2020年前后,我国石油进口量很有可能要超过日本,突破3亿吨,成为世界第一大石油进口国。

随着我国石油消费缺口的日益扩大及国际石油市场频频爆发的石油危机,根据经济可持续发展的要求,在未来能源开发战略中,天然气在我国能源结构调整及能源优化过程中的作用日显重要。我国政府制定了天然气行业发展的目标,为2010年天然气在能源消费结构中所占的比重将由现在的2%提高到6%,据预测2010年我国天然气产量为600亿立方米,而需求量将达1000亿立方米,产需缺口为40%,产需矛盾十分突出。

海南油气资源十分丰富,海南省管辖海域油气资源潜量约200亿吨,近年已探明的可采天然气总储量约为4万亿立方米,石油20亿吨,海南岛近海天然气资源储量位居全国第二,仅次于新疆,居全国各大海域之首,是我国海洋天然气产量增长的主要地区。中国海洋石油总公司制定的海洋油气工业发展规划中指出:今后15年海洋天然气增储上产的主要区域是琼东南盆地、莺歌海盆地、东海西湖凹陷,并规划2010年在海南岛近海建成探明储量1万亿立方米以上的南海大气区。因此,加快南海油气资源勘探、开发和利用,对于缓解我国能源开发建设中的矛盾,调整能源结构,实现能源优质化,有十分重要的作用。

表3　海南岛近海四大含油气盆地基础数据表

含油气盆地名称	莺歌海	琼东南	珠江口 (文昌区域)	北部湾
面积(km²)	7000	40000	5020	3800
沉积岩时代	新生代	新生代	新生代	新生代
沉积岩厚度(km)	17	12	12	7
烃源岩沉积相	海相	海陆过渡 —海相	中、深湖相, 湖泊相	海相
已发现含气圈闭数	7	2	3	7

续表

含油气盆地名称	莺歌海	琼东南	珠江口（文昌区域）	北部湾
主要气田	东方1—1、乐东15—1、22—1—1、岭头1—1—1	崖13—1、35—1、文昌13—1、13—2	文昌8—3—1、9—1—1、琼海36—2	涠12—1、12—8
预测资源量（经济油气当量）$10^8 m^3$	54000	14000	9400	$6022 \times 10^4 t$ 石油
已报国家 $10^8 m^3$	1428	1264		

资料来源：(1)龚再升、王国纯："中国近海油气资源潜力新认识"。(2)《中国海上油气(地质)》,1997,11(1)。

表4 海南岛近海天然气探明地质储量与
新疆等西部地区的比较（1999年）

地区	探明地质储量（亿立方米）	比重（%）
海南岛近海海区	6000	26
新疆自治区	8177	74
川渝地区	5795	
陕甘宁地区	3340	
总计	23312	100

（三）南海油气资源勘探、开发和利用将带动海南经济的快速发展,使海南岛成为我国挺进南海的重要基地

把海南岛建成我国实施南海开发战略的基地,是海南经济特区发展的重要目标之一。早在1984年邓小平同志就提出"要开发海南岛,如果能把海南岛的经济迅速发展起来,那就是很大的胜利",他多次提出："海南天然气很有希望","我们决定开发海南岛,利用天然气还可带动其他行业","海南岛好好发展起来,是很了不起的"。1988年4月,七届全国人大一次会议批准海南建省和海南岛为经济特区,并明确南海海域归海南省管辖,从而突出了海南在我国南海开发和海洋强国建设战略中的地位。江泽民总书记非常重视海洋建设和海南的建设发展,曾挥笔题词："建设海南,卫我海空"。2000年3月12日江泽民总书记参加九届全国人大三次会议海南代表团的讨论,听取了关于开发海洋的汇报,当天就亲自对有关部委领导部署南海开发事

宜。江泽民总书记说:"海南是我国最大的经济特区,把海南发展起来,是邓小平同志的遗愿",要"把海南建设成为经济繁荣、人民富裕、社会文明、环境优美的经济特区"。

海南岛要成为我国挺进南海的重要基地,并真正发挥其作用,就必须加快发展成为海洋强省。以海南近海油气资源开发利用为重点的海洋产业的发展,是海南经济特区实现经济结构战略性调整的重要环节,是海南经济特区实现持续快速发展,建设经济强省和海洋强省的希望所在,是海南人民实现邓小平同志和中央建立海南经济特区战略思想和战略目标的关键所在。据初步测算,如果实现气电北送广东100亿度,至2010年,海南发电量将比2000年增加4.5倍,电力工业上缴的利税将从2000年的4亿元增加至18亿元,电力工业将成为海南工业的支柱产业之一。如果未来5~10年,年产45万吨合成氨、80万吨尿素的化肥厂、跨海输电电缆工程、50万吨甲醇厂、600万吨炼油厂和东方1—1气田投产及海南岛内输气管道工程,乐东22—1、乐东15—1气田的投产、天然气发电厂的建设和石油储备、中转项目等9个大项目相继投产,总投资可达约500亿元人民币,约占海南省未来10年固定资产投资的20%以上,这必将有力地拉动海南"十五"时期GDP的快速增长,海南特区将向经济强省、海洋强省迈出关键的一步。

南海丰富的资源,使世人垂涎三尺,开发南海时不我待。南海周边各国正利用南海地区形势相对缓和的时机,加紧扩大与国际间的合作开发。海洋油气资源属不可再生性资源,这势必进一步加大了对我国南海海洋权益的侵害。因此,加快南海油气资源的勘探、开发和利用,已越来越具有重要的战略意义。

二、把海南岛建成我国南部天然气综合开发基地

(一)海南油气开发利用已有一定发展,为建设天然气综合开发基地奠定了基础

海南是中国海洋油气资源,特别是海洋天然气资源的重点开发区域之一。1996年1月崖13—1气田开始正式供气,年产天然气34亿立方米,凝析油27万吨。海南富岛化学有限公司是海南目前经济效益最好的企业之一。位于三亚的南山电力股份有限公司也是我国最早以使用天然气为燃料的电力企业。特别是2001年1月13日,中国海洋石油化学有限公司在海南又与海南省有关部门、中国银行及其海南省分行,分别签订了海洋石油化肥、天然气开发、输气管道建设、洋浦电厂改造等4个项目的合作协议,总投资达100多亿元人民币,将把海南油气工业的建设推向一个新的

台阶。

中国海洋石油总公司为了加快对海南天然气资源的开发步伐，根据"油气开发上、下游一体化"的发展思路，"十五"期间将与海南省合作，计划投资50多亿元人民币开发建成东方1—1气田，主要用于海南石油化学工业基地、天然气发电厂和海口市民生活用气；其次，在开发东方1—1气田的同时，还将投资5.4亿元人民币，建设一条从东方，经洋浦，到海口全长254千米长的天然气输气管道，以保证天然气的正常运输。海南天然气大化肥项目由中国海洋石油总公司负责筹资，是目前国内生产规模最大的化肥项目，日产合成氨1500吨，配套生产2700吨大颗粒尿素。2000年6月15日，海南化肥项目正式启动。并同时启动东方1—1气田的开发，计划于2003年9月15日正式供气。

（二）按天然气化工，天然气发电，石油储备、中转与加工等三个方向，构建海南天然气综合开发基地的基本框架

根据挺进南海的要求和对海南油气资源开发利用的预测，海南岛天然气综合开发基地应由三个重要部分组成：一是以海南省东方市为基点的我国南部化肥生产基地；二是以单管输气管口为基点建设200万～300万千瓦的天然气发电基地；三是以洋浦经济开发区为基点建成石油储备、中转、加工与出口基地。

1. 天然气化工——海南天然气利用的重要选择

（1）合成氨和甲醇两大源头产品的发展。根据海南省"十五"规划，在未来5年内将新建45万吨合成氨、80万吨尿素装置一套，加上富岛一期，总规模达77万吨合成氨、132万吨尿素的生产能力；新建年产50万吨甲醇装置一套，填补海南天然气化工中甲醇系列的空白。这两个天然气化工源头项目的发展，在天然气的供给上有充分保证。45万吨合成氨年用气6.3亿立方米、50万吨甲醇年用气量6.8亿立方米，分别由东方1—1的一期供气（16亿立方米）和二期供气（8亿立方米）来解决。这两个源头产品项目预计投资额分别为4.65亿美元和2.01亿美元，回收期分别为10年和6.8年，年平均税利分别为4113万美元与3742万美元。

（2）两大系列相应深加工产品的发展。如合成氨系列的三聚氰氨、丙烯腈、己二腈等，甲醇系列的甲醛、MTBE、醋酸等。这些产品加工增值的幅度比源头产品来得高。但是这些产品的市场需求量比源头产品要小，而且变化也迅速复杂，发展受到一定程度的制约。在源头产品决定并投入生产，后继深加工产品会相随发展起来。估计在"十五"后期和"十一五"期间，这些产品的发展将成为海南天然气化工发展的亮点。

（3）天然气化工发展的新领域。除了合成氨和甲醇系列外，天然气发展的一个

重要新领域,就是碳—化学的发展。尽管许多工艺还没有达到成熟程度,但由于海南岛近海极为丰富的天然气资源,在未来 5～10 年这一领域产品的发展,特别是甲烷与甲醇制乙烯也将成为海南天然气化工的一个重要的选择。

2. 天然气发电——海南天然气利用的重要方向

目前天然气联合循环发电技术日趋成熟。一个燃气轮机循环发电厂可把燃气轮机、热回收蒸汽锅炉和蒸汽轮机三者联合起来运转,具有电厂效率高、电厂耗水量小、建设投资小、机组启动快、占用土地少和环境代价低等多方面的优点。由于天然气发电的巨大经济和环境效益,西方部分发达国家 30%～50% 的发电量是由天然气发电产生的。据美国安然公司预测,到 2005 年世界天然气需求量增长的 50% 以上将用于发电。利用天然气发电在我国正竞相发展,其势头很猛。据了解,国家将在"十五"期间建设一批天然气发电项目,总的装机容量为 793 万千瓦,将在河南、江苏、上海、浙江重点布局。其中河南 60 万千瓦、江苏 240 万千瓦、上海 150 万千瓦、浙江 90 万千瓦,年用气量约占"西气东输"供气量的 40%。

海南省天然气得天独厚,与国际发展的趋势相一致,天然气发电也是海南近海天然气利用的主要方向。海南目前已有 10 万千瓦的南山天然气发电厂,利用崖 13—1 上岸的天然气发电。海南建省后海南省电源由过去单一的水电变为水、煤、油、天然气发电同时并举,装机容量由 1987 年的 20.4 万千瓦增加至 1999 年 165 万千瓦。但受海南岛经济发展规模的制约,岛内电力需求不旺,造成近 100 万千瓦装机容量的闲置。例如洋浦电厂 31.45 万千瓦与清澜电厂 25 万千瓦发电装置建成之后基本上没有很好使用。因此,如果要利用天然气发电,必须突破本岛市场,实现气电北送,进入华南电网,供广东使用。

在未来的 5～15 年间,海南大规模"气电北送"既是可能的,也是可行的。首先,在华南地区特别是广东有这样的电力需求。据综合资料分析,随着经济的进一步增长,"十五"期间广东电力短缺共约 800 万千瓦,2005～2010 年广东的小火电退役 354 万千瓦。因此,国家电力公司"十五"期间向广东送电 1000 万千瓦。尽管存在着与贵州、云南、广西壮族自治区等省"西电"之间的竞争,但如果争取向广东输电 200 万千瓦,就为海南天然气发电提供了十分可观的市场。其次,经过努力海南具有切实的供给能力,南山电厂是国内首家天然气电厂,"十五"期间,计划将洋浦、清澜电厂改为天然气蒸汽发电厂,装机容量提高 50%。这样,2005 年之前天然气发电的装机容量就近 100 万千瓦。如果根据华南电力需求再新建天然气发电厂,至 2010 年海南省总装机容量可达 380 万千瓦,确保向广东输电 100 亿度。再次,海南"气电北送"计划的实施,在资源、技术和经济上也是可行的。据预测,发电 100 万千瓦约需用气 15 亿立方米,东方和乐东气田的储量可以充分保证。技术上,通过琼州海峡 18 海里的输电缆也是比较容易解决的。

从经济上看,海南电力装机容量从现在的 165 万千瓦,至 2010 年可达 350 万千瓦左右,发电量 2000 年为 40.7 亿度,至 2010 年可达 180 亿度,若每度电的售价以 0.4 元计,仅发电生产总值就可达 72 亿元,约为 2010 年海南第二产业 GDP 的 15% 左右,上缴国家的利税将从 2000 年的 4 亿元增加至 2010 年的 18 亿元,电力工业将成为海南工业的重要支柱产业之一,并对海南省经济的快速增长做出重要贡献。

3. 石油储备、中转与加工

鉴于南海的区位优势和海南岛所处的重要地理位置,海南西部走廊拥有优良港口和海上通道的优越条件,使这里共享世界油气资源的前景也比较乐观。在距阿拉伯海湾国家较近的海南岛,进口石油,实行储备和中转,这是中国石油安全战略的需要。因此,在近期重点规划发展天然气化工和天然气发电的同时,必须周密考虑石油化工产业的发展,把海南岛西部建成我国大型的油气储备、中转与加工基地。

海南 500 万立方米的石油储备基地项目由两部分构成,一是与 800 万吨炼油项目相配的 250 万立方米的民间性石油储备中转库;二是为确保国家石油安全而在海南设立的 250 万立方米的战略石油储备库。实现海南油气化工的"合纵联横"的发展规划中,600 万～1000 万吨炼油项目是把必要和可能维系在一起的关键。

为实现以上设想,海南省于 1997 年委托中国国际工程咨询公司、成都化工工程公司、中化国际咨询公司和北京钢铁设计研究院组织专家编制了《海南省石油天然气加工利用规划》。这个规划中的石油天然气加工利用方案提出了近期和中远期规划建设项目和规模。

(三)加快海南岛天然气综合开发基地的建设步伐

1. 把海南建成我国南部天然气综合开发基地

曾经列入我国"九五"计划,后因多种原因未能实现。现在各方面条件已初步具备,特别是天然气的开发利用,外有市场,内有基础,海南油气资源又具有储量丰富的优势,地理位置上与华南地区和港澳地区距离较近的优势,以及海南作为经济特区所具有的经济环境上的优势,完全有条件、有可能成为我国南部天然气综合开发基地。因此,建议中央把建设海南岛天然气综合开发基地列入国家"十五"计划和 15 年发展规划,并采取实际步骤加以启动。

2. 根据天然气开发利用的国内外趋势,鉴于海南经济特区的地位作用和未来的发展目标,建议对海南岛近海天然气的开发与利用实行立足海南、服务华南的基本方针

海南岛开采的天然气,应以留琼利用为主,发展相关产业,拓展产业关联度,"带

动其他行业"，"把海南岛的经济迅速发展起来"，剩余部分可以通过管道输往大陆、珠江三角洲地区。近期已开采和可开采的崖 13—1，东方 1—1，乐东 22—1，乐东 15—1 四个天然气规划年产气共计 78.5 亿立方米，除已向香港送气 29 亿立方米外，余下约 50 亿立方米全部留在海南加工利用。

3. 建议国家支持 5 个重要项目的立项和建设

继东方 1—1 气田开采投产后，如果乐东 22—1、乐东 15—1 也相继投产，未来 10 年供海南加工利用的天然气约 50 亿立方米，可以供给已建和在建的两个化肥厂（用气约 10 亿立方米），150 万～200 万千瓦的天然气发电（用气约 30 亿立方米左右），年产 50 万吨的甲醇装置（用气约 6.8 亿立方米），未来 10 年上述这些项目建成投产将标志着海南天然气综合开发基地初具规模。

为此，国家有关方面应大力支持以下 5 个项目的立项和建设：(1)建设琼州海峡海底输电电缆工程，尽快实现海南电网与华南电网联网；(2)天然气发电工程，把"气电北送"纳入国家向广东送电 1000 万千瓦的计划；(3)年产 50 万吨天然气甲醇厂；(4)乐东 22—1、乐东 15—1 气田开采；(5)采取措施，转换业主，使立项经 8 年之久的 600 万吨炼油厂项目重新起动。这些项目的建设将有力地拉动海南未来 5～10 年经济的快速增长（见表 5）。

表 5　未来 5～10 年海南油气开发利用投资预计　　　　　　（单位：亿元）

序号	项目名称	建设规模	总投资
1	天然气发电	装机容量 200 万千瓦	140*
2	海洋天然气化肥厂	年产 45 万吨合成氨,尿素 80 万吨	30.0
3	海洋天然气甲醇厂	年产甲醇 50 万吨	12.0
4	炼油厂	年加工 600 万吨原油	134.0
5	跨海输电电缆工程		15.0
6	乐东气田开发	年产天然气 20 亿立方米	50**
7	东方 1—1 气田开发	年产天然气 24 亿立方米	52
8	天然气输气管道	东方—洋浦—海口 254 公里	5.4
9	石油储备、中转	500 万立方米	
合计(不含第 9 项)			446.4

* 中美合资建陕西靖边天然气发电厂 60 万千瓦，投资 7 亿美元，据此推算。

** 参考东方 1—1 气田开采投资估计。

三、洋浦经济开发区应成为南海油气产业集中发展的新兴地区

(一)洋浦未来的发展定位——以油气产业为主的新兴工业区

1. 重申肯定中央设立洋浦经济开发区的战略设想

1992 年 3 月中央批准设立洋浦经济开发区已将近 10 年,至今洋浦的发展不尽如人意。在新的发展时期,再次明确洋浦未来发展的定位是至关重要的问题。

国务院关于海南省吸引外商投资开发洋浦地区的批复(国函〔1992〕22 号)中明确提出:"洋浦经济开发区应建设成为以技术先进工业为主导,第三产业相应发展的外向型工业区。"1992 年朱镕基总理在听取海南省政府关于洋浦开发区工作汇报时指出:"搞好洋浦开发,是贯彻邓小平同志南方谈话的具体行动,要以洋浦开发带动海南特区改革开放事业的发展……海南工作的重点就是要搞好洋浦这块地方,洋浦是重中之重。"1996 年年初,江泽民总书记和李鹏总理再次强调,以工业项目带动洋浦发展,以洋浦开发带动海南经济。海南省政府在第一届人代大会上所作的工作报告中明确指出:"以洋浦为中心的西北经济区,主要利用天然气发展石油化工行业","根据海南省经济发展战略部署,我们将首先集中力量搞好洋浦开发区的建设。"

进入 21 世纪前夕,中央及海南省领导同志对洋浦经济开发区建设的重要设想,又得到进一步肯定,海南省委省政府重申:洋浦在海南改革开放和经济建设重中之重的地位不变;赋予洋浦的各项优惠政策不变;加快推进洋浦开发建设带动海南省经济建设和各项事业发展的决心不变。2000 年国家计委主任曾培炎同志受朱镕基总理委托考察洋浦时又指出:"洋浦应该发展有区位、资源、地理优势的项目,要以天然气为主,要围绕天然气往下游发展。"

因此,对洋浦经济开发区在新世纪的发展方向,必须从全局出发,明确重申:洋浦是以油气产业发展为主的海南新兴工业区;是享有保税区政策和功能的外向型工业开发区;是海南经济建设全局中重中之重的经济开发区。

2. 洋浦经济开发区已具备油气产业发展的基础条件

中央设立洋浦经济开发区,赋予开发区实行保税区的各项优惠政策。海南省人大制定了《海南省洋浦经济开发区条例》,以法律的形式确认开发区实行比保税区更加开放的政策,在资金、货物、人员入出等方面采取更加灵活的措施。这就为洋浦开发区在对外开放、开展国际合作等方面提供了重要的政策环境和法律保障。

洋浦经济开发区建立以来,已投入 50 多亿元进行前期基础设施建设。目前已建

成31.5万千瓦的电厂,高速公路已与环岛高速公路接通,港口、通讯、仓库、生活等基础设施已初具规模,为洋浦开发区的进一步发展奠定了良好的基础。

洋浦位于海南岛西部,有十分优良的港口条件,洋浦湾可提供建港的海岸线有6.6公里,可建成20个万吨级泊位,港口年吞吐量可达2800万吨,2万吨级船舶可不受潮汐影响自由进出,洋浦距阿拉伯湾富油区较近,海上交通方便,对共享世界石油资源,为国家进口石油储备中转,具有相对优势。

表6　1986～2000年洋浦开发区基础设施投资情况

时间	投资主体	总投资额	具体内容
"七五"期间 (1986～1990年)	国家	1.8亿 (人民币)	1. 洋浦港一期工程 2. 洋浦至那大疏港大道
"八五"期间 (1991～1995年)	洋浦土发 公司	约35亿 (人民币)	1. 平整区内土地15平方公里 2. 修建区内道路43公里 3. 区内初期电讯设施 4. 31.45万千瓦电厂 5. 两幢高档高层建筑
"九五"期间 (1996～2000年)	国家为主	约13亿 (人民币)	1. 海口至洋浦高速公路 2. 洋浦港二期工程 3. 洋浦供水工程

注:(1)投资主体中国家包括中央政府和省政府;(2)投资额以不计息的静态值计算。

(二)洋浦经济开发区发展油气产业项目选择构想

1. 项目选择构想的基本思路

1997年2月国家计委召开了主任办公会议专题听取了海南省关于洋浦工业发展规模的汇报,时任国家计委主任的陈锦华同志深情地强调,搞好洋浦开发区是继承邓小平同志的遗志。他提出要两手抓,一手抓已定的项目,一手抓规划。根据这次会议精神,1997年4月,洋浦土地开发有限公司与洋浦管理局联合委托中国国际工程咨询公司制定了《洋浦开发区工业发展规划》,这个规划由于种种原因未能实施,但其中基本思路至今仍有重要参考价值。

洋浦经济开发区的油气产业项目选择,应体现以下基本思路。

一是以市场为导向,以洋浦经济开发区在资源、区位、政策等方面的优势为基础,面向国内外两个市场,选择以天然气为原料的原材料产业具有进一步深加工的特点,有利于开发区加快基础产业的构置,增强发展后劲,为进一步扩展、延伸下游加工业创造条件。

二是鉴于海南岛虽具有沟通、联系东南亚一些具有活力的国家与地区的有利区位,但是远离中国大陆内地,因此,要扬长避短,选准市场目标,能够利用资源优势,尽快起步,应把华南、西南广大地区和东南亚地区作为首选市场目标。

三是在发展主导产业同时,要促进和带动轻工、电子加工业、新兴材料、生物技术等高科技产业的发展,并相应发展第三产业,逐步实现产业结构合理化和产业升级,形成良好循环的发展态势。

四是与东方市新兴工业区合理分工,统筹安排,各有特色,共同带动海南新兴工业的快速发展,使之成为海南新兴工业的两个主要基地。

2. 带动洋浦油气产业发展的主要项目

根据以上思路,和海南已有的布局和市场变化情况,可选择 3～5 个大型项目,以带动洋浦经济开发区未来 5～10 年的发展,以使洋浦在新的世纪真正进入新的发展时期,开辟洋浦经济发展的新局面。

(1)把天然气发电建设重点放在洋浦,在现有电厂基础上,建成 150 万千瓦的天然气发电基地。洋浦已具备建成天然气发电基地的综合条件。洋浦电厂是一座装机容量 31.5 万千瓦的现代化燃油发电厂,两台德国西门子生产的发电装置,设备先进,略加改造便可用天然气发电;东方至洋浦的输气管在建,东方 1—1 气田一期工程已定为洋浦电厂提供 7 亿立方米;洋浦电厂原设计发电能力为 130 万千瓦,一次征地,扩建投资主要用于设备,成本较低;洋浦电厂现占地 25 公顷,电厂西部有预留土地,可供进一步发展需要。洋浦电厂还配套建设了 48 公里 220 千伏双回路输电线路与海南省电网联网。因此通过扩建使洋浦电厂的发电能力达到 150 万千瓦左右是完全可能的。

洋浦具备吸引外部资金的政策优势和体制优势。洋浦经济开发区享有保税区各项优惠政策,洋浦电厂扩建所需的发电装置及其相关电力设备的进口,均可免关税和增值税;电厂建设所需的建筑和装修材料,生产自用的车辆、交通工具、办公设备等物资均可免关税和增值税。这样,可以大大降低扩建成本。洋浦经济开发区经过多年建设,特别是近一年来,区内基础设施和投资环境大为改善。在优惠政策的驱动下,加上洋浦电厂重组后新体制的优势,有利于吸引外资,引进先进技术与科学管理,用与国际上实力强大的电力企业合资合建的方式扩建电厂,使电厂成为一个具有先进技术水平和管理水平的现代化企业,从而会大大提高电厂的经济效益和竞争能力。

(2)从国家石油安全战略考虑,充分发挥洋浦的区位优势和港口优势,把洋浦作为我国南方石油储备基地,建设 500 万立方米的石油储备与中转项目,这个项目由两部分构成:一是与 600 万～800 万吨炼油厂项目相配套的 250 万立方米的商业性石油储备库;另一部分是国家确保石油安全而设立的 250 万立方米的石油储备库,将储备、加工、中转相结合,把洋浦建成面向海南省和大西南的石油中转站基地。

（3）600万吨炼油项目于1993年经国家计委批准立项在海南临高兴建,至今未能搞成。此项目是发展海南油气综合加工产业的"龙头"项目,应设法加以处置,尽快上马。建议国家计委收回本项目立项,更换业主,并把此项目放在洋浦,不给新业主背上包袱,以便尽快启动,并为与炼油紧密相关的芳烃、乙烯等加工项目提供发展基础,把600万吨炼油项目放在洋浦与500万立方米石油储备中转项目相配置,洋浦作为以油气产业发展为主导的海南新兴工业区将初现规模。

（4）60万吨甲醇放在洋浦,将有利于洋浦发展天然气化工,此项目发展的有利条件是,建滔化工集团初步决定在洋浦建设60万吨甲醇项目(该集团系统内自用甲醇量30多万吨),同时发展年产10万吨醋酸,总投资超过3亿美元,占地面积660亩,年用气8亿 m³,用电约0.5万千瓦,用水2.4万吨/天,建设期两年,资金已落实。建议中央有关部门、海南省政府和中海油公司、建滔化工集团进行协调,抓紧解决项目建设的相关问题,尽快把该项目落户洋浦。

表7　洋浦油气综合加工主要项目

	序号	项目名称	单位	规模	总投资	用天然气石油类原料（亿 m³/万吨）	备注
天然气类	1	天然气发电	万千瓦	150	40066	22	总投资按收购洋浦电厂价格推算
		近期改造	万千瓦	48/63	12821/16827	7/9	
		远期新建	万千瓦	102/87	27245/23239	15/13	
	2	甲醇及其延伸加工	万吨/年	60	26924	8	总投资按500万吨规模扩大推算
		小计			66950	30	
石油类	1	炼油	万吨/年	600/800	180000	600/800	
		芳烃及其后加工	万吨/年		100564		
	2	石油储备基地	万立方米	240/500			
	3	乙烯及其后加工	万吨/年	60/80	251702/335602	198/264	
		聚苯乙烯（PS）	万吨/年	24	13671		
		聚氯乙烯（PVC）	万吨/年	20/40	14695/29390		
		小计			560632/726177		

3. 洋浦其他工业产业发展的选择

在集中发展油气产业同时,洋浦应利用国家赋予的优惠政策和拥有的良港优势,以市场为导向,根据实际进区项目情况,发展以加工小麦50万吨的海发面粉厂和金岛精米加工厂为基础的粮油与食品加工业;以新大岛镶木地板厂为基础的木材加工及家俱制造业;以洋浦光纤光缆项目为基础的电子及信息设施材料制造业;以生物医药和保健产品为基础的生物制药业;以金海浆纸厂为基础的纸浆及造纸业;以浮法玻璃和仿花岗岩墙地砖为基础的新型建材业;利用国际贸易自由化优惠政策发展各种出口加工业;以扩大就业面,增加居民收入,发展有特色的劳动密集型行业。

(三)推动洋浦经济开发区建设的必要措施

1. 重新构建洋浦的开发主体,带动洋浦新发展

总结洋浦开发区发展的经验,其中一个重要问题是洋浦的开发主体必须具备两个基本条件:一是要有足够的资金确保前期的各项基本建设的投入,以形成良好的投资环境;二是要有项目建设能力,能以自身的大项目带动其他项目的进入,从而实现项目带动的发展策略。1998 年 12 月,由中国光大集团替代香港熊谷组成为洋浦的开发主体,洋浦的开发主体已由外方变成中方,两年半过去了,由于种种原因,光大集团未能起到开发主体的作用。建议中央对洋浦开发主体做适当调整。从南海油气资源开发利用的大局出发,鉴于洋浦经济开发区将发展成为南海油气产业集中发展的新兴地区,可考虑由中国海洋石油总公司作为洋浦的开发主体。

2. 重新修订洋浦发展规划,以新的项目布局带动洋浦新发展

海南油气工业发展,过去曾有过不同的规划设想,其中有的规划设想没有给予洋浦开发区"重中之重"的地位。进入新世纪,面对新发展,必须坚决落实中央和海南省对洋浦开发区定位的一系列指示,把洋浦油气产业发展列入海南省规划的重要组成部分,把一些重要的油气加工规划项目放在洋浦,真正体现洋浦在海南工业发展中"重中之重"的地位。

由于中国海洋石油总公司集油气勘探、生产和综合利用一体化经营,中国海洋石油总公司成为洋浦的开发主体后,按洋浦开发区的定位,并参考新加坡的经验,修订洋浦发展规划。考虑到 600 万吨炼油厂放在洋浦,同时建立一座 500 万立方米石油储备中转能力的装置,因此,需要将原来预留的 70 平方公里土地,划归洋浦经济开发区,才能满足项目建设的条件要求,洋浦开发区应按 100 平方公里的范围做发展规划设计。

3. 实行进出口和进出区"两头放开"的海关监管体制,对洋浦开发区启动封关运作,为外来投资和加强管理创造条件

在实施有效的隔离监管后,全面实行中央赋予的保税区政策;对非开发区货物进入洋浦不视为出口;对非开发区原材料进入洋浦加工增值 20% 的产品视为洋浦产品;参照国际出口加工区的通用做法,对洋浦的工业产品内销国内适当放宽;境外人员进入洋浦,凭合法证件,免于签证,来去自由;国内人员进入洋浦,应办理入区手续。

4. 加强领导,不失时机地推进洋浦经济开发区的发展

中央建立洋浦经济开发区是我国实行对外开放的重大举措,曾在国内外引起极大的注目,把洋浦建设好是实现邓小平同志的遗愿,是中央对海南工作的期望,洋浦现状必须改变。目前,人们对洋浦未来的发展,意见不一,缺乏信心,海南省委省政府关于洋浦"三个不变",并没有在实际工作中落实。建议中央对洋浦未来发展的若干重要问题做出新的决策;建议海南省委省政府切实加强对洋浦开发区的领导,汇集各方面力量关心洋浦,帮助洋浦,成立一个由权威人士组成的洋浦经济开发区发展咨询委员会(小组),就洋浦发展的重大问题,为中央和省提出决策参考意见。

四、按照行政管理权与开发经营权分开的原则,加快南海油气资源的开发利用

(一)中央明确授权以海南省为主行使南海油气资源开发利用的行政管理权

随着我国加入 WTO 和基础领域改革的不断深化,随着在海洋油气行业推进国际合作实施共同开发方式的不断发展,在对外合作中,如果国有公司继续扮演既是国外投资者的合作伙伴,也是竞争对手,同时又是政策制定的参与者的角色,这对进一步开展对外合作和实行油气开发利用主体企业化将带来诸多不便。经验证明,油气行业的行政管理应当与油气行业的经营管理分开。鉴于全国人大已明确规定海南省对南海海域享有管辖权,建议中央政府明确授权以海南省政府为主行使南海油气资源勘探、开发与利用的行政管理职能。这样做:一是有利于调动多方面积极性和多种力量加快推进南海资源的开发与利用;二是有利于在统一的政策和法律框架下实施有效的监管;三是有利于在复杂的区位较为主动地处理对外合作中的矛盾和问题;四是有利于维护国家主权。为此,建议中央赋予海南省下列自主权:

1. 我国对天然气行业实行的是生产、管输环节由中央政府制定政策并实施管理,而配气环节纳入地方公用服务事业,由地方政府制定政策并实施管理的体制。建议中央对海南省天然气行业试行从生产、管输、配气三大环节统一管理的体制,赋予海南省行使统一管理的自主权,使天然气行业上(生产)、中(管输)、下(配售)游三个密不可分环节的发展及监管在统一政策和法律框架的指导下,实现有效监管。

2. 海南省充分运用中央赋予的行政管理权,自主地向国内外投资者实行产业开放,探索对外合作的各种方式。

3. 海南省可以通过民间方式,默许企业在南海一些有争议的海域,开展油气开采招标活动,强化企业行为,实质性地推进南海油气开发的国际合作。

（二）中国海洋石油总公司是南海油气开发与利用的重要力量,应充分发挥其作用

中国海洋石油总公司,在南海油气资源的勘探开发中已经发挥了重要的作用。海南要发展以天然气综合开发利用为重点的海洋产业,使之成为海洋强省和经济强省,加大引进中国海洋石油总公司的资金与技术,并通过它引进国外资金与技术,是海南实行油气产业开放战略的重要步骤。中国海洋石油总公司全面介入和加大投入海南油气行业的上游、中游、下游的开发与利用,促进油气行业的整体发展。建议转换海南 600 万吨炼油厂项目的业主,把这个长期未能上马的项目加以收回,再交给中国海洋石油总公司负责,使之迅速启动。

（三）对油气行业的企业,构建股份化公司体制,以适应对外开放和国际合作的要求

随着油气资源开发利用的大发展,应为非国有经济和国外投资者进入油气行业提供条件。在勘探生产环节、管输环节、售气环节中新发展的重大项目,应采取合资、合作等方式,组织新的股份制企业,打破垄断经营,实现投资多元化和股权多元化;打破政企合一,实行政企分开。企业建立规范化的公司法人治理结构,政府依法行使监管职能。

五、加快海南油气综合开发利用的几点建议

（一）建议成立南海油气资源开发协调小组

开发南海油气资源,是国家的重要战略举措。由于南海所处的重要地位和特殊区位,开发南海油气资源会涉及经济、政治、军事、外交等多方面问题,中央有关南海开发的重大决策与政策的贯彻执行,各种矛盾问题的处理,各方面力量的配合与发挥,均需要进行协调,以便积极而又稳妥地推进南海油气资源的开发进程。为此,建议中央成立南海油气资源开发协调小组,并可考虑把协调小组办公室设在海南省,由海南省政府负责同志兼任办公室主任。这样做,一是有利于加强中央对南海油气资源开发工作的领导;二是有利于海南省有效地履行中央赋予的南海油气资源开发利用的行政管理权。

（二）尽快讨论、修订和通过《海南省石油天然气加工利用规划》

海南省政府于 1997 年 9 月曾委托中国国际咨询公司,研究编制《海南省石油天

然气加工利用规划》,这个规划就海南石油天然气加工利用规划的背景、依据、目标、思路、油气加工利用方案、备选项目及其经济社会效益与环境影响以及实施过程中需要采取的政策逐一进行了论述。建议中央有关部门组织专家,对这个规划进行讨论并加以修改,在此基础上,通过《海南省石油天然气加工利用规划》。

(三)制定鼓励和促进天然气开发利用的政策

1. 减免油气勘探开发领域的税收,对相关的进口设备免关税。

2. 对油气的开采、输气管道工程、天然气化工、天然气发电、跨海输电电缆工程等全面对外开放。

3. 海南岛内的天然气管网建设和输配系统工程,打破国有独资模式,对非国有资本和外国投资者开放,可组建独立的、股权多元化的公司,作为建设和运营主体。

4. 对油气开发利用的重大项目,政府提供贴息贷款,有的列入国家重点建设工程给予资金上的支持。

5. 鼓励发展天然气发电,把环境成本计入天然气电厂的竞价上网电价。

(四)发挥特区优势,实施共同开发,推进产业开放和国际合作

吸引外资,引进国外实力雄厚、技术管理水平先进的大企业大公司,实施共同开发,是推进南海油气资源勘探、开发与利用的主要方式。应充分发挥海南经济特区改革开放试验区的作用,充分运用中央给予海南经济特区和洋浦经济开发区的政策优势,率先按照 WTO 的规则,实行相关的贸易投资自由化政策,全面推进共同开发。

对海上勘探与开采实行境内关外政策;积极引进以欧美为重点的跨国公司共同开展海上油气勘探与开采;积极寻求与新加坡合作,引进新加坡的资金、技术和管理经验,共同建设洋浦油气储备、中转与综合加工基地,合资建设 600 万~1000 万吨炼油厂;积极开展与我国台湾等方面的合作,共同开发利用南海油气资源和渔业资源,发展海洋产业。

(五)合理布局,采取有效措施,保护生态环境

1. 对油气开发利用项目,实施更为严格的环境保护强制标准,并加强监督,建设设备先进、自动化水平较高的监测机构。

2. 对防止污染和生态破坏的措施必须与主体工程同时设计、同时施工、同时投产。

3. 引进主体生产装置同时,引进国外先进的"三废"治理设施。

4. 合理布局。天然气综合开发基地布设在海南岛内部,主要项目集中布设在东

方市和洋浦开发区,污染危害较大的设施或装置布设在常年主导风向的下风侧,并远离居住区。

5. 要把环境污染和生态破坏解决在生产建设过程中,使生产建设和环境保护同步发展,做到经济效益、社会效益、环境效益的统一。

结 束 语

未来 10~20 年,是海南经济特区迈向经济强省和海洋强省的关键时期;是我国进行能源结构调整,实施能源安全战略的重要时期;是我国挺进南海,建设海洋强国的重要时期。放眼未来,着眼现在,南海油气资源勘探、开发与利用应进入大发展阶段。2000 年 3 月全国人代会期间,江泽民总书记亲临海南代表团,对南海资源开发利用和海南今后的发展,给予了极大的关注,并做了重要指示。只要我们紧紧抓住 21 世纪初期改革开放和经济发展的新机遇,认真落实中央的战略思想和战略决策,南海油气资源的开发利用必将为实现我国社会主义现代化建设的宏伟目标做出贡献。

中国(海南)改革发展研究院《海南岛天然气基地建设暨南海资源开发战略研究》课题组

课题组负责人:迟福林

本报告执笔:迟福林 李昌邦 陈文

南海蕴藏着极其丰富的海洋资源,在已发现的各类资源中尤以石油天然气资源最为突出,引起了国际社会和南海周边国家的普遍关注。加快南海油气资源的开发,把海南建成我国南海油气开发基地,不仅是海南特区依靠本省资源和区位优势,再创特区经济新的增长点的需要,更是国家维护南海海洋权益之必需。

海南省海洋油气资源的认识与评价

（2001 年 8 月）

一、我国南海的管辖范围与自然环境特征

（一）我国对南海管辖范围的主张

南中国海（简称"南海",下同）位于北纬 3°10′～北纬 23°37′,赤道南贯,域跨南北两个半球。经度位置则是东经 99°10′～122°10′。西为中南半岛及其另支延伸的马来半岛所包围,南及苏门答腊、加里曼丹诸岛,菲律宾群岛环列其东,我国南部大陆和台湾岛滨临其北;是欧亚大陆东南部的一个重要边缘海,面积为 356 万平方千米;也是我国四大边缘海区中面积最大、平均深度最深、海洋资源最丰富、与周边国家海洋关系最复杂的海区。按照《联合国海洋法公约》和中国政府的一贯主张,我国管辖南海包括九条断续历史传统海疆线与中国大陆和台湾岛之间所包括的海域,面积达 200 多万平方千米,约占全国管辖海域总面积的 2/3。根据 1988 年 4 月 13 日七届全国人大一次会议通过的《关于设立海南省的决议》授权,该海区的绝大部分由海南省

政府负责管辖。海南省政府也是到目前为止唯一得到全国人大授权管辖海域的地方政府。

(二)南海海区自然环境的基本特征

1. 终年气温较高,温差较小

南海地处较低纬度、终年高温。1月平均气温为15℃～26℃,7月平均为28℃左右。气温年较差较小,北部海面为12℃左右,南部海面仅2℃左右。南海北部总辐射最低值(冬季)也在6千卡/cm²,中部和南部四季几乎都是高值区。降水充沛,年降水量一般为1000～2000毫米,区域差异较大。北部有干季和雨季之分,11月至翌年3月为干季,蒸发量超过降水量约600毫米;5～10月为雨季,降水量超过蒸发量约800毫米。海区南端无真正的干季,一年各月的降水量均超过蒸发量;10月至翌年1月为明显的雨季,此月至翌年4月间,以3月为最盛。它对上述海区海上能见度有显著影响。

2. 季风交替,台风频繁

南海为典型的季风气候区,冬季盛行东北季风,夏季盛行西南季风,春秋两季风向多变。每年9月,东北季风抵达台湾海峡,12月至翌年4月控制全区,整个南海为西伯利亚反气旋和北太平洋信风所左右,4月,西南季风出现于马六甲海峡,6月遍及全海区,7～8月为极盛期。

台风是南海的主要天气系统,一般出现在5～11月,以7～9月为盛期,影响南海的台风,约有49.5%来自菲律宾以东洋面,约有50.5%系在南海生成。每年活动在南海海面上空的台风平均10个左右。南海台风主要在北纬15°左右的南海中北部海面生成。1～4月很少,6～9月增多。10～12月台风生成区南移到北纬15°以南的南海中部。南海生成的台风大多数是向北到向西方向移动。南海是台风暴潮的多发区。

3. 季风漂流发达,波浪以风浪为主

由于季风盛行,海区大部分位于热带,这对南海水文特征影响极大。

南海季风漂流发达,海流随季风的更替而变更,西南季风期盛行东北向漂流,东北季风期,盛行西南向漂流。东北向漂流源自爪哇海和南海南部,流至台湾岛以南主流汇入黑潮;西南向漂流部分来自巴士海峡处的黑潮水,部分来自苏禄海的西北向海流,它在南海中部变为西流汇入西南向漂流。漂流经过南沙与越南之间得到强化,流速提高,东北向漂流在该处流速超过50cm/sec(1节),流量约为3×106立方米/秒,成为夏季南海的强流区,西南向漂流则可达100cm/sec(2节)以上。

南海的波浪以风浪为主,风浪受季风控制,冬季为东北浪,夏季为南或西南浪,其中冬季的浪作用时间长,浪高也较夏季为大。

4. 表层水温终年较高,分布均匀

南海表层水温终年很高,但分布较均匀,其年均温度在北部(粤东近海)约为22.6℃,南部(邦加岛近岸)约为28.6℃。表面水温的季节变化不大,仅粤东海域在冬季(东北季风期)因台湾海峡沿岸冷水南下,最低月均水温可降至15℃左右,但其余绝大部海域此时仍可高达24℃~26.5℃。南部大陆架,东北季风期表层水温为27.4℃~29.1℃(平均28.1℃),西南季风期27.9℃~30.0℃(平均29.0℃),季风交替期为27.9℃~31.6℃(平均29℃)。

5. 近岸和外海盐度差异明显

近岸区多为低盐的沿岸水控制,季节变化较大,盐度变幅为2~3。外海深水区的盐度分布为季风环流所左右,盐度高,年变幅小于1。冬季,太平洋高盐水舌经巴士海峡入侵至海区西南部;夏季西南季风时,南部低盐水舌沿季风漂流向北扩展,北部高盐水则被压向北方。

6. 湿度虽高,海雾较少

南海海区蒸发旺盛,相对湿度较高(82%~84%),也就是空气中所含的浮游的微小水滴量大。但是,由于没有一定的水平温度梯度,因而不能成雾。东沙群岛在东北季风期,伴随季风而来的冷气团的前锋区,温度梯度最大,所以东沙雾日(平均年雾日为3.5天)略多于西、南二沙(平均年雾日为0.5~0.6天)海区。雾少,则能见度大。在南沙海区年平均能见度达6.1海里。海上能见度大,对海上油气开采业的安全生产具有重要意义。

二、南海油气资源的赋存条件与分布规律

(一)南海油气资源的赋存条件

1. 海上生油气岩广布

南海陆缘诸盆地(除卡加延和中央河谷盆地外)均发育有良好的生油气岩,其中多数盆地具有陆相和海相两套不同类型的生油气岩。

北部陆缘的珠江口盆地和北部湾盆地的始新世文昌组和流沙港组湖相泥岩,是上述两盆地最重要的生油气岩,按有机质丰度和干酪根类型可列为南海北部最佳的生油气岩。类似的生油气岩在琼东南盆地亦可能发育。晚始新世(或早渐新世)的思平组和崖城组合煤泥岩是珠江口、琼东南及莺歌海等盆地的重要生油气岩。上渐新统和下中新统是珠江口和琼东南盆地的次要生油气岩,而在莺歌海盆地则可能成为重要的生油气岩。早中新世的海相泥岩是台西南盆地最重要生油气岩。莺歌海盆

地和琼东南盆地的部分地区,中中新世梅山组泥岩的埋深可超过3500m,因而具备一定的生油气潜力。

渐新世的湖相深灰色泥岩,是位于南海西南缘的马来盆地和西纳土纳盆地的可能生油气岩;早中新世和中中新世的含煤泥岩是北大年盆地主要生油气岩,该含煤泥岩在马来盆地和西纳土纳盆地亦具有油气生成潜力。

沙巴—文莱盆地和曾母盆地所发育的渐新世——早中新世海陆过渡相—半深海相页岩(称塞塔普组)是本区重要的生油气岩,而早中新世至中中新世早期发育的含煤海相泥岩可作为次要的生油气岩。晚渐新世——早中新世的海相泥岩是北巴拉望盆地重要生油气岩。

因此,南海陆缘诸沉积盆地的生油气岩发育特征与盆地的沉积历史和热体制条件密切相关。沉积发育较早的新生代盆地,其主要生油气岩为始新统;在一些沉积发育较晚、具有较高的地温梯度和发育有较厚上新统或第四系的沉积盆地,其生油气层位主要为渐新统——下中新统,并可上延至中中新统。北部湾盆地和珠三坳陷虽然沉积发育较早,但因其上第三系和第四系厚度较小,故仅始新世泥岩才可望进入生油门限深度而具备生成油气的潜力。

由于南海陆缘诸盆地以发育陆相生油气岩为主,少数盆地虽然具重要的海相生油气岩,但因邻近陆地,在其有机质组成中,陆生生物占有很大比重,因此,南海各盆地的原油,一般说来,具有高含蜡量和高凝固点的陆源油特征。

2. 储层类型复杂多样

由于南海陆缘诸沉积盆地自新生代以来经历了复杂的沉积历史,加之南海又地处热带气候区,因此发育有各种类型的储层。经地震和钻探资料证实的主要储层类型有:

(1)扇三角洲和滨湖三角洲砂岩储层。它们分别见于北部湾盆地的阔西南坳陷和乌石坳陷的流沙港组。

(2)浊积岩类型储层。湖泊浊积砂岩主要见于北部湾盆地涠西南坳陷的流沙港组;海洋浊积岩主要发育于莺歌海盆地东南部和珠江口盆地珠二坳陷的上中新统底部。另在北巴拉望盆地还发育有中新世早、中期的浊积岩。

(3)各种成因类型的海洋三角洲前缘砂岩储层。早中新世的潮汐和潮坪三角洲主要发育于珠江口盆地的珠一坳陷南部。中中新世时,在珠江口盆地北部中段广泛发育了由河流和潮汐作用为主而形成的三角洲前缘砂体。琼东南盆地的崖13—1气田的储气层为渐新世形成的三角洲砂岩。南海南部的曾母盆地和沙巴—文莱盆地自中新世以来,由于加里曼丹岛的不断抬升,海水由南往北退却,形成了以河流作用为主的建设性三角洲砂体,其间所发育的中中新世米里组和晚中新世的诗里亚组是本区最主要的储层。

（4）生物滩灰岩和各类珊瑚礁灰岩储层。处于热带气候区的南海是发育各种类型珊瑚礁的良好场所。地震和钻探业已证实,在南海北部的外陆架（包括神狐暗沙和东沙隆起及其倾没部位）发育有晚渐新世以来所形成的生物滩灰岩和珊瑚礁灰岩,其上分别被早中新世晚期或以后的各期海侵泥岩所覆盖。在莺歌海盆地的Ⅰ号断层附近,也零星发育中新世的珊瑚礁。在南海南部的北巴拉望盆地和曾母盆地的南北康暗沙区,广泛发育渐新世晚期至中新世早、中期的珊瑚礁。上述珊瑚礁和生物滩灰岩的发育地区,有的已成为油气田或钻遇工业油气流,有的正在列入勘探目标。

（5）各类基岩储层。在北部湾盆地的涠西南海区已于早石炭世灰岩中钻遇工业油流,在珠江口盆地珠一坳陷的燕山晚期花岗岩风化壳内也见到油气显示。

3. 盖层和保存条件良好

就油气藏的保存而言,局部性的盖层、区域性盖层和古水文地质条件均是至关重要的。

南海陆缘诸盆地已证实的局部性盖层分别为:琼东南盆地崖13—1大型气田为渐新世晚期的陵水组泥岩;北部湾盆地已发现的一批油田为始新统流沙港组泥岩和中中新世角尾组泥岩,其次为涠洲组泥岩;在珠江口盆地已钻遇具有工业价值油气层,其盖层为下中新统上部的海侵泥岩和渐新世珠海组陆相泥岩;在南海南部和西南部的各盆地已发现众多的油气田中,其油气藏的盖层为中新统本身的泥质岩;在北巴拉望盆地的尼多等油田,其盖层为早中新世和中中新世泥质岩。

另外,南海各沉积盆地自晚中新世以来进入坳陷（即区域性沉降）的发展阶段。钙质超微化石和有孔虫资料表明,南海在晚第三纪时存在三次较大的海侵,其中以上新世的海侵规模最大。因此,这一时期在全区普通发育厚度可观的海侵泥质岩,可作为区域盖层而有利于油气的保存。

南海陆缘诸沉积盆地自晚渐新世以来构造变动相对较小,中中新世末盆地偶有抬升,但遭受剥蚀的时间相对较短。因此排除了原先赋存于渐新世、早中新世和中中新世储层中的油气藏,由于相应地层暴露时间较长,受到地表水的冲洗和氧化而被破坏的这一可能性。南海陆缘诸沉积盆地,自晚中新世以来,基本停止了断裂活动,故很少存在直通海底的断裂,从而使原先形成的油气藏也不可能因挽近的断裂活动而使其发生再次运移和逸散。

由上可知,南海陆缘诸盆地存在有利于油气保存的局部盖层、区域盖层和古水文地质条件。

（二）南海油气资源的分布规律

大陆边缘海是世界上油气资源形成和聚集的主要场所,世界海洋中89%的石油和 69% 的天然气储量集中在这里。南海作为亚太地区最重要的边缘海区,在它的形成过程中,几经沧桑和构造断裂,奠定了生成储藏大型油气田的良好地质条件。面积达 356 万平方千米的辽阔南海,相当于墨西哥湾的 1.7 倍、北海的 6 倍,拥有各种类型沉积盆地 37 个,具有多种适宜于油气生、聚的地质环境。而南海沉积盆地主要围绕大陆边缘分布,特别是南海的北部和南部的大陆架十分宽广,盆地面积较大,来自华南大陆、印支半岛和加里曼丹岛的大量陆源碎屑为其附近的盆地提供了丰富的物源,沉积了巨厚的第三系陆相和海相地层,这些来自大陆的丰富有机质为南海油气的形成提供了可能。南海海盆在第三纪时曾发生多次扩张,并有地幔物质的上拱和火山岩的广泛发育,造成了良好的地热场环境。第三纪晚期南海普遍下降,沉积了广泛的海侵泥岩,这既提供了良好的盖层条件,又促使较浅层位的生油(气)岩或处于低地热场环境中的生油气岩进入成熟阶段。

南海油气资源,多出现于新生代沉积盆地,主要分布于南、北两边的宽阔陆架上,重要盆地有 16 个。即北部湾盆地、莺歌海盆地、琼东南盆地、珠江口盆地、台西南盆地、泰国(北大年)盆地、马来盆地、彭尤盆地、西纳土纳盆地、昆仑盆地、湄公盆地、万安西盆地、曾母盆地、沙巴—文莱盆地、巴拉望盆地和礼乐盆地。

综合有关资料的统计,整个南海海域 37 个沉积盆地中,分布在大陆和大陆坡地区的有二十余个,在大陆架,包括泰国湾在内,已知的含油气盆地十多个,这些盆地,一般充填有厚达几千米至一万多米的新生界,无论是南海北部或南部的含油气盆地,都有多套的油气生、储、盖组合,在南海北部,已知的油气生、储、盖组合有三套,由下而上为:

(1)始新统泥岩生油,砂岩储油,泥岩为盖层,如北部湾盆地;

(2)始新统、渐新统泥岩生油,渐新统砂岩储油,渐新统或下中新统泥岩为盖层,如珠江口盆地和琼东南盆地;

(3)渐新统或下中新统泥岩生油,下中新统和中中新统砂岩及礁灰岩储油,上中新统和上新统泥岩为盖层,如珠江口盆地、琼东南盆地、莺歌海盆地及台湾浅滩南盆地等。

在南海南部含油气盆地的生、储、盖组合可划分为四套,由下而上是:

(1)始新统中部和下部页岩生油,上部沙岩储油、泥岩为盖层,如礼乐滩盆地;

(2)上渐新统和下中新统页岩生油,其中央砂岩层储油,泥岩为盖层,如西纳土纳盆地相沙捞越盆地的巴林地区;

(3)下中新统页岩和中中新统礁灰岩生油,中、上中新统礁灰岩储油,上中新统或上新统泥岩为盖层,如沙捞越盆地的北康浅滩和东纳土纳东部等地区;

(4)中中新统和上新统泥岩生油,三角洲砂岩和浊积砂岩储油,泥岩为盖层,如巴兰河三角洲相沙巴盆地等。

三、当前我国对海南省管辖海区
油气资源的勘探与开发状况

（一）南海油气资源潜量与勘探状况

丰富的南海油气资源主要蕴藏于南海大陆架海区，这已被近年油气勘探和开发的实践所证实。南海的油气资源不仅分布广，而且储量大。世界许多地质学家都认为：南海是一个"大有希望的具有石油潜在能力"的海区，它与东海等组成的亚洲大陆架是与波斯湾、墨西哥湾、北海等海区齐名的世界四大海底储油区之一。到目前为止，南海大陆架，包括暹罗湾在内，已知的主要含油盆地就有十余个，面积约 85.24 万平方千米，占南海陆架总面积 180 万平方千米的 48.8%。其中在南海北部有珠江口盆地、北部湾盆地、莺歌海盆地、琼东南盆地和台湾浅滩南盆地；在南海南部，有暹罗湾（泰国湾）盆地、马来盆地、湄公盆地、西贡盆地、西纳土纳盆地、彭尤盆地、东纳土纳盆地、沙捞越盆地、沙巴盆地、西巴拉望陆架盆地和礼乐滩盆地（见图 1）。此外，在南海大陆坡地区，也有一些沉积层相当厚的盆地，如西沙北部海槽盆地、西沙西盆地、东沙东南盆地、中建岛西南盆地、西吕宋海槽盆地等。推测这些盆地也有形成油气储藏的条件，但受水深条件限制，目前在钻井和采油技术方面还有困难，故尚不具备经济开发价值，是南海油气勘探开发的后备资源。

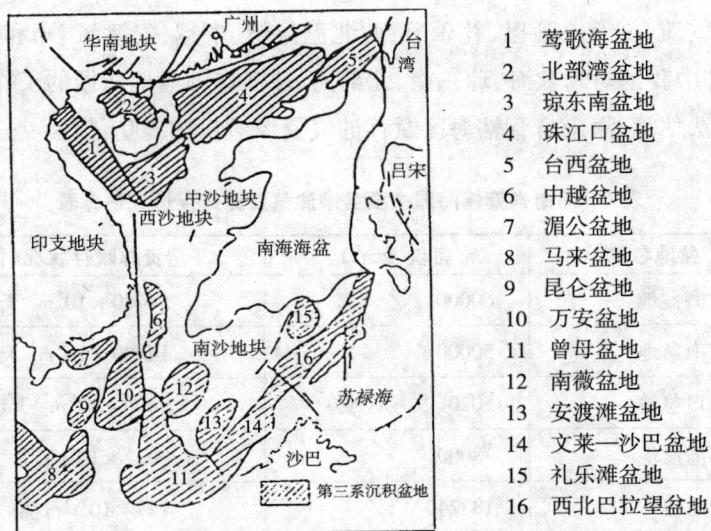

1	莺歌海盆地
2	北部湾盆地
3	琼东南盆地
4	珠江口盆地
5	台西盆地
6	中越盆地
7	湄公盆地
8	马来盆地
9	昆仑盆地
10	万安盆地
11	曾母盆地
12	南薇盆地
13	安渡滩盆地
14	文莱—沙巴盆地
15	礼乐滩盆地
16	西北巴拉望盆地

图 1 南海及邻域主要沉积盆地分布图

资料来源：张本、潘建纲："南海油气开发基地"，《海南经济特区定位研究》，海南出版社 2000 年版。

南海油气资源储量究竟有多少,受南海复杂的国际海洋关系和海洋油气勘探技术所限,目前尚无统一定论,南海周边各采油国也说法不一。据我国著名海洋地质学家金庆焕院士在 1989 年发表的采用生油层体积法估算,南海主要盆地的油气资源潜量为 707.8 亿吨,其中天然气资源潜量为 582260 亿立方米,石油资源潜量为 291.9 亿吨;探明可采天然气总储量约为 40000 亿立方米,石油为 20 亿吨。1995 年年底,我国已探明累计获得我国南海海洋石油地质储量 34580 万吨,可采储量 8878 万吨,剩余可采储量 7454 万吨;累计获得我国南海海洋天然气地质储量 3000 多亿立方米,可采储量 606.74 亿立方米,剩余可采储量也为 606.74 亿立方米。由于我国在南海海洋油气的勘探、开发工作起步较晚,累计获得石油、天然气探明可采储量分别仅占南海总探明可采储量的 25.67% 和 20.20%。根据南海生、聚油气的地质环境,整个南海至少可找到 250 个油气田,其中有 16 个可能成为大型油气田。从已探明的油气资源情况看,在南海西南部和南部的 7 个盆地中,现已发现油气田 135 个,其中油田 72 个,气田 63 个,有 4 个盆地已探明天然气可采储量为 19989.8 亿立方米,石油可采储量为 10.06 亿吨。在南海北部 4 个沉积盆地中,经对其中 96 个圈闭进行勘探,也已证实有 28 个油气田或含油气构造,其中崖 13—1 和流花 11—1 已证实为大型气田及大型油田。

(二)海南管辖海区的主要含油气盆地及其勘探与开发进展

在海南省所辖海域,已发现储存油气的主要盆地有莺歌海、琼东南、北部湾、珠江口、曾母、万安滩、文莱—沙巴、礼乐滩、西北巴拉望、中越、安渡滩、郑和等 12 个盆地(见表 1),其中我国对莺歌海、琼东南、北部湾、珠江口等盆地所做的工作较详细。按生油层体积法估算,海南省管辖海区赋存油气资源潜量约 200 亿吨。

表 1　海南省管辖海域主要盆地油气资源赋存情况估算表

序号	盆地名称	面积(km^2)	资源赋存状况(估算)
1	莺歌海盆地	60000	$54000 \times 10^8 m^3$ 天然气
2	琼东南盆地	50000	$14000 \times 10^8 m^3$ 天然气
3	珠江口盆地	5020(文昌区域)	$9400 \times 10^8 m^3$ 天然气
4	北部湾盆地	38000	$6022 \times 10^4 t$ 石油
5	曾母盆地	183240	$177 \times 10^8 t$ 石油
6	万安滩盆地	67000	$28 \times 10^8 t$ 石油
7	文莱—沙巴盆地	80000	$80 \times 10^8 t$ 石油

序号	盆地名称	面积（km²）	资源赋存状况（估算）
8	礼乐滩盆地	26700	14×10^8 t 石油
9	西北巴拉望盆地	30000	17×10^8 t 石油
10	中越盆地	20000	10×10^8 t 石油
11	安渡滩盆地	24000	12×10^8 t 石油
12	郑和盆地	13000	6.5×10^8 t 石油

资料来源：张本、潘建纲："南海油气开发基地"，《海南经济特区定位研究》，海南出版社 2000 年版。

1. 莺歌海盆地

莺歌海盆地位于南海西北部大陆架上，海南岛西南受北西—南东向断裂构造控制而发育成的沉积盆地，由东部的琼东南盆地和西部的（狭义）莺歌海盆地组成，为中新代坳陷带，沉积层厚达 1 万米以上。

（狭义）莺歌海盆地面积约 60000 平方千米，沉积层厚度 17 千米，水深多小于 100 米，构造圈闭 77 个，预测资源量（经济油气当量）54000 亿立方米。现已发现和钻探东方 1—1、乐东 15—1、乐东 22—1—1、岭头 1—1—1 等气田和气井。

东方 1—1 气田位于南海北部莺歌海盆地，距海南省东方市西部 113 千米，水深 75 米。探明天然气储量 996.8 亿立方米。该气田于 1997 年完成总体开发方案，工程设施为建 4 座井口平台和 1 座中心处理平台，陆上建终端站和分气站，气田内部有 3 条集气管道，向外输送有一条长距离外输气管道。计划于 2003 年建成投产，预计年产气 27.9 亿立方米，稳产 16 年。

为配合东方 1—1 气田天然气销售及海南大化肥项目建设，中海石油化学有限公司与海南省燃料化学总公司将合资组建中海石油管道输气公司。根据双方确定的合作方式，该公司将是一家中外合资有限责任公司，负责建设和运行从东方天然气上岸终端站到洋浦及海口的总长约 250 千米的天然气管线项目，该项目一期工程建成后将向洋浦电厂供气 7 亿立方米，向海口市民用供气 1 亿立方米。该公司由中国海洋石油总公司控股，其持股比例占总股本的 51%，海南燃化总公司占总股本的 30%，外商占总股本的 19%。2000 年 6 月 12 日，该公司筹建处已正式成立并开始运作，着手进行委托设计单位开展项目的可行性研究及立项审批等前期工作。管道运输工程建设与东方 1—1 气田开发及海南化肥厂建设同步进行，计划于 2003 年 8 月 31 日建成投产并供气。

正在勘查的乐东 22—1—1 井日产气 122 万立方米；岭头 1—1—1 井日产气 23

万立方米。

2. 琼东南盆地

琼东南盆地是一个裂谷三角洲盆地,面积约 50000 平方千米,沉积层厚度 12 千米,属一级构造单元,构造圈闭 56 个,油气远景很好,如崖 13—1 气田,以及正在勘查的崖 35—1 气田(现已控制储量 700 亿立方米)。大体可分为四个部分:北部断陷带、崖城—松涛凸起、南部断陷带和南部隆起带。预测资源量(经济油气当量)为 14000 亿立方米。

崖 13—1 气田位于琼东南盆地南部,1996 年 1 月正式投产,于 1 月 1 日和 3 月 1 日分别向香港和海南输送天然气。该气田 1983 年由中国海油和美国阿科公司合作发现,地质储量 1077 亿立方米,经济可采储量 850 亿立方米,是目前国内发现的最大的天然气田。年产天然气 34 亿立方米,凝析油 27 万吨,其中 29 亿立方米送往香港作为发电燃料,5 亿立方米供海南省综合利用。截至 1999 年年底,累计产气 132.1 亿立方米。

文昌油田群位于海南省文昌市以东 136 千米处,平均水深 117 米。主要包括文昌 13—1、文昌 13—2 两个油田,合计探明石油地质储量 4140 万吨。计划 2002 年投产,年生产能力 200 万吨,稳产期可达 10 年以上。主要生产设施包括两座生产平台,一个浮式生产储油装置。

3. 珠江口盆地

珠江口盆地位于珠江口外南海北部大陆架上。珠江口水下三角洲是油气盆地的组成部分,面积为 14 万平方千米。新生界沉积层厚度在几千米,中央厚度 5~11 千米。这个盆地是在北东—南西向断裂构造控制下发育而成的。估计石油储量在 6.49~66.2 亿吨之间,可采储量为 1.63~19.5 亿吨,天然气 50~75 亿立方米。近年,我国在此盆地发现 15 个油气田,其中部分位于海南岛东北部海区,如文昌 19—1 油田、文昌 A 坳陷气田等。

珠江口盆地文昌区域面积约 5020 平方千米,预测资源量(经济油气当量)9400 亿立方米。已有多个油气构造分别打出工业油气流,其中文昌 8—3—1 井日产原油 1378 吨、天然气 36.3 万立方米,文昌 9—1—1 井日产原油 206 吨、天然气 46.8 万立方米。综合分析琼海36—2礁(神狐 1201 礁)地震测井和其他地质信息,确认该礁的含油面积 34 平方千米,石油储量 1.6 亿吨。

4. 北部湾盆地

北部湾盆地位于南海西北部大陆架上,海南岛之西。红河口的水下三角洲是油气盆地的组成部分,受北东—南西向断裂控制发育而成。面积 3.8 万平方千米,其中海上部分 1.8 万平方千米,是一个新生代较大型沉积盆地,其新生代沉积最大厚度达

7000 米,在已钻探的 36 口井中,有 15 口井发现工业油气流,发现油气田 7 个,其中涠 12—1、涠 12—8 等 2 个油田储量就达 6022 万吨。

5. 其他盆地

(1)曾母盆地

曾母盆地位于南海南部大陆架上,自晚新世(距今 3700 万年前)开始下降,承受了厚约 8000 多米的碎屑沉积和碳酸岩沉积(海退—海进旋回),为油气生成提供了地质条件。勘探资料证明是一个大型油气盆地,面积 183240 平方千米,大部分在我国断续国界线以内,含油气总储量为 100 亿吨以上,有人估计达 177 亿吨。

(2)万安滩盆地

万安滩盆地面积约 67000 平方千米,大部分在我国断续国界线以内,含油气前景良好,估计可达 28 亿吨左右。1994 年中越油气开发冲突曾发生在这里。当年 4 月 18 日,美国克里斯通公司董事长汤普森宣布,履行 1992 年 5 月与中国海洋石油总公司签订的"万安北—21"号合同,在我国断续国界线内的南沙群岛附近的万安滩海域进行地震考察和油气勘探。然而,越南认为,中国与克里斯通公司签订的万安滩勘探石油的合同是"完全非法和无效的,因为它位于越南拥有无可争辩的主权的海域","涉及在这一块地区勘探、开发自然资源的所有合同都必须得到越方的同意"。同时,越方又极力谋求与西方及邻国石油公司合作,在我国万安滩海域附近进行石油勘探,1996 年 4 月 10 日越南油气总公司和美国大陆石油公司在河内签订了在第 133 和 134 区块勘探开发石油天然气的合同。该区块距越南海岸约 300 千米,位于中国海洋石油总公司与美国克里斯通公司 1992 年签订石油勘探合同的"万安北—21"号区块一带。这是越南当局掠夺我国南海油气资源最为严重的事态,应引起我国政府密切注意。

(3)文莱—沙巴盆地

文莱—沙巴盆地面积近 80000 平方千米,有一部分在我国断续国界线以内,石油储量估计达 80 亿吨左右。

(4)礼乐滩盆地

礼乐滩盆地面积 26700 平方千米,全部在我国断续国界线以内,以产气为主,石油资源量估计可达 14 亿吨左右。

(5)西北巴拉望盆地

西北巴拉望盆地面积近 30000 平方千米,有一部分在我国断续国界线以内,估计油气总资源量可达 17 亿吨之多。

(6)中越盆地

中越盆地面积约 20000 平方千米,大约一半在我国断续国界线以内,以产气为主,石油资源估计有 10 亿吨左右。

（7）安渡滩盆地

安渡滩盆地,又称南华盆地,面积约 24000 平方千米,全部在我国断续国界线以内,油气资源量估计可达 12 亿吨左右。

（8）郑和盆地

郑和盆地面积约 13000 平方千米,全部在我国断续国界线以内,估测油气资源量 6.5 亿吨左右。

此外,陆地迄今已在琼北海岸带附近的福山坳陷,发现一块较大的油气田,其范围地跨陆地 2000 平方千米,海域 500 平方千米,已圈出 4 个油气构造区,探明天然气储量约 22 亿立方米。海南岛周缘滩海区也预示着良好的油气前景。

四、对海南省海洋油气资源开发前景的评价

（一）南海天然气资源在全国具有重要地位

20 世纪 90 年代以来,我国天然气开采业进入了大开发阶段。首先随着新疆塔里木大气田的诞生,我国西部地区形成了塔里木、柴达木、陕甘宁和川渝 4 个国家级的天然气田,为"西气南输"工程的实施提供了先决条件。塔里木盆地已经发现一批很有前景的天然气资源富集区,到 1999 年年底共探明了 5 座大中型气田,累计探明天然气地质储量 4190 亿立方米;在柴达木盆地累计探明天然气地质储量 1472 亿立方米。陕甘宁探区自 1990 年获得重大突破后,勘探领域逐年扩展,现已探明天然气地质储量 3340 亿立方米,并已建成 22 亿立方米的年产能力,开始向北京市输气。川渝探区也不断发现新的气田,累计探明天然气地质储量已达 5795 亿立方米。以上陆域 4 大国家级的天然气田探明储量的总和为 14797 亿立方米,正是基于这种明朗的勘探形势,国务院于 2001 年 2 月决定启动西气东输管网工程,把新疆探区富余的天然气,通过 4167 千米的大口径管道输往上海一带,实现西部资源与东部市场的对接,为边陲新疆能够更好地参与国内经济循环,开辟一条重要通道。

我国的海底石油资源储量约占全国石油资源储量的 10% ~ 14%,海底天然气资源量约占全国天然气资源的 25% ~ 34%。我国近海天然气资源总资源量约为 15.8 万亿立方米,自 1983 年中国海洋石油总公司与美国阿科公司发现莺歌海盆地崖 13—1 天然气大气田以来的 18 年,我国海上已经发现天然气储量 7310 亿立方米。据资料统计,到 1999 年年底我国探明天然气储量约 2 万亿立方米（见表 2）,其中陆

域天然气探明储量占 2/3,海域天然气探明储量占 1/3。而在海洋天然气分布中,又以南海天然气最为丰富,其探明储量约占全国海洋天然气探明储量的 2/3(见表 3)。

表 2 海南省海洋天然气探明地质储量与西部地区的比较(1999 年年底)

地区		探明地质储量($10^8 m^3$)	比重(%)
海南所辖海区		6000	28.8
西部地区	塔里木盆地	4190	
	柴达木盆地	1472	14797	71.2
	川渝地区	5795	
	陕甘宁地区	3340	
总计		20797	100.0

资料来源:徐正康、李建勋等:"做好规划,迎接天然气",《城市煤气》2000 年第 8 期。

表 3 海南省海洋天然气可采储量与其他海区的比较(1999 年)

海区	可采天然气量($10^8 m^3$)	生产能力($10^8 m^3$/年)	比重(%)
渤海西部	503	1	26.0~27.1
东海气田	400~450	4.5	
海南省管辖海区	2565	34	72.9~74.0
合计	3468~3518		100.0

资料来源:徐正康、李建勋等:"做好规划,迎接天然气",《城市煤气》2000 年第 8 期。

与此同时,我国海洋天然气资源的开发也十分迅速,1994~1999 年间,海洋天然气产量增长了 10 倍,年均递增 50%(见图 2)。近海获得了一批天然气储量,建成天然气生产能力 50 亿立方米/年。1999 年海洋天然气产量为 43.9 亿立方米(见表 4),占全国天然气总产量的 19.2%,有 5 个天然气田投入生产,铺设天然气管线 1370 千米,实现了向上海、天津、锦州、香港、海南供气,主要用于天然气发电、生产化肥和城市居民生活使用(见表 5)。1999 年海南省管辖海区生产海洋天然气 43 亿立方米,分别占全国及海洋天然气总产量的 14.9%、77.4%,在我国天然气资源开发利用领域中具有重要地位。

此外,正在或即将投入开发的东方 1—1、渤西南、乐东、春晓等气田投产后,我国海上天然气产量将翻一番。到 2005 年,我国海上天然气年生产量预计将达到 100 亿立方米,展现了我国海上油气开发的美好前景。

(单位:亿立方米)

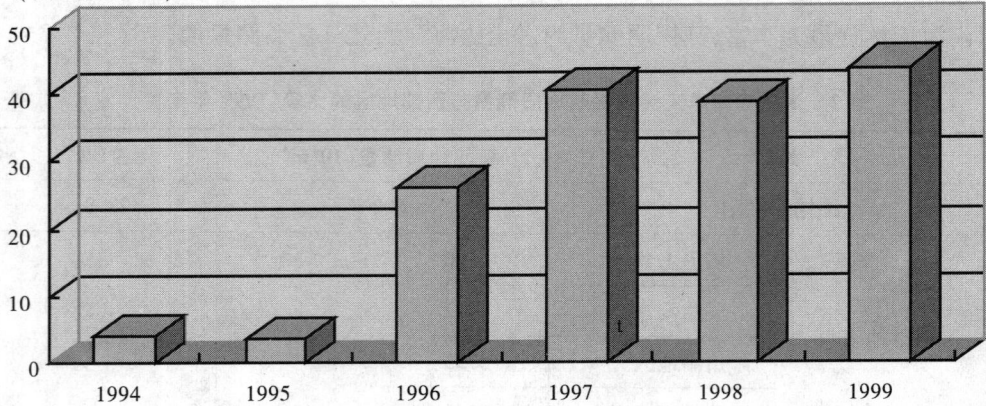

图 2   我国海洋天然气产量增长情况

数据来源:相关年份《中国能源统计年鉴》。

表 4   1994 ~ 1999 年全国天然气产量统计表　　　（单位:$10^8 m^3$）

地区	1994 年	1995 年	1996 年	1997 年	1998 年	1999 年
全国合计	166.70	174.00	201.20	223.10	223.21	228.79
大庆	23.20	22.90	23.32	23.40	23.30	22.35
辽河	17.52	17.51	15.92	15.51	12.01	11.00
华北	3.01	3.13	3.37	3.29	3.13	3.51
大港	4.00	3.82	3.87	3.89	3.54	3.78
新疆	8.30	8.84	10.52	12.44	13.38	15.00
塔里木	0.76	1.43	1.31	1.83	2.61	4.36
吐哈	0.77	1.22	2.30	6.02	6.59	8.34
四川	70.67	71.80	73.81	75.10	75.30	75.64
长庆	0.78	1.00	1.03	1.66	4.60	12.07
青海	0.67	0.64	1.23	2.20	2.68	3.60
玉门	0.90	0.12	0.12	0.12	0.11	0.11
冀东	0.19	0.24	0.28	0.33	0.46	0.51
吉林	1.86	1.83	2.05	2.31	–	2.34
胜利	13.07	12.85	11.91	10.02	9.18	7.33
中原	12.01	11.02	11.04	11.57	11.90	12.43
河南	0.39	0.36	0.33	0.32	0.30	0.56
江汉	0.78	0.76	0.71	0.66	0.82	0.92
江苏	0.23	0.19	0.15	0.12	0.17	0.22
滇黔桂	1.61	1.81	1.21	0.98	0.87	0.81
中油集团合计	159.90	161.50	164.40	171.80	149.83	162.60
中石化集团合计					23.24	22.26
新星及其他					11.50	–
海洋石油合计	3.90	3.80	26.00	40.50	38.64	43.92

资料来源:根据中国油气资讯网资料整理。

表5 我国海洋天然气目标市场与利用领域

油气区域/油气田		目标市场	利用领域
琼东南盆地	崖城	香港、海南	发电、化肥
莺歌海盆地	乐东	珠江三角洲地区/广西	发电、化肥、工业/民用
	东方	海南、广西/广东	发电、化肥、工业/民用
珠江口盆地	文昌9区	珠江三角洲地区	发电、工业/民用
西湖凹陷/丽水区块	平湖及周边	上海、长江三角洲地区	工业/民用
	丽水	温州	发电、工业/民用
渤海海域	锦州	锦西	化肥、民用
	渤西	天津	发电、工业/民用
	渤中/渤南	烟台、青岛/大连	发电、工业/民用

资料来源:孟黎明:"海洋天然气勘探开发进入新时期",2002年博小然网。

(二)南海是我国海洋天然气开发的主战场

我国沿海大陆架极其宽阔,覆盖着亿万年以来的沉积物,蕴藏着极为丰富的石油和天然气资源,从6亿年的老地层到第四纪地层中,都发现了油气或油气显示,储油构造众多。近海海域沉积盆地总面积达近百万平方千米,具有丰富的含油气远景,目前已发现的大型含油气盆地就有10个,即渤海盆地、北黄海盆地、南黄海盆地、东海盆地、台湾西部盆地、南海珠江口盆地、琼东南盆地、北部湾盆地、莺歌海盆地和台湾浅滩盆地等,其中有6个盆地分布在南海及其临近海区,已探明的各种类型的储油构造达400多个。近年来,我国海上油气勘探工作主要集中于渤海、黄海、东海及南海北部大陆架,预测其石油资源量为275.3亿吨,天然气资源量为15.8万亿立方米。而目前原油的发现率仅为18.5%,天然气发现率仅为9.2%,极具勘探开发潜力。

我国海洋天然气资源主要分布在南海北部大陆架西区,其资源量占全国海洋天然气资源总量的62.3%,东海西湖凹陷及渤海海域占27.7%。目前已经发现了莺歌海盆地、琼东南盆地、东海盆地西湖凹陷、渤海湾盆地渤中凹陷、珠江口盆地文昌A凹陷等五个含气区,并逐步投入生产,在辽东湾北部、渤海湾西部、海南岛近海、东海西湖凹陷建立了多个天然气生产基地。辽东湾北部JZ20—2气田,于1992年8月投产,目前年产天然气3.8亿立方米。渤海湾西部渤西油田群,于1998年投产,目前年产天然气1亿立方米。海南岛近海的崖13—1气田,于1996年1月投产,目前年产天然气34亿立方米。东海西湖凹陷的平湖气田,于1998年11月投产,目前年产天然气4.5亿立方米。1993年,中国海洋石油总公司制定的《1993年～2007年海洋油气工业发展规划》指出:南海西部莺歌海、琼东南盆地有丰富的天然气资源,而且有形成大气田、大气区的优越地质条件,可望探明大储量,尽快为国家提供优质能源,为国民经济发展做出重大贡献。丰富的南海油气资源,不仅是海南最突出的资源优势,而且也是把海南建成我国南海油气开发基地的可靠物质基础。

南海不仅资源丰富,而且也是我国海洋油气资源开发的主战场。"南海将是我国开发天然气和深水油田开发的主战场,开发海上大气田,实现海气登陆,建设南气北上的沿海管线的大动脉。"这是我国海洋油气开发的重要战略目标之一。2000年11月30日在湛江举行的"南海海洋资源综合开发战略高级研讨会"上,中国海洋石油公司认为,按照《中国海洋石油的发展规划》,我国在今后五年将投资1200亿元人民币用于开发海洋石油天然气资源,到2005年中国海洋石油产量将达到4000万吨(油当量),有7个油气田将被建成并投入使用,同时还将建成3个世界级下游项目:即中国最大的80万吨乙烯项目、中国第一个进口大型LNG项目以及中国海南最大的化肥项目。同时中国海洋石油总公司认为,由于海洋蕴藏了全球超过70%的油气资源,因此石油资源的未来出路将会更多地依赖于海洋。就中国而言,近20年的海洋石油已探明地质储量比上一个20年提高16倍,截至1999年已探明的油气储量达到了18亿桶(油当量),原油生产能力也提高了上百倍,1999年年产原油能力达到了1617万吨,天然气产量也达到了43.69亿立方米。

加强海洋天然气的勘探开发是我国早在1998年就制定的加快海洋石油发展的"六大发展战略"之一,力争到2015年中国近海天然气年产量达到200亿立方米,为此,在2010年以前需新增探明天然气地质储量3773亿立方米。今后15年海洋天然气"增加储量、提高产量"的主要区域是琼东南盆地、莺歌海盆地、东海西湖凹陷。经过近三年的筹建,2000年中国海洋石油化学公司已正式成立,这标志着位于莺歌海盆地的东方气田的开发进入了倒计时,预计到2004年东方气田每年将向海南提供天然气16亿立方米,用于化肥工业和发电。若崖13—1、东方1—1、乐东22—1、乐东15—1四个气田全部开采投产,将可供年产天然气78.5亿立方米。

(三)开发南海天然气较我国西部地区具有明显的比较优势

1. 资源丰富,集中连片,质量好

分布在我国南海北部西区的南海天然气资源,相对于我国西部4大天然气分布区具有分布集中的明显区位优势,这既便于天然气田的集中勘探和开发利用,也有利于钻井平台的产后搬运,可大大节省场地转移成本,提高经济效益。南海天然气资源蕴藏量为58万亿立方米,我国占南海海域面积的1/2强,如果南海天然气有50%分

布于我国管辖海区,则我国南海天然气资源蕴藏量就可与我国陆域天然气蕴藏总量旗鼓相当,天然气资源十分丰富,质量良好。

2. 距我国能源紧缺、经济发达的华南经济圈消费市场最近

天然气的勘探开发与石油有很大的不同,这就是在勘探天然气资源的同时,就要探询天然气的市场前景;在上天然气开发项目的同时,就得上天然气利用项目。如果下游用户市场不落实,即使上游找到再多的天然气资源,也无法投入开发。市场是制约天然气开发的重要限制因素之一。我国海洋天然气资源较我国西部地区而言都毗邻我国东部沿海经济发达地区,这些地区天然气市场需求量大,经济承受力强,而且对优化能源结构,尽快使用清洁能源的要求非常迫切。特别是以广州为中心的珠江三角洲地区乃至整个华南经济圈,经过近二十年的对外开放,区域经济迅猛发展,它们对清洁能源的需求更为迫切。尤其是华南地区石油天然气资源短缺,长期以来主要靠北煤南运、北油南运及从国外进口解决其能源不足,制约区域经济发展问题,特别是对清洁高效燃料又是优质化工原料的天然气需求更加迫切,利用海南岛周围天然气资源支援华南经济圈建设,较我国西部地区实施"西气东输"具有十分突出的距离优势,从海南岛至珠江三角洲的距离仅为从新疆到上海距离的1/40。海南岛位于华南经济区外缘,与整个珠江三角洲地区仅一水之隔,远不像"西气东输"要贯穿9个省区、经过4167千米长途运输才能到达上海,若要引入华南地区,则更为艰难。

3. 十年的特区建设使海南对外开放有了一定的基础

海南尽管目前经济基础仍很薄弱,但经过10来年的特区建设和对外开放,海南省开发建设成就显著,经济实力得到增强,基础设施日益完善,体制改革不断深化,市场体系较为健全,法制建设和社会治安得到加强,社会事业有了较大发展。深层次、多功能、全方位对外开放新格局已基本形成,为大规模开发建设创造了较好的软硬环境。特别是海南地处中国大陆的最南端,是全国最大的经济特区,近傍香港,遥望台湾,内靠我国经济发达的珠江三角洲,外邻亚太经济圈中最活跃的东南亚地区。海南在这种大格局下,充分发挥区位优势和政策优势,将有条件发展成大西南走向世界的前沿,南海资源开发利用的基地,海南铁路通道建成后,这种优势将会进一步明显加强,这也是我国西部天然气分布地区短期内所无法比拟的特殊优势。

(四)海南必将成为我国海洋油气资源开发的重要基地

1. 海南天然气开发已有一定产业基础

海南是中国海洋油气资源,特别是海洋天然气资源的重点开发区域之一。1996年崖13—1气田的成功开发与使用,使海南成为我国又一大规模使用天然气资源的

地区之一。天然气在海南就地利用,不仅将改变海南长期以来工业基础落后的面貌,而且已成为海南吸引国内外投资的重要推动力。目前,在海南建成的以海洋天然气为原料的加工企业——海南富岛化学有限公司,1999 年实现产品销售收入 6.36 亿元,是海南目前经济效益最好的企业之一。位于三亚的南山电力股份有限公司也是以使用天然气为燃料的现代化电力企业。

2. 中国海洋石油总公司有意加快对海南天然气资源的开发步伐

为了追求更好的经济效益,根据"油气开发上、下游一体化"的发展思路,"十五"期间中国海洋石油总公司将与海南省合作,实施建设一系列油气化工项目。首先,计划在油气开发的上游,投资 50 多亿元人民币开发建成东方 1—1 气田,预计 2003 年 9 月完成的第一期工程,将年产天然气 16 亿立方米,主要用于海南石油化学工业基地、洋浦发电厂和海口市民生活用气;其次,在开发东方 1—1 气田的同时,还将投资 5.4 亿元人民币,建设一条从东方,经洋浦,到海口的全长 254 千米长的天然气输气管道,以保证天然气的正常运输。再次,海南洋浦发电厂将充分利用东方 1—1 气田上岛供气的有利条件,计划将原来的燃油发电装置改造成为更为利于环境保护的天然气发电设备。最后,在"十五"期间后期,续建的东方 1—1 气田二期工程,预计 2005 年左右将天然气年产量提高至 24 亿立方米,并且海洋石油化肥项目还计划建设 60 万吨复合肥、50 万吨甲醇,争取在 3～5 年内在东方市建成以化肥生产为主的油气化工基地。

海南天然气大化肥项目的建设,离不开中国海洋石油总公司的支持与合作。该项目将由中国海洋石油总公司负责筹资,是目前国内生产规模最大的化肥项目,日产合成氨 1500 吨,配套生产 2700 吨大颗粒尿素。该项目也是目前国内第一个由一家企业投入 30% 的自有资金,其他资金贷款,自负债务,自担风险建设化肥厂的项目。项目拟采用上下游一体化的模式,合理开发利用东方 1—1 气田的天然气资源。化肥厂的建设符合国家总体部署和行业发展规划,符合环保的要求。项目工艺技术先进、能耗低、设备优良、定员少,全额成本较低,抗风险能力强,并且化肥市场落实,因此具有良好的竞争力和经济效益。2000 年 6 月 15 日,以中国海洋石油化学有限公司首届董事会的召开为标志,海南化肥项目正式启动。并同时启动东方 1—1 气田的开发,计划于 2003 年 9 月 15 日正式供气。特别是 2001 年 1 月 13 日,中国海洋石油化学有限公司在海南又与海南省有关部门、中国银行及其海南省分行,分别签订了海洋石油化肥、天然气开发、输气管道建设、洋浦电厂改造等 4 个项目的合作协议,总投资达 100 多亿元人民币,将把海南油气工业的建设推向一个崭新的台阶。其中,总投资 30 亿元人民币的海洋石泊化肥项目将于 2003 年 11 月建成 45 万吨合成氨、80 万吨尿素的化肥生产装置。同时海南现有的年产 52 万吨大颗粒尿素、30 万吨合成氨、总资产达 24 亿元的海南富岛化学有限公司,也将加盟中国海洋化学有限公司海洋石油化学生产基地建设,成为海南油气化工基地的重要组成部分之一。从此,将把海南推向建设"南海油气综合开发基地"的轨道。

南海天然气资源不仅在海南就地使用,而且更多的石油天然气资源将从海南运销国内,乃至世界各地,成为海南支援祖国各地经济建设的重要能源和石化原料供应基地之一。中国海洋石油总公司在未来的 10 至 15 年间,计划发展中国东南沿海的天然气管道运输通道。该管道运输通道将把在南海生产的天然气和进口的液化天然气从海南大本营输出,途经广东、福建和浙江,运抵上海,形成中国南部和东部的天然气管道运输通道。目前,中国海洋石油总公司每年由南海的崖 13—1 气田向香港和海南供应天然气 34 亿立方米。今后莺歌海盆地的东方和乐东两个气田年产 24 亿立方米天然气的生产能力建成后,中国海洋石油总公司还计划将该燃气管道接通我国东海的天然气管道,将管道运输通道延伸至台湾、江西和湖南等省份,支持祖国经济建设。为配合东方 1—1 气田天然气销售及海南大化肥项目建设,中国海洋石油化学有限公司与海南省燃料化学总公司将合资组建中国海洋石油管道输气公司。

中国(海南)改革发展研究院《海南岛天然气基地建设
暨南海资源开发战略研究》课题组
课题组负责人:迟福林
执笔:潘建纲

第五篇　以开放促改革促发展

●1997年，中改院提出"关于实行琼台农业项下自由贸易"的建议报告，受到多方面重视。

●2000年7月，中改院提出"以产业开放拉动产业升级，实现海南经济持续快速增长——中国加入WTO背景下的海南经济发展战略"的研究报告。

●2002年11月15日，中改院提出"以开放促改革促发展，步入海南经济持续快速增长的新阶段——关于海南省贯彻十六大报告精神，加快经济发展的若干建议"。

●"十一五"时期海南的改革开放需要在更高的层面上展开。2005年5月，中改院课题组形成了"以建设'一省三地'为目标的海南'十一五'时期对外开放新选择"的研究报告。

　　海南实行产业开放战略,就是在海南的优势产业领域,即农业(种植业、养殖业及其加工业)、旅游业以及与优势产业关联度大的部分服务业,实行贸易投资自由化的各项政策,发展产业相对优势,拓展产业发展空间,增强产业竞争能力,以加快拉动产业升级,实现海南经济持续快速发展。

以产业开放拉动产业升级,实现海南经济持续快速增长

——中国加入 WTO 背景下的海南经济发展战略

(2000 年 7 月)

　　走入 21 世纪,在我国加入 WTO 的大背景下,海南经济社会发展面临巨大压力和严峻挑战。1988 年海南建省办经济特区,确立了经济发展分三步走的战略,要求在实现用 3~5 年时间赶上全国平均经济发展水平的第一步经济发展战略目标后,在 20 世纪末完成赶上国内发达地区经济发展水平的第二步战略目标。由于多种原因,实现第二步经济发展战略目标遇到挫折。本研究报告从这样一个现实出发,提出 2000~2010 年海南经济发展的总体战略目标是:经过 10 年左右的时间,实现农业现代化,资源加工业集约化,旅游业国际化,海洋资源开发产业化,人均 GDP 达到 2200 美元左右,进入国内发达地区行列,初步实现现代化,为海南在 2020 年实现现代化奠定坚实的基础,真正把海南建成经济繁荣、人民富裕、社会文明、环境优美的经济特区。

　　面对经济全球化大趋势和我国对外开放的新形势,总结海南建省办经济特区 12

年经济发展的历史经验,本报告提出:海南实现未来 10 年经济发展战略目标的根本出路,在于以产业开放拉动产业升级,走出一条经济持续快速发展之路。

一、海南确立产业开放战略的主要依据

(一)产业开放战略的基本内涵

1. 产业开放战略的概念

产业开放是一种以产业的国际合作为主导的对外开放模式,是选择基础条件较好的优势产业领域,在投资自由化和市场准入条件方面,率先实行国际通行规则,开展对外经济合作活动。产业开放是以自身的优势资源与国际先进技术、管理经验和市场条件相交换的合作方式,参与世界性的产业分工和结构调整,推动自身的产业升级,促进经济发展。

海南实行产业开放战略,就是在海南的优势产业领域,即农业(种植业、养殖业及其加工业)、旅游业以及与优势产业关联度大的部分服务业,实行贸易投资自由化的各项政策,发展产业相对优势,拓展产业发展空间,增强产业竞争能力,以加快拉动产业升级,实现海南经济持续快速发展。

2. 产业开放战略的提出

海南产业开放战略的提出,是建立在两个背景基础上:一是海南作为我国最大的经济特区,为适应经济全球化和我国对外开放的新形势,要适时由区域开放转向产业开放;二是我国加入 WTO 后,逐步全面开放市场是大势所趋。在此背景下,海南作为经济特区,抓住机遇,实行产业开放,既有利于海南优势产业的升级,由此拉动经济增长,又有利于推动海南尽快走入国际市场,参与国际市场竞争。因此,海南确立产业开放战略意味着:①海南特区的对外开放将由过去的以区域开放为主向以产业开放为主转移。②海南的产业开放是区域开放的深化和发展,对外开放的水平更高,范围更大。海南产业开放的开放度的确定是以 WTO 规则为参照,是以实行贸易投资自由化的一系列政策为主要依据。产业开放战略既向国外实行全面开放,更向国内实行全面开放,体现这一开放战略的政策和规则,都在对国内开放中首先得到充分的实行。③产业开放以发展比较优势为原则,它借助外部资本和先进技术,目的在于建立自身的优势产业,以提高自身参加国际国内竞争的竞争力。产业开放战略要求抓住重点,要在自身的优势产业领域实行开放,发展产业的相对优势,以发展富有地方特色的经济。

3. 产业开放战略的机遇

全球经济一体化和我国加入 WTO 为海南实施产业开放战略提供了重要机遇。21 世纪初期世界经济将形成新的分工与合作的局面,同时也是区域经济实现调整的重要时机。海南周边国家和地区在产业升级的过程中,正在进行生产的转移和市场的扩张,跨国公司的活动也在进一步扩大。海南应该抓住这一重要机会,力争在以下几个方面有所突破:一是抓住我国加入 WTO 和台湾以单独关税区加入 WTO 的时机,在过去琼台经济合作的基础上,争取实现琼台农业项下自由贸易的重大突破。二是创造条件,引进跨国公司,实现与跨国公司合作方面零的突破。至今名列全球 500 强的跨国公司中,已有近 400 家在中国投资,但除了可口可乐公司在海口有个瓶装厂外,进入海南的大型跨国公司几乎是空白。加强与跨国公司合作是后开发国家(地区)与国际市场接轨的重要途径,海南能否在 21 世纪初期真正具备吸引跨国公司的条件,关系到海南改革开放和经济走向国际化的实际成效。三是实现与中国台湾及周边国家和地区的合作,使引进外资合资合作开发南海资源、发展海洋产业有所突破。四是在几个重要区域开放方面争取有所突破,如:把三亚列入国家旅游产业基地,获得国家支持,实行全面开放,建设国际化旅游城市;加速洋浦经济开发区的发展;加速海峡两岸(海南)农业合作试验区的建设等。

(二)产业开放是海南在新形势下的正确选择

1. 12 年的经验表明,开放是海南发展的主题

当今的世界是开放的世界。我国改革开放的历史实践表明,经济发展与对外开放成正相关。无论是地区的经济发展还是行业的经济发展,开放得早,开放得好,就会发展得快,发展得好。海南建省办特区以来经济社会发展的"两起两落",原因是多方面的,但从根本上讲,开放的文章做得好不好是决定性因素。对于海南这样一个资源丰富、区位优越而经济落后的海岛来说,实行对外开放,以其具有吸引力的开放政策和良好的开放环境,吸引境外人员、资金、技术、项目的大量涌入,是经济快速发展的巨大推动力。过去 12 年的实践经验一再证明,开放始终是海南发展的主题,开放始终是海南经济持续快速增长的动力源泉。

12 年的实践说明,深刻理解邓小平创办海南经济特区的战略思想,是海南坚定地走开放之路的前提和保证。海南建省办经济特区,就是按照邓小平的战略指导思想,实行更大的开放,把经济好好发展起来,并在祖国和平统一大业中发挥重要作用。海南从建省办特区开始,各方面对海南的对外开放寄予厚望,海南也曾有过多次开放的重大机遇。由于多种因素,特别是由于对邓小平同志创办海南特区的战略思想缺乏全面深刻的理解,难以形成坚定明确的开放思路,致使许多重大的开放举措未能及时出台,几次错过了实行大开放的重大机遇,致使以开放促改革、以改革开放促开发

建设的正确方针在实践中没有得到很好的贯彻执行,并由此制约了海南经济的持续快速发展。

12年的实践经验告诉我们,海南要坚定地实行对外开放,应着重处理好"三个关系":一是外资和内资的关系,以吸引外资为主,才能带动内资的进入,内资的进入始终是以开放为前提条件的;二是国际市场与国内市场的关系,在有效利用两个市场的同时,着力开发国际市场,才能提高海南产品在国内市场的竞争能力;三是开放效应和开放成本的关系,开放是海南发展的必然选择,只有在开放中求发展,才能不断释放开放的风险,减少开放的成本。

2. 适应新形势,从区域开放走向产业开放

21世纪初期,随着我国加入WTO,区域开放的优势在减弱,产业开放成为对外开放的主流。开放为各产业的发展提供了前所未有的机会,开放也使产业的发展面临更大的竞争和压力,各个产业都要在产业开放过程中以竞争求生存、求发展。地区经济要通过产业开放,发挥自身优势,并由此确立自己的地位。为适应经济全球化的大趋势和对外开放的新形势,海南应尽快制定新的开放战略和策略。由区域开放加快转向产业开放,以产业开放拉动产业升级,大力发展产业比较优势,为经济的持续快速增长寻求新的出路。

3. 我国加入WTO对海南产业开放的影响

我国加入WTO,对于处在改革开放前沿的海南经济特区,既带来新的经济发展机遇,又带来前所未有的竞争压力。因此,不失时机地把握机遇,是海南面对WTO需要解决好的关键问题。

(1)我国加入WTO为海南产业开放和发展提供了良好的机遇

第一,我国加入WTO,为促进海南的优势产业的发展,主要是热带高效农业和旅游业的发展,使之成为具有竞争优势的支柱产业,提供了良好的机遇。海南的热带农业和旅游业在国际和国内都有很大的潜在市场空间。我国加入WTO,将对传统农业产生重大冲击和影响,发展现代农业将成为我国今后农业发展的必然要求。我国将千方百计扩大优势农产品和高附加值农产品的生产与出口,海南的热带高效农业正符合这一发展趋势。旅游业及服务业是我国最不发达的行业,加入WTO将使旅游业和服务业具有广阔的发展前景。海南的热带高效农业和旅游业近几年虽有较快发展,并奠定了较好的进一步发展的基础,但从整体上讲,仍处在起步阶段,发展水平和经济效益还比较低。应当说,海南热带农业和旅游业具有巨大的发展潜力。

第二,我国加入WTO,为海南产业升级,提高对外开放水平,发展经济合作,拓展国际市场,参与国际分工,创造了有利的条件。我们可以按照比较优势的原则,确定自身产业结构调整与升级的方向,并依靠引进国外先进的技术、管理和资金,使产业

升级的水平符合国际市场要求,加快提高海南产品的竞争能力,海南的主体经济就可以迅速与国际市场接轨。加入WTO后,我们可以在世贸组织规则的框架下,运用海南特区的优势,加速发展与台湾的经贸合作,特别是农业的合作,发展与港澳地区的合作,发展与周边国家与地区的合作。

第三,我国加入WTO,可以促使改革和体制创新步伐的加快。海南作为经济特区,有条件、也有责任在体制创新方面进行大胆的探索,海南可以在各种内外因素的作用下,重新确立改革开放试验区的地位。海南可以通过产业开放,引进国外企业和国外经营管理制度,加速社会主义市场经济体制建立,加速现代企业制度建设,率先实现与国际经济接轨,建立市场化的经济体系和国际化的运行机制。

(2)我国加入WTO对海南未来的发展将带来巨大的压力

第一,竞争的压力。我国加入WTO之后,不仅加剧了国际间经济、技术与人才的竞争,同时也加剧了国内各地区之间的竞争。随着经济全球化和信息技术革命的深入发展,国际间竞争的手段和方法将更加多样化。21世纪初期,国家的发展战略将发生重大调整,国家扶持的重点将进一步"北移西进",东南沿海地区,包括经济特区,不可能继续享受大面积的政策优惠。对于海南来讲,即使是优势产业(热带高效农业和旅游业),由于产业结构落后,技术水平低下,自身竞争力较弱,而面临巨大压力。随着市场开放程度的提高,海南的主要农副产品橡胶、食糖和水产品都将面临着国内外竞争的压力。

第二,开放的压力。开放是世界贸易组织的基本原则。国际金融体系和贸易体系正在根据新的开放环境进行调整和重构,所有的发展举措都在时间和空间的多维坐标中进行着新的考量。开放的本质就是资本、人才和信息在国际间更加自由和快速地流动。对于大量的私人资本来说,国界已经不是投资的障碍,一个地区的发展越来越取决于它对国际资本的吸引能力。根据国际货币基金组织的估计,由于金融危机的影响,跨国银行和国际私人资本已经从亚洲、拉丁美洲和俄罗斯等区域的新兴市场国家撤退,预计到2003年,甚至到2005年才能重返新兴市场国家。由于我国潜在市场的巨大诱惑力,使我国成为仅次于美国的世界第二大吸纳外资国家。我国改革开放20年来累计实际利用外资超过3000亿美元。1999年度实际利用外资虽然比上年略有下降,但仍然达到了404亿美元的规模。外商在中国的投资主要分布在沪、苏、粤、闽、京、津等地区。海南的实际情况是:由于产业基础薄弱和金融环境退化,自1995年以来,海外资本对海南的实际投资额已呈逐年下降的趋势。目前制造型的外资、合资企业只有亚太啤酒、优美内衣、川崎发动机、海宇镀锡板和可口可乐等几家达到一定规模,在200多家台资农业企业中只有十多家达到一定的规模和效益。未来5年海南吸引国际投资的情况能否得到改善,既受国际大环境的影响,更取决于海南的开放政策和投资环境。

第三,人才的压力。国家和地区竞争力的一个重要指标是人力资本的积累情况,而影响人力资本积累的三个主要因素是教育的投入、开放的人力市场和社会对创新意识、创新人才的容忍与鼓励的程度。21 世纪初期,海南面临激烈竞争的人才环境,在我们的周围已经形成一圈"人才高地"。海南自 20 世纪 90 年代中期以来,已经成为"人才谷底"。从世界范围来说,美国是世界性的"人才高地"。而在我们的周边地区,香港是汇集高素质移民的中心。进入 20 世纪 90 年代以来,香港进一步扩大了海外专业人才包括海外国内公民持证赴港工作的范围,1994 年后又对内地高等专业人才开启了赴港工作渠道。1999 年香港又制定并颁布了《输入优秀人才计划》,为新一轮人才竞争准备了政策环境。深圳是另一个最具有竞争力的移民城市,在全市 300 多万人口中,80% 以上是具有较高素质的新移民,每年引进的专业技术人才达到 2.5 万人以上,20 年来深圳汇集了大量的优秀人才,成为国内首屈一指的"人才高地"。连人才聚集的北京、上海、广州和天津也一改过去的"老大"作风,近年来连续出台吸引人才的政策,打开了紧闭多年的城门,在高层专业人才市场掀起了一场"人才争夺战"。

迄今为止,海南仍然是一个人力资源十分贫乏、对人才缺乏吸引力的地区。建省前,由于大量的人才流失,海南人力资本的积累远远落后于全国平均水平。建省办特区的最初几年,海南以其政策优势和诱人的发展前景吸引了全国各地人才,形成轰动一时的"人才热潮",给科技文化素质低下的海南注入了强大的活力,推动海南经济出现了第一个增长高潮。但是,在海南经济出现低潮之后,海南步入了高、中级专业技术人员"倒流"阶段。目前,海南在人才竞争中仍处在不利的地位,这是海南在下一阶段发展中必须解决的突出问题。

(3)把握机遇,推进开放,加速发展,需要处理好"三个重要关系"

第一,时间和机遇的关系。在种种机遇面前,海南最大的优势是时间,如果错过了时间,必将错过机遇。面对机遇,必须有"抢先一步"的意识和作为,抢先一步推进琼台农业合作,抢先一步实行旅游业的高度开放,抢先一步实现优势产业的优化与升级,等等。否则,会失去机遇,甚至导致原有优势的丧失。

第二,环境与开放的关系。产业开放战略能否有效,决定的因素是自身环境状况。经济政策之门开得再大,若是发展环境不好,外部各类生产要素还是不愿进来。在加入 WTO 后,以市场化为主要内容的软环境比其硬环境的作用更为重要。海南在开放市场的同时,要加快推进市场化改革,提高市场化程度,建立和完善社会主义市场经济的法律体制,营造良好的经济环境。与此同时,大力推进行政管理体制改革和社会主义精神文明建设,营造良好的社会环境。

第三,优势和劣势的关系。在经济全球化的条件下,地区经济只有建立相对优势,才能在激烈的竞争中立足并发展,只有发展地方特色经济,才能在国内国际经济活动中占有地位。在种种机遇面前,海南应把握什么机遇,首先必须清醒认识自己的优势所在、劣势所在和潜力所在。扬优化劣,建立比较优势,发展特色经济是我们应当遵循的基本原则。

(三)产业开放是海南发展地区经济优势的必由之路

1. 产业开放把资源优势转化为经济优势

邓小平曾指出:"我们正在搞一个更大的特区,这就是海南岛经济特区,海南岛和台湾的面积差不多,那里有许多资源,有富铁矿,有石油天然气,还有橡胶和别的热带亚热带作物,海南岛好好发展起来,是很了不起的。"这个"很了不起",只有通过实行对外开放,把丰富的资源优势加快转变为经济优势,大大增强经济实力,才能成为现实。海南发展的历史证明,这是海南快速发展的重要出路。

实现由潜在的资源优势转化为现实的经济优势,出路在于实行产业开放。对于经济基础薄弱的海南来说,只有依靠产业开放,才能很好地解决产业升级所需要的资金、人才和技术。从 1988~1998 年的 10 年间,海南全社会投资总计 1360.8 亿元人民币,是建省前 38 年的 11.5 倍。据估算,其中大约 2/3 的资金来自于国内资金和国外资金(见表1)。

表1 海南省全社会固定资产投资额资金来源构成 (单位:亿元)

项 目 \ 年 份	1988	1993	1995	1996	1997	1998	构成(%)					
							1988	1993	1995	1996	1997	1998
国家投资	2.5	5.0	3.6	4.6	4.4	11.6	12.4	3.0	1.8	2.5	2.6	6.3
利用外资	0.8	19.7	54.6	47.4	32.4	32.3	3.8	11.7	27.6	25.5	19.3	17.6
自筹投资	10.1	72.8	70.2	84.5	90.2	97.3	50.3	43.1	35.4	45.4	53.7	53.1
国内贷款、债券、其他	6.7	71.3	69.7	49.5	40.9	42.1	33.5	42.2	35.2	26.6	24.4	23.0
固定资产投资总额	20.1	168.8	198.1	185.9	167.8	183.3	100	100	100	100	100	100

数据来源:相关年份《海南统计年鉴》。

本研究报告提出:设想 2000~2015 年,海南以年均 11% 左右的增长率发展,于 2015 年人均 GDP 可达 3.2 万元人民币(折合 4000 美元),相当于 1998 年深圳市的水平,接近基本实现现代化的指标。这 15 年共需投入资金估计为 9000 亿元人民币,若外资利用率以 25% 计,共需引进外资 274 亿美元,年平均引进外资约 17 亿美元(见表2、表3)。由此可见,实行产业开放,以加大外资的引入,是解决海南未来经济发展所需投资的关键所在。

表2 海南省2000~2015年资金需要量预测

项目＼时期	2000~2005	2006~2010	2011~2015	合计
海南省期末人口预计（万人）	792.34	841.03	892.72	
期末年人均国内生产总值（万元）	1.1	1.8	3.2	
期末年国内生产总值（亿元）	900	1600	3000	
本期国内生产总值增加额	423	700	1400	2523
本期综合资金系数*	3.6	3.6	3.6	3.6
本期预计需要投入资金（亿元）	1523	2520	5040	9083
本期年均预计需要投入资金（亿元）	254	504	1008	

　＊据统计数据测算，海南1988~1998年10年间综合资金系数平均为3.56，这里用3.6来测算。

表3 海南省2000~2015年利用外资及自筹资金来源期望值

项目＼时期	资金需要量		利用外资		自筹资金	
	金额（亿元）	比例（%）	金额（亿元）	占资金需要量（%）	金额（亿元）	占资金需要量（%）
2000~2005	1523	100	305	20	762	50
2006~2010	2520	100	630	25	1260	50
2011~2015	5040	100	1260	25	2520	50
合计	9083	100	2195	24	4542	50

　注：利用外资和自筹资金需要量期望值的比例根据建省11年来固定资产投资来源情况分析得出。

　　进入21世纪海南经济最具有发展潜力的产业是热带农副产品加工业、海洋业、具有创新经济特点的现代服务业以及以生物技术和信息技术为主的高新技术产业。海南丰富的资源条件，为这些产业的发展提供了最现实的基础；国内居民消费结构的升级和国外农副产品市场的开放，为这些产业的发展提供了广阔的市场空间；放宽外资准入条件和更大范围地开放服务业，为这些产业的发展提供了必需的资金、管理和技术条件。产业开放会为实现由潜在的资源优势转变为现实的经济优势创造最佳的条件和环境。

　　2. 产业开放是实现产业升级的最佳选择

　　海南最大的经济优势是热带高效农业和旅游业，经过12年的发展，热带高效农业和旅游业已初步成为海南的优势产业和支柱产业。但是，由于现阶段这两大优势产业的技术水平低,因而缺乏国际竞争力,并由此又成为制约海南经济快速增长的突出矛盾。

表4 全国农业现代化水平主要指标与海南的比较 （单位:%）

项　目	机耕面积比重	机电灌面积比重	机播面积比重	农家肥施用面积比重	化肥施用面积比重
全国平均	26.17	18.16	13.70	67.54	87.29
海　南	1.89	2.08	0.22	58.00	75.74
占全国比重	7.20	11.50	1.60	85.80	86.70

数据来源:《1998年海南统计年鉴》、《1998年中国统计年鉴》。

现阶段海南农业现代化水平十分低下,机耕率为1.89%,机电灌溉率为2.08%,机播率为0.22%,远远落后于全国平均水平,分别占全国平均水平的7.2%、11.5%、1.6%(见表4);1997年全国对地(市)以上独立农业科研机构进行综合评估,海南参评的14个农科所的及格率为7.1%,也就是说只有一个合格,全国排名倒数第三;海南海南省农村住户从业人员239万,其中文盲42.3万,小学水平85.1万,小学水平及文盲的劳动力占农村劳动力53.3%。把海南与台湾比较:1997年,台湾的农业人口是海南的69%,而农业GNP产值是海南的4.23倍,农业人口人均农业GNP产值是海南的6.15倍,农产品及加工品出口值是海南的26.6倍,农业人员人均农产品出口值是海南的38.5倍(见表5)。

表5 琼台两岛有关农业基本情况及农产品产量比较(1997年)

项目	台湾	海南	台湾与海南比较
面积(平方公里)	3.6	3.4	1.05倍
农业人口(万人)	374	543.1	69%
农业GNP总值(亿美元)	77.36	18.27	4.23倍
农业人口人均农业GNP总值(美元)	2068.4	336.4	6.15倍
农产品及加工品出口额(万美元)	255100	9590	26.6倍
农业人口人均农产品出口值(美元)	682.1	17.7	38.5倍
农产品(万吨)			
稻谷	166.3	181.53	92%
大豆	0.5	1.21	41%
茶叶	2.4	0.31	7.74倍
甘蔗	390.2	347.84	1.12倍
烟叶	1.0	0.01(1998年)	100倍

项目	台湾	海南	台湾与海南比较
芒果	21.0	6.75	3.11 倍
香蕉	20.5	26.55	77%
菠萝	30.1	11.35	2.65 倍
柑橘	49.5	0.92	53.8 倍
牛奶	33.0	0.02	1650 倍
水产品	130.8	52.27	2.5 倍

数据来源:《1998 年中国统计年鉴》《1998 海南统计年鉴》。

现阶段海南旅游业国际化水平十分低下。1998 年海南接待国际游客人次仅为 1994 年中国台湾的18%、中国澳门的12.7%、中国香港的4%、泰国的6.3%、新加坡的6.1%。海南旅游业创汇水平也仅为中国台湾的1/30、中国澳门的1/23、中国香港的1/90、泰国的1/65、新加坡的1/65。海南旅游业游客人均消费水平从 1997 年至今均不到 800 元人民币,仅为广东的43%。国际游客人均消费不到 250 美元,远远低于 1994 年亚洲主要国家或地区的平均水平 1000 美元(见表6)。

表6　海南与亚洲主要国家及地区国际旅游效益比较

国家或地区 \ 项目	国外游客数（万人）	外汇（亿美元）	人均消费（美元）
新加坡(1994 年)	618	65	1051
泰国(1994 年)	601	65	1081
韩国(1994 年)	360	39	1083
中国香港(1994 年)	916	90	982
中国澳门(1994 年)	298	23	771
中国台湾(1994 年)	212	30	1415
海南(1998 年)	39	0.96	246

数据来源:国外数据来自世界旅游组织网站,1997 年;海南数据来自《1999 年海南统计年鉴》。

实现热带高效农业和旅游业的产业升级已成为进一步发展热带高效农业和旅游业的关键环节。以产业开放带动热带高效农业和旅游业在更高水平上实现升级,才能有资格进入国际市场参与国际竞争,才能有条件确保在国内市场中的优势地位。

3. 产业开放是扬长避短、发挥比较优势的出路所在

海南的经济无论是在总体结构上还是在产业的内部结构上,都是优势与劣势并存,长处与短处同在。从三个产业的结构看,第一产业和第三产业是海南产业的优势所在、长处所在,第二产业则是海南产业的劣势和短处;从工业结构内部看,热带农副产

品加工业、海洋资源加工业和以生物技术、信息技术为主的新兴工业是海南工业的优势所在,而传统制造业则是海南工业的劣势所在。面对激烈的市场竞争,扬长避短,扬优化劣,发挥比较优势,以此规划产业发展,是海南未来经济发展必须遵循的重要原则。

要在产业开放中去把握产业发展的趋势,了解优势产业的定位,确定产业发展的方向,制定产业发展的政策。产业开放首先是在优势产业领域实行开放,以促使优势产业迅速发展成为在国际国内市场竞争中具有比较优势的产业。只有在产业开放过程中,通过比较,才能明确优势产业发展的方向和发展要求。产业开放是海南发展富有地方特色和相对优势的经济,以实现"富甲天下"目标的出路所在。

(四)产业开放是实现海南经济持续快速增长的关键

1. 未来10年海南经济增长速度面临巨大压力

从1998年开始,海南经济发展结束了连续三年徘徊的局面,增长速度持续回升,连续两年GDP增长速度超过全国平均水平。但是增长后劲不足,发展速度仍较为缓慢,与全国发达地区水平的差距在拉大。主要表现为:(1)海南GDP总量占全国的比重连年下降,从1993年的0.75%,一直降至1998年的0.55%,已回落到建省之初的水平;(2)海南人均GDP连续三年低于全国平均水平,1998年人均GDP不及全国1997水平,名列全国第14位,为广东和浙江的54%、福建的58%、江苏的60%(见表7、表8和表9)。

表7　海南省经济增长速度与GDP占全国的比重

年份 项目	1993	1994	1995	1996	1997	1998
GDP增长速度(%)	20.9	11.9	4.3	4.8	6.7	8.3
GDP总量(亿元)	258.08	330.95	364.17	389.53	409.86	438.92
GDP总量占全国的比重(%)	0.75	0.71	0.62	0.57	0.56	0.55

相关年份数据来源:《海南统计年鉴》、《中国统计年鉴》。

表8　海南省人均GDP与全国平均水平比较(1993~1998年)

年份 项目	1993	1994	1995	1996	1997	1998
全国人均GDP(元)	2939	3923	4854	5576	6053	6392
海南人均GDP(元)	3815	4820	5225	5500	5698	6022
差距(元)	876	897	371	-76	-355	-370

相关年份数据来源:《海南统计年鉴》、《中国统计年鉴》。

表9　海南省人均GDP和全国及其他省区比较（1998年）

地区 项目	全国	北京	上海	江苏	浙江	福建	山东	广东	广西	海南
人均GDP（元）	6392	18482	28253	10021	11247	10369	8120	11143	4076	6022
海南占比重（%）	94	33	21	60	54	58	74	54	147	—

数据来源：《1999年中国统计年鉴》。

　　据预测，如果海南按目前略高于全国的增长速度发展，年均增长率预期为8.5%，至2005年GDP达778亿元，人均GDP为9800元左右（折合1185美元），2010年GDP达1170亿元，人均GDP为1.39万元（折合1680美元）。全国"十五"期间，年均增长率预期为7%左右，2005年人均GDP为1100美元。这就是说，海南以8.5%的增长率发展，人均GDP至2005年才能超过全国平均水平，原定的第一步战略目标于2005年才能实现，显然这是不能令人满意的。

　　如果海南确定推迟10年实现原定的第二步战略目标，即于2010年人均GDP进入全国先进地区行列，那么，未来10年，年均GDP增长率预期为11%，到2010年GDP达1600亿元左右，人均GDP达1.9万元（折合2200美元左右），超过全国2015年的预期目标。即使这样，海南人均GDP在2005年只达到广东1998年水平，2010年只达到北京1998年水平，2015年只达到深圳1998年水平（见表10、表11）。

表10　海南与全国及相关地区经济发展的差距

项目	海南 1999年	全国 1998年	海南 2005年	广东 1998年	海南 2010年	北京 1998年	海南 2015年	深圳 1998年
人均国内生产 总值（万元）	0.65	0.64	1.0～ 1.18	1.11	1.6～ 1.9	1.8	2.4～ 3.26	3.33

注：①海南2000～2015年年发展速度预测值为10%～12%，人口年增长预测值为12‰。
　　②数据来源：相关年份《中国统计年鉴》和1998年深圳市统计公报。

表11　海南和其他地区经济开放情况

地区	1988年				1989年				1992年			
	GDP速度（%）	人均GDP（万元）	实际利用外资（亿美元）	出口额占GDP比重（%）	GDP速度（%）	人均GDP（万元）	实际利用外资（亿美元）	出口额占GDP比重（%）	GDP速度（%）	人均GDP（万元）	实际利用外资（亿美元）	出口额占GDP比重（%）
广东	16.2	0.2	24	25	7.5	0.2	24	24	22.0	0.3	47	46
深圳	40.0	0.5	4	93	15.5	0.6	5	88	33.6	1.1	7	99
江苏	12.3	0.2	3	8	1.4	0.2	4	7	26.0	0.3	15	13
海南	10.9	0.1	1	14	5.2	0.1	0.001	16	40.2	0.3	5	34

续表

地区	1995 年				1998 年			
	GDP 速度（%）	人均 GDP（万元）	实际利用外资（亿美元）	出口额占 GDP 比重（%）	GDP 速度（%）	人均 GDP（万元）	实际利用外资（亿美元）	出口额占 GDP 比重（%）
广东	14.9	0.8	107	88	10.2	1.1	130	79
深圳	23.0	2.3	17	215	14.5	3.3	26	170
江苏	15.4	0.7	53	16	11.0	1.0	66	18
海南	4.3	0.5	12	21	8.3	0.6	7	14

注：①1988、1989 年数据为 GNP 数字。②数据来源：相关年份《中国经济年鉴》。

综上分析，海南经济快速增长的基本目标是要保持两位数的增长率，不是略高于全国平均水平，而是高于全国平均水平 3～5 个百分点。

2. 以产业开放实现快速增长的可行性分析

"发展是硬道理"。由于海南经济总量过小，未来 10 年海南必须保持一定的发展速度。但是，海南的发展不是单纯为了追求高的 GDP 增长率，确定海南未来 10 年的发展速度，主要建立在这样四个基础上：一是建立在海南产业比较优势的基础上。经济快速持续发展主要依靠发挥海南三大优势，即热带高效农业、旅游业和海洋产业，把潜在的资源优势变成现实的经济优势，以形成具有相对优势的产业，使经济快速发展具有坚实的产业结构基础。二是建立在产业实现升级的基础上。经济快速持续发展主要依靠搞好两个创新，即体制创新和科技创新，以产业开放拉动产业升级，依靠产业升级释放的能量，以及依靠高新技术的应用和发展所引发的推动力，带动经济的全面发展和整体水平的提高。三是建立在以人为本的基础上。经济快速持续发展依靠人力资源，同时又是为了提高人的生活质量，为了人的全面发展。四是建立在良好的生态环境基础上。保持一方净土，建设生态经济省，始终是海南经济快速发展的方向和目标。

在实现产业升级的背景下，根据我们的预测，2000～2010 年海南省 GDP 年均增长率预期为 11% 左右，第一产业年均增长率预期为 9%～10%，第二产业年均增长率预期为 9%～10.5%，第三产业年均增长率预期为 11%～14%。

海南热带高效农业多年来一直处在持续快速发展状态，连续 6 年以高于 GDP 的增长率，为海南省经济增长做出重大贡献，1999 年第一产业增长率达 11%。进入 21 世纪热带高效农业有更大的发展空间，只要我们把握好机会，通过农业的全面开放拉动热带农业产业的全面升级，加大菜、瓜、果和养殖业、捕捞业的发展力度，使其产值占农业总产值的比重分别由现在的 21%、18% 增加到各占 25%，把海南建成我国热带农业商品生产基地和出口基地，第一产业会继续保持持续快速增长的势头，保持

10%左右的增长率是可能的。

海南工业由于老项目效益低,新项目少,发展后劲不足。但是,海洋资源的开发和加工、农副产品加工以及以生物技术、信息技术为主的高新技术产业具有巨大的发展潜力。只要在今后几年,通过产业开放,加速海洋开发产业化进程,加速资源加工业集约化进程,加速现有工业向高新技术产业发展的进程,以提高效益为中心,全面实现海南工业的结构调整与升级,培育发展新兴工业,带动工业的迅速发展,形成有海南特色的工业,海南工业就会走上稳定快速发展的轨道。1997、1998 年两年第二产业增长率分别为9%、8.7%,未来 10 年以 10% 左右的增长速度发展是有可能的。

以旅游业为主导的第三产业的快速兴起,是实现海南经济持续快速发展的关键。进入 21 世纪旅游业和服务业发展潜力很大,发展前景广阔,只要把握好我国加入WTO 的时机,在旅游业和服务业领域率先实现更大、更快的开放,以加速旅游业的国际化进程,加速现代服务业的产业化进程,第三产业将会出现高速增长的局面。第一,旅游业以提高人均消费水平为中心,提高经济效益,国内旅游人均消费达到广东1998 年水平,国际旅游人均消费达到亚洲主要国家或地区 1994 年水平,旅游业总收入占 GDP 的比重会成倍提高。据预测,若旅游业国际化水平提高,2010 年接待国外游客达到台湾 1994 年水平 200 万人,人均消费达到 1994 年亚洲主要国家平均水平1000 美元,则旅游创汇可达 20 亿美元,占 2010 年海南省 GDP 总量 10%(1998 年海南省旅游外汇仅占 GDP 总量的 1.8%)。旅游总收入占 GDP 的比重 2005 年可达22% 左右,2010 年可达 30% 左右(1998 年旅游总收入占 GDP 比重为 15.2%)。第二,现代服务业的迅速发展将为经济增长做出重要贡献。仅以教育、文化娱乐、科技服务、卫生体育、福利业而言,1998 年增加值占第三产业总值不到 5%,未来这些产业必将加快发展,其增加值所占比重大幅增长是完全可能的。

目前制约海南经济快速增长的主要因素:一是资金不足。海南尚处在经济起步阶段,产业基础薄弱,对投资的依赖性强,而海南自身实力较小,与国内的发达地区相比,投资环境缺乏明显的比较优势,对外资的吸引力近年来一直呈下降趋势。因此,资金不足仍将是下一阶段海南发展的主要制约因素。二是竞争能力低下。海南企业普遍规模小,结构水平低,经济效益差,缺乏名优产品,因此市场占领能力和市场开拓能力弱,市场风险承受能力弱,在国内外市场都缺乏较强的竞争力。三是人才缺乏。海南无论是管理人才还是技术人才的积累都难以成为下一阶段发展的有效支撑力量。如果不能尽快解决这一问题,海南的发展将受到人才不足的严重制约。四是技术水平低下。由于产业基础薄弱和人才的严重不足,海南经济的总体技术水平明显低于国内发达地区,甚至低于全国平均水平。在海南的主要产品中自有知识产权只占极少数,海南的热带农业和资源加工业的技术水平也低于全国平均水平。技术水平低下严重制约了海南产品的市场竞争力,也使本地企业缺乏发展的后劲。五是城市化水平太低,缺乏对经济起带动作用的中心城市。1999 年海南城镇人口比例为26.6%,比全国平均水平低近 4 个百分点,海口、三亚等中心城市的人口规模远远低于建省初期规划的水平,属于城市化发育不完善的地区。过低的城市化既限制了海南城市经济,尤其是第三产业的发展,也缺乏中心城市对农村的带动和辐射能力。

　　3. 跨越传统发展阶段,争取持续快速增长

　　海南建省初期,确立以工业为主导的发展战略,计划以工业化带动海南经济的快速发展。由于种种原因,工业发展十分缓慢,海南经济仍处在现代化建设的初期阶段(见表12)。我们是在这一水平基础上,寻求经济的快速发展。

表 12　工业化发展阶段一般标准与海南所处水平

序号	指　标	工业化初期	工业化中期	工业化后期	海　南	
					1997 年	1998 年
1	工业增加值/GDP	20～40	40～70	下降趋势	12	13
2	第三产业增加值/GDP	10～25	30～60	上升趋势	43	42
3	农业劳动力比重	80～60	30～15	下降趋势	59	61
4	工业劳动力比重	8～15	20～35	下降趋势	7.51	6.41
5	第三产业劳动力比重	8～20	20～35	上升趋势	29	29
6	人均国民生产总值(美元)	600	2500	上升趋势	687	726
7	城镇人口比重	10～35	35～50	上升趋势	22	27

　　数据来源:1998 年和 1999 年《海南统计年鉴》;金平发表于《思路》1994 年第 11 期上的文章。

　　进入 21 世纪,判断一个国家、一个地区经济发达程度的主要标志,已不是工业所占的比重和工业体系是否形成,而是以高新技术产业和现代服务业是否发达作为重要标志。海南多数传统工业规模小、技术水平低,市场开拓力和竞争力低,即使花力气用高新技术进行改造,也难以重创比较优势。相反,海南的海洋资源开发和加工,农副产品加工及其以生物技术、信息技术为主的高新技术产业具有巨大的发展潜力。因此,海南不必追求传统工业化的目标和走传统工业化的道路,而是要以高新技术为主导,以市场为导向,发挥资源优势,形成有海南地方特色的工业。

　　跨越传统发展阶段,致力于发展地方化经济,把高新技术运用于海南热带高效农业,运用于旅游业和现代服务业,将会大大拓宽海南优势产业的发展空间,将为海南优势产业的发展提供强有力的技术支持,从而替代工业社会中工业对农业和第三产业的支持作用。海南将以鲜明的地方特色经济,以农业的现代化、旅游业的国际化以及服务业信息化,带来海南经济的繁荣和快速增长,实现现代化建设的目标。

（五）海南建省办特区 12 年的发展为产业开放奠定了基础

1. 基础设施日趋完善，已具备进行大规模开发建设的条件

从 1988～1998 年全社会投资总计 1360.8 亿元，是建省前 38 年的 11.5 倍，其中海南省在能源、交通、邮电等领域投资总额达 179 亿元。海南省电力装机容量已跨入电力供应富余省行列；电信基础网络全部实现数字化，城乡电话普及率、省会城市电话普及率和信息技术应用均进入全国先进行列；环岛高速公路全线贯通，三亚、海口国际机场相继投入使用，新建港口 24 个，粤海铁路通道预计 2001 年年底正式通车，海、陆、空立体交通体系将全部建成。

2. 产业结构调整已有良好开局，为产业开放与升级奠定了基础

第一产业 1997 年比 1987 年增长 1.2 倍，年均递增 8.2%；第二产业 1997 年比 1987 年增长 3.5 倍，年均递增 16.2%；第三产业 1997 年比 1987 年增长 3.2 倍，年均递增 15.3%。三个产业的比重从 1987 年的 50：19：31，演变成 1998 年的 37：19：42。高新技术的应用及其产业正在发展，海南省 1998 年科技对经济增长的贡献率为 38.9%。热带高效农业初步实现由传统热带农业向热带高效农业转变，热带瓜菜、茶蚕果、海淡水养殖业和畜牧业已占农业总产值 58%，旅游业也开始由单纯的观光型旅游向休闲度假型旅游转变，假日旅游、疗养保健旅游、海内外婚礼旅游、国际国内会议旅游和文化体育旅游正在兴起。

3. 市场经济体制框架和社会支撑体系初步形成，为产业开放提供了良好的制度环境

首先，海南在全国率先实行"小政府、大社会"的行政体制改革，进行了一系列的探索并初有成效；第二，海南积极推行以建立现代企业制度为主的经济体制改革，对 300 多家企业进行规范化股份制改造；第三，海南注重培育和发展各类商品市场和生产要素市场，初步形成统一和开放的市场体系；第四，海南在 20 世纪 90 年代初期推行社会保障体制改革和其他配套改革，初步建成市场经济的社会支撑体系；第五，海南利用国家授予的地方立法权，在规范市场主体、维护市场秩序、加强宏观调控与管理、完善社会保障、促进对外开放等方面初步形成了与社会主义市场经济运行相适应的法律框架体系。

4. 教育事业的迅速发展，为产业开放提供了基本的人力资源

建省以来，海南基础教育程度和质量都有较大的提高：适龄儿童入学率达 99.28%，高于全国平均水平；九年义务教育的普及取得突破性进展，普及地区人口占海南省总人口的 81%；建省前海南没有本科大学，如今已初步形成比较完善的中等、高等教育体系，可以独立培养工、农、医、经、法、文等各类专业人才；每年海南省约有

8000 人进入全国高等院校读书,每年有近万名大中专毕业生进入海南人才市场;与普通教育相协调,职业教育和各种社会培训也取得了很大的进展,改革开放 20 年来,已培养高中级实用人才 12 多万人,有 150 多万人次的在职干部、职工和社会青年、个体劳动者接受各种形式的培训。

表13 海南建省 11 年经济发展成就主要指标 （单位:亿元）

年份	国内生产总值	第一产业	第二产业	第三产业	人均国内生产总值（元/人）	固定资产投资总额	社会消费品零售总额	实际利用外资（亿美元）	国家银行存款余额	地方财政收入
1987	57.30	28.68	10.89	17.73	939	16.02	25.79	0.09	44.27	2.96
1988	77.13	38.59	14.15	24.39	1241	20.14	34.32	1.28	68.45	4.82
1989	91.40	42.85	18.25	30.30	1444	28.81	37.64	1.61	78.73	6.25
1990	102.49	46.02	20.12	36.35	1589	35.55	37.19	1.90	109.96	7.39
1991	120.51	50.22	24.65	45.64	1836	45.63	41.97	2.22	147.51	9.31
1992	181.71	54.13	38.34	89.24	2727	87.05	50.02	5.32	359.10	14.97
1993	258.08	77.73	66.29	114.06	3815	188.25	72.72	12.86	446.67	29.12
1994	330.95	107.55	83.66	139.74	4820	220.25	94.74	12.64	509.81	27.53
1995	364.17	130.86	78.64	154.67	5225	198.07	109.22	14.55	557.61	28.53
1996	389.53	143.54	81.32	164.67	5500	185.93	121.57	11.90	652.70	30.70
1997	409.86	151.28	82.68	175.90	5698	167.83	133.41	11.21	742.69	31.65
1998	438.92	164.00	90.63	184.29	6022	183.34	144.73	10.97	772.71	36.49

数据来源:相关年份《海南统计年鉴》。

二、海南产业开放的目标和任务

随着全球经济一体化步伐的加快,世界经济结构将在未来 10 年内进入全面的调整期,国内经济将重新布局,产业分工更加明确,长期以来形成的地方经济"小而全"、"大而全"的分散局面将发生重大变化,形成大型企业集团和更加专业化的地区经济的趋势日益明显。根据海南的资源优势和区位特点,按照国内和国际市场分工的要求,确立 21 世纪初期海南产业发展的方向,形成有特色的地方经济,是海南在开放条件下进行经济结构调整与升级的必然选择。

作为经济特区,海南在对外开放方面可以进行大胆的探索。通过产业开放,推动投资结构、技术结构、管理水平和市场结构的优化,实现经济结构和增长方式的升级,是 21 世纪初期海南重新取得中国改革开放前沿地位的具有战略意义的正确选择。

（一）海南经济发展的总体战略目标和产业升级的基本任务

1. 总体战略目标

21 世纪初期海南产业开放的总体目标是:用 10 年左右的时间,即到 2010 年左右,力争实现农业的现代化,资源加工业的集约化,旅游业的国际化,海洋资源开发的产业化,使科学技术成为促进海南经济增长的主要因素,增强产品的市场竞争能力,拓展新的市场空间,形成富有特色的地方经济。到 2010 年,海南省人均 GDP 将达到 2200 美元左右,社会经济的发展速度和水平进入国内发达地区行列,实现初步现代化的目标,为海南在 2020 年实现现代化奠定坚实的基础,真正把海南建成经济繁荣、人民富裕、社会文明、环境优美的经济特区。

2. 产业升级的基本任务

经济结构调整与升级已成为世界各国推动经济发展的基本趋势,是未来经济发展需要解决的根本问题。加速经济结构调整,推进产业结构升级,完成经济增长方式转变,培育经济增长主力,应成为海南"十五"计划期间的主要任务,海南必须通过实施产业开放战略,实现结构调整与升级的战略目标。

(1)经济结构调整与升级的依据及基本取向。经济结构调整既取决于自身经济基础和条件,也与市场需求结构状况有关系。因此,必须从海南的实际出发,按照有利于缓解经济生活中的矛盾、有利于形成自身经济的比较优势、有利于发展富有地方特色的经济的原则,作为结构调整的依据。从这一基本思路出发,我们认为,海南经济结构调整的基本取向是:在一、二、三产业结构上,应以第三产业、第一产业为主;在所有制结构上,应以民营经济和非国有经济为主;在企业结构上,应以中小企业为主;在技术结构上,应以高新技术运用为主;在城乡结构上,应以发展中小城市为主;在区域结构上,应以建设不同区域经济增长中心为主。

(2)热带高效农业是海南经济的基础产业和支柱产业,海南要率先实现农业现代化。在未来 5 ~ 10 年内,海南农业结构应实现四个方面的升级:一是农业技术水平的升级,从传统的耕作农业向机械化、信息化和生物工程农业升级;二是农业内部结构升级,从以低价值的粮食、橡胶、甘蔗为主的传统热带农业向以高附加值的农产品和水产品为主的热带高效优质农业升级;三是农业经营方式升级,从单一、分散、低效的小农经营方式向多元化、区域化、基地化、高效益的现代农业经营方式升级;四是农业市场结构升级,从狭小的、分散的区域市场进入国际国内大市场,从低价值的农副产品集贸市场进入高附加值的超市货架市场。

(3)加速海南高新技术的应用和发展,提高海南经济的技术结构水平。经过 5 ~ 10 年的努力使海南的科技贡献率和科技成果转化率赶上和超过全国平均水平:一是以高新技术的运用为主要手段,对海南的优势产业进行技术改造和装备,增加技术含量,提高产品质量,创建名优产品,逐步实现海南优势产业的高新技术化,走先技术化、后产业化的发展道路。二是通过产业开放,创造条件吸引国内外大企业、技术和人才,发展资源加工业和以信息技术与生物工程技术为主的高新技术产业,使海南的工业走一条以高新技术为主导,以发展中小企业和民营经济为重点,以发展资源加工业和高新技术产业为主体的发展道路。三是建设海南热带高效农业科教试验基地和海南信息技术开发创新中心,为海南产业升级,实现产业高新技术化和发展高新技术产业提供技术基础。然后再在此基础上,建设和完善与海南经济发展和产业开放相匹配的技术创新体系,从根本上改变海南经济技术落后的状况。

(4)以旅游业为重点的第三产业应成为海南经济的基础产业、支柱产业和优势产业。第三产业的快速发展是海南未来经济实现持续快速增长的关键因素,而旅游业的快速发展又成为第三产业快速发展的关键,为此第三产业结构调整应完成以下任务:一是第三产业占海南省 GDP 的比重达 50% 以上,在第三产业内部,旅游业占第三产业比重达 50% 以上;二是旅游业应实现以观光旅游为主向以休闲度假旅游为主的结构升级,从以规模扩张的初级阶段向以效益扩张的高级阶段发展;三是提高旅游业国际化水平,旅游创汇收入占旅游收入比重提高到 25% 左右;四是实现第三产业经营管理和服务的升级,提高旅游企业计算机网络管理普及率,提高涉外酒店管理国际联网普及率,全面提高旅游管理人员的管理能力和外语文化水平,按国际旅游标准建立和提供全方位的服务。

(5)强化海口、三亚中心城市功能,实现城乡结构的优化和升级。城乡结构调整与升级。必须与产业结构调整与地区结构调整相结合,寻求恰当的结合点。海南的城市化建设应从自身产业结构的优势出发,不以城市化水平比重高低作为唯一的指标。当前海南城市结构的主要问题是:城市规模过小,中心城市的辐射作用较弱,由此形成城市的规模效益偏低。海南城乡结构调整的重点是强化海口、三亚的中心城市功能作用,把海口、三亚建成海南省两个中心城市,人口分别发展到 80 万 ~100 万人左右。建议扩大海口、三亚两市的管辖范围,分别把琼山、澄迈归属海口市管辖,把陵水归三亚市管辖,以使两市在合理的范围内进行整体规划和建设,形成更大的带动效应。当前,鉴于城市规划和管理的突出矛盾,迫切需要把琼山市的府城尽快划归海口市统一规划和管理。即使暂时解决不了行政区划问题,也应把府城区的规划与管理纳入海口市的统一规划之中。

热带高效农业和休闲度假旅游业是海南的基础产业和支柱产业,应因地制宜、有重点地建设一些中心城镇,使之部分成为热带高效农业(含水产业)的产品集散中心、产业集聚中心、技术辐射中心和经济增长中心,部分成为富有特色的休闲度假的中心城镇。把中心城镇的建设依托在产业优势上,以产业优势的发展带动中心城镇的建设。中心城镇规模不宜过大,也不要遍地开花,县市中心城市宜发展到 10 万 ~20 万人左右,乡镇中心城镇宜发展到 3 万 ~5 万人左右。有计划、有步骤地"合并乡镇"、"迁村并点",减少乡镇总数,扩大乡镇规模。

3. 经济发展指标

21世纪初期,海南将根据自身的条件,首先在现今已经形成的优势产业领域,实行全面的开放,促进热带高效农业、国际休闲度假旅游业、海洋产业和资源加工业的快速发展。

海南的经济发展分别在2005年和2010年达到如下主要指标(见表14):

表14 海南省经济发展与产业结构变化趋势(2000~2015年)

项　目	1998年			1999年			2005年					
	绝对值(亿元)	增长率(%)	比重(%)	绝对值(亿元)	增长率(%)	比重(%)	绝对值(亿元)		增长率(%)		比重(%)	
							1	2	1	2	1	2
人均GDP(元)	6022			6467			10614	11851				
GDP	438.92	8.3	100	477	8.8	100	841	939	10	12	100	100
第一产业GDP	163.98	8.3	37.36	182	11.0	38.1	304	324	9	10	36.1	34.5
第二产业GDP	90.64	9.0	20.65	98	10.0	20.7	167	181	10	10.5	19.9	19.3
第三产业GDP	184.30	8.0	41.99	197	7.0	41.2	370	434	11	14	44.0	46.2

项　目	2010年						2015年					
	绝对值(亿元)		增长率(%)		比重(%)		绝对值(亿元)		增长率(%)		比重(%)	
	1	2	1	2	1	2	1	2	1	2	1	2
人均GDP(元)	16052	19654					24330	32687				
GDP	1350	1653	10	12	100	100	2172	2918	10	12	100	100
第一产业GDP	468	521	9	10	34.7	31.5	722	835	9	10	33.2	28.6
第二产业GDP	257	297	9	10.5	19.0	18.0	397	482	9	10.5	18.3	16.5
第三产业GDP	625	835	11	14	46.3	50.5	1053	1601	11	14	48.5	54.9

注:①人口年增长率设为12‰,预计1999年人口为737.61万人,2005年为792.34万人,2010年为841.03万人,2015年为892.72万人;②2005、2010、2015年经济发展速度设为二套指标值。

(1)2000~2010年,海南省GDP平均增长率预期为10%~12%,2005年GDP总量达到840亿~940亿元,2010年GDP总量达到1360亿~1650亿元,海南省GDP占全国GDP的比重从1998年的0.55%提高到2010年的0.9%左右。

(2)海南省人口自然增长率平均降至12‰,2005年人均GDP达到1万~1.18万元(相当于广东省1997~1998年的水平),2010年人均GDP达到1.6万~1.9万元,在全国的排序进入前10名之内,跨入全国发达地区行列,实现原定的第二步战略发展目标。

(3)2000~2010年,以农业为主的第一产业平均增长率预期为9%~10%,到2010年,第一产业占GDP的比重为30%左右;第二产业平均增长率预期为9%~10.5%,2010年第二产业的比重为20%左右;第三产业平均增长率预期为11%~

14%,2010 年第三产业的比重为 50% 左右。

(二)热带高效农业现代化的目标和任务

1. 2010 年海南基本实现热带高效农业现代化的目标

海南热带土地面积占全国热带土地总面积的 1/3,且雨量相对充足,具有发展热带农业的良好条件。进入 21 世纪之后,虽然由于我国加入 WTO 给农副产品市场带来了更大的竞争压力,但同时也为海南热带高效农业提供了更广阔的潜在发展空间,农业会继续保持持续快速发展的势头。通过产业开放,五年内初步实现现代化,十年内基本实现现代化,把海南建成中国热带高效农业基地和农副产品出口加工基地,使热带农业在海南省经济的总体格局中继续保持基础产业和优势产业的地位。

2010 年海南热带高效农业发展应实现以下目标:

(1)农业科技贡献率由现在的 40% 提升到 60% 左右,农业科技成果转化率由现在的 36% 提升到 50% 左右;

(2)农业生产机耕、机播、机电灌比例超过全国同期平均水平;

(3)乡镇农村生活、自给农产品加工基本实现机电化;

(4)中心城镇计算机网络应用普及率 100%;

(5)粮食播种面积占耕地总量的比重从现在的 62% 减少到 40% 左右,菜、瓜、果播种比重从现在的 17% 增加到 40% 左右,渔业产业占海南省农业总产值比重从现在的 18% 提升到 25% 以上;

(6)农产品及其加工出口占海南省出口比重从现在的 13% 提升到 25% 左右;

(7)国外或中国台湾的农业跨国公司进入海南;

(8)农民年人均纯收入从现在的 3000 元提升到 10000 元左右;

(9)农业劳动力初中文化程度以上者达 70% 左右;

(10)农业人口占海南省人口比重从现在的 75% 降到 50% 左右。

2. 农业产业结构升级的基本任务

(1)农业技术水平的升级。通过实施"科技兴农"的方针和扩大对外合作,利用信息技术、生物技术等高新技术改造和发展热带农业,提高农业的机械化和信息化水平,从传统的耕作农业向机械化、信息化和生物农业转变。2005 年使海南省农业用地的机耕、机播、机电灌溉的比例达到全国 20 世纪 80 年代的平均水平,初步实现生物防治病虫害。在 2010 年左右,使海南省农地的"三机"比例超过全国同期的平均水平。初步建成覆盖海南省的农业信息计算机网络。

表 15　海南省主要作物播种面积及结构　　（单位：公顷）

| 年　份 | 总面积 | 粮　食 | 经济作物 | | 其　他 | |
				糖　蔗		瓜　菜
1995	862640 （100%）	559376 （64.8%）	170575 （19.77%）	67359 （7.8%）	132719 （15.4%）	125447 （14.5%）
1996	874193 （100%）	559314 （64%）	166821 （19.1%）	68075 （7.8%）	148058 （16.9%）	140025 （16%）
1997	918301 （100%）	577197 （62.8%）	177992 （19.4%）	70871 （7.7%）	163112 （17.7%）	156043 （17%）
1998	929870 （100%）	576954 （62%）	177109 （19%）	72387 （7.8%）	175807 （18.9%）	164856 （17.7%）

数据来源：相关年份《海南统计年鉴》。

　　（2）农业内部结构的升级。按照季节优势和品种品牌优势相结合的原则，对农业的内部结构进行调整。大力发展海洋渔业，把渔业产值的比重提高到占农业总产值的 25% 左右。大幅度压缩粮食的种植面积，节省耕地用于发展冬季瓜菜、热带水果、花卉、山区畜牧业和其他热带高效经济作物。在确保粮食总产量保持在 1998 年水平的前提下，通过提高粮食单位产量，降低粮食的播种面积的比重。到 2005 年，粮食播种面积从现在的 62%，降到 50% 左右；瓜菜播种面积的比重由现在的 17% 提高到 30% 左右。到 2010 年粮食播种面积降到 40% 左右，瓜菜播种面积提高到 40% 左右（见表 15），在 2010 年左右，使海南的农业生产力达到和接近台湾 20 世纪 90 年代中期的水平。在改善耕地利用结构的同时，要大力改善品种的结构，强化良种良苗繁殖和培育体系的建设，培育一批市场容量大、竞争力强的海南名特优稀热带农产品，实现从以低价值的粮食和经济作物为主的传统农业向以高附加值的热带农产品和水产品为主的热带高效农业的转变。

　　（3）农业和农村经济经营方式的升级。立足国内市场，开拓国际市场，从产品和经营方式的单一型向多元化方向发展，从分散的、低产低效的小农经济向高效益、大规模、区域化和基地化的现代农业发展。扩大加工、流通和服务领域，建立农产品现代营销机制，实现农副产品产销企业化，最终形成"农、林、牧、副、渔"横向拓展，"种、养、加、运、销"纵向延伸的"十字形"大农业。

　　（4）市场结构的升级。从狭小的、分散的区域市场进入国际、国内热带农副产品的大市场，从低价值的农副产品集贸市场进入高附加值的超市货架。2005 年左右，海南主要农副产品的初级加工品要进入国内大中城市的主要副食品市场，部分进入国际市场。2010 年左右，海南农副产品的精加工和深加工产品要进入国内中等以上城市的副食品市场以及主要的国际市场。

2005 年左右,经过调整之后的海南农业商品率将从目前的 76% 提高到 80% ~ 85%,农业科技进步对经济增长的贡献率从目前的 40% 提高到 50% 以上,农业科技成果转化率由目前的 36% 提高到 45% 左右,农民人均纯收入从 1998 年的 2575 元提高到 5000 元左右。2010 年左右,农业的商品率、科技进步贡献率、科技成果转化率在 2005 年的基础上再上升 5 ~ 10 个百分点,农民的收入再翻一番。为实现上述目标,在加强农业科技开发和推广力度的同时,在海南省范围内重点扶持发展一批农产品加工和运销龙头企业,建立若干个农产品综合加工基地,大力推行标准化包装和冷藏集装箱运输,变单一的汽车运输为汽运、空运、海运多种渠道同时并举,以适应农产品不断扩展的大市场、大流通、长距离和保质、保鲜的需要,由此提高农业的整体效益。

3. 实施 21 世纪海南农业振兴计划

以实现农业产业升级、发展外向型现代农业和农业现代化为目标,制定"21 世纪海南农业振兴计划",提出农业现代化的目标和任务,明确实现农业现代化的基本思路,推进海南新一轮农业与农村的改革开放,全面推进农业现代化进程。

"21 世纪海南农业振兴计划"主要包含以下内容:①提出海南热带高效农业现代化建设目标;②规划海南农业产业结构升级与区域结构布局;③规划海南农业基础设施建设的重大项目工程;④制定海南科教兴农的任务与措施;⑤制定海南农业新阶段的改革任务与措施;⑥制定海南农业产业开放的任务与措施。

建议在"十五"期间加强农业基础设施建设,集中力量抓好对推进农业现代化奠定重要物质基础和技术基础的三大基础工程建设,即热带高效农业机械化、信息化、生物技术化工程,农副产品加工出口基地建设工程和水利基础设施建设与维护工程,并将其列入"十五"重点建设项目,加大投入,优先安排。

4. 建设热带高效农业科教基地

在农业部的支持和指导下,以华南热带农业大学、海南省农科院和海南大学为依托,建立海南热带农业科教基地,并以此为中心,建立覆盖海南省的农业技术推广网络,担负起优良品种的试验培育、技术引进和本地化,农业技术和良种的推广以及农业技术人员和农户技术培训重任。在基地内,建设若干个国家级和省级的重点实验室和若干个农业科技转化试验农场。海南省政府对热带农业科教基地建设给予资金和政策的扶持,保障在基地工作的技术人员享受较高的待遇,以激发他们的工作热情。与此同时,制定周密的计划,力争在 3 ~ 5 年内在海南省范围内建立一整套农业技术创新与推广培训体系,从根本上改变海南农业科技极端薄弱的局面。

（三）资源加工业集约化的目标和任务

1. 海南工业发展的目标

建省办特区以来，海南的工业取得了迅速的发展，规模不断扩大。从 1988 年到 1998 年工业固定资产投资累计完成 297.4 亿元，年均增长 45%，工业总产值从 1987 年的 29.2 亿元上升到 1997 年的 174.7 亿元，增长了将近 6 倍。工业增加值从 1987 年的 7.69 亿元上升到 1998 年的 55.7 亿元，增长 3.2 倍（按可比价格）。当前工业发展中的突出问题是：产业结构落后，技术水平低，经济效益差，面对国际国内严峻的市场竞争，海南工业的发展不在于数量的扩张，而在于质量的提高。

面对 21 世纪，海南工业发展不应再走传统工业化和建立完整的工业体系的道路，而应以建立富有海南地方特色的工业为目标。富有海南地方特色的工业指的是：①与海南的资源优势紧密联系，是与海南的热带农业资源和海洋资源相关联的资源加工业。资源加工业集约化是海南富有地方特色工业的基本构成。②它与海南优良的生态环境相依存，是与生态环境建设相协调、同步发展的体现生态经济的工业。③它与海南在知识经济时代高新技术发展紧密联系，是依靠信息技术和生物工程技术的运用和发展而形成的高技术产业。

2. 资源加工业集约化发展的两个阶段

虽然海南的传统工业已无法成为经济增长的主力，但是以农副产品和海洋产品为主要原料的资源加工业仍然具有广阔的发展前景。近年来医药、饮料等一批行业已经形成一定规模。在今后几年中，应大力推进高新技术的应用，搞好产业结构的优化和升级，加大发展资源加工业的力度，提高资源加工业的水平。21 世纪初期，海南省资源加工业的发展将经历两个阶段：

第一阶段（2000~2005 年），由粗放型向一般产业的集约化转化。即形成以农副产品、水产品和天然矿产为主要原料，以分散的中小企业为主体的初级加工阶段。海南目前绝大部分农副产品以初级产品上市，精加工和深加工产品不多，必须采取有效的扶持政策，大力培育农副产品加工龙头企业，带动海南资源加工业的发展，提高比较效益。

第二阶段（2005~2010 年），以农副产品的深加工和集团化加工企业的形成，海洋油气的开采、加工基地的形成为标志的高级加工阶段。运用高新技术大力提高农副产品加工业的科技水平，发展大型企业，形成集团优势，推出有竞争力、有高知名度的品牌；以开发海南岛附近海域的油气资源为重点，大力发展海洋油气业，加强国际合作，建成西部海洋油气资源加工工业基地。

3. 海南工业结构调整的基本任务

（1）以市场为导向，大力发展资源加工业和高新技术产业，使之成为海南工业的主体。

（2）以效益为中心，优化现有工业内部结构，淘汰那些技术设备十分落后、规模过小、长期亏损的工业企业，通过技术改造，调整产品结构和进行资产重组，对一些有发展前景的企业加以扶持发展。

（3）通过改革，加快中小企业的产权制度变革，在工业所有制结构上，实现以非国有经济为主。

（4）在大中小企业发展上，不放弃引进大项目、发展大企业的机会，但应把主要力量放在发展中小企业上，资源加工业和高新技术产业的发展主要是从中小企业起步。

（5）提高科技含量，以高新技术主导工业为发展方向，先重点建设省级科技创新和技术开发中心，在此基础上逐步建立海南省科技创新体系。要鼓励发展科技企业，使之成为工业企业的技术开发部，为广大中小企业提供技术服务。

（四）旅游业国际化的目标和任务

1. 2010 年海南旅游业的发展目标

把海南旅游业定位为休闲度假旅游，以一方净土为全国和世界提供优美的休闲度假胜地，是海南得天独厚的优势。定位于休闲度假才能使海南旅游业保持和发展自己的比较优势，而定位于观光旅游就会使海南旅游业在竞争中处在劣势。休闲度假旅游必然要求旅游业走向国际市场，实现旅游业国际化，使海南旅游业对国外游客具有吸引力，同时又使国内游客到了海南像到国外旅游一样，享受和感受到现代休闲度假旅游的服务。因此，要经过 10 年的努力，逐步实现海南旅游业从以观光旅游为主向以休闲度假旅游为主转变，实现海南旅游业国际化，使旅游业及其相关服务业成为海南省经济的重要支柱，使海南成为国际休闲度假旅游基地，成为我国旅游业走向国际市场的窗口。为此，2010 年海南旅游业发展应实现以下目标：

（1）旅游业总收入在海南省 GDP 的比重从现在的 15% 提升到 25% 以上，使之真正成为海南的优势产业和支柱产业；

（2）国际旅游创汇收入在旅游总收入的比重从现在的 11.7% 提升到 25% 左右，使旅游业真正走向国际市场；

（3）旅游企业计算机网络管理普及率达 100%，涉外酒店管理国际联网普及率达 50% 以上，其中四星级以上酒店达 100%；

（4）涉外酒店和旅行社经理层管理人员培训达标率为 100%，涉外酒店服务人员和旅行社导游人员的外语达标率为 90% 以上；

（5）外国旅行社或旅游业及其服务业的跨国公司进入海南；

（6）海口、三亚对国外游客实行免签入境；

（7）旅游城市人均绿化面积 20m² 以上；

（8）旅游城市和旅游景点的污水净化排放率达 100%，生活垃圾无害化处理率达 80%。

2. 旅游业结构升级的基本任务

当前影响海南旅游业发展的中心问题是，旅游业产业结构状况与海南旅游业的发展方向定位不一致。以国际休闲度假旅游作为海南旅游业发展方向的定位来调整优化旅游业产业结构，应成为未来 10 年旅游业发展的基本任务。

（1）实现从以观光旅游为主向以休闲度假旅游为主的结构升级。为此，一要逐步改变旅游宾馆酒店的结构，压缩城市宾馆酒店的比重，大力发展度假宾馆酒店。休闲度假宾馆酒店的建设要多样化，要为不同国家、不同民族、不同职业、不同收入的人们提供适合他们风俗习惯和消费需求的度假旅游服务，要重视开辟以不同类型的人为对象的旅游市场。二要改变以旅行社为主体组织的一日游、三日游的单一旅游产品，大力发展以度假酒店为主体组织的游览活动和娱乐活动，实现以休闲度假旅游带动观光旅游。三要大力发展休闲度假旅游所需要的各种基础设施，包括科技文化设施、文娱体育设施、康复医疗设施以及其他相配套的服务设施。海南旅游设施建设要突出体现生态文化、海洋文化、高技术文化和黎族、苗族文化等地方特色和优势。四要逐步改变海南只适合开展冬季旅游的形象，要重视发展和优化夏季旅游，使不同类型的人们均可利用自己的假期在任何季节来海南休闲度假，使春夏秋冬旅游得到均衡发展。

（2）实现旅游经济内部结构的改善。海南发展旅游业的当务之急是进一步改善旅游设施，提高服务质量。要参照国际惯例建立旅游法规和服务质量标准体系，加大文化、娱乐和保健领域的开放，按国际标准开发一些不适宜向国内游客开放的娱乐项目，与旅游业的发展相互促进和相互配合。在此基础上培育和发展新的服务经济领域，使海南旅游业成为创新理念不断丰富、科技含量不断提高、经济效益不断改善的最活跃的产业领域，形成以生态旅游和滨海休闲度假旅游为鲜明主题，特点突出，服务功能齐全，在国内外享有很高知名度和吸引力极强的综合性休闲度假旅游基地。

（3）实现旅游消费结构的改善和提高。据对 1997 年海南国际旅游消费结构效益分析，其中游览、娱乐两项的消费收入最低；购物、住宿两项的产业结构分量为负值，其效益最差；购物、游览两项的竞争分量为负值，在竞争中处在劣势（见表 16）。为此，需按照吃、住、行、游、购、娱六大消费需求，优化海南旅游消费结构，强化弱项，提高质量，延伸消费链，增强竞争力，以便提高旅游整体效益。

表16 1997年海南省国际旅游产业结构效益的偏离——份额分析

指标 部门	全国国际旅游外汇 收入构成（亿美元）		海南国际旅游外汇 收入构成（亿美元）		全国分 量（%）	产业结构 分量（%）	竞争分量 （%）
	1990 年	1997 年	1990 年	1997 年	1997 年	1997 年	1997 年
产业	22.2	120.74	0.27	1.02	/	/	/
商品	5.75	24.38	0.19	0.20	443.9	-119.9	-318.7
交通	5.13	34.76	0.02	0.33		133.7	972.4
住宿	4.53	18.38	0.04	0.18		-138.2	44.3
餐饮	2.44	15.87	0.01	0.12		106.5	549.6
游览	0.64	6.65	0.01	0.04		495.2	-639.1
邮电	0.50	4.74	0.0004	0.04		404.1	9052.0
娱乐	0.44	7.05	0.0003	0.04		1058.4	11731.0

数据来源：①根据相关年份《中国旅游年鉴》、《海南年鉴》以及海南省旅游局提供的数据整理。

②潘景胜、王淼："上海国际旅游产业结构效益分析"，《上海大学学报》1998年5月。

表17 海南省旅游业历年发展状况

项目 \ 年份	1995	1996	1997	1998	1999
旅游人数（万人次）	361.9	485.8	791	856	929
增长率（%）	24.7	34.6	62.8	8.2	8.5
国际游客人数（万人次）	32.8	33.9	41.3	39.4	45.5
增长率（%）	/	3	2.2	-4	15
旅游总收入（亿元）	52.4	57.23	61.67	66.96	72.46
增长率（%）	9.9	9.9	7.8	8.6	8.2
旅游创汇收入（万美元）	8098	8542	10121	9625	10506
增长率（%）	/	5	18.4	-5	9.1
旅游收入占 GDP 比重（%）	16.28	14.63	15.04	15.26	15.19

数据来源：相关年份《海南统计年鉴》。

3. 以提高效益为中心推动海南旅游业快速发展

通过对海南旅游业历年发展变化的状况分析（见表17）。我们发现：①海南旅游业近几年发展迅速，1999年旅游人数为1995年的2.56倍，平均以高出25%的年增长率发展。②海南旅游业中国际旅游发展十分缓慢，国际游客1999年仅为1995年的1.38倍，远远低于国内游客的增长速度。1998年海南国际游客人数为39.42万人次，仅为当年深圳的26.5%，为广东省的5%（见表18）。③海南旅游业人均消费水平很低，近3年来一直处在不到800元（人民币）的状况，仅为广东1997年的42%，国际游客人均消费水平1998、1999年不到250美元，约为1997年广东的62%、福建的42%、广西的73%，为亚洲主要国家与地区1994年的23%。④尽管旅游业近几年来发展迅速,但旅游业对海南省 GDP 的贡献率没有增加,从 1995～1999 年旅游收入占海南省 GDP 的比重一直在 15% 左右徘徊。

表 18　1998 年海南、深圳、广东旅游业相关指标比较

地　区	海　南	深　圳	广　东
游客人数(万人次)	855.97	488.80	6661.81
其中:海外游客(万人次)	39.42	148.47	788.65
国内游客(万人次)	816.97	340.32	5873.16
旅游外汇收入(亿美元)	0.962	5.9	29.4

资料来源:《1999 年中国统计年鉴》、《1999 年海南统计年鉴》、深圳市 1998 年统计公报。广东省数据为城市接待人数。

上述分析表明,海南旅游业要快速发展,应从规模扩张的初级阶段向以效益扩张的高级阶段发展,以提高旅游业的质量和水平带动旅游业的发展。提高旅游业质量和水平的关键,在于实现旅游业产业升级,提高旅游业国际化水平。据预测,如果未来 10 年,国内旅游人数以 10% 的增长率发展,国际游客人数以 1999 年为基数以 15% 的增长率发展,并在提高效益上下功夫,使国内游客人均消费水平于 2010 年达到广东 1997 年水平(人均消费 1800 元人民币),国际游客人均消费水平达到 1994 年亚洲主要国家与地区的水平(人均消费 1000 美元),海南省 2010 年旅游业的收入占海南省 GDP 的比重可从现在的 15% 提升到 30% 以上,使旅游业的收入接近或超过农业,真正成为海南省的优势产业和支柱产业。这种效益扩张相当于旅游业 GDP 从 2000～2010 年以年增长率 20% 的速度发展,这便是实现旅游业国际化、以提高人均消费水平为中心的效益扩张带来的效应(见表 19)。

表 19　海南省旅游业发展趋势预测

年　份		1998	2005	2010
旅游总人数(人)		856 万	1668 万	2367 万
GDP(元)		438.9 亿	900 亿	1600 亿
国内	游客人数(人)	816.9 万	1568 万	2167 万
	人均消费	724 元	1000 元	1800 元
	旅游收入(元)	59.11 亿	156.8 亿	390 亿
	占 GDP 比重	13.46%	17.4%	24.4%
国际	游客人数(人)	39.4 万	100 万	200 万
	人均消费	244 美元 (2000 元人民币)	500 美元 (4100 元人民币)	1000 美元 (8200 元人民币)
	外汇收入	9625 万美元 (7.89 亿人民币)	5 亿美元 (41 亿人民币)	20 亿美元 (164 亿人民币)
	占 GDP 比重	1.8%	4.5%	10.2%

续表

年　　份	1998	2005	2010
旅游总收入	67亿	197.8亿	554亿
占GDP比重	15.26%	21.97%	34.63%

注:①国内游客年增长率预期10%,国际游客年增长率预期15%。

　　②2010年国内游客人均消费1800元是广东省1998年的水平,国际游客人均消费1000美元是亚洲主要国家或地区1994年的水平。

(五)海洋资源开发产业化的目标和任务

1. 2010年海南海洋资源开发产业化目标

海南是我国拥有海洋面积最大的省份,也是国家唯一授权管辖海域的省份。海南省法定管辖的海洋面积有200多万平方公里,约占全国海域面积的2/3,蕴藏着极为丰富的海洋油气资源、海洋渔业资源、海洋旅游资源以及海洋矿产资源等。

利用海南的海洋资源优势,以信息技术、生物技术和与海洋有关的其他高新技术的开发应用为主导,在传统海洋渔业的基础上,进一步开发利用海洋资源,大力发展海洋产业,形成有特色的海洋经济新领域,使海南从一个海洋资源大省变成海洋产业强省。

第一阶段(2000~2005年):以捕捞和养殖业为主的天然资源利用型海洋资源开发产业化初级阶段。就海南省海洋经济的现实基础而言,在未来若干年内,海南将继续发展以海洋捕捞、海水养殖、海洋旅游为主要内容的自然资源利用和初级加工产业。与此同时,加快海洋开发基础科技的建设和海洋企业的发展,迈出建设海洋经济强省的坚实步伐。

第二阶段(2005~2010年):以海洋油气和深海生物资源的深加工为主的海洋资源开发产业化高级阶段。通过进一步扩大对外合作和发展海洋的高新科技,加强海洋产业的信息化建设,建立有效支持海洋开发的科技信息服务网络,改善海洋经济的组织形态。在2010年左右,真正建成四大海洋产业基地,即海洋渔业资源开发基地、海洋油气资源开发加工基地、热带海岛旅游基地和海洋资源综合开发基地,把海南建成真正的海洋强省。

2. 海洋产业结构升级的基本任务

海洋产业结构,若按现行的三次产业的分类进行划分,可把海水养殖业、海洋捕捞业归为海洋第一产业,把海洋油气业、渔业加工业、海洋药业、盐业等归为海洋第二产业,把海洋旅游业(不含以陆地为依托,利用海滩开展的旅游业)、海洋运输业、海洋生产服务业、海洋技术咨询和信息服务业等归为第三产业。通过产业开放,海南海洋产业结构优化与升级应实现以下目标。

（1）大力发展以渔业加工业、海洋药业、海洋油气加工业为主的海洋第二产业，使之在海洋产业中属主导地位，并成为海南省工业的主体；加速发展以海水养殖业、海洋捕捞业为主的海洋第一产业，使之在海洋资源产业化中起基础作用，同时成为海南省现代农业发展的生力军；抓紧发展海洋第三产业，特别重视发展为海洋第二、第一产业发展服务所需要的现代服务业，使海洋三次产业的发展相互协调、相互促进。

（2）加快对海洋产业中的传统产业进行技术改造，实现产业现代化；以高新技术为主导，发展海洋产业中的新兴产业，使之成为高新技术产业的组成部分。必须十分重视海洋产业的发展，特别是海洋油气业、海洋药业、海水养殖业等的发展对生态环境造成的影响。改变海南海洋产业目前的技术落后状况，提高科技对海洋产业的贡献率，是海南海洋产业结构优化与升级的基本方向。

（3）优化海洋产业结构的区域布局。海洋第二产业的发展宜放在海南西部，海洋油气业的储存、加工、出口的基地在洋浦，把白马井建成重要的海洋水产品加工基地，依托主要港口发展海洋第三产业和海洋捕捞业、海水养殖业。借鉴发达国家和我国台湾的经验，考虑到海水养殖业对生态环境的影响，不宜全岛遍地开花，更不要在旅游区的布局内建设海水养殖基地。

三、实施产业开放的重大举措

实施产业开放政策是 21 世纪初期贯穿海南经济工作的一条主线。产业开放的出发点是为确保海南在 21 世纪初叶经济规模和经济质量获得全面的发展，在现有基础上提高发展速度，保持持续快速发展势头，避免再次出现大起大落现象。产业开放政策应成为其他政策的主要参照系，各项政策的确定与执行，必须考虑产业开放政策的影响和要求，必须与产业开放政策相互适应和相互配套。要切实重视政策的整体效应，在相互配合上发挥整体效应作用，注意避免政策相互制约的副作用，充分发挥开放政策的正面作用，同时也要注意由于开放政策带来的压力和风险及可能产生的负面影响。

海南要实现未来 10 年产业开放的总体目标和主要任务，必须抓住机遇，解放思想，不失时机地采取一些重大举措，实现某些重大突破，从而把海南的现代化建设引上健康发展的快车道。

（一）利用加入 WTO 的机遇，采取必要措施，加快推进琼台农业合作

1. 琼台农业合作的成功对于海南的农业现代化具有决定性的意义

随着我国即将加入 WTO，我国台湾作为单独关税区，也会很快加入 WTO。因

此,未来一两年将是台湾农业及其出口加工业加速转移的关键时期。海南具有琼台农业合作得天独厚的条件,不论是自然条件、地理条件和原有产业发展的基础,海南均具有自己独特的优势。近几年来琼台农业合作有了较快发展,奠定了较好基础。台湾加入 WTO,全面开放农业市场,对其农业将产生巨大的冲击,必然寻求其他地区发展农业。海南必须清醒地认识到这一点,紧紧抓住台湾农业转移的机遇,以琼台农业项下自由贸易为重点,推动"海峡两岸(海南)农业合作试验区"建设,把琼台农业合作推上新的台阶,这是实现海南热带高效农业升级和现代化的关键一步。

2. 抓住琼台农业合作机遇的关键在于行动

为此我们提出可供选择的若干行动方案,只要其中有所突破,都将会有力地推动琼台农业合作在新时期向新阶段发展。

(1)实行琼台农业项下自由贸易,率先按 WTO 规则,对台商来琼从事农业项目的经济活动,实行国民待遇的各项政策。建议海南省政府在中央有关部门的指导下,对原有对台的有关政策进行整理,以 WTO 规则为依据,修改或重新制定并及时出台对台来琼从事农业活动的政策新规定。

(2)琼台之间率先实行"三通"。海南特区与台湾指定的区域、港口、机场在加入WTO 后实现直航。对于影响直航敏感的政治因素,可考虑允许台湾航空企业入股三亚凤凰机场,入股海南航空公司,采用商务方式加以处理,在形式上先行实现地方性的"三通"。

(3)发展琼台农业、渔业技术合作计划,争取签订《琼台农业渔业技术合作协议》。台湾于1990 年曾公布对海南农业、渔业的技术援助计划,由于种种原因未能实施。我们应以引进台湾先进技术、优良品种和科技人才为目的,开展与台湾方面的农业科技交流、科技项目合作和教育培训合作,主动提出技术合作方案,主动争取台湾对海南省农业的技术援助项目。通过民间或半官方的推动,促成台湾对海南农业、渔业技术援助的顺利实现。

(4)合资建设热带高效农产品或水产品出口加工基地。允许台资控股,引进台资、先进的加工技术和国际营销网络,在较高的起点上发展农副产品和水产品的加工业,创建无污染名牌产品,扩大国内市场占有率,并进入国际市场。

(5)在实施"海峡两岸(海南)农业合作试验区"的基础上,建立琼台合资合作的现代农业技术开发区。允许台资控股,对台商实行国民待遇,并实施农业高新技术的特殊政策,发展技术含量高的现代农业,并以此项目争取国家专项资金支持。

(6)合资共建海洋远洋船队。允许台资控股,引进资金,引进深海渔业和远洋渔业的捕捞技术和设备,发展高吨位渔船和拖网加工船,向中、深海进军,加快远洋渔业的发展步伐。

（7）组建琼台农业开发促进会，建立半官方或民间的交往渠道，以便定期共商琼台农业、渔业合作事宜。促进会为官方背景、民间性质，促进会的宗旨是为推动琼台农业长期合作和发展而努力。促进会由两岛有影响的研究机构和农业民间团体共同发起建立，由两岛高层次、有威望、有影响的人士组成。促进会每年组织成员进行考察，提出调研报告，每年召开一次会议，研究两省合作中重大问题，并提出指导性的建议报告。

（8）联合建立琼台农业合作信息网络，完善信息收集和发布制度，为琼台农业合作提供全方位的信息服务。

3. 要为有效地推动琼台农业合作积极地创造条件

必须加强海南省农业基础设施建设，完善有形市场和无形市场的建设，进一步推进农业市场体制改革，并通过立法制定确保台湾同胞人身与财产权利保障的相应法律。琼台农业合作的影响重大，需上下左右、齐心合力、精心安排、不断完善，紧紧依靠中央及有关部门的支持，以求不失时机地开创新局面。

（二）加大旅游业的开放力度，争取把三亚确定为国家旅游产业建设基地，建设三亚国际化旅游城市

21世纪初期旅游业的发展同样面临着激烈的竞争局面。随着我国加入WTO，旅游业处在开放的态势。从资源分布的特点和已经形成的基础来看，三亚处于海南省旅游业的龙头地位，具备建设国际化旅游城市的自然资源条件和城市基础设施。建议中央把三亚确定为国家旅游产业建设基地，高水平地对三亚旅游业的发展和三亚城市建设进行规划，并给予扶持。加快三亚国际化旅游城市建设，以此为突破口带动海南省旅游业全面发展，是海南旅游业真正走向国际市场的关键性步骤。

（1）三亚实行更加开放的政策，提高对外开放总体水平，在旅游开发、经营、管理和服务等方面与国际旅游业接轨。应围绕旅游业的对外开放制定《三亚国际化旅游城市发展规划》，争取用10年左右时间，把三亚建成我国第一个旅游开发与经营对外高度开放，以国际游客为目标市场，按国际公认标准和惯例为游客提供产品和服务的国际化旅游城市。要尽快放开外商外资对旅游业投资经营范围的限制，允许境外大型旅游商独资或合资从事旅游业和相关服务业的开发和经营，允许境外大型旅行社在三亚设立分社。

（2）尽快争取实行免签证政策。为了方便海外游客的出入境，海南要尽快争取实施国际旅客免签入境的优惠政策。经国家主管部门批准，在海口、三亚对国际游客免签入境15～30天。

（3）加强旅游文化建设，形成国际知名旅游品牌。要培育以热带滨海自然风光为底蕴，充分展现中国文化特征与现代科技相融合的富有鲜明个性和魅力的总体形

象;要提供优惠政策,鼓励发展以服务业为主体的新兴经济,特别是疗养保健产业、文化教育产业、体育产业、娱乐产业,使之与高品位旅游业相互配套和相互促进。

(4)加快旅游业基础设施建设。高标准地进行海口、三亚城市建设,尤其是加快会议和展览场馆的建设,形成与国际标准接轨的旅游综合服务体系,通过大幅度提高整个旅游行业从业人员的整体素质以及市民的文明素养,使海南旅游业的服务质量和服务水平得到显著的改善。

(5)建设国际会议中心,发展与旅游相配套的会议产业。随着我国对外开放的进一步扩大和经济的发展,会议将发展成为一定规模的产业。海南作为联系东南亚和环太平洋地区的交通要冲和沿海开放城市,同时作为有特殊风光的旅游度假基地,具有发展会议产业的优越条件。会议产业是一个对整个服务产业有很大带动性的产业门类,它不仅有显著的经济效益,而且有非常突出的社会效益,可以极大地推动海南的对外开放。因此,海南要把国际会议中心的建设放在十分重要的位置上来考虑,把它作为一项影响全局的大事来抓紧、抓好。要充分吸收瑞士的达沃斯、美国的夏威夷、拉斯维加斯、印度尼西亚的巴厘岛的成功经验,以组织若干个世界性或者区域性的大型国际会议为龙头,带动一般性的国际会议在此举行,尽快使会议成为促进旅游发展的新兴产业。

(6)实行教育开放,大力发展教育,特别是发展旅游职业教育。引进国外或国内著名大学和联合社会力量,创办以旅游学科为主的高等职业学院。

(三)引进外资合资合作开发海洋资源,发展海洋产业

海南 21 世纪初期致力于发展海洋产业的主要依据在于:

(1)我国南海是一个巨大的资源宝库,开发与利用南海资源必将成为我国 21 世纪经济发展的战略目标。南海海域归属海南省管辖,海南应为此做好战略性部署,列入"十五"计划,有计划、有步骤地推进,发展海洋产业和资源加工业。

根据目前资金相对短缺、科技力量有限的实际情况,开发南海资源,发展海洋产业,应大力引进外资进行合作,以开发海岸带和近海为重点,由近到远,逐步向中、南部海域扩展。重点发展海洋渔业及其加工业、海洋药业、海洋旅游业和海洋油气业及其加工业。

(2)鉴于南中国海的油气资源受到周边国家的侵占和掠夺,建议国家在"十五"期间把南海的资源开发列入重点,加以扶持。支持批准东方 1—1 气田开发启动,支持海南落实每年 16 亿立方米天然气用户项目建设,支持在永兴岛建设西沙、南沙渔业补给基地,支持开发西沙群岛旅游等。

(3)实行产业开放政策,允许外资进入,联合国内外跨国公司或大企业集团合资

共同开发南海资源,联合开发南海油气田;联合建设南海油气储存、加工和出口基地;联合组建远洋渔业船队;联合组建远洋渔业服务船队等。在这些有重大影响的项目上,按照"双赢"的原则,争取国家大力支持,进行招商引资。

(4)海南省是我国海洋大省,发展海洋产业是海南经济发展的战略重点,建议中央赋予和扩大海南省部分海洋油气资源开发权,以实现与我国台湾及周边国家和地区合作开发南海油气资源的目标。建议中央授予海南省对所管辖海域具有海洋资源管理权,特别是对南沙渔业资源开发和利用的管理权,即广东、广西壮族自治区省申请往南沙生产的渔船,由农业部南海区渔政渔港监督管理局每年安排渔船指标数量后,经海南省渔业行政主管部门审批发放南沙生产专项捕捞许可证;海南省往南沙生产的渔船,由海南省渔业行政主管部门审批发证后,报农业部南海区渔政渔港监督管理局备案。

(5)鉴于南海周边一些国家已在我西沙、南沙地区设立县、市,为维护我国对南海诸岛及其海域的主权,为更好地在开发南海中占据主动,目前我国在西、南、中沙群岛设立市级政权条件也已经成熟,建议中央尽快批准撤销海南省西、南、中沙群岛办事处,设立三沙市,由海南省直辖,市政府驻永兴岛。

(四)借鉴新加坡经验,把洋浦建成油气储存、加工和出口基地

南中国海蕴藏着丰富的油气资源,南中国海的油气资源正受到周边国家的侵占,开发和利用南海油气资源,无疑在经济上和政治上均具有重要的战略意义,对海南未来经济的发展也将产生重要影响。鉴于海南省在油气储藏上十分丰富的优势、地理位置上与华南地区和港澳地区距离较近的优势以及海南作为经济特区所具有的经济环境上的优势,海南完全有条件、有可能成为我国南部天然气基地。把海南建成我国天然气基地,应成为海南未来10年建设的重要战略目标,争取列入国家"十五"计划开始启动。

洋浦建设既关系到海南的对外开放的进程和整个西部地区的工业建设,也关系到整个国家的对外开放形象。鉴于洋浦在海南乃至全国改革开放中的特殊地位,必须采取一切措施,尽快实现洋浦开发的全面启动。

(1)随着南海资源的开发与利用这一战略实施,可选择洋浦逐步作为挺进南海、开发南海的重要基地。借鉴新加坡经验,以海洋油气为原料,以市场为导向,开发化工项目,以大带小,形成产业链、项目群。应通过产业开放,采取有力措施,引进国内外大企业、大财团进行共同开发。

(2)近期洋浦应抓好贸易启动,搞活洋浦的加工贸易、转口贸易、仓储贸易以及边境贸易。加大招商力度,引进大企业、大项目进入洋浦,以项目带动洋浦近期的发展。同时完善洋浦各项基础设施建设,经过若干年的过渡,把洋浦从一个加工贸易基

地发展成为重要的油气储存、加工和出口的化工基地。

（3）洋浦应继续用足用活中央赋予的优惠政策，使之真正落到实处，将优惠政策转化为投资效益，以政策驱动促进功能开发。洋浦的管理体制应总结经验，做必要调整，以适应洋浦的发展。

四、服务于产业开放的若干改革措施

改革是推动和解放生产力的根本，改革推动着经济持续快速增长。决定海南产业开放的最重要环节是海南的市场化进程。市场经济有两个最基本的要素：一是规范保护市场主体利益的制度环境；二是具有充分自主性、独立性的市场主体。制度环境建设必须通过改革，这是最具实质性、全局性的因素。海南作为特区省，不但发展需要改革，而且按照中央对海南的要求，需要建立起与发展相适应的、有自身特色的创新体制，必须通过改革。确立海南未来5～10年以产业开放拉动产业升级的经济发展战略，要进一步加快市场化改革进程，更需要尽快出台一些重要的改革措施。

（一）适应产业开放要求，加快发展非国有经济

海南建省初期，中央就给海南明确的政策，允许海南不受所有制结构比例限制，支持和鼓励多种所有制形式的企业平等竞争，竞相发展。经过十多年的发展，海南非国有经济的企业已成为海南经济发展的重要力量。但是，在实际成长环境方面，如市场准入、资金借贷、技术服务、税收优惠等，都在向国有企业倾斜，这使非国有企业发展受到一定限制。国有企业投资大，但产业效益不高（见表20）。在实施新的产业开放战略中，海南必须加大企业改革的力度，力争在未来五年内形成产权明晰、各种所有制企业平等竞争的所有制格局。

表20　海南省所有制结构状况　　　　　　　　　　（单位：%）

项　　目	1990 年		1997 年		1998 年	
	国　有	非国有	国　有	非国有	国　有	非国有
农业总产值	6.85	93.15	20.95	79.05	21.53	78.47
工业总产值	75.72	24.28	35.26	64.74	24.65	75.35
社会消费品零售总额	33.26	66.74	18.87	81.13	18.64	81.36
全社会固定资产投资额	85.88	14.12	86.28	13.72	84.33	15.67
从业人员	31.63	68.37	25.67	74.33	21.93	78.07

注：农业总产值为1990年不变价格，工业总产值为当年价。

数据来源：相关年份《海南统计年鉴》。

1. 进一步鼓励和扶持民私营经济的发展,使之成为 21 世纪海南发展的生力军

(1)要大力推进国有经济战略重组,通过职工持股、股份制、国有资产置换、出售等多种方式,使竞争性、赢利性行业的国有中小企业发展成为混合经济企业。

(2)要引导、鼓励民私营企业走以高新技术为主导的发展道路,对民私营企业放松市场准入限制,扩大民私营企业在电力、金融、城市基础设施建设等方面的投资领域,并给予金融、财政、税收等方面的扶持。建立民私营企业信用担保体系、间接融资系统,拓宽直接融资渠道,强化中小企业贷款保证系统,完善资金辅导系统等以适应广大民私营企业发展的需要。

(3)大力发展城乡合作型的、以加工业为主的民私营企业。城市提供信息、技术、资金、管理,农村提供原料、劳力、场地等,通过城乡合作带动海南加工业的发展,解决农村劳动力转移问题,并在此基础上,逐步形成以城乡合作型民私营企业为主体的小城镇,推动海南的小城镇建设。

2. 加快企业个人收入分配制度的改革,实现产权占有多元化、社会化

海南在企业收入分配制度上的改革明显滞后,导致技术、管理骨干人才离开企业,或离开海南,到广东、上海、深圳等地谋求发展。企业要实现要素资本化,关键是吸引人才。增强企业活力的源泉在于建立与现代企业制度相适应的、合理的收入分配制度。

(1)建立职工持股制度,在企业和职工之间结成产权纽带关系,使劳动者成为产权主体,有效地激发职工的责任感、参与感和对企业的归属感。

(2)理顺和完善企业经营者的激励、约束机制。在加强对经营者监督制约的同时,着力解决对经营者的激励问题。应在有条件的企业内试行经营者股票期权、期股和年薪制等长期激励办法,解决好经营者的劳动力产权问题,使经营者获取与其职责和贡献相符的收入水平,调动广大经营者的积极性,这对企业收入分配制度改革和企业发展有特别重要的意义。

(3)制定和出台相关的政策和法律,争取在 2000 年海南省人大通过企业职工持股的法案。大力鼓励企业收入分配向企业科技人员和技术骨干倾斜,不仅在薪金、奖金、股权、期权、住房、福利等物质收入方面要与普通职工拉开差距,而且要在企业形成尊重知识、尊重人才的风气,最大限度激发科技人员的创新积极性,增强企业技术创新的后劲。

3. 加快国有企业的改革,实现企业产权的社会化

为了实现产业开放的战略,海南要对国有经济布局做重大调整。

(1)严格控制国有企业数量,缩短国有经济战线,把国有资产从一般竞争性领域向必须由国有经济发挥作用的战略性领域集中。对于海南来说,这些领域应主要集

中在重点防护林工程、大型不可再生资源的开采、非经营性公益事业等。

（2）以市场和产业政策为导向，以资产为纽带，在摩托车、化工、航空以及医药、农业等重要支柱产业中，鼓励企业兼并、重组、联合，组建若干家跨地区、跨行业、跨所有制大中型股份制企业集团，促进存量资产向优势企业集中。

（3）对食品、纺织、化纤、制糖、建材、商业等行业的国有中小企业要采取灵活多样的方式，如职工持股、股份合作制、租赁、破产、出售国有资产转变为民营企业或股份合作制企业。

（4）要敞开大门，面向海内外开展企业资产重组，制定若干措施，吸引境外企业与海南国有企业之间的合资合作。通过外资的注入，改善国有企业的股权结构、资产结构、组织结构和管理水平。

（5）积极选择推荐更多符合国家和海南产业政策、涉及海南长远发展的、经营管理水平比较高、经济效益比较好的企业股票上市，使其成为公众公司，提高其产权社会化程度。

（二）按照产业开放要求，全面实现经济运行机制市场化

1. 加快投资要素的市场化和规范化

投资要素市场包括商品、劳动力、资本、技术市场等。海南省的商品市场经过十多年的培育和发展有了一定基础，但也存在着竞争不平等、市场秩序混乱等问题，需要进一步规范和发展。其他要素市场，如资本、劳动力、技术、土地等市场则基本上还处于起步阶段，组织化程度很低，亟待采取措施进一步规范和发展。

（1）在对海南金融机构清理整顿的同时，还要着手培育以产业资金为龙头的资本市场，以资本市场发展带动诸多方面的改革。

（2）工资改革要进一步向市场化迈进，把工资分配纳入市场调节轨道，加速劳动力市场的形成。

（3）加强地价评估，商业性用地使用权的出让和转移，要通过招标、拍卖方式进行，加强竞争性，提高透明度。

（4）调整和理顺政府对自然垄断行业商品和劳务的定价和收费标准，使价格既能反映企业的成本，调动企业积极性，又能保护广大消费者利益。

2. 尽快推进服务领域的市场化改革

未来五年内，应把服务业的市场化改革作为海南市场经济向纵深发展的突破口。

（1）对服务领域的国有企业进行股份制改造，明确产权关系，建立现代企业制度，培育服务领域市场竞争主体。

（2）对服务业进行业务分解，把自然垄断性业务从其他业务中独立出来。由国

家授权的企业垄断经营,政府要对其加强管制。其他非自然垄断业务,则由多家企业竞争性经营,完全由市场进行调节。

(3)政府对一些建设项目和垄断业务的特许经营授权应通过公开招标的方式进行,通过合同的方式,规范政府、企业、部门的行为。招标活动应该遵循公开、公平、公正和诚实信用的原则,保持招标的透明度,减少招标过程中的人为决定因素,减少腐败行为。

3. 积极推进经营者选择的市场化、职业化

培养和造就经营者队伍,保证使最具经营能力的人成为经营者是保证企业高效运作的核心。加快建立有效的经营者市场选择机制是海南加快建立经营者队伍的关键。

(1)取消组织和人事部门对国有企业的经营者的委任制,由董事会面向社会、面向市场公开招聘。

(2)确定明确的选拔条件,经营者必须满足从事经营决策、管理岗位所必需的基本条件,使经营者成为独立的职业阶层。

(3)尽快建立规范的经营者市场。建议有关方面应尽快出台相关规定,把经营者的选拔机制制度化、规范化。

4. 建立政府采购制度,加快财政支出市场化改革

目前我国正在推行的政府采购制度改革,填补了在财政支出管理方面的空白。因此,海南要尽快建立政府采购制度,形成与现代市场经济接轨的财政支出框架体系。

(1)建立特定政府采购机构——政府物料供应中心,以公开招标的方式,向社会集中统一采购行政、事业单位工作所需的各种设备和提供修缮及其他服务,节约开支。

(2)培育政府采购市场,可采取用计算机及现代化的通讯网络,实施电子采购,在此基础上,实现全国物资采购的联网。

(3)组建政府采购中介机构,如各类招标机构和仲裁机构,以解决政府采购所涉及的技术问题和争议问题。

(4)建立和完善监督体系,对政府采购进行有效的法律监督和社会监督,确保有关部门在政府采购过程中公开、公平、公正。

(三)进一步完善"小政府、大社会"行政管理体制,建立精干、廉洁、高效的政府

"小政府、大社会"是海南省市场化改革的重要特色,它在海南发展过程中起到

了重要的作用。按照产业开放对政府管理体制提出的要求,下一步海南各级政府机构改革要在以下三个方面有所突破。

1. 政企分开要有新突破

按照管好所有权,放开经营权,政府行使宏观调控权的思路,以政企职责分开为突破口,以建立国有资产出资人制度为核心,对国有资产的管理、运营和监管体制进行大胆探索和改革,建立新型的、科学的国有资产管理、运营机制。

组建国家控股公司即国家授权投资的机构,建立控股公司与政府之间的新型关系。政府通过授权,使控股公司行使国有资产的出资者职能,成为国有资产的经营主体,从而使政府机构与经营国有资产的职能彻底脱钩,实现政府的社会经济管理职能和所有者的资产管理职能分开,政府的国有资产的管理与监督职能和国有资产的经营职能分开,最终实现政企分开。

2. 政事分开要有新突破

海南事业单位冗员沉重,吃财政饭的人员中,大部分是事业单位人员,给财政造成很重负担。因此,事业单位改革势在必行。政事分开是事业单位实现自主经营、自负盈亏、自我约束、自我发展的前提。政事分开要在下面几个方面有所突破:

(1)事业机构企业化和社会化是实现政事分开的基本前提。要进一步推行已开始的事业单位法人资格登记,核准事业单位法人资格,确定事业单位法人地位,实行法人治理结构。为事业单位走向市场、服务社会、实现自身企业化、社会化经营创造条件。

(2)通过改革,力争实现政府机关与事业单位在政事职能、政事机构编制、政事机构规格、政事机构名称、政事管理方式五个方面的分开。

(3)打破事业单位部门所有制,尽可能做到政府与事业单位在人、财、物等方面的分离,从而杜绝政府职能体外循环的可能性,堵塞政府机关附属机构不断膨胀的漏洞,减少行政事业经费的开支渠道。

3. 政社分开要有新突破

政社分开即政府机构与群众团体、中介组织和社会性服务组织的分开,充分发挥社会性团体和组织的自我发展和自我管理的作用,改变政府包揽社会事务的状况,真正实现社会事业社会办。

(1)明确界定政府和社会的职责,政府管理和社会管理分开,把社会可以自我调节与管理的职能交给社会,政府要极大地减少审批事项,把绝大多数事务性管理工作交给社会自律组织,真正做到还权于社会。发展和培养一批能够活动自主、经费自筹、领导自选、独立行使社会职能的社会组织,逐步增强社会的自治功能。

(2)改进政府对各种中介机构的管理办法,取消它们的挂靠单位,切实切断社会中介组织对政府的依赖关系,使其成为独立的法人实体。

(3)政府要制定好相关的政策和法律,加强对社会组织的依法监管,规范社会组织的行为。

(四)完善全社会统一的社会保障制度,提供产业开放的社会条件

1. 进一步完善海南省的社会保障制度,逐步扩大保障覆盖面,形成海南省统一的社会保障体系

(1)深化改革养老保险制度。在城镇,完善法定的基本养老保险制度,扩大覆盖范围,合理确定职工基本养老保险水平、筹资水平和积累水平;在农村,建立以个人交费为主、国家给予政策扶持的合作养老保险制度。

(2)深化医疗保险制度改革,采取多种措施推动市县和农垦的医改进程。在城镇,完善社会统筹与个人账户相结合的医疗保险制度;在农村,推行合作医疗或大病统筹式的医疗保险制度。

(3)完善失业保险制度,调整失业保险基金的使用机制,开展职业培训,扩大再就业机会。

(4)扩大社会保障的内容,逐步建立起社会保险、社会救济、社会福利、优抚安置、社会互助和个人储蓄积累保障相结合的多层次社会保障体系。

(5)完善社会保障基金管理运营制度,强化政府和社会对各项社会保险基金的监督和管理,确保各项社会保障基金的给付和调剂运营。

2. 多渠道筹集社会保障基金,摆脱仅靠增加企业成本支撑改革的局面

(1)财政支出加大对社会保障基金的倾斜,要增加社会保障支出在财政支出中的比重。在现代市场经济条件下,财政支出重心要逐步由过去的投资生产建设性项目转向对社会保障、社会治安、基础教育等社会公共产品的支出,为市场经济发展创造良好的社会环境。

(2)结合国有经济战略重组,将出售国有经济所得的部分用于补充社会保障基金。

(3)逐步明确和增加个人对养老、医疗、住房等保障的投入,建立社会统筹和个人账户相结合制度,调动个人参与和积累社会保障基金的积极性和主动性。

(4)将若干社会保障项目费率合并,争取率先开征社会保障税。由国家税务部门利用征收个人所得税的程序统一征收,有利于降低征收成本,又可以使保障基金及时入库。

3. 以扩大再就业为目标,对下岗人员、失业人员提供基本生活保障

(1)要为下岗职工提供基本生活保障,做好基本生活费用发放和社会保险费用

代缴。

（2）引导下岗职工和失业人员进入再就业培训中心，接受再就业培训，努力做到快进快出、出大于进，提高下岗员工的技能。

（3）社会保险要落实，要解决好在私营、外商企业工作的员工社会保障的连续问题和从事个人工商的个人投保问题。

（五）推进农村和农垦体制创新，促进农业的现代化和可持续发展

1. 加快农垦民营化进程，全面推进农垦管理体制和企业制度的改革

以产权制度改革为突破口，进行农垦企业战略性改组，调整完善所有制结构，积极探索租赁制、股份合作制、有限责任公司制、家庭农场经营制等新的经营方式，使一批适合集体、个体、私营企业和混合经济组织经营的农垦企业转为非国有性质的民营企业。对一部分经济效益好的大中型骨干企业和在农业产业中起核心作用的龙头企业，进行公司制改造，按现代企业制度要求，完善法人治理结构，加快垦区集团化进程，按照主产品的特点和生产、加工、运销一条龙服务的要求，组成橡胶、热作和旅游等若干个企业集团。与此同时，大力推进农垦社会服务体系地方化，加强垦区的小城镇建设，使农垦经济迅速摆脱国有企业普遍面临的困境，完成深化改革和第二次创业的过程，再次成为海南农业和农村现代化的中坚力量。

2. 全面落实延长农村土地承包至少30年不变的政策，实现农村土地使用权长期化、法制化

在全面落实第二轮土地承包至少30年不变的基础上，选择一些有条件的乡镇，在农户自愿的前提下，进行土地使用权70年不变的改革试验。从实际出发，创造条件实现农村土地使用权在自愿和规范的前提下的有偿转让，运用市场机制，将土地使用权作为生产要素进入市场，为有条件地发展适度规模经营提供条件。

3. 培育和发展农民自己的经济组织和专业服务组织，提高农民进入市场的组织化程度

从海南省热带农业的发展来看，引导农村资金、技术、劳动力等各类要素按市场需求组织生产的出路，在于推行"专业协会＋农户"形式。专业协会要注册登记，取得正式组织身份，保持独立经营的主体地位，实行民办、民管、民受益，服务农民，发展专业生产。通过帮助农户解决经营取向、生产技术、产品销售问题，在农户和市场之间架起一座桥梁，促进农村生产、加工销售的一体化经营。

4. 加快城镇建设

在现存的专业化生产、区域化布局的基础上，逐步培育农村中心城镇，使之成为农产品的集散中心、产业集聚中心、技术辐射中心和经济增长中心。

5. 改革农村投融资体制

采取财政、信贷支持、吸引内外投资等方式,逐步形成政府引导、多种经济成分、多种投资主体参与的农村投融资新体制。

6. 推进农村基层的民主建设,建设富裕、民主、文明的新农村

海南的村民自治在各级党政领导的重视下,选举的民主化、规范化程度不断提高,村民自治的内容也不断完善。实践证明,农村基层民主建设为海南农村经济和社会发展注入生机和活力,促进了海南农村各项改革和建设事业的全面发展。

目前,海南的基层民主建设还需继续向广度和深度发展,在未来五年内,逐步把村委会直接选举扩大到乡镇一级,以加快农村的民主化进程。

(六)加快海南现有金融机构的整顿和调整,重塑海南地方金融体系

资金缺口大,已成为制约海南实施产业开放战略,加速经济发展的主要因素,要实现海南预期发展目标,初步测算 2000～2015 年共需 9000 亿元人民币的资金投入,如果 50% 由省内自筹,那么第一个五年每年需筹资 125 亿元,第二个五年每年需筹资 250 亿元,第三个五年每年需筹资 500 亿元。因此海南面临的重要任务就是在整顿金融机构的基础上,加快投融资体制改革,建立和逐步完善适合海南实际情况的筹资方式。

(1)重建海南金融机构,稳定投资者信心,促进社会和经济稳定发展。采取积极措施,请求中央给予救助,尽快结束海南发展银行的行政关闭状态,恢复业务运营;运用债务重组和机构重组的策略,尽快将海南国际信托投资公司、海南省信托投资公司等转变为产权清晰、职责明确、股份制的投资公司和证券公司,尽快恢复正常经营能力。以此建立海南地方金融体系,为海南实施产业开放战略提供必需的前提和基础。

(2)尽快建立为中小企业服务的信用担保体系和股份制中小商业银行,切实解决民私营企业融资难的问题。①由政府牵头建立中小企业贷款担保基金,基金来源可由三部分组成,一是一定量的财政拨款;二是一定规模的债务;三是基金会员企业缴纳的份额。②设立中小合作银行。在操作思路上可考虑:一是对一些比较好的城市信用社或农村信用社按照市场要求,用商业银行的原则,鼓励其独立发展;二是鼓励更多的民间企业家参与中小商业银行的投资;三是成立地方性中小合作银行,按商业化、股份化运营,并给予中小银行一定的优惠政策;四是按照国家的有关法律和规定,海南省对中小商业银行先立法后发展,依法保护中小银行的法律地位。

(3)设立产业投资基金,加快海南投资增长。根据海南产业开放的特点,当前有两种基金可考虑推出试点:一是琼台农业投资基金;二是海南旅游投资基金。其操作方案设想如下:

琼台农业投资基金可设计为琼台合作基金的模式。即由海南省的某一家投资公司牵头,联合省内和台湾若干家实力雄厚、信誉卓著的机构和企业共同组建琼台农业投资基金公司。筹集的资金用于琼台两地农业的合作与开发。

海南旅游投资基金可设计为琼港合作的模式。由海南省指定金融机构牵头组织,在香港联合若干家有良好信誉的金融机构在香港注册,共同发起成立海南旅游基金管理公司。该公司通过招股的形式把境内外零散资金集中起来,投资海南旅游业。通过以上两种基金的发展,带动其他产业基金的发展,加快投资增长,从而促进海南经济增长。

产业发展基金的运作要吸取海南过去在金融方面的教训,控制规模,加强监管,防止操作失控和恶性竞争。

(七)依法治省,营造良好的社会环境

海南法制环境以及体制环境是具有优势的投资软环境的核心内容,但也存在经济立法不完善,没有真正形成良好的运行机制等问题。经济活动的规范化、法制化,是扩大产业开放程度、提高产业开放水平的重要条件。因此,要进一步建立健全海南市场经济法制体系,切实推行"依法治省",搞好法制服务。

应当充分行使全国人大授予海南的特别立法权,参考港台经验,尊重国际惯例,从省情出发,用符合国际规范的方式,加强产业开放和涉外经济立法。围绕扩大开放填补重大立法空白,对产业开放和外商投资企业法制条例中不完善的地方应及时修订,使各项法制和政策进一步地配套完善,依法保护中外投资企业和职工的正当权益,并依法加强对外资的引导和监管。通过完善法规,使产业开放各个领域的工作都有法可依,中外各方面的权利、责任都有严明的法制保障。

在制定和完善产业开放、涉外经济立法的同时,政府机关和社会监督机构必须做到依法行政、依法办事,防止违法行政、滥用职权。司法机关要做到严格执法、公正司法,坚决纠正有法不依、违法不究的现象,严惩执法犯法、贪赃枉法之徒。加强社会治安综合治理,尤其是乡村的治安管理,严厉打击刁难、勒索、偷盗投资者的行为。同时,还要进一步强化人大的法律监督和社会、新闻舆论监督。这样,通过实行依法治省,建立高度的法治文明,切实依法保护投资者的投资安全和人身安全,用宽松有序、安全安定的环境来增强对投资者的吸引力。

五、建立与产业开放相适应的人力资源开发体系

海南在 21 世纪初期的发展中,要真正确立"一切为了人,一切依靠人"的思路,

一切政策和举措的出发点和立足点都是为了人的全面发展,都必须符合人民的根本利益,发展的一切成果都要用于提高居民的生活质量,改善当代人生存和发展的环境,并且为后代人创造良好的发展基础。

当今世界各国、各地区之间的经济竞争和科技竞争,归根到底是人才和国民素质的竞争。海南未来产业开放的成效和整个现代化建设事业的前景,关键也在于当地居民的素质以及能否建成一支具有创新精神和创新能力的人才队伍。当前人才与经济发展的矛盾十分突出,将成为实施产业开放战略时面临的一个主要矛盾。因此,要顺利实施产业开放战略,实现海南经济快速发展,解决人才问题是关系海南 21 世纪初期现代化建设成败的关键。

(一)制定极具人才吸引力的政策

海南在建省之初,曾经以其政策优势和诱人的发展前景吸引了各路人才大军,成为名噪一时的"人才高地"。但是由于实际条件的局限和后来的经济低潮,同时,也由于近年来海南在用人制度方面缺乏创新,没有吸引人才的新政策出台,涌入海南的一部分人才回流到了内地或转移到其他地区,当前海南又一次陷入人才匮乏、人气不足的困境。海南必须从这一实际情况出发,调整劳动、人事和就业政策,制定相互的配套措施,培养和吸引大批人才,创造新的人才优势。

改革高等学校和科研开发机构分配制度,真正实行按劳取酬,按贡献分股,按才能定岗,对高级专业技术人员和管理人员实行高薪政策。

加大对高等学校和科技创新开发中心的投入,为专业技术人才开展学术研究提供必备的基础设施和先进的实验手段,使高校和科技创新开发中心成为吸引、汇集和稳定优秀人才的基地。

建立科学的技术创新开发成果使用制度和奖励制度。制定相关法规政策,切实保护技术和发明人的合法权益;设立科技创新基金,重点资助对海南经济发展有重大推动作用的基础研究和技术开发项目,奖励重大科学技术发明创造。

采取特殊优惠政策,引进国内外具有创新精神的学科带头人和主要学术骨干,促进与海南经济发展有密切关联且影响重大的学科领域建设接近国内国际先进水平,以政府财政为主并争取社会捐助,设立引进高级创新人才基金,确保海南省出台的引进优秀人才的各项政策真正落实。

(二)加快培育人才市场

建立统一的、开放的人才市场,是海南人力资源开发和管理的根本目标。通过人才市场和技术市场的运作,不仅可以促进人才的合理配置与有效使用,以及技术的开发利用,而且可以极大地促进人才的成长。

实现人才需求的市场化,是建立健全海南人力资源市场机制的首要条件。现在海南人才供给的市场化程度较高,高校培养的各类人才均进入市场"待价而沽",但目前海南人才市场发育并不完善,大量国有企业的厂长、经理和事业单位的主要管理人员和业务人员大都不是经过市场供求和市场竞争被选聘的,从而形成了海南人才供求的非均衡发展。要建立健全人力资源市场机制,企事业单位自主决定招聘人才,所需的各类人才均应通过市场渠道,以市场方式实现人才需求的市场化,政府不对企业的自主用人权加以干涉和限制。

实现人才供给主体多元化,以形成人才供给的竞争机制,向人才市场提供高质量人才,扩大人才市场的开放程度,创造条件促进人才的合理流动,实现人才的合理配置和有效使用。培育人才市场的中介组织,为人才的考评和有序流动提供有效的中介服务。

(三)率先实行教育开放

海南教育的发展在总体上低于全国教育发展的平均水平,也相对滞后于海南社会经济发展的要求。21 世纪海南的人力资源开发建设与教育的发展有着密切的关系,从根本上说,21 世纪海南教育的发展状况直接决定着海南人力资源开发的深度和广度。因此,必须大力推进海南教育的改革与发展。

海南教育改革与发展的基本思路是:实行教育开放,推进教育事业产业化、教育主体自主化、教育活动社会化和教育手段高新技术化,从而加速教育的发展,提高教育的水平。教育开放的基本内涵是:一是向社会开放。敞开学校大门,走出去、请进来,建立学校与社会和经济的紧密联系和互动关系。借助社会力量联合办学,发展教育产业;借助社会力量,推行素质教育,培养人才。与此同时,又以教育产业的发展和人力资源的开发以及提供科技服务,为经济增长和社会进步做出贡献。二是向国外开放。参与教育国际化进程,引进国外名牌大学和人才,借助先进的教育管理、教学内容和教育手段,采取多种形式,合作办学,推进教育产业发展,优化教育结构。三是向学生开放,为更多的青年提供学习机会。在基础教育、职业教育和继续教育领域,实行开放办学,采取"入口宽、出口严"的政策,不是着力于严格的入学考试,而是着力于严格的内部管理,着眼于提高全社会劳动者文化技术素质水平;对于普通高等教育,仍可坚持"双严"政策,着眼于培养造就高质量具有创新能力的人才。

制定相关法规政策,鼓励社会投资办学,建立多元化、多层次、多类型的办学体制。改变单一的政府财政投资办学体制,实行政府、社会团体、企业、个人多渠道投资的办学体制,公办与民办共存,也可实行"一校多制",促进教育的产业化和社会化。

突出基础教育的主体地位,实行学历教育与非学历教育相结合的模式,加快职业技术教育和继续教育的发展,从知识教育走向素质教育,从应试教育走向创造教育;加强对各级各类学校办学的宏观指导,规范社会办学,依法办学。

鼓励和支持外资参与教育投资办学,与国际上有影响的大学联合办学。放宽教育产业准入政策,鼓励外资有偿投资办学,利用他们的资金实力和先进的管理经验创办标准化学校,提升教育的水平,促进海南教育与国际教育接轨。积极拓展教育开放渠道,加强与国际上有影响的大学的联系和交往,以股份制的方式联合办学,借助他们的师资力量,或聘请国际上知名的政务、科技、教育、企业或其他方面的人士来琼讲学。发展信息化教育和远程教育,提高海南的教育质量和教育信息化水平。

扩大办学规模,加速高等教育的发展。大力推进普通高等学校内部管理体制改革,挖掘潜力,扩大招生规模,用 10 年左右的时间使在校学生人数增加一倍以上;适应海南优势产业发展的需要,在海南大学内,采取内外联合办学体制,创办旅游学院和海洋学院;改革高等职业教育体制,实行开放办学,分别在海口、三亚创办高等职业学校,合理布局海南省高等职业教育,逐渐完善职教体系。

建立科学的教育管理体制,组建专门的办学质量评价机构。改变政府教育行政管理部门对学校的直线式的行政管理,突出学校的办学主体地位,强化以校长为核心的专家群体对学校进行管理,扩大学校在招生、专业设置、人才培养、对外交流以及内部机构设置、职称评定、人员聘用、工资分配等方面的自主权;政府实施宏观指导,投资人(包括政府)实施监督,使学校的所有权、监督权与管理权分离;建立政府、投资人、学校相结合的不隶属于任何政府部门或社会团体、相对独立的社会评价机构,对各级各类学校的办学水平进行综合评价与监督,促进教育质量的不断提高。

(四)加快人事制度改革,建设一支高素质的公务员队伍

海南建省后,取消了传统的招工招干制度,推行劳动合同制和干部考任制,从而打破了用人的地域界限,在建省初期引进了大批高素质的人才任职于各级政府部门,在一定程度上抑制了人事运作中的腐败行为,强化了政府部门的干部素质,提高了办事效率。特别是近几年处级干部公开竞争上岗制、副厅级干部公开选拔制和干部任职公示制的实行,更增加了干部聘任制的透明度,优化了干部配置效率,在社会上引起良好的反响。但是,由于多方面的原因,人事制度改革并不彻底,公务员的整体素质与特区改革开放和建设事业的要求仍有很大距离,考任制涉及的面也有很大的局限。为适应产业开放的需要,今后必须加快和完善人事制度的改革,建立一支高素质的公务员队伍。

完善公务员制度。对全体公务员采取现代化教育培训和考核双管齐下的措施,加

大"三制"的深度和广度,实行竞争上岗、优胜劣汰等做法,分流部分人员,建立和健全岗位责任制,提高公务员工作效率,加快培育高素质、专业化的行政管理干部队伍。

创新用人机制。考任干部不能仅仅重视学历、职称和资历,更要注重业绩、成果、贡献和品格,注重选拔和发展有魄力、敢创新、有潜力的优秀年轻干部;任用干部要量力授职,量能任用,扬其所长,避其所短,使人才资源得到优化配置。对高等学校、科研机构和企业单位,应打破正式调动的单一形式,采取调入、聘用、借用、兼职等多种形式,有效利用人才;建立优秀人才储备制度,积极接收高等院校优秀毕业生,做好人才储备工作。

建立干部综合素质测评制度。从岗位实际出发,根据岗位职能的要求和目标,制定出各项量化测评指标,严格对照干部工作情况进行测评:定性考核与定量考核相结合,党组织考核与行政考核相结合,上级考核与群众考核相结合,平时考核与年终考核相结合。同时健全监督管理机制,把勤政廉政的监督约束机制贯穿于公务员的权利义务、考核奖罚、录用晋升等各个环节,从制度上促使公务员,尤其是担任领导职务的公务员廉洁奉公,建立一支确能担当21世纪建设重任的干部队伍。

六、建设生态经济省,实现可持续发展

21世纪是一个高度重视人类生存环境的世纪。良好的生态环境不仅成为十分稀缺的资源,也是对外开放的重要条件和社会经济发展的重要基础。在迈入21世纪前夕,海南省政府提出了建设生态省的奋斗目标,省人大二次会议通过了《关于建设生态省的决定》,并且批准颁布了《海南生态省建设规划纲要》。规划未来经济的发展,必须正确处理经济发展与生态建设的关系,把海南建成经济繁荣、人民富裕、社会文明、环境优美的经济特区。

(一)正确处理扩大开放、加速发展与生态建设的关系,实现产业开放战略与可持续发展战略的统一

1. 实现产业开放与可持续发展的统一,必须坚持正确的产业发展道路

一要摒弃单纯追求经济总量增长的传统发展道路,逐步走一条经济、社会、资源、环境、人口相互协调和相互促进的发展道路;二要跨越"高消耗、高污染"的传统工业化发展阶段,摒弃"先污染后治理"、"先破坏后恢复"的传统发展道路,走一条以高新技术为主导,以发展生态型经济为目标,坚持生态环境建设与经济建设相配套,开发资源和保护资源相协调,以实现经济效益和生态效益相统一的发展道路。

2. 实现产业开放与可持续发展的统一,必须坚持正确的产业升级目标

海南产业升级的一个重要目标就是发展生态型产业,形成生态经济省。海南生态型产业的主要特征是:不论是农业、旅游业、工业和海洋产业,都对海南良好的生态环境有极大的依存性,与生态环境建设有良好的协调关系和互动关系。这种产业采取低投入、少消耗、高效益、高产出的集约型增长方式,具有技术含量高、高效低耗无污染的特点;在生态产业内部结构上,具有产业链相互延伸、相互渗透、相互交叉的特点。海南生态经济省建设的主要目标是,按照生态系统良性循环的要求,恢复和建设以森林为主体的自然生态系统,发展高效低耗无污染的生态型产业,营造良好的生态环境,形成体制合理、社会和谐的生态文化,开创经济发展与环境建设、物质文明和精神文明、自然生态与人类生态协调发展的新局面。

3. 实现产业开放和可持续发展的统一,必须在开放和发展的过程中,实现经济发展与环境质量的同步提高

低下的生产力水平和封闭的、落后的生产方式,可能对生态系统产生破坏性的影响。另一方面,良好的生态环境也是对外开放的基础条件。海南虽然具有良好的自然生态环境,但随着经济的发展,环境质量也出现了下降的趋势。以产业开放拉动产业升级,提高生产力水平,转变落后的生产方式和生活方式。与此同时加强生态环境建设,提高环境质量和生态水平,不断地在新的发展水平上,建立新的平衡点,相互协调和相互促进,才有可能实现真正的可持续发展。

(二)加强生态环境的保护与建设,建设生态经济省

1. 推进海南农村经济建设和环境建设协调发展

(1)实现农村生态经济的协调发展,必须优化和调整农村产业结构,加大农业和农村的开放力度,引进先进的农业生产技术,加大资金的投入,提高农副产品加工企业的技术水平,加强资源的综合利用和循环利用,走农业产业化和生态农业的发展道路。

(2)实现农村生态经济的协调发展,必须加强农村基础设施建设。长期以来,海南农业的农田、水利、防护林网、道路等建设欠账太多,基础薄弱,既制约了农业和农村现代化的进程,也妨碍了农村生态环境的改善。今后要加大这方面的投入,尽快改善农村基础设施的落后状况。

(3)实现农村生态经济的协调发展,必须提高农村人口的整体素质。采取多种形式,开展农村职业培训,帮助农民建立科技、卫生知识的宣传学习活动场所。在普及九年义务教育基础上,发展"九加一"的教育,即增加一年职业教育,鼓励大中专毕业生到农村为农业现代化做贡献。

(4)实现农村生态经济的协调发展,必须合理利用土地、山地资源,努力提高耕地单次产出值,加强对山地和坡地天然植被的保护和恢复。

2. 加强城乡建设,营造优美的城乡人文生态环境

(1)海口、三亚及各市县应重点解决人居生态环境的五大问题:一是进一步完善海口市、三亚市中高级生活区的建设,在县城建设中高级生活水平、功能较为齐全的生活居住示范区,配合人才引进政策,吸引人才的流入;二是改善贫困户的居住及交通设施和街道环境,从社会服务、生活服务、体育活动服务及绿化等多方面完善居住区的建设;三是完成老城区的环境改善工作,特别是着力搬迁污染较大的工厂等污染源;四是加速解决城市生活污水和垃圾处理问题,引进垃圾资源化技术,以实例提高居民垃圾分类的意识;五是完善城市交通系统的建设,特别是要做好海口市、三亚市公交车路线的合理规划,达到省时、准时、减少污染与经济效益相结合。

(2)认真抓好对城乡人文环境有重大影响的三大污染物即废气、废水和固体污染物的治理,使各种污染物的排放量符合国家规定的标准。对排污超过标准的企业,即使是当地的"税利大户",也要限期整改,绝不姑息。

(3)增加人民收入,特别是农民收入。提高人民生活水平,为改善居住环境、改变农民生活方式提供物质基础。

3. 大力发展生态产业

生态产业是按照生态学的原理组织和运行的产业领域,它既符合生态系统的内在规律,又可以产生显著的经济效益。生态产业不是一个孤立的产业领域,它与主导产业紧密结合在一起,是主导产业在生态领域的延伸和扩展。海南的生态产业主要包括生态型农业和生态旅游业。生态型农业是一种资源综合利用型的农业,要求将农业与畜牧业、加工业组成一个物质和能源循环利用的"链条",使废物的排放量降到最低限度。生态型旅游业是使旅游观光与游客的活动及环境的优化与保护融为一体,形成人与自然的高度和谐的关系。

(三)加强生态建设的主要配套措施

生态省建设是一项长期而复杂的工作,需要政府和社会各界的艰苦努力和全力配合。因此,海南生态省建设规划纲要提出了行政、法制、经济和技术四条保障措施,也就是把生态省的建设作为一项社会系统工程来抓紧抓好。

第一,加强科技力量和提高全民的环保意识。集中海南现有环保管理和科研机构组成"海南省生态环境科学研究院",开发对海南生态建设有重大影响的科研项目。在各级各类学校开设环保课程,科协和教育部门把环保科普活动列入日常工作,各级政府要把环境质量监测和环境保护体系建设列入社会经济发展计划,把经济发展和环境保护真正结合起来。

第二,改善农业的耕作方式和生产组织形式,加强对农村生态系统的保护和建

设。在发展经济果林的同时注意永久性防水土流失和生物多种性保护林网的建设，同时注意林业与牧草加工业的结合，发展幼林、饲料、牧草种植业。在中部贫困山区，要尽可能减少农业粗放经营对植被的破坏。要对山区乡镇的主要干部进行生态环境教育，通过他们带领农民保护好当地的生态环境。

第三，在5年内完成对海南近海，特别是海岸带经济发展强度与生态环境保护、建设关系的研究。以翔实的研究结果指导海岸带的经济发展和环境保护。通过详细的规划和法律解决海岸带养殖业、采矿与沿海防护林、红树林等植被保护之间的矛盾。

第四，加强对新建项目的环境质量影响的评价和论证。无论是工业项目、农业项目、海洋开发项目还是旅游项目，都需要对可能带来的环境影响进行客观、公正的评价和论证。对建设项目的环境破坏性影响设置相应的"警戒线"，对正在运行的项目和新建项目都实行环保监督，本着对全国人民负责和对子孙负责的态度，保住海南这块"净土"。

第五，加强生态建设和环境建设的立法工作。在现阶段人们的生态意识还很淡薄的现实情况下，加强环境保护的立法和执法是一项关键性的措施。

第六，进行生态经济环境的相关培训。指定海南省内研究和教育机构，对政府人员、企事业高层管理人员进行专题培训，切实提高各级管理者建设海南生态经济省的自觉性。

结 束 语

面对21世纪初期经济发展的巨大压力和严峻挑战，调动方方面面的积极性，形成艰苦奋斗、团结向上、奋发图强的社会氛围，是海南实现未来10年经济发展战略目标的关键所在。海南建省办经济特区12年的历史经验一再证明，经济发展每上一个新的台阶，改革开放每取得一项新的突破，都是在一次次新的思想解放催发的奋发图强精神推动下实现的。精神文明和物质文明总是相互依存，相互促进，相得益彰。只要我们紧紧抓住21世纪初期改革开放和经济发展的新机遇，解放思想，振奋精神，团结一致，艰苦创业，就一定会走出一条以产业开放拉动产业升级的新路，实现海南经济的持续快速增长，开创海南更加美好的明天。

中国（海南）改革发展研究院《海南经济发展战略研究》课题组
课题组负责人：迟福林
执笔：迟福林　李昌邦　詹长智　王丽娅　陈文

　　党的十六大报告提出，实现党在新世纪新阶段提出的全面建设小康社会的目标，发展要有新思路，改革要有新突破，开放要有新局面，各项工作要有新举措。按照十六大报告的要求，"以开放促改革促发展"，以开放改革的新突破，加快推动海南经济步入持续快速增长的新阶段。

以开放促改革促发展，
步入海南经济持续快速增长的新阶段
——关于海南省贯彻十六大报告精神，
　加快经济发展的若干建议
（2002 年 11 月）

　　党的十六大报告提出，实现党在新世纪新阶段提出的全面建设小康社会的目标，发展要有新思路，改革要有新突破，开放要有新局面，各项工作要有新举措。根据这一精神，中改院近日在学习十六大报告中，讨论海南今后的发展问题，结合以往研究提出了若干建议。总的建议是：按照十六大报告的要求，"以开放促改革促发展"，加快推动海南经济步入持续快速增长的新阶段。

　一、按照"发展要有新思路"的要求，以产业开放
　　　促进优势产业发展，走出一条符合海南实际、
　　　经济持续快速增长的新路子

1. 在党的十六大精神鼓舞下，海南经济面临从恢复性增长步入持续快速增长的

新阶段

　　建省办特区以来,海南经济大体经历三个发展阶段(见图1):

(单位:%)

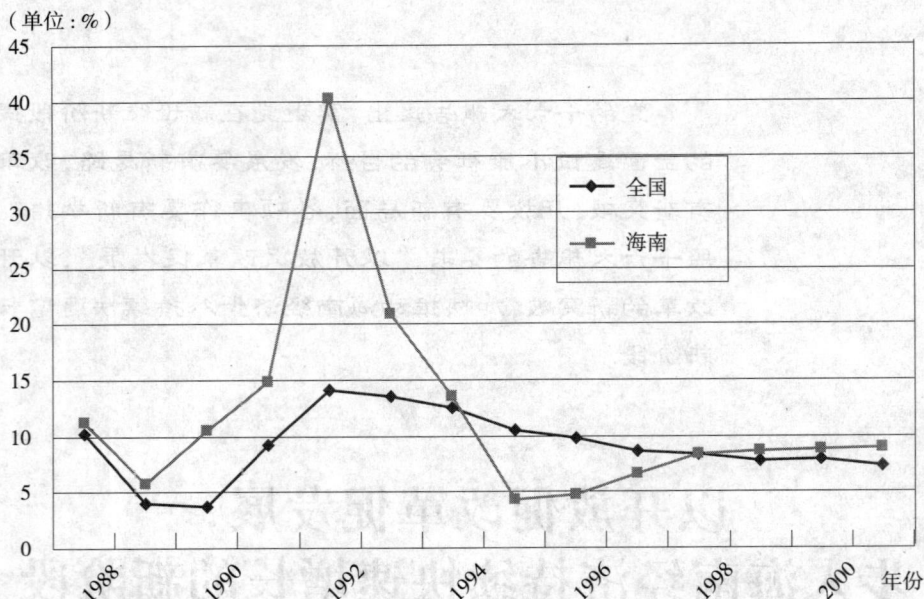

图1　海南与全国 GDP 发展速度

数据来源:相关年份《中国统计年鉴》。

　　1990～1994 年,是海南经济高速增长阶段。当初的海南虽然基础条件差,但吸引了相当多的内外投资,极大地促进了经济的发展,经济增长速度曾达到20%～42%左右,创造了全国之最。

　　1995～1997 年,海南经济陷入低速增长阶段。1996、1997 年两年海南的 GDP 增长速度排在全国倒数第一、第二位。

　　1998～2002 年,海南经济进入恢复性增长阶段。这两年的平均增长水平略高于全国,基本保持在 8%～9% 左右。

　　鉴于近几年经济发展的情况和下一步发展的势头,海南有可能从明年开始,步入持续快速增长的新阶段。

　　2. 未来 1～2 年,海南经济由恢复性增长步入持续快速增长具有较好的基础

　　近几年,以电信、航空、电力等为主的基础设施的超前建设,为经济的持续快速增长奠定了重要的基础。

　　海南已逐步突出自身的产业优势:

　　——在进入恢复性增长阶段的前三年,即 1998～2000 年,海南热带农业发展较快,以近两位数的速度增长。热带农业发展对海南 GDP 增长起到重要的拉动作用。

——从 2001 年到现在,旅游业的发展势头很好,逐渐成为海南经济发展的重要产业。未来几年,有可能成为海南经济发展的支柱产业。

——从 2001 年开始,以油气资源加工为主的加工工业开始起步(包括制药业等)。估计未来几年,以油气资源加工为重点的加工工业对海南 GDP 的贡献比例将会明显提升。

优势产业有较好的发展,并在国内立足;优势产业内部结构调整有了良好的开端,正向优化的方向发展。

表 1　海南未来经济发展的预测

年　份	GDP(二套预测值,亿元)		总人口	人均 GDP(元)	
	9%	10%	(万人)	9%	10%
2001	566.72	566.72	795.55	7124	7124
2005	799.96	829.73	835.55	9574	9930
2010	1230.85	1336.29	885.55	13899	15090
2015	1893.82	2152.11	935.55	20243	23004
2016	2064.26	2367.32	945.55	21831	25036 3016(美元)
2017	2250.04	2604.05	955.55	23547	27252
2018	2452.54	2864.46	965.55	25400 3060(美元)	29667
2019	2673.27	3150.91	975.55	27403	32299
2020	2913.86	3466.00	985.55	29566 3562(美元)	35168 4237(美元)

说明:①GDP 的发展速度以 2001 年为基础,2002～2020 年年均增长速度以 9% 和 10% 二套指标计算。

②1988～2001 年建省 13 年年均人口增长约 12 万人,考虑近两年人口自然增长率有所下降,所以预计人口从 2002～2020 年每年以增长约 10 万人计算。

③党的十六大提出,2020 年全面建设小康社会,全国平均人均 GDP 将达到 3000 美元,约 25000 元人民币。GDP 的年均增长速度为 7.18%。

3. 未来 10～15 年,海南国内生产总值若以年均 9%～10% 的增长率发展,就能在 2016 或 2018 年以前,提前实现全面建设小康社会的目标

4. 海南经济实现持续快速增长的基本思路是:以产业开放促进优势产业的发展

海南省四次党代会提出的"积极实施优势产业战略、城市化战略、科技兴琼战略、可持续发展战略"是立足海南比较优势、符合海南实际、对海南未来发展有重大意义的决策。实践表明,有效地实施优势产业战略,关键的问题在于产业开放的力度、程度和速度。

以旅游为例,海南进入全国旅游强省的行列有两个主要指标:一是旅游外汇收入;二是旅游入境人数。2000 年海南旅游外汇收入位居全国第 21 位,旅游入境人数位

居全国第 15 位,距旅游强省有较大的差距。经过 20 年的努力,着力提高海南旅游国际化水平,使海南成为世界著名的国际性热带海岛度假休闲旅游目的地:以高档次、高消费国际市场为目标,树立海南旅游市场形象;以国际标准的旅游管理和旅游服务为目标,提高海南旅游国际化水准;以海南独特的热带生态环境和高水准的度假设施为目标,提高海南在国际旅游市场的知名度。使海南旅游率先与国际旅游接轨,成为我国旅游业与国际接轨的对接点,成为我国旅游业进入国际市场的有效通道,成为旅游对外开放的重要窗口。在国际旅游岛的框架下,实现海南旅游业结构的调整与优化,使海南旅游创汇收入占旅游总收入的比重,从 2000 年的 1.1% 提高到 2020 年的 40%,入境旅游人数占旅游总人数的比重,从 2000 年的 5% 提高到 2020 年的 20%。

二、按照"开放要有新局面"的要求,抓住机遇,实现海南产业开放的新突破,以全面提升优势产业的竞争力

1. 建立海南国际旅游岛实现旅游产业的全面开放

在我国加入 WTO 和中国——东盟自由贸易区"10＋1"的大背景下,海南必须在产业开放方面实现新的突破,这是开放的一次新机遇。如何实现产业开放的突破,中改院于 2002 年 1 月 7 日向海南省委呈报了"建立海南国际旅游岛(框架建议)"。后经过多方征求意见并进行认真研究,又提出了《建立海南国际旅游岛可行性研究报告》,8 月 7 日呈报给省领导参考。

(1)基本内容与主要政策。

国际旅游岛是在特定的岛屿区域内,限定在旅游产业领域的范围中,以对外实行免签证、零关税为主要特征的投资贸易自由化政策,有步骤地加快推进旅游服务自由化进程。旅游服务自由化是 WTO 的一个用语,用 WTO 框架来加快推进全球旅游自由化进程。

实行免签。目前海南享受的免签政策是:第一,限定 21 个国家;第二,由国家旅游局批准在省内注册的国际旅行社承接来海南旅游的游客,而且组团人数不得少于 5 人;第三,免签的时间不得超过 15 天;第四,外国记者不属于免签范围。与其他国家实行免签的情况比,如泰国免签对象不限于旅游者,只要持有免签国家或地区的护照就可以自动获得 30 天的免签停留时间,并且对一些国家有 90 天的免签;香港与 93 个国家和地区互免签证,免签时间最长为 90 天。

允许外国旅行社经营相关的旅游业务。外国旅行社进不来,大量的外国游客就进不来,外国的航空也进不来。所以,建立国际旅游岛的主要政策要点:对游客全面放开,对旅行社全面放开。现在的问题是能不能采取若干措施,支持鼓励外国旅行

社,特别是大的旅行社先进来。

扩大旅游相关产业的开放,主要是:旅游餐饮业、旅游景点、旅游汽车、旅游零售业等。

实行旅游零关税。主要有三个方面:第一,和旅游酒店建筑相关的主要设备;第二,和旅游最直接相关的交通工具(可不包括小轿车);第三,相关的其他设备和零部件。随着我国关税水平的逐步降低,给予海南旅游主要产品零关税的政策是有可能性的。

引进外资参股凤凰国际机场,将其扩建成为国际航空自由港。

(2)建立国际旅游岛对未来5~10年海南经济社会发展的作用分析。

经济增长方面。旅游业总收入占海南 GDP 的比重,多年以来一直未超过16%,若按海南旅游发展总体规划目标要求,海南成为世界著名的国际性热带海岛度假休闲旅游目的地,境外游客年均增长15%,国内游客年均增长10%,境外游客人均消费提高至500美元,国内游客人均消费提高至1000元人民币,预测至2010年,旅游业总收入占海南省 GDP 的比重将提高至26%,旅游业将真正成为海南主要的支柱产业(见表2)。

表 2　海南旅游业发展趋势预测

年　份		2000	2001	2005	2010
旅游总人次		1008 万	1125 万	1660.2 万	2705.9 万
GDP		518.48 亿	566.72 亿	799.96 亿	1230.85 亿
国内	游客人次	959.3 万	1079.3 万	1580.2 万	2544.9 万
	人均消费	725 元	733 元	850 元	1000 元
	旅游收入	69.5 亿	79.1 亿	134.3 亿	254.5 亿
境外	游客人次	48.7 万	45.7 万	80 万	161 万
	人均消费	223 美元 1851 元人民币	232 美元 1926 元人民币	350 美元 2905 元人民币	500 美元 4150 元人民币
	外汇收入	10883 万美元 9.03 亿元人民币	10602 万美元 8.80 亿元人民币	28000 万美元 23.24 亿元人民币	80500 万美元 66.82 亿元人民币
旅游总收入		78.56 亿	87.89 亿	157.54 亿	321.32 亿
占 GDP 比重		15.15%	15.51%	19.69%	26.11%

注:①GDP 增长率按年均9%计算。

②国内游客年增长按10%计算,境外游客年增长按15%计算。

③人均消费、国内游客广东 1998 年为 1800 元人民币,国际游客亚洲国家与地区 1994 年的水平为 1000 美元。

房地产业方面。海南是一个休闲度假胜地,休闲度假式的旅游可以在三个方面拉动房地产业:第一,对酒店建设的拉动;第二,加快以分时度假和享受分时产权酒店业的发展;第三,随着海南成为休闲度假地,可以带动国内一批中高收入层到海南来购房作为居住或养老之地。

就业方面。据专家预测,海南旅游业创造的直接和间接就业机会,2000 年为 9.37 万人,2005 年为 15.28 万人,2010 年为 20.52 万人,2020 年达 33.31 万人(见表 3)。可见海南旅游业是一个高就业的劳动密集型产业部门。若建立国际旅游岛,估计就业人数将超过 40 万人以上。

表 3　海南旅游业创造的直接和间接就业机会预测　　　　　（单位:人）

项　　目	2000 年	2005 年	2010 年	2015 年	2020 年
酒店部门	40,600	62,400	81,500	105,300	133,800
其他直接从业	21,900	36,200	46,700	59,300	74,400
间接与派生从业	31,200	54,200	77,000	98,700	124,900
总　　计	93,700	152,800	205,200	263,300	333,100

数据来源:海南省旅游发展总体规划。

2. 抓住中国—东盟"10 + 1"建立自由贸易区先行启动农业合作的机遇,加快海南热带农业的开放步伐

(1)海南应创造条件,在以农业为主的领域,参与中国—东盟自由贸易区经济合作进程,成为中国—东盟自由贸易区产业合作试验区的组成部分。

请求国家把海南列入中国—东盟自由贸易区试验区范围。中国、东盟第三次高官会议确定,双方在农业、信息技术、人力资源开发、投资和湄公河开发等五个领域开展合作活动,亚洲开发银行大湄公河次区域经济合作提出了包括南北、东西和南部经济走廊,交通、能源、贸易投资,人力资源开发、环保、电讯、农业、旅游等 11 个骨干项目,指明了双方经济合作是从这些领域切入和展开的。

海南与东盟各国隔海为邻,在东盟各国有大量琼籍华人,主动积极参与东盟各国的经济合作,应成为我们实施对外开放的重要内容。建立以农业、旅游、人力资源开发三大领域为重点,与东盟各国开展产业合作。

深化农产品加工业以及农业科技的开发研究。农业领域合作,重点不在种植业、养殖业,而在加工业和农业科技开发,以合作发展热带农产品和渔产品加工为重点,以双方富有实力的企业为主体,鼓励企业"走出去"、"引进来",运用新技术,合资、合作发展食品业、饮料业、保健品业等,研制开发生产优质产品。

(2)加快 WTO 框架下琼台农业合作的步伐。

建省办经济特区以来,琼台农业合作曾几次错过机会。中国与东盟建立自由贸易区,并在近期实施农业产业等项下的零关税,这会吸引近几年已南下到东盟的台湾农业企业,转向祖国大陆。这就为吸引台湾的农业资金到海南,并可利用原海峡两岸(海南)农业合作试验区的基础进行大规模合作提供了可能性。1997 年以来,中改院对实行琼台农业项下的自由贸易问题进行深入研究,提出《关于实行琼台农业项下

自由贸易的建议报告》并上报中央、国务院和海南省有关部门。

由于台湾与海南均为岛屿经济,琼台农业合作,其着重点不在于开放农产品市场,而是在于推进两地农业的合作与开发。面对加入WTO的挑战,台湾可以借助海南热带高效农业已有的良好基础及其丰富的资源和发展潜力,海南可以借助台湾先进的农业技术和经营管理经验以及资金,以合作求发展。对海南而言,海南将发展成为中国热带高效农业的生产基地,成为中国热带高质农产品及其加工品的出口基地。对台湾而言,台商在海南生产的高质农产品及其加工品,可以返销台湾,成为台湾农产品进口替代基地;也可以直接进入大陆市场和国际市场,成为台湾农产品出口替代基地。这是面对加入WTO挑战、两地农业发展战略的转变,这对两地农业产业的发展有着重要的影响。

(3)通过开放、合作开发,在"10+1"自由贸易区最初的竞争中,全面提升海南农业科技和农产品加工水平。

在中国—东盟农业全面开放中,海南特有的热带资源可能成为东南亚与中国农业合作的基地,争取把海南建设成为东南亚和我国的热带农业科技开发和农产品加工的合作基地。

通过琼台农业合作建立农产品的种养基地。

鉴于此,建议海南省尽快研究"10+1"与海南农业的发展以及琼台农业合作事宜,制定"海南热带农业全面开放的行动方案"。

3. 加快海南油气综合开发利用

海南油气资源十分丰富,海南岛近海天然气储量位居全国第二,是我国海洋天然气产量增长的主要地区。加快海南油气综合开发利用,发展油气产业,是海南省实现经济结构战略性调整的重要环节。同时,对于缓解我国能源开发建设中的矛盾,调整能源结构,实现能源优质化,有着十分重要的作用。从建设海洋强国的战略目标出发,在实施我国"十五"规划之际,以海南油气的综合开发利用为切入口,把海南岛建成我国天然气综合开发基地,带动海南特区经济的持续快速增长,为我国加快挺进南海,实施南海油气资源开发战略做出贡献。2000年下半年,中改院组织专家进行深入研究,在2001年8月提出了"加快海南油气综合开发利用的建议"以及4份专题研究报告,并报省领导及相关部门。

根据挺进南海的要求和对海南油气资源开发利用的预测,海南岛天然气综合开发基地应由三个重要部分组成:一是以海南省东方市为基点的我国南部化肥生产基地;二是以单管输气管口为基点建设200～300万千瓦的天然气发电基地;三是以洋浦经济开发区为基点建成石油储备、中转、加工与出口基地。

4. 充分开发博鳌品牌,使之成为海南特区对外开放的新动力

(1)以博鳌亚洲论坛,带动海南旅游业的开放与发展,与海南国际旅游岛结合,培育和发展博鳌亚洲论坛的成果。

主动推进海南与东盟各国旅游产业的开放与合作,大湄公河次区域经济合作推进的首批 11 个骨干项目中就有旅游业,一年一度的博鳌亚洲论坛年会,必定不断增加东盟各国对海南的了解,会不断吸引更多人来海南旅游,吸引旅游组织来海南经营旅游业务。我们应主动采取步骤,以国际旅游岛的形象,发展双边和多边的合作关系,使海南成为中国与东盟推进旅游服务业自由化进程的主要区域,使旅游业的开放与合作成为中国与东盟区域贸易自由化发展的优先产业之一。

(2)积极创造条件,以博鳌品牌带动发展国际会议产业,使海南发展成为亚洲地区重要的国际会议中心。

海南省在有效组织大型高层国际会议方面,还缺乏一定的经验,并且缺乏人才和有效的运作机制。确保每年一届的年会越开越好,对塑造海南的开放形象、带动发展海南国际会议产业至关重要。应总结经验,采取紧迫措施,培养适应高层国际会议发展需要的高级管理人才,培养和发挥相关的中介组织和民间组织的作用,建立起有效的发展国际会议产业的运行机制。

以向博鳌亚洲论坛提供最优良的符合国际惯例要求的服务为目标,推进政府改革,建立起高效高质的行政服务系统和社会服务系统。

与发展国际旅游业和会议产业相配套,尽快申请建立免税商店,方便国际游客旅游购物。

5. 重新定位,建立洋浦出口加工区

适应世界制造业向中国转移的趋势,在洋浦开发区基础上,向中央申报在海南建立以油气、能源加工制造业为主的出口加工区,以此推动海南工业的发展。中改院在前期研究的基础上,2001 年又组织专家深入调研,于 2002 年 7 月提出《关于洋浦开发区几个重要问题的建议》等 3 份报告,并报海南省委省政府,供决策参考。

(1)把洋浦建成海南大型综合性工业基地。

洋浦工业基地的综合性:

三大优势资源的综合利用开发。洋浦工业基地不是单项资源的集中利用,它主要依托三大资源优势发展自己:

——海南的优势热带农业资源和矿业资源的开发利用,如纸浆厂、变性淀粉厂、菠萝罐头椰汁加工厂、果酒加工厂、石英地板厂等。

——以海南丰富的天然气为原料和燃料的油气资源开发利用,如天然气发电厂、天然气化工项目等。

——依托洋浦港优势进口原料的加工利用,如进口美国小麦的面粉加工厂等。

四大系列产品加工的综合发展:

——在 50 万吨进口小麦加工厂的基础上,发展形成面粉系列产品加工。

——在天然气综合利用开发基础上,发展形成天然气系列产品加工。

——在纸浆厂建设基础上,发展形成纸产品系列加工。

——在韩国三星集团光纤光缆项目基础上发展形成光纤系列产品加工。

洋浦工业基地的不可替代性。国家赋予洋浦经济开发区的政策优势是海南省其他任何地区所不具备的。洋浦已建立的体制优势是海南省其他任何地区所不具备的。洋浦在海南所具有的发展工业的区位优势也是其他地区所不可替代的。洋浦港口的优势是不可替代的。

洋浦目前发展的关键在于四大龙头项目的入区启动。需要抓紧推进四大工业项目(50万吨面粉加工厂、60万吨木浆厂、光纤光缆项目、洋浦国家进口疫麦专储库项目);五大基础设施项目(洋浦供水工程、洋浦港二期工程、东方—洋浦—海口天然气输气管道工程、洋浦电厂燃气改造工程、自来水厂和污水处理厂);策划四大后续项目(天然气系列产品加工项目、面粉系列产品加工项目、纸产品系列产品加工项目、光纤系列产品加工项目)。

(2)洋浦积极稳妥地向自由经济区转型。

名称:保留洋浦经济开发区原名不变或正名为洋浦自由经济区。

原定的地界范围不变,原定的功能定位基本不变,原定的基本政策不变,但需在清理基础上,以新的法律形式加以确定。

在完成重大龙头项目入区开工、新的开发主体重建后到位、管理体制完善到位、法律地位得到确定等任务后,进行封关运营。

以现建的台湾工业村、韩国工业村为基础,与洋浦港相连接划定一定范围,并实行港区一体化。

报请国家同意,洋浦出口加工区实行现行洋浦政策,享有比现有的17个出口加工区更宽的政策,主要是允许区内入住有适量的居民和经营第三产业。

在缩小后的地理范围内,经国家验收批准封关运营。

(3)尽快完善洋浦开发区的管理体制。

完善领导体制,理顺洋浦管理局和土发公司的关系。

重建开发主体,改变开发主体实际虚缺状态。

三、按照"改革要有新突破"的要求,以加快发展民营经济为重点,实现企业改革的突破,重塑海南市场化改革的新形象

1. 民营经济严重滞后,是海南落后于沿海地区且差距在扩大的根本原因

民营经济曾一度成为海南经济快速增长的主力。

海南民营经济的现状是海南市场化改革滞后的关键指标。

根据有关数据分析,海南"非国有经济在工业总产值中所占比重"、"非国有经济就业人数占城镇总就业人数的比例"分别居全国第16、21位,处在中下游水平。非国有经济在工业生产(前3名为浙江、广东、江苏)、就业(前3名为浙江、广东、福建)方面与沿海发达地区相比差距较大。从沿海地区的发展看,以市场为导向的非国有经济部门的迅速发展对经济增长和市场化做出了最重要的贡献,而海南非国有经济的发展不甚理想,严重影响了海南经济的迅速发展以及市场调节在整个经济中的比重的提高。

应以大力发展民营经济重塑海南市场化改革形象。

为此建议:

——省人大尽快制定出台《海南经济特区个体私营经济条例》。

——对民营经济实行全面放开政策,放开所有制、放开市场准入限制。

——对民营经济采取扶持发展政策,并为其提供全面性的一条龙服务。

——帮助民营企业按现代企业制度要求,实现自身体制创新,提高企业竞争力。

2. 发展以股份制为主的混合所有制经济是实现企业改革新突破的基本出路

为此建议:

在政府主导下,发展若干个具有优势和竞争力的股份制企业集团,为海南省培育"引进来,走出去"的市场主体。

加快农垦企业改革,带动海南省农村市场化改革进程和农业产业化进程。

在基础领域,通过重大项目招商,引进省外国外资金,发展中外合资的股份制企业。

3. 加快政府改革,重塑海南"小政府,大社会"形象

从审批型经济向服务型经济转变。

从政府主导型经济向市场主导型经济转变。

从行政控制型体制向依法行政型体制转变。

四、按照"工作要有新举措"的要求,改善投资软环境,提高工作效率

1. 通过改革,吸引人才、留住人才、用好人才,创造一个相对宽松的创业环境和发展环境

以法律保障为民私营企业发展提供最好的环境,以此吸引一批民私营企业和企业家落户海南。

承认并实现创业型企业家价值。深化分配体制改革,逐步实现分配公正化,为企

业发展创造一个好的机制,为企业家队伍的形成创造好的条件,为经济发展创造好的社会环境。

采取措施,吸引曾在海南工作过的各类人才以多种形式来海南第二次创业或多种方式参与海南相关的建设项目。

以一批有实力、有效益的好企业落户海南为载体,吸引大批人才,发展劳动力市场,推动教育和培训,营造良好的人才环境。

2. 采取若干措施,认真解决政府工作效率和工作状态问题

规范政府行为,促进政府及其部门严格执法、依法行政。

转变政府职能,减少行政审批,使政府由全能政府向有限政府转变,由权力政府向责任政府转变。

实行政务公开,实行办事承诺制,提高政府透明度和"亲民度"。

3. 充分利用海南立法权,推动制度创新

应当充分行使全国人大授予海南的特别立法权,参考港台经验,尊重国际惯例,从省情出发,用符合国际规范的方式,加强产业开放和涉外经济立法。

围绕扩大开放填补重大立法空白,对产业开放和外商投资企业法制条例中不完善的地方应及时修订,使各项法制和政策进一步地配套完善,依法保护中外投资企业和职工的正当权益,并依法加强对外资的引导和监管。通过完善法规,使产业开放各个领域的工作都有法可依,中外各方面的权利、责任都有严明的法制保障。

4. 关键是统一思想、树立信心

学习十六大精神,统一海南省干部思想。以十六大确立的以开放促改革促发展的方针,指导海南改革,进一步完善社会主义市场经济体制,尤其是大力发展非公有制经济;指导海南的结构调整和产业升级,促进优势资源变为优势产业,优势产业发展才有出路。

学习十六大精神,树立特区能够加快发展的信心。采取措施,实现海南省经济持续快速增长是有可能的。

中国(海南)改革发展研究院课题组

课题组负责人:迟福林

执笔:迟福林　李昌邦　陈文

　　"十一五"时期海南的改革开放需要在更高的层面
上展开。在扩大开放、加快改革中实现"一省三地"的
发展目标。"一省"是指生态省,"三地"是指南海的油
气综合开发基地、国际性旅游基地和绿色农业基地。
"一省三地"比较符合海南的实际,突出和发挥了海南
的优势,也是"十一五"时期在"一省两地"基础上的一
个发展。

以建设"一省三地"为目标的
海南"十一五"时期对外开放新选择
(2005 年 5 月)

　　经济全球化为海南在中国与东盟投资贸易自由化进程中发挥特殊作用提供了机
遇,在此形势下,海南应抓住机遇,在中国—东盟自由贸易区进程中发挥自己的独特
作用。

一、经济全球化背景下我国对外开放的
趋势与海南对外开放面临的机遇

(一)经济全球化背景下海南对外开放面临的新机遇

1. 经济全球化为海南在中国与东盟投资贸易自由化进程中发挥特殊作用提供
了机遇

　　经济全球化的本质是资源配置和市场的全球化。20 世纪 80 年代以来的全球化

实际进程说明,经济转轨是经济全球化的产物。一方面经济全球化为经济转轨国家提供了历史机遇,大大推动经济转轨进程;一方面经济全球化又对经济转轨国家提出严峻挑战,要纳入国际通行的市场经济体系,必须开放经济,加快市场化改革。我国正处在经济转轨的关键时期,积极参与经济全球化,重要的任务是加快市场化改革,实现改革的实质性突破,并继续分享经济全球化的好处。应对经济全球化的挑战,对于大多数的发展中国家,所采取的一条主要措施就是适应开放经济的需要,促进贸易自由化,推进国内经济的结构性改革。在此过程中,区域经济一体化越来越成为一种突出的趋势和现象。一方面,目前已存在的欧盟、北美自由贸易区,是世界上最具实力的地区,并且还在随着经济发展不断拓展其范围。另一方面,许多新的区域一体化组织正在孕育或已现雏形,越来越多的国家对区域一体化表示兴趣。如:正朝着贸易自由化目标努力的中国—东盟("10+1")自由贸易区;中日韩—东盟("10+3")自由贸易区的构想;东盟与澳大利亚、新西兰自由贸易区的构想;拉美国家自由贸易区的构想等。这些现象说明,区域经济一体化趋势在经济全球化背景下得到进一步强化,并成为推进经济全球化进程的重要力量。各个国家在参与经济全球化的过程中,首先遇到的问题就是如何参与到与本国经济有更紧密联系的本区域经济的整合和开放之中。实际上,区域经济一体化更容易实现经济全球化。在当今世界经济初步形成以区域经济组织为主体的格局下,如果回避相应的联盟,就可能存在被边缘化的危险。因此,区域经济一体化和贸易自由化趋势在经济全球化进程加快的背景下得到进一步强化,已成为推进经济全球化进程的重要力量。在已经生效的自由贸易协定中,20世纪90年代生效的协定为85件,占已生效协定总数的70%。从1995~1999年,在短短4年中签订的相关协议达到57件,已经签订和正在洽签的自由贸易协定超过220个。目前,不仅欧美发达国家和已经成型的区域自由贸易组织在积极推动与多国发展双边或多边的自由贸易机制,而且许多没有签订自由贸易协定的国家和地区也积极朝着形成双边或多边贸易自由化的目标努力。如欧盟的东扩,北美自由贸易区向美洲自由贸易区的演进,日本、韩国与新加坡、新西兰、澳大利亚等国的积极接触,东盟"10+1"、"10+3"自由贸易区的构想和努力等。

2. 全球经济一体化和我国加入WTO为海南实施产业开放战略提供了重要机遇

21世纪初期世界经济将形成新的分工与合作的局面,同时也是区域经济实现调整的重要时机。海南周边国家地区在产业升级的过程中,正在进行生产的转移和市场的扩张,跨国公司的活动也在进一步扩大。

这些为海南产业发展提供了良好的机遇。第一,为海南优势产业的发展,主要是热带高效农业和旅游业的发展,使之成为具有竞争优势的支柱产业,提供了良好的机遇。第二,为海南产业升级,提高对外开放水平,发展经济合作,拓展国际市场,参与国际分工,创造了有利的条件。第三,可以重新确立海南作为改革开放试验区的地位。

3. 在新的形势下,海南对外开放要有新思路

新阶段的对外开放将呈现出新趋势、新特点,即从一般的政策性开放走向全面的制度性开放;由局部的开放走向全方位的开放;由一般竞争性领域的开放走向以金融保险为重点的服务业及基础领域的全面产业开放。在此形势下,海南经济特区的对外开放应有新的思路,这就是在实现全面的产业开放方面走在全国的前面;在祖国大陆同港澳(包括在未来条件成熟下的台湾)实现区域贸易自由化的进程中发挥自己的特殊作用;在推进我国与东盟贸易自由化的进程中发挥自己的独特作用。海南的改革也应从一般政策调整转向制度创新,改革应在更高的层面上展开,建立与国际多边贸易体制相衔接、与国际管理相适应的市场经济体制。

(二)"十一五"时期国家经济社会发展新的趋势给海南带来新的机遇

1. 全面把握"十一五"时期我国发展的大趋势对海南的重大影响

从国内来讲,"十一五"是经济社会协调发展的重要历史时期。随着新经济阶段的到来和科学发展观的落实,这一时期国内宏观经济出现新的趋势和特征,至少从四个方面给海南带来机遇:

(1)全国进入重化工业发展的新阶段,这对海南发展以油气综合开发为重点的新型工业提供了一个难得的机遇。

(2)"十一五"中后期,我国将逐步进入以消费拉动增长的新阶段,这对海南发展以旅游为重点的服务业提供了一个很好的机会。

(3)"十一五"时期是我国全面实施经济发展与环境保护相结合的新阶段,这会大大突出海南良好的生态环境的优势,为海南把未开发的优势转化为后发优势创造了一个良好的机遇。

(4)"十一五"后期,中国与东盟将建立贸易投资自由化的合作关系,同时"十一五"也将是南海加快合作开发的重要时期。

2. 海南要抓住、抓准"十一五"时期改革发展的重要机遇

从各方面情况看,"十一五"时期海南面临的机遇大于挑战。这些新的机遇对海南实现经济发展的新突破提供了十分重要的条件。因此,不仅要抓住机遇,还要抓准机遇。

回顾海南建省以来的发展历程,海南的经济增长和社会发展取得了不少成绩,但也错过了一些发展机遇。在"十一五"规划制定的时候,我们应总结经验,吸取教训。要清醒地认识到,海南的发展关键在于能否发挥自身的优势、抓住新的发展机遇,同

时尽力弥补自身的劣势。从现实情况分析,海南的劣势体现在经济发展起点低,总体经济发展水平不高、教育和人才建设滞后、城市化进程缓慢。在经济社会综合发展指标方面,与兄弟省份还有明显差距。

但是另一方面,海南也有自身突出的优势。一是特色资源优势明显。海南在热带农业、旅游业、油气资源等方面都有其他地区无法比拟的优势。如何充分利用这个优势,大力发展特色农业,大力升级海南旅游产业,大力开发油气综合资源,是海南在"十一五"期间必须破题和启动的课题。二是海南有比较好的区位优势。海南位于南海,有良好的港口条件(如洋浦港),同时海南与东盟天然接壤。因此,充分发挥这些条件,有利于海南加快对外开放,发展海洋经济。三是海南的环境资源优势突出。这是海南最大的优势。海南有全世界最适宜人类居住的自然环境;海南的空气质量、水质量、森林覆盖率等,在全国都是名列前茅。只要规划好这些资源的利用,从总体上策划好发展思路,海南就能够走一条经济发展与资源有效利用相结合的、有竞争力的、可持续发展的新道路。

3."十一五"时期海南的经济发展有可能而且应该实现历史性突破

从海南建省办特区17年的发展规律看,"九五"时期,海南经济由低谷向恢复性增长转变,"十五"时期由恢复性增长开始进入一个较快增长的阶段。从经济发展的一般规律和海南的综合发展环境分析,"十一五"海南有条件保持经济的持续快速增长。此外,"十一五"时期,海南的经济总量有可能发生重大变化。目前,海南GDP的总量太小,不到800亿元,是制约海南整体经济社会发展的重要因素。如果海南能抓住"十一五"的发展机遇,全面完成正在进行的十大工程项目,并且在洋浦工业港区建设和提高旅游国际化水平方面有新的突破,海南的经济总量有可能会成倍增长。从现在的情况看,实现这个目标的可能性是很大的。

(三)充分发挥资源优势,化资源优势为发展优势

1. 海南热带农业资源的发展潜力巨大,有很大的发展空间

从海南的情况看,海南的人均占有耕地和台湾大体差不多,目前海南的农业资源状况从总体上说比台湾还好一些,但是农业产出的效益情况到目前为止与台湾的差距相当大,海南农业的人均产值跟台湾比大概差6倍左右,海南的农业人均创汇与台湾有几十倍之差,海南的热带农业、资源总体上说比台湾还好,这些年也有了很好的发展,但是潜力远没有发挥出来,发展的空间仍然很大。

2. 旅游资源优势突出,特色鲜明

海南的旅游近几年已经成为海南省经济的一个支柱产业。从1998年到现在,大概占了GDP的15%左右。但是海南旅游最大的一个问题,就是旅游的休闲度假,尤

其是海外游客的消费水平,旅游的创汇收入水平,与同类的岛屿比,同周边国家比,差距很大,就是同广东、上海这些旅游现在较好的地方比差距也很明显。海南作为一个以休闲度假为主的海洋性的岛屿,其旅游优势才刚刚开始显现出来,旅游所隐藏的巨大潜力远还没被挖掘出来,我们还没有全面地找到一条能够把海南岛的旅游资源有效地发挥成为休闲度假旅游胜地的一个基本途径,海南的旅游还处在一个全面成为休闲度假岛定位的前期。

3. 以油气为主的海洋资源十分丰富

海南岛探明的油气储量现在占到全国的 26% 以上,仅仅低于新疆,在全国位居第二。随着能源问题日益引起重视,海南的这一优势终将突显出来。

4. 充分发挥海南的生态环境优势

冬天海南的空气湿度是 70,北京只有 20,差距为 3 倍多。海南的生态环境优势逐渐被大家认识。1991 年 11 月 1 日童大林在中改院参加"海南对外开放研讨会",会上他提出:海南的开发就是要成为世界的大公园,中国的第一个世界级的国际性大公园。当时大家不是很理解。十多年以后,再来看这事就大不一样,区域环境水平、区域生态水平,海南都排在全国第一,大气污染指数排到全国第三,生态的保护措施由于多种原因排在第七位。现在随着整个人类社会经济的发展,进入到新经济、知识经济时代,人们对环境的需求逐渐成为第一位的需求。海南良好的、在中国最优质的生态环境将逐步成为经济发展的优势,它不仅是一个生态环境,它也成为经济发展最具有优势的一个条件。可以说,生态从一般的环境优势现在逐渐成为海南可持续发展的经济优势。

5. 充分利用基础设施方面的比较优势

海南经过 17 年的建省办经济特区,尽管在经济社会发展方面没有完全实现原来预期的目标。但 17 年来,在基础设施方面应该说取得了明显的成效,并具有了比较优势。

(1)电力装机容量由严重短缺到供应富余。电力供应富余应该从两方面讲,一方面电力发展很快;另一方面用电不足,用电户太少。

(2)电信基础网络实现了数字化。电话的普及率海口是 75%,在全国省会城市中居首位;海南省移动电话普及率海口是 25%,也在全国省会之首;电信人均投资、人均消费比全国都高。

(3)海陆空立体交通体系基本建成。机场的整个接待能力较强,美兰机场的接待能力现位居全国第 7 位,随着三亚休闲度假旅游的发展,凤凰机场的发展将会很快。环岛高速公路全线贯通。新建港口 24 个。粤海铁路已正式投入运营。交通情况就海南省立体交通比较而言,海南在全国至少处在中间偏上的状况。同上海、北京比有差距,但是同全国各省综合比较,应该是比较好。

6. 海南的地理优势

海南是个岛屿,处在中国大陆连接亚太区域的前哨,地理位置有很大的优势。这样好的地理位置是海南开放、经济发展得天独厚的一个极为重要的条件。

二、"十一五"时期海南对外开放应采取新举措

(一)充分利用油气资源,努力把洋浦建成我国第一个新型的自由工业港区

洋浦经济开发区的设立是我国改革开放的重大战略步骤之一,也是海南省经济发展的重中之重。目前,洋浦经济开发区正面临着新的历史发展机遇,处于发展的关键时期,要努力把洋浦建设成区位优势突出、具有国际竞争优势的现代自由工业港区,实现邓小平同志当年的战略设想。港区一体化、建设自由港区是最近几年经济全球化和区域经济一体化大背景下的一个发展趋势。例如,新加坡裕廊化工岛由 5 平方公里左右扩展到 32 平方公里,成为开放型的化工园区。在"十一五"时期,我国 49 个国家级经济技术开发区要实现转型,其中几个有条件的开发区可能会在港区一体化、建立自由港区方面走出一条新路。

1. "洋浦自由工业港区"的基本内涵和产业定位

在洋浦经济开发区范围内,以油气综合开发为重点,以实行自由港区的政策和发展模式为目标,把洋浦建成具有国际竞争优势的现代化的油气综合开发基地和新型工业基地,成为我国对外开放程度最高的自由工业港区。

从比较优势出发,研究洋浦自由工业港区的总体规划与产业定位,培育能够突出自身优势的产业集群。据此,我们提出"一个基地、三个集群"的总体设想,即把洋浦自由工业港区定位为中国南海油气综合开发基地,同时积极发展油气综合开发产业集群、特色制造产业集群和现代物流产业集群。

随着我国经济总量的不断增长,对能源的需求也与日俱增。我国在继续进行陆地能源开采的同时,海洋石油开采的力度越来越大。无论从资源储备、技术储备,还是从国家安全的角度考虑,在我国石油多元化战略中,开发海洋油气资源已成为重要一环。目前,南海油气开采正处于快速发展的起步阶段,技术、资金方面已无问题,各方面时机已基本成熟,只是缺乏必要的后勤保障和储运、加工基地,从这一点看,海南的洋浦港最有条件成为中国南海油气综合开发基地。

2. 从实际出发,发展具有洋浦自身特色的产业集群

在充分借鉴国内外经验的同时,充分发挥洋浦的资源优势,发展具有洋浦自身特色的产业集群,是发展洋浦的有效路径。因此,洋浦的产业发展,除了确定把油气综合开发作为主导产业外,还可根据其拥有的深水港口优势与海南本岛所拥有的各种优势资源,规划发展一些有特色的加工制造产业,从而构造洋浦其他特色加工产业集群。

(1)充分利用南海油气资源,发展油气综合开发产业集群。

随着海南岛周边近海及南海丰富的油气资源的发现与开采,海南面临着发展油气综合开发产业的极好机遇。洋浦所具有的发展工业的优势是海南其他地区所不可替代的。从国际经验看,无论是政府倡导还是市场自发形成的产业集群都以丰富的自然资源和人力资源为基础。因此,根据洋浦的资源、区位与地理优势,以及市场需求导向,把洋浦定位为油气综合开发基地,是可行的。

天然气供应、天然气发电、油气综合开发和油气储备中转等构成洋浦油气综合开发产业集群,通过这些产业奠定洋浦以油气综合开发为主的重化工业基地地位。天然气输到洋浦,还为高级玻璃、人造大理石等利用海南本岛金属矿产资源的企业提供洁净的能源。

(2)充分利用海南各种资源,发展海南特色制造产业集群。

从发达国家经验看,以某个具有竞争力的产业为基础发展起来的产业集群将对当地经济产生无法估量的效果。海南是一个资源大省,洋浦开发必须从这个最基本的现实出发,发展具有海南特色的制造产业集群。第一,充分利用天然气资源和海南当地林业资源,发展符合国际环保标准的造纸项目;第二,充分利用海南优良的农业资源,发展包括水果深加工、粮食深加工等农产品深加工项目;第三,充分利用国家开发南海的契机,发展为其服务的相关机械制造业,如启动并加快南海勘探支撑基地的建设;第四,充分利用洋浦建设油气综合开发基地的契机,发展服务于油气综合开发的各种高科技产业。

(3)利用洋浦区位和港口优势,发展现代物流业。

洋浦有比较好的港口资源,充分发挥这个资源优势,建立现代物流产业集群,是发展洋浦的一个现实选择。基于洋浦发展的总体设想,洋浦的物流产业集群主要包括以下几方面:第一,发展为自由港提供配套服务的保税物流产业;第二,充分利用大企业资源,发展大企业物流;第三,利用油气开发的契机,发展区域性商业石油基地,形成石油储备、转港、易货等物流产业;第四,利用港区内各种类型企业,发展出口加工物流产业。

3.创新洋浦自由工业港区的管理体制

(1)境内关外,一线放开,二线管住,高度开放。

洋浦自由工业港区的体制模式从根本上讲是自由港区模式。自由港区在本质上指全部或绝大多数外国商品可以豁免关税进出的港口，它处于一国的主权国境之内，但处在一国的关税国境（即关境）以外。在这个港口区域之内，货物可以免征关税而自由进出，而且一般允许在港区内进行改装、挑选、修理、加工、装卸、买卖、销毁和存储。自由港区实行人员进出和居留的充分自由，投资资本可以自由进入和抽走，利润、红利等各种收入可以自由汇出和兑换。

（2）区港一体化，工业区与港口相互依存、共同发展。

洋浦自身具有的优势，一是有天然的良港，且港口发展潜力十分巨大，能够基本满足以油气综合开发为重点的工业发展对港口的基本要求；二是与港口相结合的腹地。腹地开阔，且不适合发展农业，人口密度小，在港区一体化背景下，为依托港口发展新型工业提供了巨大的空间。把洋浦港与洋浦半岛优势相结合，建设洋浦自由工业港区，并实行新的管理模式，是洋浦的一大突出优势。

（3）以油气综合开发为主体的产业集群。

按照我们的规划设计，洋浦的定位是"一个基地、三大集群"。洋浦工业港区是以油气资源综合开发为主的产业集群，利用本地资源或进口原材料，引进大公司、大项目进行投资开发，并利用优良的港口进而拓展储备、物流中转等以工业为基础的港区。

（4）以南海油气资源共同开发为依托，以服务于中国—东盟自由贸易区为重要目标。

洋浦目前面临着两大战略性发展机遇：一是南海开发；二是中国与东盟建立"10+1"自由贸易区。随着"10+1"自由贸易区进程的推进，以及南海共同开发速度加快，洋浦自由工业港区迎来了历史性的机遇。洋浦要努力抓住这一难得的机遇，勇于创新、力争率先成为中国—东盟自由贸易区的重要口岸，为中国—东盟自由贸易的顺利推进积累经验，做出贡献。洋浦应以新的体制，走一条新的发展道路，为国家开发南海做出贡献。

（5）目标明确，分两步到位。

第一步的目标是：①先用3年左右的时间，实现油气综合开发产业项下的贸易投资自由化，即只对油气综合开发项目及相关项目下的生产资料、生产设备等实行产业项下的自由贸易；②实现"港区联动"、"港区合作"；③完成必备的法制建设和制度建设。

第二步的目标是：①在"十一五"后期，随着条件的逐步成熟，按照新型的自由工业港区的模式发展，以使洋浦成为我国第一个自由工业港区，并为国家级经济技术开发区的转型做先行示范；②实行"一线放开，二线管住"的海关监管；③完成对港区新的政策体系设计并获中央批准;④宣布正式设立洋浦自由工业港区。

(6)统一协调,高效管理。

洋浦实行统一协调、高效管理的机制,构建符合自由港区要求的管理体制。这主要包括四个方面的内容:①通过人大立法或政府条例,建立依法管理的体制;②在微观管理层面上,建立政府主导、政企分开型的管理体制;③在地方监管方面建立独立型直接监管体制;④在管理机构设置上建立精干、高效、廉洁的管理机构。

4. 洋浦开发区管理体制创新应遵循的原则

(1)建立事权集中、管理统一的授权领导机制。

(2)开发区管理机构的设置及职能要和开发区产业的功能定位及产出活动特征密切结合。

(3)开发区的管理要体现出机构精干、办事高效的"小政府、大市场"、"小管理、大服务"的管理原则。

(4)开发区管理体制要具备与中央部委和地方政府相协调的能力,保证开发区优惠政策能够顺利的实施。

(5)开发区的管理要坚持"以人为本"的管理理念,形成选优用优、效率优先的激励机制。

(6)开发区的管理重点要从以招商引资为主逐步转变到加强对区内公共产品和准公共产品的提供和服务,营造良好的投资环境,促进产业集群的形成和发展上来。

5. 洋浦自由工业港区建设的基本政策需求

参照国际上成功的自由港区经验,从洋浦自由工业港区的产业定位和体制创新的需要出发,洋浦自由工业港区有六大方面的政策需求:一是实行高效、便捷的海关监管政策;二是实行具有竞争性的税收政策;三是基于自身优势的产业政策,即优先发展油气综合开发利用;四是实行外汇支付自由的金融政策;五是实行更加开放的企业准入制度;六是实行符合国际标准的环保政策。

(二)"十一五"时期,要把明显提高海南旅游的国际化水平作为旅游产业发展的主要目标

这些年,海南的旅游发展出现一个怪圈,即旅游的基础设施建设比较快,但旅游管理的水平却比较低,两者形成相当大的反差。问题的关键在于,海南旅游的国际化水平比较低。在旅游管理的国际化和旅游相关产业引进外来投资、国内大的投资方面还比较滞后。如果我们能有大的独资、合资旅行社,那情况和现在可能就大不一样。要解决目前海南旅游发展这样一个十分明显的矛盾,重要的是大大提高旅游产业的国际化程度。

1. 建立海南国际旅游岛的基本涵义

国际旅游岛的基本涵义是:在特定的岛屿区域内,限定在旅游产业领域范围中,对外实行以"免签证零关税"为主要特征的投资贸易自由化政策,有步骤地加快推进旅游服务自由化进程。建立海南国际旅游岛,实现产业的全面开放。其主要内容是:(1)实行免签证;(2)允许外国旅行社经营相关的旅游业务;(3)扩大旅游相关产业的开放;(4)实行旅游零关税;(5)引进外资参股国际机场建设,并争取把凤凰机场定位为国际航空自由港。

海南省的《海南旅游发展总体规划》提出:经过20年的努力,实现海南旅游接待总人数、旅游总收入、旅游外汇收入分别翻3~4番,把海南省建设成为中国旅游强省,并成为世界著名的国际性热带海岛度假休闲旅游目的地。建立海南国际旅游岛,就是确保这一目标的实现。

2. 海南五大旅游经济区的基本格局

在规划建设国际旅游岛时,必须实行全岛旅游资源的统一整合,以形成五大旅游经济区的基本格局。这五大区域分别是:

(1)南部地区:包括三亚市、陵水县、保亭县、乐东县一市三县。以三亚为重点建设中国一流、世界知名的热带滨海旅游区。

(2)北部地区:包括海口市、文昌市、定安县、澄迈县二市二县。以海口为重点,建设中国小康社会的第二居住地。

(3)中部:包括五指山市、琼中县、屯昌县、白沙县一市三县。以五指山为重点建设中国的热带雨林旅游区。

(4)东部:包括琼海市、万宁市二市。以博鳌、万宁为重点,建设亚洲一流的会展、温泉等旅游区。

(5)西部:包括儋州市、东方市、临高县、昌江县二市二县。建设以洋浦和东方为两极的生态工业旅游区。

旅游业是海南最具特色和竞争力的优势产业。海南应当充分利用作为经济特区的优势和独特的旅游资源,抓住我国加入WTO和海南航权开放带来的重要机遇,尽快实行旅游产业的全面开放,加快引进外商投资,建设我国旅游经济特区,进而建成世界知名的国际旅游岛。

(三)在"十一五"时期,通过统筹整合区域旅游资源,努力走出一条有海南特色的城乡发展的新路

海南是一个岛屿,全岛的发展思路应作为一个大城市来谋划。海南经济社会全面、协调、持续发展,应以中央提出的"五个统筹"为指导,实施海南省委提出

的"南北带动"发展方针，这是海南省实现全面建设小康社会宏伟目标的重要课题。海南省 2020 年实现全面建设小康社会目标的最大难点在农村，海南是一个农村占大头的经济特区，虽然农村情况比照全国一些地区要好一些，但是农民的收入问题及其相关的一些问题仍旧比较突出。城乡居民间的收入差距较大。海南农民人均纯收入与城镇居民人均可支配收入之比由 1990 年的 1：2.1 扩大到 2003 年的 1：2.8。城镇居民的收入主要用于消费和储蓄，而农民的纯收入除要用于消费和储蓄以外，还有一部分要用于扩大再生产的支出。如果扣除农民扩大再生产的支出，城乡差距就更大。

从现实情况看，要改变海南城市化水平比较低的基本状况，恐怕不能走传统工业化的老路。重要的是通过整合区域旅游资源以走出一条城乡协调发展的新路。有些地方有这样的条件，如三亚、海口、博鳌几个地区。通过旅游资源的统一整合，统一基础设施建设、统一规划、统一土地开发，建立各有特色的旅游经济区，这很可能是海南城乡协调发展的新路子。

2003 年年底，三亚市委托中改院进行建立"三亚旅游经济区"的课题研究。我们提出建立以三亚市为中心、以旅游为重点、以城乡统筹发展为目标的"三亚旅游经济区"的设想，实行"以市联县"的特殊管理体制，走出一条充分发挥南部地区资源优势，加快南部地区发展的新路子。目前，建设三亚旅游经济区越来越具迫切性。由于这两年三亚市的土地开发速度比较快，市中心区域已成为住宅小区的集聚地。按常规，一个国际性旅游城市的中心地带，应当成为商贸中心、服务中心。目前三亚的这种状况，用不了几年，就会重蹈海口市区建设的旧路。这样，既不利于发挥三亚旅游区的优势，也会对建设国际性的滨海度假城市造成严重影响。

在海南省经济社会发展总格局中，三亚市应当发展成为海南南部地区经济、文化、教育、卫生的中心，成为带动南部地区发展的火车头。

1."三亚旅游经济区"的基本内涵

在三亚市、陵水县、保亭县、乐东县等 4 个市县之间形成经济合作关系，即形成以三亚市为中心、以旅游业为重点、以城乡统筹协调发展为目标的特殊经济合作区域，并实行与之相适应的"以市联县"的特殊管理体制，走一条通过区域统筹发展，带动和促进海南南部地区全面、协调、持续发展的新路，并创造条件，逐步实现建设"大三亚"的发展目标。

2. 建设"三亚旅游经济区"的发展道路

应该高标准、高起点做好经济区统筹发展规划，整合区域内资源（如旅游资源和特色农业及海洋资源），创建区域整体优势和特色。同时做好以下工作：

（1）实施经济区基础设施建设整体规划，加快建设全区范围的路、电、水、气、宽带五大基础设施网络。

（2）统筹实施生态环境保护措施，实现经济区可持续发展。建设生态的"三亚旅游经济区"。在规划"三亚旅游经济区"时，必须从大三亚的思路出发，实施经济区生态环境工程，提高经济环境质量。在实际工作中，统一建设污染处理设施、统一制定污染物的排放指标、统一制定并实施环境保护的规章制度和具体措施，严格控制污染项目、统一规划和统一整治和管理，实现"三亚旅游经济区"经济、社会、生态环境的和谐发展。

（3）在规划和建设三亚旅游经济区时，要全面引入社区规划思想，逐步实现公共事业一体化建设。在"三亚旅游经济区"公共事业规划中，要打破按行政区规划的传统惯例，全面引入社区规划思想，对经济区中的文化、信息、教育、医疗、公共卫生、公园、体育运动场所、防灾抗灾系统、社区服务等公共服务设施实行等级分类，逐级地融合到中心城市、中心镇、中心区的建设中，在布局合理的基础上，做到资源共享，防止重复浪费，实现公共事业的一体化消费。只有这样，才能彻底改变农村地区封闭、落后的局面，提高农村人口的素质和技能，使他们也能够享受现代社会丰富的物质生活，从而实现农村的城市化。

（四）"十一五"时期，争取中央支持，把海南岛作为我国南海开发的战略基地

2003年，我国已经取代日本成为世界石油第二大进口国和消费国。随着陆地资源的日趋枯竭和海洋开发的深入，越来越多的国家已经把目光投向了海洋。从长远能源战略出发，南海油气可以作为稳定的国内石油供给，成为战略石油储备的一个重要组成部分。因此，加快南海油气资源开发是解决我国能源出路的重点之一，它有助于保护我国海上能源大动脉，维护国家经济安全。

1. 海南岛应成为我国挺进南海进行油气综合开发的后方基地，集中地体现并发挥国家对南海开发的强大后盾和强有力的支援作用

海南建省办经济特区以来，经过17年的快速发展，基础设施已日趋完善，海陆空主体交通体系已全部建成，奠定了把海南岛建成我国挺进南海后方战略基地的基础条件。开发南海，难在南沙。南沙距海南岛榆林港有1500公里，太平岛是开发南沙的最佳前方基地。西沙群岛陆地面积约10平方公里，其中最大的永兴岛2.1平方公里，西沙距海南岛榆林港有337公里，西沙是开发南沙的中间基地或前方基地。显然，海南岛应成为我国挺进南海进行油气综合开发的后方基地，集中地体现并发挥国家对南海开发的强大后盾和强有力的支援作用。通过后、中、前方三级基地的建设，可以缩短我国大陆与南沙的距离，推进南海开发的进程。

作为挺进南海的后方基地,海南省应建设成为南海油气综合开发利用基地,成为国家南部能源战略储备中心基地,成为农副产品、水产品加工出口基地,成为"10 + 3"、"9 + 2"的物流中转基地,成为国家商业卫星发射基地。国家要采取特殊措施加速西沙群岛的开发,尽快建设西沙作为中间基地或前方基地所必需的水、电、路、码头、机场等各项基础设施。国家应按基地建设的目标强化海南岛的军事现代化建设,应把一些军民两用的重大建设项目,特别是一些高科技项目放在海南岛,直接或间接地推进军队现代化建设的发展。

2. 以海洋旅游业为先导,开发西沙,带动前、中、后方基地建设

开发西沙,挺进南海,应以人为先,在西沙营造人多势众的气氛,为捍卫海岛主权造势。从发展旅游业入手,带动西沙基地的建设,是最有效率的正确途径。

3. 热带海岛旅游资源是海南省独特的优势资源,开发西沙旅游应成为海南旅游产业发展的重要部分

鉴于南海问题的复杂与敏感,在开发西沙旅游时,应多干少说,强调用市场方式实施西沙旅游的开发项目。开发西沙旅游应从开发南海的战略目标,建立挺进南海基地的要求,规划海南旅游产业的发展,制定西沙海洋旅游业的发展计划。开发西沙海洋旅游必须在中央统一领导下,协调各方面的力量,依靠各部委和军队的支持;海南省的一切重大决策,必须服从中央的协调,服从于全国大局。西沙海洋旅游业的发展必须与海南国际旅游岛建设相匹配,与南海开发基地建设要求相统一,进行基础设施建设,设计海洋旅游航线,发展航海旅游、海洋运输业和海洋服务业。鉴于海南岛拥有独特的资源优势、区位优势和生态优势,旅游业已取得迅猛发展,并形成自己的品牌,闻名于全国和世界,建议中央政府明确宣布把海南岛建成国际旅游岛和环保特区。

4. 建议中央对海南省和海南经济特区给予新的定位,海南特区应抓住新机遇,创造新特区,打造新模式

我国 21 世纪的发展战略已经转向海洋。这分别体现在贸易依存度比例逐年提高、海洋经济在 GDP 的比重逐年上升,以及南海在未来我国海洋政治和经济中上升为最具有潜力的地区上。中国的现代化,需要有一个完整的海洋战略。海南省是我国最大的海洋省,管辖着 200 万平方公里的南海海域。面向海洋、面向未来,面对极其复杂的南海诸多矛盾,海南省具有极其独特的地位和作用,中央应给予海南省和海南特区新的定位.这一新的定位主要内涵是:

(1)海南省应成为我国开发南海、挺进南海的基地;海南省应成为我国南部油气化工生产基地和石油储备转运基地;中央拟定海洋行政管理的相关法规,并授权海南省,使海南省实现南海海域的管辖权;海南特区应成为我国面向东南亚的桥头堡,成

为中国—东盟自由贸易区的口岸。

（2）海南应在区域行政区划建制上有所突破。海洋战略的客观实际要求中央赋予海南对南海海域新的管辖权，管辖的载体可以在目前海南省作为一个省级的管理体制基础上，改省级建制为类似香港、澳门一样的"海南特别行政区"来管理对南海的开发和主权的维护。因此，有必要从南海开发、海洋资源保护，以及中国与东盟合作的需求出发，把海南经济特区提升为"海南特别行政区"将是最好的选择。

（五）"十一五"时期，建议把生态省作为规划的基本目标，以使海南成为我国第一个环保特区

1. 环保特区的内涵

所谓环保特区，是划定一个特定的区域（一般是指一个水循环流域或者一个岛屿地区），采取严格的环保措施和运用世界上先进的治理环境技术和治理机制，并采用严格的环境保护标准进行工农业生产和从事经济运行、城市管理的特定区域；同时运用市场的手段对流域内的水源、空气、排污、固体废弃物协调管理、综合整治，使经济和环境协调发展的一个特定区域，执行较其他地区更严格的环境标准和污染物排放标准和节水、节能标准，以及更多关注于环境的保护、整治，所以称之为"环保特区"。

2. 建设海南环保特区的意义

建设环保特区，是海南落实科学发展观的战略举措，对海南的持续发展有重要意义，是海南的一件大事。第一，有利于发挥海南的资源优势，使海南在发展经济的同时保护好生态环境。第二，有利于发展旅游。环境是海南旅游的基础，海南的旅游要有新的发展，关键是要保护好环境。第三，有利于发展海南绿色农业。环保特区的建设，有助于进一步保持海南无公害的绿色农业及无疫区的优势地位。第四，建设环保特区是国际社会的一个大趋势。在海南建设环保特区虽然在一定程度上会与工业发展规划有矛盾，但如果把重化工业限定在洋浦100平方公里的规划和控制区，并按照国际环保标准严格监察，不仅不会破坏环境，而且还会对发展海南、提高海南的地位有积极意义。

3. 建设海南环保特区的步骤

建设环保特区可以分步走：（1）目前海南正在搞生态省的规划，建议将之扩大，利用国际援助资金，找国际专家来编制海南"十一五"时期生态省的规划；（2）充分利用地方立法权，在生态省的立法方面逐步加大力度；（3）在各方论证的基础上，在"十一五"中后期把海南建设成为环保特区。

三、"十一五"时期构建海南对外开放新格局的相关建议

（一）"十一五"规划要以改革开放为主线，实现体制创新

"十一五"规划要以改革开放为主线。海南建省17年的实践一再说明，海南的希望与出路离不开改革开放。改革开放的力度大，海南发展的速度就快；反之亦然。海南提出打造环境、产业和体制三个特色。现在看，环境特色没问题，产业特色正在形成，最大的问题还是体制特色。海南本来应该有很好的体制特色，但是由于最近几年某些状况的影响，改革开放的力度不大，使得原有的某些体制特色逐渐失去，体制优势不突出。随着新的发展机遇的到来，体制特色在未来几年是海南发展最关键的因素。

1. 依靠改革加快经济社会发展是海南建省办经济特区17年的基本经验

建省前，海南经济条件和人民生活水平在全国都较为落后，人均实际收入水平只占全国平均水平的80%左右，商品80%左右靠内陆供应。随着建省办经济特区，中央赋予一系列的优惠政策和改革开放的试验权，海南进行了改革的超前试验，并从多方面取得丰硕成果，社会主义市场经济体制已初步形成。海南市场化改革的超前试验在全国也产生了广泛的影响。

海南率先在全国实行"小政府、大社会"的改革试验，进行了包括精简机构人员、转变政府职能、减少行政审批、积极发展各类社会组织等一系列改革探索并初有成效。

海南积极推行以建立现代企业制度为主的企业改革，曾对300多家企业进行规范化的股份制改造，并率先以立法形式确立股份制企业市场主体的法律地位。海南通过改组、改制、改造和引进国内大型企业，加速国企改革。在全国率先以立法形式推行国有企业公司化改造，积极探索混合所有制经济发展的新路，并已取得初步成效。

海南注重培育和发展各类商品市场和生产要素市场，初步形成统一、开放的市场体系。1991年在全国率先实行粮食购销同价改革，放开粮食价格。1992年率先取消主要生产资料价格的双轨制，实行计划价格与市场价格并轨。

从20世纪90年代初开始，海南率先推行社会保障制度改革和其他配套改革，初步建成以公积金为主、以个人账户为辅的全社会统一的社会保障模式。

海南利用国家授予的地方立法权，在规范市场主体、维护市场秩序、加强宏观调控、完善社会保障、促进对外开放等方面初步形成了与社会主义市场经济运行相适应

的法律框架体系。

海南的市场化在1993年以前,排在全国的前3位。但是,这几年的改革明显落后了。许多改革措施实际上是方法、政策上的调整,改革不到位,改革不彻底。原先处在全国前列的重要改革滞后于全国许多省市,集中表现为:非国有经济发展滞后,市场发育程度滞后,政府改革滞后。据中国各地区市场化进程相对指数2001年报告,2000年海南"非国有经济发展"指标,全国排名第14位;"非国有经济在工业总产值中所占比重"指标,全国排名第16位;"市场配置经济资源的比重"指标,全国排名第17位;"价格由市场决定的程度"指标,全国排名第17位;"减少政府对企业的干预"指标,全国排名第27位;"缩小政府规模"指标,全国排名第25位;"市场中介组织的发育"指标,全国排名第18位。

回顾海南改革的历程,制度创新形成了海南的后发优势。改革在海南有特殊的地位、特殊的作用和特殊的意义:只有大改革、大开放才有大发展,什么时候改革步子快,什么时候经济发展速度就快;开放也是改革,只要有改革的良好状态就有开放的直接效果;在海南的经济发展中,需要不间断地提出改革的举措,始终形成和保持改革的良好氛围。

2. 加快改革是海南下一步发展最关键的问题

17年的历程告诉我们,在我国加入WTO的新形势下,要继续以改革开放的新突破实现经济的新发展。海南发展中解决"三农"问题,关键是城乡二元结构的制度改革;解决政府职能转变问题,取决于政府自身的改革;海南的产业开放也取决于制度环境的改善。在经济全球化和我国经济转轨时期,特区优势已由静态的政策优势转化为以体制创新和政策开发为主要内容的动态比较优势,成为一个地区经济社会发展的先导因素,甚至具有某种"决定性"的作用。我们应当清楚地看到,在一些基本性政策或政策潜力开发方面与改革直接联系在一起,改革到位,政策就到位。我们需要着重要研究的是,在我国加入WTO的背景下,海南如何通过加快改革形成新的发展优势。

(二)"十一五"时期海南实现对外开放新格局的相关建议

1. 大力发展混合所有制经济,实现企业改革的新突破

(1)营造民营经济发展的良好制度环境和社会环境,大大提高民营经济的比重。充分利用海南地方的立法权,支持鼓励民营经济发展;拓宽民营经济的投资渠道,充分发挥民营经济在海南经济发展中的主体作用;采取若干措施,欢迎建省之初在海南起步和发展的一批民营企业回到海南投资发展。

(2)大力发展混合所有制经济,实现国有企业改革的新突破。以股份制改革为

重点,加快国有企业改革。海南经济发展的逐步好转和投资环境的改善,对积极推行股份制很有利。为此,应当鼓励符合条件的国有企业尽快实行股份制改造。例如,资源加工型企业、基础领域的企业和农产品加工企业。国务院日前为鼓励农产品加工企业的发展,提出符合条件的大型农产品加工骨干企业可申请公开发行股票并上市。建议政府有关方面抓住这个机遇,在发展大型农产品加工骨干企业方面有所突破。

建议政府尽快采取措施,帮助和支持现有股份制企业实施重组。目前,相当一部分股份制企业经营严重困难,已上市的某些股份制企业长期效益低下甚至亏损,处在随时可能被摘牌的境地。根据 2001 年年报,22 家上市公司中,有 9 家亏损,其中 3 家连续 3 年亏损,利润总额负 1.63 亿元,净利润负 1.93 亿元。能否帮助这些企业尽快重组,步入良性经营状态,不仅是这些企业的问题,对海南的整个投资环境也有重要影响。要从海南经济发展的全局出发,尽快采取具体措施来改变这一局面。

从积极发展混合所有制经济出发,探索符合海南实际的国有资产管理体制改革路子。海南国有资产的总量比较小,国有资产经营效益比较低下。2001 年海南省考核的 1408 户国有企业,资产总额 720.74 亿元,负债总额 529.25 亿元,所有者权益191.49 亿元,其中国家所有者权益 133.87 亿元。有 1157 户国有企业亏损,亏损面占82.2%。为此,海南国有资产体制改革的主要目标是尽快实现国有资产的资本化运营,由此来实现国有资产的保值增值。例如,海南省政府把在海航中的国有资产授权委托企业家管理并产生明显效益。这个经验很值得总结。

(3)加快农垦改革,发挥农垦优势。建议以"股份化、民营化、地方化"的改革思路,把农垦的优良资产整合起来重组为股份制企业,并吸收社会投资者,使之尽快地成为上市公司,以此带动农垦相关产业的发展。与此同时,大部分农场应当逐步实现民营化,学校、公安等应当实行属地化管理。

(4)以股权激励为重点,实现收入分配制度改革的实质性突破。从海南实际出发,探索劳动、技术、管理等生产要素参与分配的途径。海南国有中小企业占的比重很大,普遍的经营状况不大好,有条件也有需求进行企业内部分配制度的改革。中改院曾受海南省人大的委托,提出《海南省职工持股条例(征求意见稿)》并广泛征求了中外专家的意见。实践证明,职工、技术层和管理层通过多种方式购买本企业的股份,是国有中小企业改革的一条重要出路。建议能尽快把这一条例的制定列入海南省立法计划,以积极地、规范地推动国有中小企业改革。此外,对技术、管理等生产要素参与分配的形式、比重等做出具体的规定。这对吸引人才,发展高科技企业都会产生重要的影响。

2. 以提高农民收入为目标,实现农村改革的新突破

加入 WTO 以后,我国农业暴露出来的主要问题不在于农产品的竞争,而在于农

民收入问题。这些年,农产品虽然增加,但农产品的价格不断下跌,农民从农业中增收变得越来越困难,由此看来,现阶段增加农民收入应当从城乡结构及其相关的制度中寻求出路。海南是一个农村占大头的经济特区,虽然农村情况比照全国一些地区要好一些,但是农民的收入问题及其相关的一些问题仍旧比较突出。要全面建设海南小康社会,重点也在农村。

(1)制定农村土地承包法的实施细则,真正赋予农民长期而有保障的土地使用权。《中华人民共和国农村土地承包法》为全面保障农民的土地权利和稳定农村社会提供了法律依据。全面贯彻实施这个法律,首先取决于实施细则的具体制定。海南作为经济特区率先制定实施细则,有利于稳定农村的土地关系,有助于减少城乡收入差距,同时也将在全国产生一定的影响。

(2)实现县一级改革的新突破至关重要。海南省除海口、五指山外的其他县(市)都是以农业为主体,发展县域经济有利于农村发展,有利于农民增收,有利于农村剩余劳动力的转移。实现县级改革的新突破,农村的改革发展才大有希望。一是赋予县一级经济发展的权力,调动县一级经济发展的积极性;二是应当把海南省小城镇发展的重点放到以县城为重点的中心城镇的建设上来,并相应采取必要的支持措施和实施相关的鼓励政策。

3. 创新吸引人才的环境

人才是资本。哪个地方有了人才发展的环境,哪个地方就有活力。海南在人才环境上,现在面临两个基本性矛盾:一方面是中高级的人才引进的数量少,而且倒流的现象很严重;另一方面是海南目前的教育状况,难以在短时期内培养一批中高级的专业管理人才。全面建设海南小康社会,重要的是加快人力资源开发,培养人才,培养各类专业技术人才和具有一定素质的劳动者。

从海南的情况看,改变这一局面的出路仍在于改革。在加快教育体制改革、整合教育资源的同时,要发挥全社会多方面的积极性,鼓励和支持社会办学,并为社会办学创造多方面的有利条件。不在这个方面寻求出路,是难以扭转海南人力资源发展的这种落后局面的。

用好政策以吸引高新技术人才。所需编制、计划、指标等也将一路"绿灯",户口迁移、家属工作安排、医疗保健和子女入学就业等问题由有关部门保证安排。积极探索建立生产要素参与分配的高差异、多元化分配机制。对国有企业经营管理者实行年薪制;建立具有一定规模的人才奖励基金;鼓励科技人员以技术成果作价入股参与收益与分红;高新技术成果参与投资所占注册资本比例不受限制;引进高新转化成果的,可得到企业所缴税收20%的奖励。建立送培制度,优化人才成长环境。每年选一批优秀中青年人才到国内高校或科研院所、企事业单位就读或培训。继续深化干部人事制度改革,对干部展开了多层次、多形式的教育培训。出台包括任用管理、任职资格制度、考核奖惩制度、国有企业财务总监管理等措施,加快建立国企经营管理者的竞争性选拔机制。

4. 着力打造公共服务型政府,努力使政府成为经济社会发展环境建设的主体

好的发展环境就能产生快的发展速度。可以说,环境就是生产力。要把经济调节、市场监管、社会管理、公共服务作为政府职能转变的目标,在努力完善和转变政府管理经济方式的同时,更加注重加强政府的社会管理和公共服务职能,创造良好的经济社会发展环境。

(1)建设稳定安全的社会环境。

建设稳定和谐的社会环境。稳定是改革和发展的前提。牢固树立稳定压倒一切的思想,把维护社会稳定作为己任,正确运用法律、经济、行政和教育手段,为发展创造安定和谐的社会环境。从群众最关心、与群众关系最密切的问题入手,把思想工作与为民办实事、解难事结合起来,千方百计为群众解决生产生活中的实际困难,引导人民群众理解支持政府的决策。

我们正处在社会转型时期,处在经济快速增长时期。在这个时期,各种社会矛盾比较多而且短时间内难以从根本上加以解决,因而就直接影响到社会的稳定,影响到社会的治安秩序。要维护这个时期的社会稳定和良好的治安秩序,依法严厉打击各类犯罪活动。

(2)建设稳定透明的政策环境。

良好的政策环境是促进发展的重要保证。通过制定正确的经济政策,建立公开、公正、规范、有序的投资经营环境,调动和保护各类经济主体的积极性和创造性。在制定经济政策时,要把握好两个原则:一是公平竞争的原则。要打破地方保护主义和行业垄断的政策规定,完善市场交易规则,整顿和规范市场竞争秩序,提高政策的公平性、科学性和透明度,让所有企业在同一起跑线上公平竞争,全面发展。二是连续、稳定的原则。要坚决杜绝政策朝令夕改、让投资者无所适从的现象,政策一旦出台,就要从总体上保持其稳定性、连续性,从而增强投资者扩大再生产的信心。

(3)建设规范高效的行政服务环境。

牢固树立"管理就是服务"的理念,把服务作为天职,不断提高服务经济的能力。要按照完善社会主义市场经济体制和WTO的要求,进一步转变政府职能,实行政企分开,为企业、市场和社会提供更多更好的优质、高效的行政服务。把资源配置的职能交给市场,最大限度地减少行政审批事项。对凡是不符合政企分开和政事分开,影响市场在资源配置中发挥基础作用,妨碍市场开放和公平竞争的审批事项都应全部取消。除了国家法律规定必须审批的项目,政府履行必要的审批手续外,国家法律没

有规定的审批项目,政府一律不管、不审批。凡是不符合经济发展需要,不符合市场经济要求的审批事项,都要取消审批。要变革现行审批方式,一些确需审批的事项,也要强化服务意识,创造条件简化和规范办事程序,实行便捷服务,广泛推行"一站式"、"一条龙"服务方式,提高行政服务效率。还要加快社会诚信体系建设,出台个人、企业信用征信管理办法。

(4)塑造"亲商、安商、富商"的环境。

企业是市场经济运行的主体,也是最重要的微观细胞。在市场经济条件下,政府主要职责是要发挥经济调节、市场监督、社会管理和公共服务的职能,其中重要的甚至最重要的职能是要为企业主体服务,为市场机制正常运行和有效发挥作用创造良好的条件和环境。不少地区和部门的腐败、司法不公、行政办事效率低下等多重因素,加重了投资者的商务成本和投资成本,使得海南的投资环境与内地发达地区相比,有着明显的差距。海南应学习江苏昆山的"亲商、安商、富商"的服务理念,并建立推行公示制、承诺制、监督制、淘汰制等一整套机关工作制度,让执法、管理部门到企业现场办公、上门服务。

(5)规范和完善法律保障环境。

总结实践经验,借鉴市场经济比较发达国家和地区的成熟法律法规,加强规范政府行为、完善市场秩序、健全市场准入和退出机制方面的立法工作,建立健全海南省地方性法规体系,把改善投资环境纳入法制化轨道。要加强法制宣传教育,学习好、落实好、宣传好国家有关法律法规,增强各级干部、广大人民群众的法制观念和依法办事能力,建立和发展法律中介服务组织,不断提高投资环境的法制保障水平。

中国(海南)改革发展研究院《"十一五"规划研究》课题组

课题组组长:迟福林

课题组成员:李昌邦　陈文

实行琼台农业项下自由贸易,是指在海南经济特区对台湾投资者在农业项下实行自由贸易政策。实行琼台农业项下自由贸易,有利于促进祖国的和平统一,有利于加速海南的发展。

关于实行琼台农业项下
自由贸易的建议报告

(1998 年 3 月)

海南与台湾在农业发展方面条件相似、互补性很强。海南建省办经济特区以来,部分台湾中小投资者已涉足海南进行农业开发,琼台之间主张全面推进两岛农业合作的呼声一直没有间断。按照邓小平同志创办海南经济特区的战略思想和江泽民总书记提出的处理两岸关系的八项原则,着眼于两岸关系的全局,实行琼台农业项下自由贸易,有利于促进祖国的和平统一,有利于加速海南的发展。这是一件利国利民的好事。

一、实行琼台农业项下自由贸易,会极大地加速海南现代农业的发展,充分发挥海南在祖国和平统一大业中的特殊作用

1. 琼台农业项下自由贸易的基本含义

实行琼台农业项下自由贸易,是指在海南经济特区对台湾投资者在农业项下实行自由贸易政策。这一政策包含的主要内容是:

(1)琼台农业项下自由贸易限定于农业中的种植业、养殖业及其相关的加工业。

（2）台商在海南投资从事农业生产所需的生产资料,如种子、种苗、化肥、农药、农用薄膜、农用机械、包装材料等,免关税和增值税进入海南岛。

（3）台商在海南从事农业生产所必要的自用设备,如运输工具、办公用品及其他物品等,经过严格核准,免关税进入海南岛。

（4）台湾当地自产的农产品及加工产品可免关税进入海南岛,允许海南自产的农产品及加工产品逐步自由进入台湾。

（5）台商在海南生产的农产品和加工产品,视为海南产品自由进入内陆市场。对台商在限定范围内使用从台湾进口的原料、半成品在海南加工生产的产品,参照国发(1988)24号文件规定,增值20%以上的,可视为海南产品进入内陆市场。

鉴于台湾是中国的一部分,实行琼台农业项下的自由贸易,可视为一种特殊的贸易形式。这种特殊形式的贸易,既可由国务院授权海南与台湾方面进行商谈,相互实行有关农业项下的自由贸易政策,也可以由国务院做出决定。综合各种因素考虑,我们认为,由国务院决定实行琼台农业项下的自由贸易政策,更有利、更主动、更具有可操作性,并且能够产生更大的影响。

2. 实行琼台农业项下自由贸易,是大大推动琼台农业合作发展的重大突破

目前,推动琼台农业合作发展,有三种可供选择的方案。

其一,在海南省权限范围内,对琼台农业合作,通过某些政策性的倾斜,采取鼓励措施,给予积极的支持和推动。

其二,划出一定的区域范围,建立琼台农业合作的"开发基地"或"实验基地"。在划定的区域内,实行更加特殊的优惠政策,以推动琼台农业合作。

其三,由中央决定实行琼台农业项下自由贸易,国务院颁布《实行琼台农业项下自由贸易专项管理条例》。

这三个方案中,由于第三方案涵盖了第一、二方案,属于上策,是一种最佳的选择。因为,第一方案很难使琼台农业合作发生重要变化。建立"开发基地"或"实验基地",会在一定程度上推动琼台农业合作,但由于区域性、政策性的局限,难以促进琼台的全面农业合作,也发挥不了全局性的政策效应。实行琼台农业项下自由贸易,则既包含有实行自由贸易的相关政策,又包含有在实行自由贸易政策条件下所要求的体制创新以及相关联的许多重要领域的改革。它不仅对海南经济特区现代农业发展有巨大推动,还必将对海南经济特区的改革开放提出新的要求,实现在海南特区内体制创新、产业升级、扩大开放三个方面的统一和相互联动。

由中央政府宣布实行琼台农业项下自由贸易,是一项带有全局性、既含有经济因素又含有政治因素的重大举措。它不仅会推动两岸间的农业合作和交流,而且对两岸关系的发展会产生重大的影响。这种影响又会反过来给予两岸农业合作与交流以

巨大的推动。

3. 实行琼台农业项下自由贸易,对加快海南农业现代化的发展有重大意义

海南和台湾是祖国两大宝岛。海南属热带海岛,全岛土地面积3.4万平方公里(台湾为3.6万平方公里),100米以下的台地、阶地、平原占61.3%;有1200多万亩可供开发的处女地,4000多种植物资源;年平均气温22℃~26℃,年日照时数1750~2750小时,年降雨量1500~2000毫米;有长达1617.8公里的海岸线,可供养殖的滩涂4.5万亩,可供淡水养殖的水面积55万亩,这一切构成了海南巨大的农业资源优势,并远优于台湾。

由于多种原因,海南农业的生产水平远远落后于台湾,并逐步拉大了差距。据统计,20世纪50年代初两岛的工农业总产值的差距是3倍左右,到了80年代扩大到22倍,90年代初台湾的国内生产总值比海南高74倍。台湾农业人口占总人口的19.2%,海南农业人口占总人口近80%,但1995年台湾农业的产值比海南高5.7倍,人均农业产值比海南高7.72倍,农业出口值为海南的25.8倍,人均农业出口值为海南的34.95倍。

台湾农业经过四十多年的发展,在种苗、生产技术、管理、加工、储运、营销等方面均具有很大的优势,这些正是海南农业发展中最薄弱的环节。

海南建省办经济特区以来,琼台农业合作发展有了良好的开端。据统计,海南省台资农业有220多家,农业项目250多个,实际投入资金1.5亿美元,承租土地面积20多万亩。台商投资涉及种植、海淡水产品、家畜养殖、花卉、种苗、观光农业、农民培训、生物工程以及相关产业的加工等多个领域,引进各类优良品种500多个,投资效益普遍较好。

目前,琼台农业合作仍处在初步的、小规模的阶段。一是台商对农业的投资规模不大。据统计,1988~1997年,海南省台商投资为12亿美元,其中农业投资为1.5亿美元,仅占12%;二是琼台农业项下的贸易虽然从无到有,有了一定的发展,但在贸易额不大的情况下,预计1997年比1996年有所下降。1996年进出口总值3917.5万美元(其中进口1471.1万美元,出口2446.4万美元),为历年最高水平。而1997年1~10月进出口总值则只有1569.9万美元(其中进口954.5万美元,出口615.4万美元)。

由于海南市场过于狭小和海南的现行政策与投资环境不够理想,对台商进行大规模、多领域、高层次的农业开发缺乏足够的吸引力。实行琼台农业项下自由贸易,既向台商放开海南市场,又向台商让出部分国内市场,同时实行相应的优惠政策和采取相应的措施,将会从根本上优化海南的总体投资环境,对台商产生很强的吸引力,对琼台农业合作产生巨大的推动作用。全面放开引进台湾在农业方面的先进技术、

管理方法、营销渠道、优良品种和资金,使之与海南农业资源优势相结合,将会大大促进海南农业从小规模向大规模转变,从粗放型经营向集约型经营转变,从传统农业向现代农业转变,对于把海南建成我国热带高效农业基地,实现农业现代化,带动海南广大农村奔向小康,都具有十分重要意义。

4. 实行琼台农业项下自由贸易,有利于充分发挥海南在祖国和平统一大业中的特殊作用

邓小平同志在1987年6月指出:"我们正在搞一个更大的特区,这就是海南岛经济特区。海南岛和台湾的面积差不多,那里有许多资源,有富铁矿,有石油天然气,还有橡胶和别的热带、亚热带作物。海南岛好好发展起来,是很了不起的。"充分发挥海南经济特区在祖国和平统一中的特殊作用,正是小平同志和党中央创办海南经济特区的战略意图。

海南经济特区经过10年的发展,已经基本实现经济特区作为我国对外开放的"窗口"和改革试验田的目标,扮演了经济转型时期政策工具的角色。

香港回归之后,在新的历史发展时期,海南经济特区应在面向台湾、推进祖国和平统一进程中做出自己应有的贡献。这是海南经济特区建设的重要战略目标和应尽的责任。而选择从经济入手,面向台湾人民,实行对台更加开放的政策,建立起琼台经济更为紧密的联系,使两岛人民有着更加密切和频繁的往来,从而推动祖国和平统一大业,是海南经济特区发挥自己特殊作用的重要途径。

二、制定和实行相应的优惠政策,鼓励和支持实行琼台农业项下自由贸易

鉴于琼台农业项下自由贸易是一种特殊形态的自由贸易,必须制定和采取相应的政策措施,才能保证其顺利地进行。为此,提出以下政策建议。

1. 关于金融政策

(1)建议设立"琼台农业开发基金"。"开发基金"由琼台投资者联合发起,主要用于支持琼台合作的重点农业开发项目。在条件成熟时,允许在国内上市交易,也可考虑经主管部门批准在海南岛内公开发行,并在主管部门指定的证券机构进行柜台交易。

(2)允许从事农业开发的台商在海南开办信用社,以扩大台商用于在海南进行农业开发的融资渠道。严格限定信用社的数目、服务对象和服务范围。就当前情况看,台商开办的信用社以1~2家为宜,主要为在海南从事农业开发的台湾中小投资者筹集资金。

（3）在组建或改制海南地方银行时，可考虑让台湾投资者参与一定的股份，以便吸纳台湾资金支持农业项目的开发。

（4）鼓励台湾银行来海南开展服务于琼台农业项下自由贸易活动的金融业务。

2. 关于税收政策

参照国发〔1988〕24、26号文件有关所得税减免的规定，对从事农业开发的台资企业，给予企业所得税减税优惠。具体建议是：

——从事农业开发的台资企业，经营期限在15年以上者，从开始获利年度起，第一年至第五年免征所得税，第六年至第十年减半征收所得税。经营期限不足15年者，从开始获利年度起，第一年和第二年免征所得税，第三年至第五年减半征收所得税。

——从事农业开发的台资企业，在规定减免企业所得税期满后，凡当年企业出口产品产值达到当年企业总产值70%以上者，当年可以按10%的税率缴纳企业所得税。

——从事农业开发的台资企业，所获得利润如再投资于农业开发，退还其再投资部分已缴纳的全部企业所得税。投资经营不足5年而撤出者，应当缴回上述已退还的企业所得税。

——从事农业开发的台资企业在海南生产的农产品，如在岛内市场销售，免征产品税和增值税。

此外，为鼓励台商投资农业的积极性，建议在一定时期内，对台商在海南生产的农产品免征农业特产税。

3. 外汇政策

（1）为支持琼台农业项下自由贸易，建议在海南试行人民币与台币的自由兑换。鉴于人民币与台币目前还不能直接兑换，可考虑以香港当天的港币对台币的比价作为兑换的基准价格，指定海南一家金融机构来办理人民币与台币兑换的业务。

（2）允许从事农业开发的台商自有资金和获得的利润自由汇出。

4. 关于农产品出口政策

（1）对台商在海南生产、销往港澳地区的鲜活农产品，取消有关的许可证限制。

（2）对台商在琼生产的农产品返销台湾提供必要的方便条件。建议实行琼台农业项下自由贸易后，应把对台贸易视同对港澳贸易，经营的农产品种类不受限制。

（3）对台商在海南生产并经香港转口销往国际市场的鲜活产品，给予其所需一定配额和照顾。

5. 关于海关管理政策

（1）参照国发〔1998〕24、26号文件的有关规定，对台商在海南的独资、合资农业企业经核定批准的进口自用的生产资料和其他设备,免征关税和进口增值税。

(2)对台商用于在海南进行农业生产的生产资料及其他设备进入内陆市场时,按国家现行有关规定严格管理。

6. 关于商检政策

(1)对进入海南的台湾农产品、种子、种苗、种畜(禽)等时效性强的商品,在取得国家商检局认可的有关组织发放的质量认证资格后,建议授权海南商检机构审查批准,免予检验。

(2)对台商在海南投资农业所需进出口的其他物品,免去2.5‰的商检费,在商检、卫检及动植物检验方面给台商提供方便,严格规定商检时间,尽快放行。

7. 关于土地政策

(1)对台商从事农业开发需要征用土地时,视同海南岛内投资者,实行统一的土地征用政策。

(2)支持台商成片开发农用土地(含国有农场)。

(3)允许台商对用于农业开发的土地,在土地使用权的有效期内,可以依法转让、出租或者抵押。

8. 关于台资企业设立政策

对台商在琼台农业项下自由贸易所限定的范围内,设立新企业或需要变更登记时,给予支持和方便。

9. 关于人员管理政策

台湾来海南从事农业开发和贸易的人员,可以申请办理暂住证,时间为一年。居住一年以上的人员可以办理长期居住证。持有暂住证和长期居住证的人员及家属在社会保障、教育等方面享有与海南本地居民同等的待遇。

三、采取必要措施,尽快促成琼台 农业项下自由贸易的顺利实施

1. 建议国务院尽快颁布《实行琼台农业项下自由贸易专项管理条例》

(1)鉴于琼台农业项下自由贸易是我方对台主动放开海南农产品市场和部分放开大陆农产品市场的一种特殊贸易形式,并未列入两岸政治会谈,因此,无需两岸协商决定。建议由国务院制定《实行琼台农业项下自由贸易专项管理条例》(以下简称"专项管理条例"),在适当时机尽快颁布实施。

(2)建议国家海关、税务等部门根据国务院所颁布的"专项管理条例",对涉及本部门的内容、政策及相关问题做出具体明确的专门规定。

（3）由国务院宣布实行琼台农业项下自由贸易，可表明中央政府发展两岸关系的决心、诚意和大度，对于促进祖国和平统一必将产生广泛而深远的影响。

2. 建议海南省政府根据国务院"专项管理条例"，制定具体执行办法

（1）以地方立法和行政法规的形式，对执行"专项管理条例"所涉及的问题做出明确规定，并结合国家有关部门落实此项条例的有关政策规定，制定实施细则。

（2）对国务院"专项管理条例"及国家有关部门落实此项条例的有关政策规定未涉及到的、由地方政府分管的一些相关事项，如地价、农业特产税等制定专项管理办法。

（3）海南省在就琼台农业项下自由贸易制定政策和立法时，要注意借鉴台湾在农业方面有效的政策、法律及成功经验（如农协会的组织与运作），推动琼台农业项下自由贸易顺利实施。

3. 建议参照琼台农业项下自由贸易的有关规定，允许、支持台商对海南海洋资源进行开发

海南与台湾在海洋资源开发方面也具有很强的互补性和巨大的潜力。目前，应鼓励台商投资海水养殖、海洋捕捞和海产品加工业。逐步创造条件，允许和支持琼台合作进行南海石油天然气及其他海洋资源的开发。

4. 随着琼台农业项下自由贸易的发展，建议允许台湾旅行社来琼开展业务，合作开发海南旅游资源

为了方便海南与台湾之间的人员往来，同时加快海南旅游资源的开发利用，建议采取支持鼓励政策，允许台湾旅行社来海南开展业务，在海南合资或独资兴办旅行社，合作开发旅游项目。台胞在海南旅游视同本地居民对待。

5. 适应琼台农业项下自由贸易的需要，尽快推动海南和台湾直接通航

建议国家允许琼台之间率先直接通航。鉴于海南省航空股份有限公司是国内第一家合资的股份制航空公司，三亚凤凰国际机场是具有一定现代水平的股份制机场，通航条件比较优越。建议允许台资以一定比例参股海南航空股份有限公司和三亚凤凰国际机场，用商务合作的办法来推进琼台直航。当前，可先进行海口航空港经澳门或香港与台湾之间以"一机到底"方式通航。同时，允许海南省指定海口港或其他港口与台湾高雄港直航，方便琼台之间的货物运输。

6. 建议以民间形式，推动琼台农业项下的自由贸易

鉴于当前海峡两岸政府间的直接对话的现状，建议在自愿的基础上，组织琼台有关学术界和社会人士，就琼台农业的全面合作进行规划。目前，很有必要尽快成立一个较高层次、被双方认可的社会民间组织，就两岛间农业项下的自由贸易问题进行直接的磋商和对话。通过民间交往，推动琼台农业项下的自由贸易。

7. 建议对其他外商投资海南农业,分别情况,给予一定优惠政策

琼台农业项下自由贸易是一种特殊形态的国内贸易,不可能完全适用于其他外商在海南的农业投资。建议对其他外商在海南投资于农业领域的高科技项目,经有关部门认定,可比照琼台农业项下自由贸易的有关规定,给予优惠待遇。其他一般性农业投资仍执行国家给海南的有关现行政策。

四、海南已具备实行琼台农业项下自由贸易的基本条件,应当抓住当前有利时机,尽早实施琼台农业项下的自由贸易

1. 海南拥有热带农业资源优势,开发潜力巨大,为实行琼台农业项下自由贸易提供了可靠的资源条件

海南是我国热带农业资源最丰富的地区,开发潜力巨大,发展热带农业的条件优于台湾和国内其他地区,具有发展热带农业的绝对资源优势。目前,海南对热带农业资源的开发利用水平较低,与国内国际市场对热带农产品日益增长的消费需求很不相称,资源和市场的开发潜力巨大,对台湾农业投资者来海南从事热带农业开发产生了很大的吸引力。因此,从资源及开发前景看,海南完全具备实行以大规模、现代化发展热带农业为目的琼台农业项下自由贸易所必需的资源条件。

2. 琼台农业合作已有了良好的开端,为实行琼台农业项下自由贸易奠定了一定的基础

海南与台湾之间在发展农业所需的资源、资金、技术、劳动力、信息、营销等方面具有很强的互补性。从总体上看,琼台农业合作在一定程度上实现了海南与台湾之间农业优势互补,获得了良好的经济效益。除中小投资者外,台湾一些大型农业公司也开始参与到琼台农业合作之中,如位居世界第四位、东南亚第一位的台湾农友公司已在海南设立了耀农公司,一些在海南投资非农产业的台资企业也开始转向投资农业。琼台农业合作历时近十年,在合作形式、生产组织与经营、政府管理及服务等方面积累了一定的经验,为实行琼台农业项下自由贸易奠定了一定的基础。

3. 琼台双方正积极寻求扩大、深化琼台农业合作的途径,实行琼台农业项下的自由贸易,完全符合双方农业合作的愿望

当前,琼台农业合作的进一步发展受到了来自政策方面的限制,如,台商自用的农业生产资料进入海南要征收较高的(约25%)关税和增值税。台资企业普遍希望在海南得到更好的发展环境,以便扩大农业投资规模,拓宽农业开发领域。海南方面也正积极探索,希望得到中央支持,通过体制和政策创新,采取更加开放的政策和形

式,增强对台资企业开发海南农业的吸引力,推动琼台农业合作上一个新的台阶。琼台双方的学者及有关政府官员已就实行琼台农业项下自由贸易进行了积极的探索和交流,并对此寄予很高的期望。因此,实行琼台农业项下自由贸易政策,完全符合琼台农业合作双方的愿望,是顺应琼台农业合作发展趋势的必然选择。

4. 海南投资环境有明显改善,有利于琼台农业项下自由贸易的实施

海南建省办经济特区以来,加强投资环境建设,取得了显著的成效。在投资硬环境方面,海口至三亚东线高速公路已建成通车,西线高速公路正在加紧建设。海口机场已进入全国十大航空港之列,海口新机场正在加紧建设之中,三亚凤凰国际机场第一期年客运能力达到150万人次,第二期可达1000万人次,海南省共有空中航线46条,已开通至新加坡、韩国、马来西亚、日本、中国香港、中国澳门等航线。拥有港口20个,万吨级深水泊位11个,年吞吐能力1300多万吨。到2000年,海南将建成纵贯南北、连接大陆的铁路,进出海岛将更为方便。现有发电能力达140多万千瓦,满足了全岛生产生活需要。邮电通信和电子信息网络建设也位居全国前列。在投资软环境建设方面,海南积极利用中央给予的优惠政策和地方立法权,初步建立了现代企业制度、较为规范的市场体系、多层次的社会保险体系和市场经济法规体系。特别是海南拥有全国人大授予的特别地方立法权,为以法律手段保障、规范琼台农业项下自由贸易的顺利实施创造了条件。

5. 海南独有的地理条件,十分便于对琼台农业项下自由贸易实行有效的监管

海南岛四面环海,琼州海峡构成了隔离海南和大陆的天然屏障。实行琼台农业项下自由贸易后,完全有条件实行"一线放开、二线管严"的自由贸易监管制度。这一点是国内其他地方所无法相比的。因此,在海南实行对台农业项下自由贸易比较容易操作。

6. 随着国内外经济政治形势的变化,实行琼台农业项下自由贸易的时机已趋于成熟

就台湾方面而言,台湾农业生产成本持续上升,本地农产品价格高于进口产品价格的2~3倍,岛内农业发展的空间十分有限。最近引起台湾农户恐慌的是,据美台最近达成的一项协议,美国同意台湾加入世贸组织,台湾承诺放开部分畜产品和农产品市场。据台湾行政院农委会主任委员彭作奎估计,此举将造成新台币542亿元的农业总损失,其中,畜牧业317亿元、农作物200亿元、渔业25亿元,减少10万农业人口。台湾农业今后的发展将面临十分严峻的形势。东南亚金融危机爆发后,台湾农产品向东南亚出口遇到了阻力,进行直接投资又面临着动荡不定的经济环境风险。相反,祖国大陆经济社会环境稳定,投资风险小,而且农业生产成本远低于台湾(据资料介绍,台湾农业工人工资成本大约相当于大陆的20倍)。此外,大陆的高档农

产品市场基本被国外产品垄断。若台湾高档农产品能以优惠条件进入大陆市场，必然有很强的市场竞争力。考虑到这些情况变化，台湾农业投资者正积极寻求在大陆扩大农业开发规模和领域，开展农产品直接贸易。适时宣布实行琼台农业项下自由贸易，就为处于困境的台湾农业提供了一条新出路，必将受到台湾农民和投资者的欢迎。

在海南，琼台农业合作所取得的小范围的成功使海南坚定了发挥热带农业资源优势，推进农业产业化，兴岛富民的信心。实行琼台农业项下自由贸易，完全可以更好地把海南对外开放优势与热带农业资源优势紧密地结合起来，把热带农业培育成海南最具竞争力和联动效应的经济增长点。既能有效推动海南经济发展，又能丰富大陆市场。因此，实行琼台农业项下自由贸易，是当前海南贯彻落实党的"十五大"关于"坚持把农业放在经济工作首位"的精神，加快热带农业发展步伐的一条切实可行的捷径。海南人民对此寄予了很高的期望。

发展两岸关系，推进祖国和平统一进程，是世纪之交摆在中华民族面前的一件大事。江泽民总书记在党的"十五大"报告中指出"要大力发展两岸经济交流与合作"。抓住当前有利时机，推动琼台农业项下自由贸易，进而寻求琼台经济的全面融合，极有可能成为改善两岸关系的一个重要突破口。它可以通过增强台湾对海南农业及大陆农产品市场的依赖性，进一步密切两岸关系，收到以经济手段推动祖国和平统一的效果。

我们认为，目前实行琼台农业项下自由贸易的时机已趋于成熟。为此建议尽快宣布实行琼台农业项下自由贸易，由此加快海南经济特区建设步伐，早日实现邓小平同志倡导创办海南经济特区、推动祖国和平统一大业的战略构想。

中国（海南）改革发展研究院《琼台农业项下自由贸易研究》课题组
课题组负责人：迟福林
执笔：迟福林　李昌邦　刘新宜　陈文

第六篇　海南新型社会保障制度的建立

●1991 年，中政院在总结海南省建立新型社会保障制度初步实践经验的基础上，对全国部分大中城市社会保障制度改革情况进行实地考察，从多层次、多视角地探讨了我国社会保障制度改革的重大问题。先后提出了中国社会保障制度改革的 4 份政策建议。从目前我国社保工作实践看，这一建议具有显著的前瞻性。

●1991 年 11 月 16~25 日，国家体改委和中政院联合举办"全国体改系统社会保障制度改革培训班"。邀请了国内外知名的社会保障研究和管理方面的专家学者讲课。专家学者和学员对海南省的社会保障改革方案对各地进行了广泛的交流和讨论。

●1992 年，由联合国开发计划署、海南省人民政府委托，中政院《社会保障制度改革》课题组形成了有关"建立海南新型的社会保障制度"改革方案。

这些研究成果对于推进我国社会保障制度改革起到了重要作用。

　　海南省的社会保障制度改革面临着两个基本任务，一是通过大量调查和比较研究，提出适应特区社会经济发展要求的改革思路和实施方案；二是建立一个能够深刻了解、认真运作与不断完善上述改革思路和实施方案的组织机构与管理体制。

海南省社会保障制度改革方案

（1992 年 12 月）

　　有效的社会保障是保证社会稳定与发展的重要因素。在当前的改革中，它将为中国市场经济的发展创造稳定的社会环境，保证其健康、顺利的成长。

　　1989 年海南省被确定为中国唯一的省级社会保障改革试验点。在海南省体制改革办公室主要负责人迟福林同志的领导下，海南省社会保障制度改革方案设计办公室经过两年多的准备工作，深入研究，反复咨询论证，于 1991 年推出了海南省社会保障制度改革方案。

　　1992 年年初，海南省正式实施新型的社会保障制度，包括养老保险、医疗保险、待业保险和工伤保险四项具体方案。这是海南省在社会保障制度改革的进程中取得的一项重大成绩。中改院在总结这一新型的社会保障制度初步实践经济的基础上不断地完善。因此我们认为根据海南改革方案实施后出现的各种情况，从长远角度对方案加以修改和完善是必要的，这将更大限度地、更有效地发挥社会保障对市场经济发展的推动作用，也将利于对中国的社会保障制度改革提出更多、更好的建议。

　　中国（海南）改革发展研究院社会保障制度改革课题组认真调查了海南省社会保障制度改革方案实施后的实际情况，并考察了其他省市和国家的社会保障现状，经过比较分析，深入研究，我们对方案进行了进一步的修改，在有些地方还做了较大的改动,力图使方案更具可行性、合理性。

海南的经济发展状况和社会结构较其他特区更与全国的普遍情况近似,而且海南在 1992 年以前实施的也是全国统一的劳保制度,因此在海南进行社会保障改革所取得的经验无疑将带有普遍性。鉴于此,我们在设计海南省社会保障制度改革方案的基础上,同时也提出了中国社会保障制度改革的思路。

一、海南省社会保障管理体制改革方案的建议

社会保障管理体制是社会保障制度赖以存在和运作的前提和基础,是社会保障制度的组织保证。社会保障管理体制是社会保障制度自身需要的产物,有什么样的社会保障制度必然需要什么样的管理体制。现行的社会保障管理体制是根据现行社会保障制度运作的要求建立起来并为之服务的。改革社会保障制度不能不对其管理体制同时进行改革。

海南省的社会保障制度改革面临着两个基本任务,一是通过大量调查和比较研究,提出适应特区社会经济发展要求的改革思路和实施方案;二是建立一个能够深刻了解、认真运作与不断完善上述改革思路和实施方案的组织机构与管理体制。当社会保障制度改革的总体设想和五项改革方案基本完成设计并通过论证之后,建立一个科学合理的新型社会保障管理体制便成为实施改革的最重要任务。联合国开发计划署(UNDP)专家组在论证海南省社会保障制度改革方案时指出:"这个方案是个很好的起点,也是实施的基础"。"组织机构和实施方式同方案设计同样重要。最大的挑战是,建立一个能够运行、变革、完善这个体制的组织机构"。"这个组织既能使这个体制运行,又能就调整、变革问题并向政府提出建议,这些调整和变革对建立新的社会保障体制、实现经济增长是必不可少的。"

1992 年以来,海南省各项社会保障改革方案已经付诸实施,并取得了初步成果。但是实践情况也表明,为了保证方案的有效运作,虽然不得不求助于社会保障管理机构之外的行政干预手段,然而方案的落实程度与预期目标之间,迄今依然存在着较大的距离。

海南省新型社会保障制度的最终建立,一方面迫切需要一个科学合理和富有效率的社会保障管理体系,因为它肩负着双重使命;另一方面,它应具有相当程度的可塑性,能够不断实现自我调整和自我完善,以便逐步完成过渡,最终形成富有海南特色的管理体制。事实说明,这两个方面的任务尚有待于我们的继续努力。

(一)社会保障制度改革的难点——管理体制

建国以来,海南省的社会保障管理体制和全国一样几经调整与更迭,工会、劳动、

卫生、民政和人保等有关部门与单位都分别为社会保障的管理与运作付出过努力和贡献,但是由于历史的和现实的原因,现有管理体制和管理机构已不能适应社会保障制度改革的要求:一是部门分割,切块管理,画地为牢,各自为政,既不能适应分散风险的社会化要求,也难以提高管理效率和降低管理成本。二是政、事、企三者合一,宏观间接管理与微观直接管理不分,拟法、监督与经办操作职能集于一身,不仅缺少监督制约机制,留下漏洞,而且难于界定和强化管理责任,无从提高管理水平,损害了社会保障的形象和受保人的信心。三是管理机构的规模、素质难以适应实施改革方案的需要:海南省原有养老保险统筹与公费医疗管理人员仅 200 人左右。其中劳保管理人员 130 余人,公医管理人员 60 余人,分别管理全民所有制企业约 20 万职工的养老统筹和行政事业单位约 15 万多人的公费医疗。改革方案出台后,参加养老、待业保险的职工人数将成几倍地增加,业务量非原有管理人员所能承担。企业职工的医疗、工伤保险等项改革尚无实际操作机构。多年来,一些部门在经办社会保障事务中,出现保费提取比例偏高、管理费用提取偏多、保障资金管理与运用偏松等问题,并由此逐步形成部门自身利益的刚性,影响保障管理体制以及整个社会保障制度改革的发展与深入。尤其是近几年来,随着市场机制的引入、市场经济的发展和市场风险意识的增强,社会保障热度逐步增高,部门之间争办保险的现象日益突出,管理体制上的矛盾日益严重,已成为社会保障制度改革的主要难点。正如联合国开发计划署专家组所指出的“在海南建立社会保障制度的主要障碍之一是,现在该体制的责任分散到各部门。因此,一项最艰巨的任务是建立一个高级的负责机构”。

海南省社会保障制度改革方案出台前,按照方案要求对原有管理体制进行了改革,并初步建立海南省社会保障委员会和社会保障局等有关管理机构,使多数改革项目得以投入操作。但由于方案出台时间要求紧迫,管理体制上的矛盾又非一时所能理顺,仍存在一些有待解决的问题。

1. 社会保障的宏观管理有待加强。海南省社会保障委员会成立后,由于没有明确的职能范围、办事程序和工作会议制度,又无固定的办事机构和人员,难以发挥其作为海南省社会保障事业领导机构和政府社会保障职能部门的重要作用。政府各有关部门对社会保障事业实行行政监督的渠道和办法也未沟通。

2. 海南省社会保障局机构设置尚未完全到位。医疗保险操作机构未真正建立,待业保险还继续由劳动就业部门管理,社会保障局实际只管五项保障制度中的养老、工伤保险两项。

3. 各项社会保险基金的收、管、用还缺少应有的规范化立法章程。公开化管理制度是与民主化监督办法紧密相连的,各项社会保险基金委员会还久久不能依法建立并正常开展工作,社会保障的监督制约机制甚微,不利于保障事业的健康发展和树立广大受保人的安全感。

4. 市县一级和基层社会保障操作机构有待健全,管理人员素质有待提高,各保障项目的管理服务尤其是社区管理服务有待建立与完善。

因此,继续深化社会保障管理体制,逐步建立一个社会化、制度化、科学化的社会保障管理体系,仍是海南省当前的一项极其重要的迫切的任务。

(二)社会保障管理——社会化

生产的社会化要求保障的社会化,保障的社会化要求管理的社会化。社会化是社会保障的本质特征,是社会保障的重要目标,也是社会保障管理的内在要求。

针对现行体制存在的弊端,依据改革方案的要求,借鉴世界各国的管理经验,海南省实现社会保障管理社会化应当遵循如下原则:在社会保障对象与管理范围方面,对各种不同经济成分、各类不同企业、各种不同身份的职工和养老、医疗、待业、工伤等各项社会保险实行统一的社会化管理原则;在管理机构设置方面,实行政、事、企三分开,宏观间接管理与微观直接管理职能分离,拟法、监督与经办执行机构分设的原则;在管理的性质与内容方面,实行管理与服务(包括社区管理与社区服务)结合,经济保障与服务保障(包括劳务服务、设施服务和信息咨询服务等)结合的原则。

社会的多层次性和社会保障的多层次性,决定了社会保障管理的多层次性。海南省社会保障管理机构设置及其职能分为三个层次:

1. 宏观管理层

(1)海南省社会保障委员会:是海南省社会保障事业的主管部门,履行省政府的社会保障管理职能。负责社会保障的拟法、监督与协调,以及各项社会保障制度改革方案的设计与修订。由分管副省长为主任,设常务副主任和若干副主任,省体改、劳动、卫生、计划、财政、民政、工会、经济研究中心、人民银行、人民保险、农垦等部门负责人参加。人数13～15人,由省政府委任。下设精干的办公室常设机构,负责日常工作。

(2)海南省政府有关部门(劳动、人事、卫生、民政、计划、财政、审计、监督、人民银行等)按照各自的行政职能范围,对社会保障事业及其管理机构的工作实行必要的行政监督。

(3)养老、医疗、待业、工伤等各项社会保险基金委员会:主要职能是对各项社会保险基金的收、管、用以及投资营运实行必要的监督。每个基金会委员会11～13人,由政府、企业家、受保人(工会)和社会保障专家等四方代表组成。基金会主任由政府委派,其余各方代表分别由各方推荐或协商选举相结合的方式。实行委员任期制。

2. 中观执行层

建立海南省社会保障局,受海南省政府委托作为社会保障事业的经办机构,在海南省社会保障委员会的领导下,负责海南省养老、医疗、待业、工伤等各项社会保险事业的具体运作。包括各项社会保险基金的征缴、管理与给付,为投保单位和受保人提供优质高效的资金保障和服务保障,并接受有关行政部门、各项基金委员会和受保人的必要监督。

3. 微观操作层

设立市县社会保障局与基层社会保险办事处,负责各项社会保障实务的一线操作。具体经办保险征缴、保险金给付和受保人的社区服务。基层社会保险办事处根据投保单位和受保人公布状况分片设置,可以同时兼办辖区社会保险与金融储蓄业务,以保险促金融,以金融养保险,一举多得。

(三)社会保障立法——制度化

社会保障与建立在社会契约基础上的一般商业保险不同,它是一项以社会立法为手段的重要的社会制度。首先,它带有明显的强制性,涉及国家、社会保障职能机构、企业(单位)和公民等各个主体的权利与义务关系;其次,它是社会主义本质要求,是社会主义优越性的重要体现,关系国家、社会的稳定和人民群众的切身利益。因此,必须以法律规范来调整国家(通过一定的职能机构)、集体(企业或单位)和个人在社会保障活动中所发生的各种社会关系,明文规定每项社会保障制度的具体目标与运作程序,以及每个社会成员的基本权利与义务,使每项社会保障制度的实施制度化、规范化、避免各种人为的障碍与偏差和人治的主观随意性,以及人事变动造成的社会保障制度的不稳定性,克服保障给付中的"恩准"、"恩赐"形式和各种可能的弊端,实现每个社会性成员在社会保障面前的平等和尊严,保证社会保障制度的健康发展。

根据海南省的实际情况、改革方案的要求以及职工群众的意见,当前迫切需要以法律形式来规范的社会保障关系主要是:

1. 国家、社会保障管理机构、企业或单位和职工个人等各社会保障主体之间的权利与义务关系;

2. 社会保障项目与水平,各项社会保险费的缴纳比例和社会保险金的给付标准的确定与调整关系;

3. 社会保障管理机构的设置、编制、职能、责任、经费开支与工作程序的确立与调整关系;

4. 社会保障资金的收付关系,即各项社会保险基金的筹集、管理、支付和投资营运(包括投资营运的项目、原则、利益分配、风险承担等),以及各项社会保险管理费用的提取比例、使用范围与开支办法；

5. 社会保障的监督关系，以及违反社会保障法的处罚关系。

（四）社会保障监督——民主化

社会保障是一项重要的社会制度，是为人民群众谋利益，与人民群众息息相关的事业。对社会保障的运作过程和社会保障管理机构的各项工作进行必要的监督，是保证社会保障事业健康顺利发展的有效措施，也是对广大受保人的公民权利的应有尊重。社会保障监督是否健全、有效，是社会保障制度是否成熟的重要标志之一。

建立健全社会保障的各类监督组织，是实施社会保障监督的前提。社会保障监督包括国家权力机构（各级人民代表大会）的监督、政府（通过各有关部门）的行政监督、司法机构的司法监督、法定机构（含各项社会保险基金委员会）的特定监督、社会保障职能机构上下左右的内部监督和人民群众的民主监督等等。所有这些监督都应做到有机构、有人员、有职责、有制度，真正落到实处，不流于形式。海南省社会保障制度改革方案已出台实施近一年了，各项社会保险基金委员会迄今尚未按改革方案的要求建立，各项保险基金的收支、管理和营运自然就缺少应有的监督。这是应当尽快解决的。

人民群众的积极参与，是搞好社会保障监督的重要关键。这不仅要靠深入宣传发动，更重要的是要有扎扎实实的组织、制度和正常可行的民主监督渠道，确保广大受保人真正有机会、有条件参与管理和监督。社会保障职能机构应以全心全意为企业、为受保人服务为宗旨。受保人是社会保障的当然主体，他们的意见和要求理应得到足够的重视和尊重。这样，受保人就会在切身体验中增强社会保障的主体意识和参与意识，增强对全体保障事业的权利感和责任感，热心参与监督。

社会保障管理机构及其工作人员应主动地做好管理和服务工作，切实履行自己的职能和义务，正确地对待和接受监督。社会保障管理机构应当明确规范自己的工作职责和所属每个部门、岗位的工作责任和办事程序，并公之于众，以便接受群众的检查监督。每项社会保障基金的征缴、管理和给付的细则与详情，应努力做到公开化，提高社会保障管理全程的透明度，随时接受受保人的咨询。受保人有权向管理机构询问自己的保费缴纳、积累和保金给付等情况并得到及时明确的答复。

为了保持社会保障职能机构与管理人员的廉洁和维护受保人的合法权益，海南省社会保障委员会和各级社会保障局均应设立监督组织，规定受保人在其合法权益受到损害时提出申诉的程序，指定接受与承办申诉的专门机构和专门人员，对受保人的申诉要求做到条条有下落。

（五）社会保障资金管理——基金化

社会保障资金管理是社会保障管理的重要内容。海南省养老、医疗、待业、工伤等各项社会保险制度改革方案全面出台,海南省一年筹集的社会保险基金可以达到4亿多元。这是职工群众的血汗钱、保命钱,收好、管好和用好这笔钱,是社会保障管理机构的重要责任。尤其是养老保险基金的筹集模式由现收现付统筹改为社会共济统筹与强制储蓄预筹相结合后,有了部分积累。随着时间的推移,积累还会逐步增多。据统计,养老保险改革方案出台实施后,头10年可以积累35亿元,20年可积累167.89亿元,30年可积累389亿元,40年可积累506.56亿元,即使只能征缴和积累80%,也是一笔相当大的资金。因此,社会保障基金管理的好坏、资金营运效益的高低、能否保证长期保值增值,决定着社会保险制度的成败,并直接影响着受保人的合法权益与信心。

事实证明,社会保险基金单纯采取存在银行和购买部分政策债券两种方式,是不可能实现保值增值目的的。国内外的经验表明,社会保险基金的保值增值,必须走保险与金融相结合的道路。即按照安全与效益相结合的原则,以间接的和多向的投资方式,投向那些风险较少、效益较好,有利于经济发展的项目,实现社会保障基金的保值增值。

为了保证社会保险基金的管理和投资运营工作健康发展,维护社会保险基金的所有者——广大受保人的正当权益,必须努力做到:

1. 建立社会保险基金的投资营运机构。社会保障局作为社会保障事业管理机构,肩负着各项社会保险制度的操作和管理,任务是十分繁重的,它不可能也不应该担负社会保险基金的投资营运的工作。这方面的工作应由政府指定的专门金融机构来承担。一是设立海南省社会保险银行,专门负责保险基金营运。开始人数不要很多,只要组织一个通晓保险和金融业务的精干班子即可。二是委托海南省内某个专业银行或非银行金融机构代理投资业务,只收取一定的佣金或管理费,或者以承包经营方式,确定一定的资金利润率,超利部分按比例分成。无论是指定或委托哪个或几个金融机构经办这些业务,均需由社会保障委员会和社会保障局进行必要的检查监督,并接受各项社会保险基金委员会的监督。三是可考虑同其他有关方面合作,集资入股组建地方发展银行,并保证基金在其中的一定比例。

2. 制定关于社会保险基金管理与投资营运的法规。通过法律形式对社保基金的管理责任、管理办法和投资营运的目标、原则、方向、渠道、利益分配和风险承担以及管理监督等有关问题加以明确规范,做到事事有章可循,堵塞一切可能的漏洞,并严厉打击以保险基金营私舞弊的行为,用法律规范确保社会保险基金的安全。

二、海南省养老保险制度改革实施方案

根据海南省养老保险制度的现状和改革方案出台半年多来的实施情况,借鉴国内外有关养老保险方面的成功经验,现提出海南省职工养老保险制度改革实施方案(修改稿)。

(一)改革的背景

海南省的传统养老保险制度是20世纪50年代初期建立起来的。1986年以来,已经进行了一系列改革。绝大部分全民所有制企业和部分集体所有制企业的职工实行了退休养老保险的市县级社会统筹。养老保险由企业独自承担逐步向社会化方向转变。对于企业改革的深化、海南省经济的发展和社会的稳定,都已发挥了积极的作用。

但是,这套传统的养老保险制度也存在着许多局限性,经过几十年实践,尤其是近十几年的开放改革实践,其弊端已日益明显:保险范围狭窄,社会化程度低,不利于企业间的平等竞争和职工的合理流动;国家与企业包揽过多,负担日益加重,职工自我保障意识淡薄;养老基金缺乏预筹积累,难以适应日益逼近的老龄化高峰期的保险需要,代际转嫁负担带来的利益冲突也日趋明显;保费缴纳与保障待遇互不联系,权利与义务脱节,寻致缺乏内在运行机制,职工、企业与管理机构等三个主体行为扭曲;多头分散管理,政事、政企不分,监管机制甚微。因此,养老保险制度改革势在必行。

海南建省后,旧的社会保障制度与建立社会主义市场经济新体制的客观要求之间的矛盾愈来愈突出,改革更是迫在眉睫:

1. 在特区优惠政策鼓励下,海南省出现多种经济成分竞相发展的新局面,只在全民制企业和部分集体制企业职工中实施的养老保险统筹制度客观上造成了企业间的不平等竞争,不利于市场经济的健康发展。处于养老保险圈外的外资企业、私营企业及部分内联企业职工的合法权益得不到应有的保障,亦将构成潜在性的社会问题。

2. 随着企业改革的深化,产权的转让与企业的兼并、拍卖、破产以及股份化等已付诸实施,但"政府管工资,企业管保险"的旧体制却阻碍着企业走向市场与实现新陈代谢。改革包括养老保险等社会保障制度已成为把企业推向市场,实现企业与政府二者功能同步转换,操作政企分开的前提条件和具体途径。

3. 生产的社会化要求保障社会化。特区经济的迅速发展,迫切要求提高养老、医疗等各项保险制度的社会化程度,真正解除职工对于企业实际上存在的人身依附关系,为经济结构的调整和生产要素的优化配置创造条件。

4. 建省办特区以来,由于引入市场机制和竞争原则,地区、行业、单位之间经济发展的差别和人们的收入分配差距出现逐步扩大的趋势。特区的各项改革进入调整人们的利益分配关系的深层次后,也会产生某些不稳定的因素。只有改革代际转嫁负担和平均主义的养老统筹办法,运用社会保险这个特殊的国民收入再分配手段,正确地调节地区、行业、企业和人们之间的利益根本关系,改善人们的消费结构,帮助人们实现其一生的消费平衡,才能有利于保证社会的稳定与发展。

5. 海南省在全国是经济还很落后的省份。到1990年年底,海南省人均国民收入仍比全国平均水平低四点二三个百分点,而人口老龄化程度早在1982年第三次人口普查和1987年1%的人口抽查时就高于全国的平均水平。因此,人口和职工队伍的老龄化以及随之而来的养老保险给付需求的急速增长,已是海南省不容忽视的问题,必须未雨绸缪,及早抓紧养老保险制度改革。

(二)改革的目标与原则

1. 基本目标

用五年或更长一些的时间,逐步建立适应海南特区经济社会发展需要的,权利与义务相统一、公平与效率相兼顾的,社会化、制度化、科学化和多层次的新型养老保险体系。

2. 主要原则

——社会化原则。改革依赖国家与企业统包养老的旧制度,实行国家、企业、个人合理分担费用的制度。改变养老保险覆盖面过小状况,建立国营、集体、内联、外资和私营等各类企业都参加的社会化程度较高的养老保险制度。

——强制化原则。通过立法,在全社会范围内强制实行养老保险,使之制度化。

——权利与义务相统一的原则。改革现行的养老保险"待遇制",使养老保险金的给付同养老保险费的缴纳基本挂钩。

——从实际出发的原则。养老保险费的缴纳和积累的水平应同国家财政收入、企业负担、个人承受能力相适应,由低到高,逐步提高各方面的缴纳比例和养老保险水平。

——平滑过渡的原则。新型养老保险制度的实施,兼顾眼前与长远的利益,采取分步推进、逐步到位的办法,注意新老体制的相互衔接和稳步转换。在不降低现有养老保障水平的前提下,对不同情况的受保人,分别采用不同的过渡办法。

(三)改革实施步骤

养老保险改革方案的实施采取先城镇,后农村(含农场);先企业,后机关的办

法,分步进行:

第一步,从1992年开始,以海南省政府名义颁布实施行政规章《海南省职工养老保险暂行规定》,在海南省范围各类企业职工中(包括全民、集体、内联、外资和私营企业)同步试行新的职工养老保险制度。

第二步,经过一至二年试行,理顺和完善管理体制及办法,总结试行经验,修正暂行规定,依照立法程序,提请海南省人代会审议通过后正式颁布《海南省职工养老保险条例》,在海南省城镇职工和个体劳动者以及国营农场、林场职工中全面实施新的养老保险制度。

第三步,在试点基础上着手构建具有海南特色的、符合海南省实际的农村养老保险制度。同时,改革机关行政事业单位职工的养老制度,并纳入海南省的养老保险体系,使新型养老保险制度最终覆盖海南省所有劳动者。

(四)改革的内容和做法

1. 养老保险费筹集模式改革

由现收现付统筹式改革为社会共济统筹和强制储蓄预筹结合式。由国家和企业(用人单位)统包过多逐步改为国家、企业(用人单位)、个人三者合理负担。不增加国家财政和企业(单位)的负担。职工个人缴费根据个人承受能力,由低到高,逐步实施。

养老保险费缴纳实行三个"统一",即统一保险费率、统一缴费基数、统一缴费办法,做到各种经济成分、各类企业、各种身份的职工,在养老保险面前人人平等。

(1)凡参加养老保险的劳动者须向社会保险机构缴纳养老保险费。养老保险费按职工本人的月工资总额(按国家统计局规定,包括当月实得的基本工资、奖金、津贴、补贴等全部收入的总和。下同)的一定比例,分为基础保险费和补充保险费两个部分,由用人单位和职工本人分别逐月缴纳。起步时的养老保险费费率定为投保者月工资总额的19%。其中基础保费16%,目前暂时全由企业、用人单位缴纳,税前列支,计入成本。以后在职工工资水平提高的基础上,逐步实行个人部分缴费。补充保险费3%,由职工本人缴纳,由所在单位(企业)发工资时代为扣缴。个人缴费额免缴个人收入调节税。个体劳动者基础保费与补充保险合并缴纳。

(2)改革目前退休人员视同在职职工的保费缴纳办法,退休人员不再缴纳养老保险费,以利于企业间的平等竞争。

(3)养老保险费率应根据海南省经济发展、企业效益和职工工资增长等实际情况,按法定程序逐步进行调整。基础保费费率最高为24%。补充保费费率最高为16%。

2. 养老保险金管理办法改革

改革统筹统付制,建立社会共济金和个人养老金相结合的养老保险基金管理制度。由过多地依赖行政手段管理改为主要依靠法律手段实施管理。逐步实现养老保险管理的社会化,并努力实现管理手段的现代化。

(1)养老保险分为社会共济金和个人养老金两个账户。用人单位缴纳的基础保费记入社会共济金账户,其所有权属于全体受保人。职工个人所缴纳的补充保费记入其个人养老金账户,所有权属于个人。

社会共济金与个人养老金的使用办法依据养老保险立法和社会保险机构的规定。

(2)为每个用人单位(企业)建立一个社会共济金账户,详细记录该单位基础保费的收支情况。

(3)为每个受保人建立个人养老金账户,每户规定一个终生不变、海南省通用的固定编码,并按编码发给受保者本人个人养老金专卡,详细记载其本人缴纳的补充保费、利息、养老保险金提取和养老保险关系转移登记等有关事项和数据。职工本人有权凭专卡向社会保险机构随时查询个人养老保险的有关问题并应得到及时准确的答复。

(4)实行本方案前在养老保险统筹中积累的养老保险金,属于个人缴纳部分(含利息)记入其本人养老保险金账户;属于用人单位(企业)缴纳部分(含利息)记入社会共济金账户。

(5)受保人在海南省各单位之间流动,其养老保险关系应按规定到社会保险机构办理转移登记,其养老保险编码不变,个人养老保险专卡继续有效,投保年数连续计算。受保人调离海南省,由社会保险机构与调入单位所在地社会保险机构联系办理转移手段。如调入地区未实行社会养老保险制度或未设立个人养老金账户,则由海南省保险机构继续管理,至受保人退休时给付。受保人出国定居,其个人缴纳的保费及利息一次性退还本人。

(6)实行本方案后,由省外调入海南省的职工,应同时将养老保险关系及所积累的保险金本息转到海南省有关社会保险机构,并按规定建立个人养老编码和个人养老金账户。如在省外尚未参加养老保险和缴费者,自调入之日起参加养老保险。调入者如属固定工作,其用人单位应按调入者的原有工龄补缴基础养老保费,作为将来退休时计付基础养老保险金的资金来源。安置复退军人,其军龄计算工龄和投保年限的,应补缴的基础保费由地方财政承担。

3. 养老保险金给付模式改革

改革权利与义务脱节的养老保险金给付办法,使保险金给付与保险费缴纳相互挂钩。一方面,在以社会保障为主的基础养老保险金给付中引入自我保障的效率机制,另一方面,在以自我保障为主的补充养老保险金给付中加入社会保障的再分配因素,使公平与效率有机地结合起来。同时,采用老人老办法,新人新制度,中人中办法,以利于新旧养老体制的平衡过渡。

(1)实行新的养老保险金给付模式:本方案出台实施后参加工作的新职工和各类企业的合同工、临时工,以及参加养老保险的个体劳动者(即"新人")退休时实行如下结构性养老保险金给付办法:

一是基础养老保险金给付。凡参加养老保险满15周年者,按本人在职期间指数化月平均工资的45%逐月发给。投保期超过15周年者,每超一年增加1%。投保期满10周年以上,不满15周年者,每少一年减发1%。投保期不满10周年者,基础保险金按下列公式一次性发给:

本人在职期间指数化年均缴费工资×缴费年限×30%。

从事有害健康工种的劳动者,按其实际从事此类工种的时间每满一年增发本人在职工作期间指数化月均工资的0.25%。

基础保险金的给付比例,最高不得超过本人指数化月均工资的70%。

基础养老保险金的给付,由社会养老共济基金户列支。

二是补充养老保险金。受保人退休时其个人养老金账户积累的本利和按当地平均余命计算,转为养老年金形式,逐月给付。

投保期不满10周年以上的退休人员,每月领取的基础保险金与补充保险金之和未达到当地社会救济金标准的130%者,由社会养老共济基金给予补足。

(2)本方案出台实施前已退休的固定工或原由企业支付退休金的正式退休人员(即老人)原来的退休待遇水平不降低。即按国务院国发(1987)104号文的规定执行。由社会保险机构从社会共济基金户给付退休金。

(3)本方案出台实施时尚未达到退休年龄的固定工(即"中人"),其原来的工龄视做投保年限。从现在起缴纳补充保费建立个人养老金账户。退休时由本人在下列两种退休金给付办法中自愿做出选择,就高不就低:一是按上述"老人老办法",即按国务院国发[1987]104号文规定计付比例退休金,并以个人养老金户计付补充退休金(即补充养老年金);二是按"新人新制度"实行结构性养老保险金制度,计发基础养老保险和补充养老保险金。其基础养老金可按本人退休前五年的平均工资水平作为基数计发。

(4)为了使退休人员能够分享社会经济发展的成果,退休人员的基础养老保险金标准(含实行本方案前已退休人员按国发[1987]104号文件规定计发的退休金)按所在市县上年度社会平均工资增长率的一定比例(约80%)每年调整一次。

（5）受保人在缴费期间死亡者，其个人养老金本息一次发还其遗属或指定受益人，并按规定标准从社会共济金户支付死亡丧葬费。

4．养老保险基金营运机制改革

由市县为单位多头分别营运改为海南省养老保险基金统一营运，改单一营运为多形式营运，以便在更大范围内分散风险，保证实现养老保险基金的保值和增值。

（1）借鉴各国的经验，养老保险基金营运应走保险与金融相结合相促进的路子，遵循安全与效益结合的原则，通过间接投资的方式，投向那些风险较少、效益较好，有利于本地经济发展的项目，以期实现基金的保值增值。

（2）基金营运的形式可以有三种选择：

一是赋予社会保险机构经营金融业务的职能，在社会保险机构内部设立投资营运部门；二是委托某个专业银行或金融机构代理投资业务，只收取一定的佣金或管理费，以提高保险基金的营运效益；三是在条件成熟时设立保险银行，专门负责保险基金的营运和保值增值。目前，社会保险机构的分支机构可以和金融机构的基层组织相互结合，承担保险费收缴和保险金给付及金融储蓄等具体业务，以提高管理效率和降低管理成本。

（3）为了保证养老保险基金投资营运工作的健康发展，维护广大受保人的正当权益，应当通过法律形式对保险基金投资营运的目标、原则、方向、渠道、利益分配和风险承担以及管理监督等有关问题加以明确规范，使保险基金投资营运有章可循。同时，由政府、企业、受保人三方代表和有关专家共同组成养老保险基金委员会，对养老保险费率的调整、养老基金的收支和运用进行监督。社会保障局和参与保险基金管理与营运的机构必须定期向基金委员会汇报基金管理营运情况，上述机构成员不得参加保险基金委员会工作。总之，应当使养老保险基金投资营运机构拥有依法独立营运投资的权力，同时又要强化上述机构对保险基金保值增值理应负有的法律责任，并受到应有的监督。

（4）政府对于社会保险基金的投资运用在政策和项目等方面应给予必要的扶持。例如税收的减免、产业的优先、信贷的支持和财政的担保等等。

（5）养老保险制度改革与住房制度改革相结合。有计划地运用养老保险基金的部分积累，兴建城镇职工的公共型商品住宅，同时允许与鼓励职工用个人养老保险金账户的部分积累，以首期付款或分期付款等多种形式购买住宅。这样，既可解决当前住房制度改革中政府缺乏建房资金和职工缺少购买资金等两大难题，又可较好地实现养老保险基金的长期保值增值，一举数得。根据测算，按照海南省职工目前的工资水平，如从每人每月缴补充养老保险3%起步，以后每两年提高一个百分点。投保十年按最高费率16%计算的话，个人账户积累为3055元，投保15年积累8500元，投保

20年积累 19611 元,投保 30 年积累为 73369 元,投保 40 年积累 189966 元,由此可见,投保 15～20 年以上者,可以具有一定的自我保障能力,动用部分积累,加上个人其他储蓄,用于购买住宅是可能办到的。

(五)几点说明

(1)国家机关工作人员的养老制度在未改革前,仍按现行办法执行。但行政、事业单位所招用的各类工人和军队中没有军籍的各种形式用工均按新的养老保险制度执行。

(2)农垦系统职工的工资制度与财政渠道长期以来与海南省城镇职工有所区别,系统内的养老保险统筹刚刚起步,因此,目前可由海南省农垦总局参照本方案另行制定符合农垦实际情况的养老保险实施意见,为今后加入海南省养老保险体系积极创造条件。

(3)海南省各类企业所招(聘)用的各种形式的外来劳动力,从招(聘)用之日起,一律参加养老保险。

三、海南省养老保险制度改革方案的主要特点

养老保险是社会保险制度的核心,也是社会保障制度的重点。养老保险制度改革是一项调整与改变若干代人的分配关系,影响经济发展和社会稳定的社会系统工程。在海南省社会保障制度改革中,一直把养老保险制度改革放在重要的位置上。几年来,在认真总结海南省以及我国养老制度建立 40 年来的正反经验基础上,对世界各国的养老保险制度进行了比较研究。经过大量调查研究、反复测算和多次咨询论证,提出了《海南省职工养老保险制度改革实施方案》,1992 年 1 月起已在海南省企业中付诸实施。根据实施情况,本报告对方案进行必要的修改和补充,主要目的在于使方案尽可能地贴近海南省的实际,努力建立一个适应特区社会经济发展客观要求的新型养老保险制度。

(一)现行养老保险制度的主要弊端和改革的重点

海南省现行养老保险制度和全国各地一样,是建国初期建立起来的。几十年来,对保障劳动者的基本权益和社会稳定虽然有过很大的积极作用。但是,由于它是在产品经济基础上,仿照当年苏联"国家保险"模式建立起来的,自身存在着许多弊端,已经不能适应社会主义市场经济发展的需要,必须加以改革。在这一点上,大家的认识是比较一致的。可是,现行养老保险制度的主要弊端究竟是什么,即通过改革最主

要解决的是什么问题,对于这个关系到养老保险制度改革的前提和出发点的重大问题,主要有三种不同的认识:

一是认为现行养老制度覆盖面狭窄,社会化程度不高,不能有效地分散风险,企业负担畸轻畸重。二是认为缺乏预筹积累,不能适应人口老龄化高峰期养老保险保障的需要,而且由于代际转嫁负担的逐年加重,将导致两代人之间的利益矛盾冲突尖锐化。三是认为国家和企业包揽过多,负担太重,个人缺乏自我保障意识。

显然,上述三种认识都有一定道理,这三个方面都是现行养老保险制度存在的、必须通过改革加以克服的弊端,但是这些还不是主要的弊端。

现行养老保险制度的主要弊端在于保险金给付与保险费缴纳互不联系,权利与义务不统一。这种带有平均主义倾向的"大锅饭"式养老统筹的办法,导致养老保险体系中三个主体行为的严重扭曲:①受保人只要是全民所有制企业的职工,就可享有养老保险的待遇,因此,自然把养老保险当做天经地义的应有权利,而不需尽任何义务。②企业由于无论尽了多少义务,也不能获得将职工养老保障交由社会承担的权利,加上缴纳保险费数量多少、时间迟早与职工退休后待遇并无多大直接关系,所以尽可能迟缴、少缴、瞒缴甚至不缴,以增加企业留利。到职工退休前却又往往突击加薪晋级送人情,让他们向养老保险管理机构多领退休金。③管理机构因为无论保费收得上,收不上,收多收少,都得履行政府对职工养老保险待遇所做的承诺,因此,往往出现不断提高保费率的倾向。权利与义务相互脱节的结果,使上述三个主体的利益关系不能彼此结合和相互制约,致使养老统筹制缺乏内在的运行动力,只能靠行政手段来维系,这正是现行养老保险制度越走步履越艰难的主要原因,也是养老保险制度改革要解决的主要问题。

(二)养老保障模式的选择和改革的价值取向

养老保险制度在世界上产生一个多世纪以来,各国创立了形形色色、各自不同的养老保险制度。其中有三种主要模式:

一是国家统包型,即福利型,包括资本主义国家统包型和社会主义国家统包型。这是一种国家保险。保险金的来源和发放都由政府统一包办,劳动者个人基本上不必缴纳什么保险费就可享有养老保障权利。我国的传统养老保险制度基本上属于这一类型。

二是投保资助型,即保险型。强制个人投保和国家资助相结合。投保方式分为"双投保"(即企业或雇主与职工个人共同缴纳保费)和"单投保"(即企业或雇主与职工个人二者中的一方缴纳保费)两种。

三是强制储蓄型,又叫公积金制。即每个劳动者从参加工作的第一个月起就须依照法定费率缴费,企业或雇主同时为其缴费,二者一起记入其个人账户,达到退休年龄时,连本带利一次性或逐月发还本人作为养老保险金。

养老保障的每一种模式都有其存在的社会历史条件和曾经起过的积极作用。简单地肯定或否定某一种形式未免过于武断。我们的任务仅在于选择适合海南省社会经济发展实际需要的最佳模式。

模式选择的关键取决于改革的价值取向。其中最主要的是对于公平与效率二者及其相互关系的价值判断。

社会公平是社会保障制度的内在要求。但是,社会公平在社会保障制度中的社会保险、社会福利、社会救济和社会优抚等各个部分所具体体现的程度和要求是各不相同的。社会公平也不是结果相等,而是机会均等;不是平均主义"大锅饭",而是每个社会成员在参与社会生活方面的平等权利。讲公平应当和讲效率相结合,而不能以牺牲效率为代价,不能和按劳分配原则相对立。我国是个发展中国家,经济发展是我们的中心任务,只有追求效率才能跟上整个世界经济发展的步伐。只有高效率地发展经济,才能真正解决社会的经济保障问题。因此,在社会保障制度尤其是社会保险制度改革中,必须贯彻"效率优先,兼顾公平"的原则。

福利国家把社会公平作为养老等社会保障的主要目标,把"收入均等化"作为实现公平的重要内容。但是数十年来,这种"从摇篮到坟墓"的高福利,不仅牺牲效率,影响经济发展,而且使国家财政负担日益加重,赤字不断增加,陷于难以自拔的"福利危机"。

福利国家的教训,对于我们并不陌生。长期以来,我们不仅把养老等社会保险混同于社会福利,把社会公平放在第一位,而且把社会公平混同于平均主义。由国家和企业统包统揽养老等各种保障,职工靠在国家这棵"大树下乘凉",助长了依赖心理,削弱了人们的竞争精神和竞争能力,其结果是高保障换来的是低效率。显然,福利型的养老保险模式与我国的国情国力是不相适应的。突出强调社会保险的福利性和逆市场化再分配功能也是片面的。实践已证明,福利型养老保障已到了非改革不可的时刻。

海南省养老保险制度改革,面临着三种不同的目标模式选择:一是改革和完善现行的养老保险社会统筹制;二是逐步转换为强制储蓄型的个人账户制为主的养老保险制度;三是从海南省实际出发,取养老统筹制与个人账户制之长而去其短,创立一种与特区市场经济发展相适应的具有自身特色的新型养老保险制度。

近几年来,养老保险社会统筹制对于平衡企业间的养老保险负担、保障退休人员的基本生活等方面发挥了积极作用。但是,人口老龄化趋势和经济发展水平是成正比例的,这是社会发展的客观规律。经济比较发达的地区必然率先进入人口老龄化社会。例如，经济比较发达的上海市20世纪70年代末就在全国率先进入老龄化社会。北京、天津、江苏等省市也先后接近或进入老龄化社会，而经济发展较落后的宁夏、青海、贵州、新疆、云南等省区人口年龄结构则相对年轻得多。因此，养老保险社会统筹制的实践结果，往往是抽穷补富，即以人口相对年轻而经济发展水平较低的地区去补贴人口老龄化程度较高而经济比较发达的地区。由此可见，养老保险社会统筹在实质上并不体现社会公平原则。过去在以市县为单位进行养老统筹的时候，对于这个基本缺陷往往采取调整财政包干指标和税收补贴等办法加以缓解。如果实行省级统筹，甚至全国性统筹的话，这个矛盾势必更加突出，实施的难度将更大。

我国是个幅员辽阔、经济发展很不平衡的国家，地区之间差距相当大。改革中，如果不引入保险机制，实现养老制度的机制转换，而只是盲目地提高养老统筹档级，片面追求所谓省级统筹或全国统筹；如果只是简单地在调整和完善养老保险社会统筹制上下工夫，例如扩大统筹范围和覆盖面，提高统筹程度，调整统筹费率，增加统筹项目，完善统筹手段，改进统筹办法，等等，这样的改革可能是比较容易的，在一定时期内也许可以过得去，但是，由于这种统筹制缺少激励与约束机制，不可能科学地解决经济发展和人口老龄化的关系问题，因此，越往后出现的困难会越多，不仅延误了改革的有利时机，而且给今后的改革形成更多的包袱，显然，这个目标模式是不可取的。

采取分步到位、平滑过渡的办法，逐步建立以个人账户为主的储蓄型的养老保险制度，这是一种具有效率和激励机制的保障制度。可以带来很多好处，不会出现人口老龄化高峰期的给付危机和代际转嫁负担带来的社会问题。新加坡实行公积金制度37年来取得了巨大的成功。澳大利亚、智利等国近年来在向公积金制过渡方面也取得了可喜的效果。但是由于海南省已有相当于在职职工人数的百分之十五的退休人员和政府对退休人员已经做出的承诺，新老制度转换期间，不但企业和在职职工难以承受统筹和预筹双重负担形成的高费率，而且势将导致目标设计上的完全积累基金制与实际操作上的部分积累半基金制之间的内在冲突，权利与义务仍难以统一，形不成吸引和约束企业与个人缴费的机制作用。因此，照搬这种目标模式也是不现实的。何况新加坡政府在多年来成功地实行公积金制的同时，也清醒地认识到公积金制缺乏社会互济性的主要弱点，从20世纪80年代以来，充分引入保险机制和原则，改革、充实和完善公积金制度，逐步形成以公积金制为基础、各种保险计划为补充的多层次、多功能的社会保障体系。因此。在我国实行单一的公积金制度，同样是不可取的。

由上可见，第三种目标模式是海南省改革中比较现实的选择。这就是既要坚持和完善现行养老制度中社会共济性强的长处,又注意克服其"大锅饭"统筹的短处;既借鉴与引入公积金制中的自我保障机制,又努力避免缺少社会共济性的弱点,从而博采众长,成为中国与外国、传统与革新的优势结合,具有中国特色的新型养老保险制度。

(三)养老保障水平的设计与定量测算

在调查研究和改革方案设计过程中,我们遇到一个问题:多数企业及其主管部门普遍反映现行养老统筹费率太高,企业负担太重,要求降低费率;而各级养老保险管理部门则认为目前费率偏低,不能适应随着人口逐步老化日益增长的养老保障给付需求。面对这两种截然不同的意见,养老保障究竟应当保持什么样的水平才是合适的呢?

养老保障水平的确定,保费费率的调整,有着它自身存在的客观标准,不是以任何人的主观意志为转移的,更不能公说公理,婆说婆理。养老保险作为一种转移性支付,对于劳动者个人来说,其目标在于通过保险方式实现一生的消费平衡;对于社会来说,它的目标在于确保以保险方式筹集的基金在满足老年人基本生活保障需求的前提下,实现今后各个时期的收支平衡。生产决定消费。一个地区的养老保障水平(即老年人的消费水平)取决于其自身的经济发展水平,同时又受到其自身人口发展状况的制约。离开物质资料生产和人口生产这"两种生产"发展的客观实际情况,孤立地讨论养老保障水平的高低,也就失去了客观标准。因此,我们始终把养老保险置于海南省社会经济发展的大系统之中,对海南省的经济、人口和养老保险的发展现状与相互关系进行全面研究和认真测算。既研究历史发展情况,又对未来发展做出预测;在方案设计人员反复测算的基础上,又特地邀请航空航天部710所和海南省经济信息中心的专业测算人员一道,运用电子计算机等现代化计算手段和定性定量综合集成方法,根据国民经济发展和国民收入分配与再分配过程的运行原理和海南省的各种参数与变量,建立海南省养老保险和国民收入分配与再分配及国民经济其他运行环节的相互关系模型,对海南省的改革方案进行多情景的政策仿真、模拟,分别测算和研究了海南省今后60年的经济、人口发展状况和养老保险基金供需情况、各种方案对财政收支的影响程度以及保险机构的运作情况,使我们对今后各个时期的养老保障水平以及国家财政、企业、职工个人三者的经济承受能力等情况基本上做到心中有数,便于合理调整,从而大大地提高了海南改革方案的科学性、合理性和可行性。

根据模拟测算,海南省的国民经济将持续、稳定发展。GDP 2000年将达到475亿元,2007年突破千亿元,达到1049亿元,2010年达到1444亿元,2014年突破2000亿元,2020年达3248亿元,2030年达5862亿元,2040年达9603亿元,2041年突破万亿元,2050 年达 15733 亿元。经济发展速度稳中有降。按 1990 年不变价计算,从 1991 年起头 5 年的年递增率为 15.50%,以后逐渐减为 10.5%、9%、8%,2031 年以后约为 3%。职工收入将有显著提高,递增速度则稳中有降,且略慢于同期 GDP 的递增速度,人均工资水平递增速度也慢于工资总额递增速度。未来 60 年间,海南省人口的递增速度将逐步放慢。但人口构成将发生较大变化。职工人数在人口中所占比重在头 20 年内持续上升,显示出农业人口向非农业发展转移和城市化趋势的加强。但在达到峰值之后的后 40 年间职工比重将持续回落,而退休人员的比重则一直持续上升。退休人数占在职职工人数的比重,1992 年为 15.3%,2000 年达 17.8%,2010 年达 22.6%,2020 年达 30.4%,2030 年为 39.6%,自 2036 年之后,在职工工人与退休人员的比例已接近和达到 2∶1。至 2050 年,两者之比为 1.998∶1。但海南省人口老龄化的高峰期尚未到来,而退休人员的比重依然保持着增长势头。退休人员的平均预期寿命和平均寿命逐年缓慢延长。2000 年退休人员的平均寿命男性是 77.398 岁,女性为 81.678 岁,2050 年分别到达 79.374 岁和 83.25 岁。这既表明海南省社会经济的不断增长和职工收入水平与物质文化生活水平的不断提高。同时也显示海南省社会保障水平的提高和养老保险成本的不断增加。

根据上述海南省经济人口发展前景分析研究,在养老保障水平和保险费费率的设计上,我们遵循如下两个原则:

首先,海南省的养老保障水平和保费费率标准应当从海南省实际情况出发。即从海南省的"两种生产"发展状况和国家、企业、个人三方的承受能力出发。改革出台时,尽量做到不增加国家财政负担和企业负担。至于职工个人,由原来基本上不需缴纳保费改为个人要尽缴纳保费义务,也从个人的经济和心理承受能力出发,由低到高,分步到位,以提高改革方案的可行性、科学性和合理性。

其次,海南省的养老保险基金的积累率也应当从海南省实际情况出如。尤其是从海南省资金市场的发育程度和资金管理运用能力等情况出发,尤其是改革初期,积累率宜低不宜高,有利于改革方案出台和养老保险基金的保值增值,减少不必要的风险。在整个新老养老制度转换期间,积累率亦应尽量避免过高。因为国家、企业和个人三方这个时期仍然承受着既为已退休老人统筹又为自己将来养老预筹的双重负担,权利与义务在总体上说还不可能完全统一。

为了便于比较分析,在养老保障水平和缴纳水平的具体设计上,我们提出了高、中、低三种方案,对每一种方案的保险费实际征缴率又分别设定了高(100%)、中(90%)、低(80%)三种情景,每一种方案和情景设定时我们都注意留有余地和弹性,以便对出台方案的改革力度与幅度做出比较接近实际的判断和选择。

表1   三种不同方案的基础保费费率及发展趋势

年份 费率 项目	1992 至 1994	1995 至 1997	1998 至 2000	2001 至 2003	2004 至 2006	2007 至 2009	2010 至 2012	2013 至 2015	2016 至 2018	2019 至 2021	2022 至 2050
低方案	0.14	0.15	0.16	0.17	0.18	0.19	0.20	0.21	0.22	0.23	0.24
中方案	0.16	0.17	0.18	0.19	0.20	0.21	0.22	0.23	0.24	0.24	0.24
高方案	0.18	0.19	0.20	0.21	0.22	0.23	0.24	0.24	0.24	0.24	0.24

假定以费率14%的低方案出台,基础养老金给付可以连续34年有结余,至2025年滚存264亿元,动用滚存,可以保证49年收支平衡,2040年出现赤字。但保费的实际征缴率必须达到90%以上。如低于80%,则刚起步就入不敷出。

假定以费率16%的中方案出台,基础养老金给付可以连续34年有节余,年平均积累率24.6%。至2025年可滚存375亿元,动用滚存,可以保证52年收支平衡。2044年开始出现赤字。保费实际征缴率只要达到75%,即可保持25年收支平衡,并略有结余(年均积累率8%)。

假定以费率18%的高方案出台,基础养老金给付在前34年内年年均有大幅度积累,年均积累率28.6%(其中2013年前年均积累率36.7%)34年共积累446亿元。动用积累可保持54年收支平衡。保费实际征缴率只需达到62%,便可保证给付。

由上可见,低方案要求的高征缴率在短期内恐难以实现,养老保险基金的保障性弱,存在风险,故应放弃。中方案和高方案均在可行之列。1992年年初,改革方案出台时,海南省政府考虑到海南省原来保费实际征缴率偏低(一般为70%多),改革起步后扩大覆盖面还有一个过程,改革的起动费用财政不可能全部给予补贴,政府对已退休人员待遇所做的许诺又必须兑现,改革起步的头一两年内困难会较多,因此,选择了以高方案(费率18%)作为出台方案。显然,这是比较稳妥的,也是万无一失的。高方案的基础保费率18%与原来的费率虽然相同,但是由于缴费基数由原来的两个(即在职职工工资总额加退休金总额)改为一个(即在职职工工资总额),基数缩小了,又免去了退休人员的缴费义务,企业尤其是老企业的缴费负担实际上仍比原来有所减轻。不过,由于新方案将临时工工资计入缴费基数,也有许多老企业的缴费负担并不比原来减轻多少。据初步统计,1992年1月改革方案出台后,上半年减少养老保费支出的企业有544个,占参保单位总数(4460个)的12.2%,共减少支出546.28万元,占保费缴纳总额(5430.49万元)的10%。

改革方案出台后,近一年的实践证明,我们原先进行的定量测算基本上是符合实际的。这次在修改方案时,我们将基础保费费率由18%改为16%,即按中方案操作,这是因为高方案运作了近一年,已基本上达到了预期目标。同时也为改革出台开了路,为实施中方案创造了条件。高方案对于老企业的负担虽有所减轻,但总的来说,18%费率仍是较高的,尤其是作为退休人员比例不足15%的省份来说,18%是偏高的。按照18%费率所形成的积累率也明显偏高(前22年年均积累率为36.7%;前10年年均积累率为37.2%)。这将增加养老保险基金保值增值的压力。考虑到目前海南省企业亏损面比较大,多数企业效益普遍不好;在养老保险制度改革出台时,医疗保险、工伤保险和待业保险等多项改革也已同时出台,企业的总负担是不轻的。值得指出的是,企业除了缴纳养老保险费之外,还要负担部分尚未列入社会统筹的离退人员费用,因此,企业的养老费用负担已超出18%以上。所有这些负担最终都将增加企业生产成本,对企业的经济效益、职工的收入以及国家财政收入等发生直接或间接影响。过高的社会负担必然削弱本地企业和产品的竞争能力,影响海南省对省外和境外资本的吸引力。对比世界各国的养老保险费缴纳比例,海南省的养老保险费费率(加个人缴费共21%)是明显属于偏高的。表2所列的16个主要的发达国家和发展中国家(地区)的养老保险费费率,除马来西亚(24%)之外,其他国家均低于海南省。马来西亚是强制储蓄个人账户制国家,而且在24%保费中企业(雇主)缴纳仅为11%,企业的负担也低于海南省。因此,将基础保险费费率改为16%中方案是必要的。

表2　世界各国(地区)费率比较表　　　　　　　　(单位:%)

国家		美国	前苏联	英国	日本	法国	德意志联邦	印度
养老保费费率		11.4	4.4～9	19.45	9～10	13.9	18.7	12～19
其中	雇主缴纳	5.7	4.4～9	10.45	4.6～5.3	8.2	9.35	6.25～8
	雇员缴纳	5.7	免	9	4.6～5.3	5.7	9.35	6.25～8

续表

印尼	马来西亚	巴基斯坦	巴西	古巴	墨西哥	菲律宾	扎伊尔	中国台湾
2.5	24	5	18.5～20	10	4.25	6.7～10.01	6.5	7
1.5	11	5	10	10	3.75	5.1～6.8	3.5	5.6
1	9	免	8.5～10	免	1.5	1.6～3.3	3	1.4

采用中方案既可在相当长(52年)的时间内保持养老保险基金的收支平衡,为新型养老保险制度的稳定运行及其改革的不断深化与完善创造条件,又较适合当前海南省国家、企业和个人三者的承受能力,而且具有一定的余地和弹性,是一项比较可行的方案。选择这一方案还可以充分发挥海南省养老保险制度改革方案设计上以较低的费率和较少的成本实现新老养老体制转换这一长处。

按照中方案16%基础费率计算,参加养老保险人数59.59万人,年工资总额

15.217亿元(年人均工资总额2553元),年缴基础保费2.435亿元,已退休91457人,年支付基础养老金1.697亿元,年管理费按4%计970万元,当年积累养老基金6410万元,积累率26.3%。即使保费征缴仅80%,而基础保险金、管理费仍按100%支付,当年养老基金积累仍有1730万元,积累率约9%。按照中方案实施10年,可收入基础保费57.531亿元,支付基础保险金37.177亿元,管理费2.3亿元,积累养老基金18.05亿元,积累率31.4%。即使按80%实际征缴率计算,收入基础保费46.026亿元,支付基础保金37.177亿元和管理费1.84亿元,仍可积累7.009亿元,积累率为15.2%。值得指出的是,10年中海南省的经济发展和企业经营情况将有极大的改观,养老保险基金收支定将比上述情况要好得多。因此,中方案的实施是不会有什么风险的,是可行的。

(四)养老保险金给付模式设计与改革方案的内在机制

在养老保险制度改革方案的设计中,除了改革的总体思路与原则设计,以及养老保障水平的测算设计之外,最主要的是内在机制的设计。我们要设计和建立新型的养老保险制度,就必须深入地考察和研究这个制度运行的每个环节,找出能够引发和推动整个制度充满活力地运作和自发地进行良性循环的关键因素,即机制性因素,作为方案设计的重点,加以认真合理的设计,使之能够促进新制度协调发展和良性运行。只有搞好内在机制设计,建立起来的新制度才能具有生命力。重视机制设计是我们整个设计思想的重大转变,也是海南养老保险制度改革方案的主要特点。

养老保险制度运作过程中主要有筹资、给付、管理和营运等四个环节。在初期设计中,我们的注意力往往集中在筹资模式的设计上,提出了社会共济统筹与个人强制储蓄预筹相结合、基础保险与补充保险相结合的结构型筹资模式,使新老筹资模式得到较好的衔接和转换。但是,后来我们发现企业和广大职工更加关心的是给付模式,即养老保险制度改革究竟能给职工个人和企业带来什么实际好处。这也就是说,我们关心的往往是受保人的义务,而职工们真正关心的却主要是受保人的权利。我们要建立权利与义务相统一的新型养老保险制度,就要找到能将权利与义务联系在一起的因素,这个正是重要的机制性因素。搞好这个机制性因素的设计,就可把义务与权利、筹资与给付等环节连接和沟通起来,促进新制度协调、稳定、有效地运转。

在这一点上,我们经过仔细研究,引入并改造了美国以指数化平均工资和法国以"评估工资"作为养老保险金计发基数的方法,提出以本人在职期间指数化平均工资作为基础养老保险金的计发基数。"指数化平均工资"这个机制性因素的设计,对新制度的运作产生了一系列机制作用:基础保险金给付与基础保费缴纳有机的联系起来,权利与义务真正统一了,给付模式发生了质的变化,与筹资模式成为一个密不可分的有机整体;基础保险金真正反映职工本人在职期间的全程贡献和基础保费的全部缴纳水平,成为对其一生累积劳动报酬的延期支付,对职工形成"一分耕耘,一分收获"的长期激励作用,对企业劳动生产率的提高起了重大的推动作用;由于给付与缴费都落实到职工个人身上,强化了职工的养老保障主体意识和要求维护自身合法利益的法律意识,形成吸引和制约企业和个人按时足额缴费的内在动力;依靠指数化平均工资的计算方式,极大地提高了从缴费到给付的养老保险制度运作的透明度,对保险管理机构的管理工作和服务质量提出了更高的要求,必将促进管理机构不断改进工作作风和提高管理水平;指数化工资的计算方式,避免了通货膨胀对养老保险金的贬值影响,保护了受保人的利益,增强了受保人对新制度的信心和对改革的心理承受能力。不仅如此,按指数化平均工资的一定比例给付养老保险金的方式,使受保人成为养老保障的主体以及本应属于个人的养老保障消费的主体,有利于改善个人消费结构和社会消费结构,使养老金真正体现它本应具有的社会化的劳动报酬的性质,由此推动工资制度和劳动制度的改革。

为使基础保险金的给付在体现效率的同时保障公平,我们还设想在不久的将来,将指数化平均工资按收入高低划成几个部分,用比例逆退法设计不同的基础保金给付率,给高收入部分以较低给付率,给低收入部分以较高给付率,从而发挥养老保险制度的收入再分配功能,相对地缩小由于工资收入差距带来的基础保险金收入差距。

在给付基础保险金的社会共济金账户引入效率原则的同时,我们也在给付补充保险金的个人账户引入体现社会共济的公平原则。即实行按人口平均余命计算补充养老年金额度的年金制度。受保人退休时,其个人账户中积累的个人养老基金转为补充养老年金,供其逐月领取,直至逝世时为止。这样,寿命长短的受保人之间,补充养老保险金可以依法相互调剂(如受保人在退休前去世或出国,其个人账户积累将一次性返还本人或其直系亲属或指定受益人)。这是海南省的个人账户与新加坡的个人账户的主要区别之一。

对于海南省补充养老保险采取强制储蓄个人账户制的做法,曾有人提出一些不同看法。例如"个人缴费未能进入社会养老共济基金调剂使用,达不到减轻国家与企业负担的目的,不能体现国家、企业、个人三者合理负担的原则"、"确认个人账户产权归个人所有,与补充养老保险金在寿命长短的受保人之间依法相互调剂,在法律上互相矛盾"等等。实际上,基础养老保险与补充养老保险二者各有不同的筹资渠道和给付办法,因而必须分别列账、单独核算,不能搅在一个大锅里互相调剂。但是它们对于职工养老承担着两个不同层次的保障作用,二者的功能是互补的。随着个人缴纳的补充养老保费费率的逐步提高,职工自我保障功能不断增强,职工养老保障完全依赖国家和企业的现象将得到较大的改变,国家与企业的负担当然会逐步减轻。根据测算表明,海南省职工个人缴费 30 年的,个人账户提供的补充养老保险金可以达到当年社会平均工资的 12.1%（女职工）至 16.9%（男职工）。正是由于这个原因，基础养老保险金占职工平均工资的比重将逐步下降，由 1992 年的 69.5% 降至 2042 年的 59.7%，50 年下降了近 10%。也正是由于这个原因，海南省在人口逐步走向老龄化。基础养老保险费率最高仍不超过 24%（如按原来的养老社会统筹办法费率应达到 40% 以上）。由此可见，个人缴费不进入统筹基金调剂使用，就不能减轻国家与企业负担的说法是毫无根据的。至于个人账户的产权归个人所有与补充养老年金制度中寿命长短者相互调剂，二者之间在法律上也并无相悖之处。由个人缴费建立起来的个人养老金账户，所有权当然属于职工个人，如其在退休前出国或去世，其个人账户积累的个人养老金将一次性返还本人或直系亲属或指定受益人。对个人账户产权的明确界定，将有利于强化职工个人的自我保障意识和保护个人合法权益的法律常识，增强参加养老保险的信心，并强化养老保险管理机构的法律责任。但是，职工个人所拥有的个人养老金账户的所有权又不是一种普通的产权，因为社会保险是一种以立法形式规定被保险人与保险人的双方权利和义务的社会契约。被保险人作为其个人养老金账户的所有者，只能依法在特定时候和特定条件下，以某种特定方式使用这部分产权。职工退休后，其个人养老金依照规定转为补充养老金，逐月领取。这正是职工个人使用这部分产权的特定方式。这在法律上是完全行得通的。由于补充养老年金是由职工退休之日起领取，直至本人逝世时终止。这样在寿命长短者之间自然存在着相互调剂，但是生命对于每个人都只有一次，或长或短谁都无法预知。补充老年金的领取期对于每个人来说也是平等的，这里并不存在对于个人产权的侵犯。

为使我国养老制度中存在的双重负担问题能以较低的成本得到较圆满的解决，促进新老体制平滑过渡，逐渐减缓代际转嫁负担的程度，我们还设计了一套新人新办法、老人老办法、中人中办法的给付制度。

新人新办法，即对现在的合同工、临时工和实行新方案后新参加工作的职工，实行基础保险金加补充保险金的结构性给付方法。老人老办法，即对实行新方案前已退休的固定工，继续执行国发［1978］104 号文件规定的退休待遇。中人中办法，即对新方案实施时在职工的固定工，可以从上述两种给付办法中任选一种，就高不就低。此外，新方案对于退休人员的养老保险金每年都要按照社会平均工资增长率的一定比例上调一次，使退休人员能够继续分享社会经济发展的成果，解决目前存在的退休时间越早退休待遇越低的问题。从这个意义上说，即使对于老人，其给付办法也不再是原有意义上的老办法了。

通过结构型给付模式的机制设计，在基础保险金部分寓自我保障于社会保障之中，在补充保险金部分寓社会保障于自我保障之中；前者从公平中寻到了效率，后者从效率中引出了公平。公平与效率分别在基础保险和补充保险两个部分中有机地统一起来了,必然产生强有力的机制作用。给付模式因而从本质上、内涵上较为系统和完整地与缴费(筹资)模式相结应,从而带来了养老保险制度改革上的一次质的飞跃,形成了具有较强吸引力和约束力、社会保障与自我保障结构性互补的新型养老保险制度。

四、海南省职工医疗保障制度改革方案

(一)海南省职工医疗保险制度的现状和改革的必要性

1. 海南省职工医疗保险现状

海南省现行的职工医疗制度,是从 20 世纪 50 年代初沿袭至今的劳保医疗制度。据不完全统计,1991 年来,海南省享受劳保医疗待遇的企业职工人数为 108.6 万人,人均支出 123 元。

(1)国营企业。

享受劳保医疗待遇的职工 43.3 万人(不含农垦),1991 年医疗费支出为 9214 万元,约占职工工资总额的 9.6%,年人均 222 元。

职工医疗由各企业自行管理,由于企业经济效益和职工年龄结构的不同,医疗费用的提取比例、人均定额和经费管理办法也各不相同。大体上有如下三种形式:①医疗费凭单据实报实销。②门诊医疗费按不同工龄定额(每人每月 2～12 元)报销,节余按比例奖励,超支按比例承担。住院医疗费可报销 80%～90%,个人承担 10%～20%。③门诊医疗费按不同工龄分档次发给职工个人(每人每月 2～12 元),节余留用,超支自理。住院医疗费报销 80%～90%,职工供养的直系亲属,医疗费报销 50%。

(2)集体企业。

享受劳保医疗待遇的职工 10.4 万人,1991 年医疗费支出 748.8 万元,约占职工工资总额的 5.46%,人均 72 元。

职工医疗制度基本参照国营企业的有关规定和办法执行,但医疗费用的提取比例、个人定额及医疗待遇等均略低于国营企业。

另外三资、内联、私营企业、职工医疗费除部分参照国营企业的有关规定和办法执行外,绝大多数按不同年龄、职务分档次发给职工个人(每人每月 8～25 元不等),节余留用,超支自理。

2. 现行医疗保险制度存在的主要问题

(1)企业包得过多,职工缺乏费用意识。长期以来,由于职工就医个人基本上不用支付医疗费用,因而刺激了不合理的医疗消费,医疗费用浪费严重。一方面,国营企业医疗消费超越了经济发展水平和企业承担能力;另一方面,三资、内联、私营企业职工医疗得不到保障。

（2）缺乏有效的费用控制机制,医疗费用增长速度过快。近年来,一些医疗服务单位为了追求经济效益,不顾国家的政策和规定、滥检查、滥开方和乱收费的情况较严重,大大增加了职工医疗费用的不合理支出。

（3）社会化程度低,疾病风险未能得到有效分散。海南省现行的劳保医疗制度,仅在全民和集体所有制企业中实行,外资企业、私营企业职工和广大城乡个体劳动者尚未参加医疗保险。海南省医疗保险覆盖面（包括劳保医疗和公费医疗）只占总人口的 18%,如将参加统筹医疗的职工供养系亲属人数计算在内,覆盖面也不超过 30%。由于劳保医疗费用由企业独自承担,人数较少、经济效益较差的企业,只能应付一般疾病的治疗费用,一旦出现危重病人往往无力承担医疗费用,一些职工的基本医疗难以得到应有的保障。

（4）管理体制不健全。目前,海南省的劳保医疗由企业独自承担,没有统一协调的管理机构。管理制度不健全、管理措施不得力、各企业做法不一、漏洞较多。

3. 改革现行医疗保险制度的必要性

（1）海南建省办特区以来,大批外资、内联企业先后建立,私营企业也迅速发展,如不改革现行劳保医疗制度,使这些企业的职工适时地参加社会医疗保险,势必影响经济发展和社会稳定。

（2）海南省要培育和建立以市场调节为主的新体制框架,必须努力创造各企业平等竞争和劳动力合理流动的社会环境和条件。改革由企业独自承担的劳保医疗制度,建立社会化程度较高,可以在更大范围内分散疾病风险的医疗保险制度,使广大职工获得可靠的医疗保障,是深化企业改革的客观要求,也是职工群众的迫切愿望。

（二）医疗保险制度改革的基本目标和原则

1. 改革的目标

逐步建立适应海南省经济社会发展需要的,费用由国家、企业（单位）、个人合理负担的,社会化程度较高的社会医疗保险制度。

2. 改革的指导原则

（1）医疗费用由国家、企业（单位）、个人三者合理负担。

（2）强化职工个人的费用意识,建立有效的费用控制机制,既要保证职工基本医疗,又要减少和杜绝浪费,逐步实现医疗服务和医疗保险的良性循环。

（3）医疗保险制度与养老、待业、工伤等各项社会保险制度、企业分配制度、医疗服务和医疗管理制度实行综合配套改革,相互促进。

（4）坚持预防为主的方针和因病施治、合理用药、合理检查的原则,努力探索具有中国特色的,防治结合的社会医疗保险制度。

(三)医疗保险制度改革的内容和做法

1. 实施范围

海南省所有国营企业(不含农垦)、集体企业、内联企业、外资企业、私营企业、城镇个体工商业者和党政机关、事业单位的职工(包括固定工、合同工、临时工)。

2. 改革步骤及做法

根据海南省的实际情况,充分利用原有的管理经验和医疗设施,医疗保险制度改革采取分步到位的办法。

第一步:

(1)要点

建立企业、社会保障机构、医疗服务机构和职工个人四者相互制约;社会保险与企业保险相结合,医疗费用由国家、企业、职工个人三者合理负担的医疗社会保险体系。

(2)具体内容

①医疗保险费的缴纳比例。

一是企业按本企业职工工资总额(含各类奖金及补贴)的9%缴纳医疗保险费,个人按本人工资总额的1%缴纳医疗保险费,总费率为10%。其中40%用来参加大病保险,上缴社会医疗保险机构管理,60%由本企业包干管理,用于门诊和部分住院医疗费用。由企业包干管理的医疗经费中,1/3用做住院医疗费用,2/3用以支付门诊医疗费用,也可以根据本企业实际情况进行调整。门诊医疗部分按本企业投保人数平均分摊后,规定不同年龄的门诊医疗费定额标准。

②职工医疗费的分担。

住院医疗费		门诊医疗费
年/人 1000 元以内	个人承担 10% 企业承担 60% 社会保障机构承担 30%	本企业投保人数平均分摊后,按年龄享受不同定额标准: 29 岁以下定额为平均数的 60%; 30~39 岁定额为平均数的 70%; 40~49 岁定额为平均数的 80%; 50~59 岁定额为平均数的 90%; 退休人员定额为平均数的 100%; 个人定额内的门诊医疗费本人自负10%;超出个人定额部分,按所超出的比例相应增加个人自负的比例;个人定额内节余部分可以留用。
年/人 1000~2000 元	个人承担 6% 企业承担 30% 社会保障机构承担 64%	
年/人 2000 元以上	个人承担 3% 企业承担 20% 社会保障机构承担 77%	

例:某企业职工100人,月工资总额为20000元,按10%比例缴纳医疗保险费,计2000元,其中800元交医疗保险机构管理,余1200元,由企业包干管理,其中1/3即400元作为住院医疗费,2/3即800元作为门诊医疗费,平均分摊至全部职工,按年龄差分五等享受:第一等(退休人员)100% = 8元/月,第二等(50～59岁)80% =7.2元/月,第三等(40～49岁)80% =6.4元/月,第四等(30～39岁)70% =5.6元/月,第五等(29岁以下)60% =4.8元/月;个人定额内门诊医疗费本人自负10%,超出个人定额的门诊医疗费,按超出定额的比例,相应增加个人自负的比例,如超出定额一倍以内部分,个人自负比例也相应增加一倍,即20%;超出定额一倍以上二倍以下部分,个人自负比例增加二倍,即30%;其余依此类推。个人定额内节余部分可由本人留用。

③管理办法

——明确规定职工医疗保险用药范围。

——投保人患病住院需凭医疗保险专卡在医疗保险机构指定的医院检查并由该院医生提出住院意见,报保险机构驻医院管理办公室备案。

——投保人病愈出院时只需缴清应由本人支付的数额,其余医疗费用报企业和社会保险机构驻医院管理办公室审核按规定报销。

——社会医疗保险机构驻医院办公室负责审核投保人住院的全部处方,各种检查单、病历、医疗费用等,经过严格审检,符合有关规定的准以付款,如发现违背有关规定的不予付款,并视情节轻重追究主要医务人员的责任,情节严重者取消其为投保职工看病的处方权。

——门诊医疗费用实行定额管理,包干使用,但不许发给本人。

——企业拖欠保险费时,职工的住院治疗费用全部由企业承担。

——职工个人承担的住院医疗费用,在一年内累计不超过本人年收入的10%为限,超出部分由社会保障机构承担。

——职工供养的直系亲属参加医疗保险,以本地区社会平均工资总额为基数计缴保险费,由职工本人和所在企业分缴50%。缴费比例与就医办法和投保职工相同。

第二步:

(1)要点

用3～5年的时间,将职工医疗保险范围扩大到城镇个体工商人员,同时实行职工医疗保险完全由社会保险机构统一管理,门诊医疗费完全由个人负担,住院医疗费由职工个人和社会保险机构按比例支付的社会医疗保险体系。

(2)具体内容

①医疗保险费的筹集办法

城镇个体工商人员的医疗保险费率,根据上年度人均医疗费的实际开支加上人均医疗费的实际增长率和管理成本而确定,其亲属的医疗保费交缴比例与该户主相同。企业职工医疗保险费率,仍由企业、职工个人按一定比例缴纳保险费,医疗保险费的交缴根据当年职工医疗费用的实际开支情况和工资水平,减去其门诊医疗费用部分,来确定当时的交缴比例。

企业职工供养的直系亲属参加医疗保险,以本地区社会平均工资总额为基数计缴保险费,由职工本人和所在企业分缴50%。缴费比例与就医办法与投保职工相同。

②职工医疗费用的分担

凡参加投保的企业职工,其门诊医疗费用开支完全由职工个人承担。住院医疗费由职工个人与医疗保险机构按比例支付。住院医疗费用具体支付比例是:1000元以下,个人承担15%;1000元以上个人承担10%,其余由医疗保险机构支付,个人承担医疗费用以不超过其本人年收入的10%为限,超出部分全部由保险机构承担(个体工商业者没有限制)。

③管理办法

——明确规定职工医疗保险用药范围。

——投保人患病住院需凭医疗保险专卡在医疗保险机构指定的医院检查并由该院医生提出住院意见,报保险机构驻医院管理办公室备案。

——投保人病愈出院时只需缴清应由本人支付的数额,其余医疗费由医疗服务单位定期将投保人就医时的医疗费用清单向医疗保险机构申报,经审查确认符合规定后由医疗保险机构核销。

——企业或个人拖欠保费时,投保人的医疗费用将全部由本人及所在企业负担。

(四)几个具体问题

1. 关于企业各级干部的医疗待遇。为了密切企业的干群关系,增强企业经营者的责任感和企业的凝聚力,调动职工的积极性,企业各级干部须与职工一样参加社会医疗保险制度,以促进干部人事制度的改革。

2. 关于农垦系统职工的医疗保险制度,可根据自身的具体情况,参照海南省职工医疗保险方案设计和执行,在条件成熟时并入海南省统一管理体系。

五、海南省职工医疗保险改革方案的主要特点

医疗保险是社会保障体系的一个重要组成部分。它关系到国民健康水平和民族

的兴衰。维护和提高人民的健康水平是社会主义国家的基本职责之一。目前,中国的医疗保险制度正处于积极探索改革的过程。海南省的医疗保险制度经过几年来的调查研究,在总结过去正反两方面的经验,并对世界各国的医疗保险制度进行了比较借鉴的基础上,经过反复咨询论证,提出了《海南省职工医疗保险制度改革方案》。1991年又以政府令的形式发布了《海南省职工医疗保险暂行规定》(以下简称《规定》)。但鉴于医疗保险的复杂性和操作上的难度,以及《规定》本身还不尽完善等原因,海南省职工医疗保险制度至今未能实施,仍需要进行必要的修改和补充。

(一)关于现行医疗保险制度的主要弊端和改革的要点

海南省现行的医疗保险制度和全国一样,是20世纪50年代初建立起来的。40年来,对保障广大职工身体健康,提高我国全民素质、促进社会经济发展起到了重要的作用。但随着改革开放和社会主义市场经济的发展,劳保医疗制度本身及管理中存在的问题日益显露,受各种因素影响,职工医疗费用增长过快,国家和企业难以承受。职工医疗费用由国家、企业统包下来的办法,以及这种制度本身缺乏有效的费用控制机制,造成医疗资源的浪费现象也是显而易见的。

另外,劳保医疗的管理社会化程度低,企业负担畸轻畸重、苦乐不均,这样既不利于企业在市场经济中的平等竞争,又阻碍了企业改革的深化,同时职工的基本医疗也受到影响。

从政治、经济体制改革的角度来看,由于改革的深化,企业与政府的传统行政关系开始淡化,企业开始试行自负盈亏,企业兼并、拍卖、破产已成为现实,这样势必使企业职工对旧的企业保险制度的安全性产生怀疑。因此,为了稳定社会、安定人心、保证改革开放的顺利进行,改革现行职工医疗制度,建立新型的职工社会医疗保险制度,是一项刻不容缓的任务。

《海南省职工医疗保险暂行规定》是根据上述企业劳保医疗制度中存在的主要问题,提出职工医疗保险实行社会化管理,分散疾病风险;医疗保费实行由国家、企业、个人三者合理负担,增强个人费用意识等合理设想。但由于《规定》在机制的设计上不尽完善,对医疗保险体系中的三方主体关系处理欠妥,因此,操作性不强。尤其在管理体制上实行门诊医疗与住院医疗分开管理,企业只负责门诊医疗费用、住院医疗费用完全由保险机构管理的办法,可能导致企业从自身经济利益出发对职工住院医疗推卸责任,甚至可能鼓励职工有病住院,使门诊医疗费用向住院医疗费用转移,造成医疗资源的更大浪费。而且,以门诊和住院来划分企业与社会保险机构的职责是欠妥的。社会医疗保险制度改革的核心之一,是建立一种有效的运行机制来保证新制度的正常运作,这个主要问题不解决,医疗费用的增长速度和医疗资源的浪费就无法控制,职工的基本医疗就难以得到保障。

(二)关于医疗保险模式的选择

世界各国的医疗保险制度尽管形式各异,程度不一,名目繁多,但大体可分为三种主要类型:

一是国家统包型(即福利型)的保险制度。这是一种国家保险。保险金的来源和发放均由政府统一包办,劳动者个人基本上不必缴纳医疗费就可享受医疗服务。中国传统的医疗制度基本上不属于这一类型。

二是保险型医疗制度,采取强制投保和政府资助相结合的办法。投保方式分为两种:一种是由企业(雇主)或职工个人共同缴纳保费;一种是由企业(雇主)和职工个人二者中的一方缴纳保费。

三是强制储蓄型的保险制度。即每个劳动者从参加工作起就须依照法定费率缴交保险费,企业(雇主)同时也按法定比例为职工缴纳一部分保费,二者一起记入其个人账户。

上述几种医疗保险模式各有所长,都有其存在的社会历史背景和条件,均发挥过积极作用。我们的任务仅在于选择适合海南省社会经济发展实际需要的最佳模式。

中国是一个发展中国家,其经济水平还很落后,过去那种福利型的医疗制度,造成我国医疗资源超前消费,显然与我国人口多、底子薄的国情国力不相适应。我们也曾考虑过建立公积金制度,因为"公积金"是一种医疗费用自我控制力极强的制度,新加坡是这种制度的典型代表,并取得了成功。但由于我国目前国民收入不高,医疗费用增长速度又很快,人均实际医疗费占职工工资总额的 9% ,医疗消费大大超过了经济发展水平。在这种情况下,我们建立公积金制度,企业和职工难以承受统筹和预筹双重负担形成的高费率,而且职工从过去医疗费用完全由国家负担一下转为完全靠自我保险,如此大的转移跨度势必造成巨大的心理障碍,从而影响这项制度的实施。况且新加坡也清醒地认识到公积金制度缺乏社会共济的主要弱点,从 20 世纪 80 年代以来,积极引入保险机制和原则,不断改革和完善公积金制度。尤其是医疗保险制度,其复杂性和疾病风险的不可测因素较大,如果疾病风险得不到有效的分散,就很难真正保障危重病人的基本医疗。因此,在中国实行单一的公积金制度同样也是不可取的。

保险型的医疗制度,其特点是建立企业、个人共同缴费机制,实行社会化统一管理。这种制度具有一定的社会公平原则,在一定程度上分散了疾病风险,而实行个人缴费,对医疗消费又有一定的制约因素。

由上可见,保险型的医疗制度比较符合中国社会经济发展水平,也是比较现实的选择。

（三）关于海南省医疗保障制度的给付模式与运行机制的设计

一个新的改革方案的实施,其成功与否,除了对改革的总体思路和指导原则的设计之外,最主要的是运行机制的设计。因为"机制"是社会制度有机体内部的一个"调剂器",是新制度运行的内在要素。重视机制设计是我们整个设计思想的重大转移,也是海南省社会保障制度改革方案的主要特点。

医疗保险制度之所以复杂,主要在于很难平衡企业、个人、医疗管理机构、医疗服务提供者四方的利益关系,以及无法解决医疗服务水平与医疗费用的高速增长这一对矛盾。目前,世界各国的医疗制度均面临这一问题,即保障了职工医疗水平,就可能无法控制医疗费的增长速度和医疗资源的浪费;而控制了医疗费用的增长速度和减少医疗资源的浪费,又可能影响职工医疗保障水平和质量。过去我们在方案设计中往往过于强调对医疗保险体系中的某一方主体行为的控制,过多依靠行政的手段对医疗保险进行管理,而忽视了对制度本身内在机制的设计和完善。

前段时期,我们对沈阳、大连、青岛、上海等7个省、市的医疗制度进行了考察,这几个地区非常重视医疗费用的控制,大体有两种不同的观点:

一是认为医疗费用的浪费与其说是病人滥用医疗保险权利,造成医疗资源的浪费,不如说是医疗渎职,因为,病人服什么药、打什么针、做什么检查,主要取决于医生。因此,提出控制"水龙头"的办法,主张将医疗保险费实行医院包干管理的形式或者建立保险医院,迫使医疗服务者不得不努力降低医疗成本,控制医疗消费,以达到对医疗费用的控制。大连开发区属这一类,并建立了保险医院。

二是认为医疗费用的高速增长和医疗资源的浪费,主要原因是由于过去职工医疗费用完全由国家、企业统包的制度造成的。认为要减少医疗资源的浪费,控制医疗费用的高速增长,必须强化个人费用意识,加大个人缴费比例。在这方面上海、深圳相继建立了医疗个人账户。

虽然,上述两种意见都有一定的道理,在一定程度上控制了医疗资源的浪费,但由于过分强调对医疗保险体系中的某一方主体行动的控制而忽视了整体利益的平衡关系,很难真正达到既保障职工的基本医疗,同时又杜绝医疗资源的浪费这一社会医疗保险制度改革基本原则的要求。

我们在设计海南医疗保险制度运行机制过程中,吸收了上述两种观点的有益之处,同时进行了补充和完善。我们认为要解决基本医疗和费用控制这一对矛盾,必须找到一种合理的运行机制。首先,必须使企业、个人、医疗保障管理机构和医疗服务提供者四方利益达到有机的统一,只有这样才可能形成制度内在的制约力,使医疗保险的供给与需求达到良性循环。因此,我们在医疗保险的给付及管理模式设计时,非常注意四者的利益关系和相互的制约机制。虽然我们在给付模式的设计中,门诊医疗费仍由企业管理,但由于住院医疗费采取了企业、个人、保险机构共担共管的办法,避免了门诊医疗费向住院医疗费转移,并且使企业、个人、保险机构三方的利益关系得到了统一,医疗资源的浪费将同时影响三方的经济利益。因此,三者相互制约能力和自控能力得到强化。对于医疗服务提供方,虽然仍由卫生部门管理,社会保障机构无法对其实行直接控制,但在管理上采取了契约式的管理办法,在医疗保险定点医院实行责任制,医务人员必须依照保险管理条例行使医生职权,如违反保险管理条例,其医疗费用可能被拒付,同时视情节轻重可能取消该医生为投保职工看病的处方权。由于海南医院的医务人员其工资、奖金与医务人员的工作量有一定的挂钩,如果取消其为投保职工的医疗权力,将直接影响该医生的名誉和经济利益。这样,我们采取法律、行政、经济的手段,加上制度内在运行机制的制约能力,使保险体系中四方利益相应的统一,为医疗消费与医疗供给的良性循环创造条件,以此来保障海南省医疗保险制度的协调、稳定、有效地运转。

另外,我们考虑海南医疗保险制度的初建阶段,其管理经验、人员素质、管理手段等还不完善,采取企业参与社会医疗管理的过渡办法,充分利用企业现有的管理经验、管理手段和医疗资源有利于保障新制度的顺利出台,也避免由于新制度的建立而造成企业原有医疗资源的浪费。同时,也有利于企业在转换机制过程中有充足的时间对原有的医务和管理人员进行安置和消化。

在方案设计时,我们打算用3～5年时间使职工医疗保险完全实行社会管理。企业将逐步退出职工社会医疗保险的管理,以减轻企业的行政管理负担,使企业有更多的精力用在自身的发展和生产建设上,为企业参与市场竞争创造条件。

(四)关于海南省职工医疗保险改革方案的几项具体说明

1. 关于医疗保险费率的测算

医疗保险不同于养老保险,养老保险是一种转移性支付,它是以保险的形式实现职工一生的消费平衡,而医疗保险则是一种现收现付制。所以,医疗保险在总量测算上没有养老保险那么复杂,医疗保险的不可测因素主要指突发性、大面积的传染病和每个投保人由于其年龄、身体状况不同,他对医疗服务的需求也不一样。我们对医疗保险费率做总量测算的方法是:以1991年海南省职工人均医疗费支出123元为基数,按1990年人均支出的实际增长率10%,推算出1992年的人均支出为135.3元。考虑1993年人均工资约2018元;人均医疗费支出约为148.8元。约占当年工资总额的8%。

在确定上述标准时,不能确切计算其不可预料的医疗费增长因素,也不包括管理费。为了保证医疗费统筹后能维护正常的开支,并能应对一定程度的疾病风险,维持合理的保险系数,所筹经费应有一定的余地,在企业和个人经济能够承受的前提下,筹资标准暂定为职工工资总额的10%。

2. 关于医疗保险与其他保险的配套改革关系

医疗保险不同于养老、失业、工伤等保险。养老保险只负责职工离、退休后的基本生活;失业保险只负责投保人失去劳动收入时的基本生活;工伤保险只承担投保者因公受到意外伤害的补偿;这三项保险均只对投保人某段时期或发生意外后的一段时期负责。而医疗保险却与投保人终身发生关系,无论其在职、离退休或失业,无论是工伤或生育,均与医疗制度有联系,可以说是从人们降生到这个社会中起直到死亡,均需要医疗制度的照顾,所以医疗保险可以说是人们最迫切需要的一种社会保险制度。由于医疗保险的特殊性,其与养老、工伤、失业保险的协调、配套,是总体社会保障制度设计的一个重要环节之一。

(1)关于医疗保险与养老保险

医疗保险与养老保险主要存在职工离、退休后其医疗保险金的管理协调的问题。

通常的办法有四种:一是医疗保险金与养老保险金统一筹集,合并管理;二是离、退时期的医疗保险金从退休金中提取,统一由医疗保险机构管理;三是离、退休人员的医疗保险金由企业(雇主)和个人负责缴纳;四是凡养老金领取者不再缴纳医疗保险金,由医疗保险机构负担。

第一种方法,由于医疗保险管理的复杂性和操作难度,可能加大养老保险管理上的压力,况且,医疗保险与养老保险属不同的支付模式,养老保险是一种转移性支付,而医疗保险是现收现付制,不宜合并管理。

第二种办法,有一定的可行性基础,只是在缴费比例上要进行精算,以免造成养老金的支付危机。

第三种办法和第四种办法,从根本上是相同的,因为退休人员的医疗费由企业按一定比例缴纳,医疗保险金只是放在明处,而养老金领取者不再缴纳,只是指个人部分,企业实际已经为离退休人员缴纳了医疗保险费。因为,根据新方案的缴费办法规定,医疗费的收缴是根据上年度的实际支出情况,加上正常医疗费增长比例来确定整个医疗保险费缴纳比例的,实际上已包括退休人员医疗费。所以,第三、第四种办法实质上均由企业负担。新方案采取第四种办法,主要考虑该办法简易、便于操作,同时又减轻了养老保险的经济负担和工作压力。

(2)医疗保险与失业保险

医疗保险从管理的角度看,是劳动者在劳动期间发生的各种生理上的疾病和社会医疗保险事故。补助的"合格期"一般以季度或一年以下为限,属于短期补助性质,原则上对失业职工不提供医疗保险,但有两种人可以享受医疗照顾:一是在投保期内失业的职工可以在"合格期"内享受医疗保险;二是在失业期间自愿参加医疗保险的投保者,按照个体工商业者的管理办法缴交医疗保险费,仍可以享受医疗保险。

(3)医疗保险与工伤保险

医疗保险与工伤保险有类似之处,都是劳动者在劳动期间发生的疾病或意外伤害,只是在性质上有所不同,工伤保险强调因公而发生的疾病和意外伤害;医疗保险统揽生理上、心理上发生的疾病、伤害等。对因公负伤或发生的疾病,医疗保险机构不负责补偿,只负责部分医疗费用。因此,在界定工伤保险与医疗保险范围时一定要有明确规定。

六、海南省职工失业保险制度改革方案

(一)海南省职工失业保险的现状和问题

海南省现行的职工待业保险制度,是根据国务院 1986 年关于《国营企业职工待业保险暂行规定》于 1986 年 10 月在国营企业固定工、合同工范围内实行的。其基本做法是企业按固定工、合同工标准工资总额的 1% 比例逐月缴纳保费,保费除支付投保的工人在失业时按工龄长短计发一定比例的失业救济金外,还用来支付失业职工的转业训练费和生产自救费以及管理部门的管理费。

1. 目前海南省失业保险的情况

至 1989 年年底,海南省共有 2772 家单位参加失业保险,其中企业 1877 个,占全民企业总数的 83.68%,行政机关、事业单位 895 个。投保的人数为 25.92 万人,占全民所有制企业人数的 92.01%,占海南省现有企业职工总数的 46.40%。

(1)目前,享受失业保险的包括如下四种人:一是宣告破产的企业职工;二是濒临破产的企业法定整顿期间被精减的职工;三是企业终止、解除劳动合同的职工;四是企业辞退的职工。

(2)失业救济金发放标准为:工龄五年以上的发放 24 个月,前 12 个月发放标准工资的 60% ~70%,后 12 个月发放标准工资的 50%;工龄在五年以下的,最多发放 12 个月,为标准工资的 60% ~70%。

(3)保费的缴纳、支付和管理。1989 年,企业为参加保险的职工平均每人缴纳保费 8.37 元,每月为 0.70 元,全年缴收保费 231.60 万元(应缴纳为 248.83 万元,每人每月应交 0.80 元),其中利息收入 14.53 万元。至 1989 年年底,历年收缴保费累计

671.41万元,其中利息22.75万元,保费实际收缴总额占应筹集金额的94%。

目前,海南省实有失业职工13951人,其中,已向失业保险管理部门登记的失业职工有473人。其中领取失业救济的有282人,占投保总人数的0.13%。

(4)目前,失业保险工作归属劳动部门,由劳动就业管理局和各市、县劳动服务公司具体承办。海南省现有管理人员34人,1989年管理费的提取标准是当年保费收缴总额的8%。

2. 现行失业保险办法在实施中存在的几个问题

(1)覆盖面小。

目前,海南省失业保险制度只在海南省国有企业中开展,集体企业、三资企业、私营企业、内联企业尚未实行失业保险制度。据统计,目前上述这四类企业的职工人数为27.69万,比现已参加失业保险的职工人数(25.92万)还要多。同时,向失业保险管理部门登记的失业者只占实际失业者很小的比例。

(2)给付期不合理。

目前失业救济金的发放期长达24个月,而国际上通行的标准一般在12个月以内。这不仅可能造成失业救济金支付上的危机,而且也不利于鼓励失业职工积极争取就业。

(3)操作性不强。

一是,在收缴比例上,按标准工资的1%收缴。一方面不能满足失业保险开支费用的需要;另一方面,许多企业已不存在"标准工资",因此,"标准工资"的标准不好统一。在给付上,按失业职工标准工资的60%~75%和50%给付,既难以统一标准,同时又不能满足失业者在特区基本生活的需要。

二是,没有将失业保险与就业培训、组织生产自救、促进再就业的职能统一起来。手段与目的不统一,就保险而保险,缺乏完整的配套措施。

三是,失业保险管理部门在掌握失业者的情况和日常管理方面缺乏主动性,处于被动的状态。

(二)职工失业保险制度改革的基本目标和主要原则

建立和完善职工失业保险制度是发展社会主义市场经济的必然要求。劳动力的合理流动和保持社会经济生活的稳定是发展社会主义市场经济的要条件,建立和完善失业保险制度是实现劳动力合理流动和保证社会经济生活稳定的根本性措施。为此,失业保险制度改革的目标和原则应当是:

1. 基本目标

在三至五年内逐步地构建起统一的、适应海南多种经济成分平等竞争和发展外向型经济要求的、既有利于稳定社会又有利于劳动力竞争、与改革传统的保障就业制度同步实施的、全社会性的失业保险制度。

2. 主要原则

（1）保障失业者基本生活的原则。失业保险的目的就在于保障劳动者在收入中断期间的基本生活。它是维持劳动力的延续和再就业的基本条件。

（2）权利与义务一致的原则。投保与给付要挂钩,投保年限与给付期限正相关。

（3）公平与效率统一的原则。失业保险不仅要保障失业者的基本生活,而且要有利于促进劳动力的竞争和合理流动,从而有利于经济发展。

（4）社会性原则和强制性原则。失业保险制度要依照有关行政法规,覆盖全社会并且强制推行。

（5）鼓励就业的原则。失业保险要成为促进失业者尽早再就业的手段,要成为就业培训、职业介绍及促进劳务市场发育、完善的动力和保证。

（三）改革的内容和方法

1. 实施的范围

从目前仅限于国营企业扩大至集体（不包括乡镇企业）、内联、外资和私营等各类企业及实行企业化管理的事业单位的所有职工（含企业内的各级干部）,以及国家机关、团体和事业单位的合同工、临时工。

2. 职工失业保险费的缴交比例

职工失业保险费的缴交比例按企业职工月工资总额（以国家统计局公布的《关于工资总额组成的规定》计算,下同）的1%上缴失业保险机构。

失业保险费费率可根据实际情况不定期进行调整。

失业保险费税前列支。

3. 享受失业保险的对象

（1）参加失业保险的职工因下列原因失业时可享受失业救济:

①宣告破产企业的职工;

②濒临破产的企业法定整顿期间被精减的职工;

③经政府批准停产或停业整顿的企业被精减的职工;

④企业、行政事业单位终止、解除劳动合同的职工;

⑤企业、行政事业单位辞退解雇的职工;

⑥企业按照《企业职工奖惩条例》除名、开除的职工;

⑦企业被兼并后未被吸收而失业的职工;

⑧经海南省人民政府批准应享受失业保险的其他职工。

（2）下列人员不能享受失业救济：

① 自愿失业者；

② 因触犯刑律而失业者；

③ 丧失劳动能力的失业者；

④ 无正当理由两次拒绝劳动就业管理部门所介绍职业的失业者；

⑤ 在国家法定年龄之外者；

⑥ 已重新就业（包括从事个体劳动）者。

4. 失业救济金的给付

（1）给付失业救济金的合格期：享受失业救济金者，必须是参加职工失业保险连续投保和缴纳保费满一年以上者。

（2）失业救济金的给付期和给付标准：

给付标准（ %）／给付期（第 月）／投保年限	1	2	3	4	5	6	7	8	9	10	11	12
1 年以上，不足 1 年半	60	40										
1 年半以上，不足 2 年	60	60	40									
2 年以上，不足 2 年半	60	60	40	40								
2 年半以上，不足 3 年	60	60	60	40	40							
3 年以上，不足 3 年半	60	60	60	40	40	40						
3 年以上，不足 4 年	60	60	60	60	40	40	40					
4 年以上，不足 4 年半	60	60	60	60	40	40	40	40				
4 年以上，不足 5 年	60	60	60	60	60	40	40	40	40			
5 年和 5 年以上	60	60	60	60	60	60	40	40	40	40	40	40

注：给付标准以本失业前一年的月平均工资总额作为基数计发。

（3）失业职工按规定的给付期领取失业救济金后重新就业者，以后如再次失业时，其投保年限按再次就业和再投保的时间重新计算。

（4）超过失业救济期限、非因本人意愿仍未能重新就业者，符合社会救济条件者，按有关规定向社会救济部门申请领取社会救济金。

5. 管理办法的改革

（1）企业（雇主）辞退职工和职工辞职，均须在报请所在地劳动行政主管部门备案的同时,由失业者本人于一个月之内向失业保险管理机构申报并到职业介绍所登记。否则失业保险机构有权减发或拒付失业救济金。

(2)失业者在申请登记之日后,接受为期一个月的等候期,经审查情况属实后方可享受失业保险待遇。

(3)失业人员在失业给付期内生病住院的,由医院出具证明,失业管理机构核实后,其住院医疗费在失业保险基金中予以实报实销。

(4)凡弄虚作假、冒领多领失业救济金者,一经发现,除如数追回外,将给予本人及参与者经济处罚和必要的行政处罚。

(5)企业(雇主)拖欠、不缴失业保险费时,失业保险机构有权按规定标准通过银行强制扣缴并按规定增加滞纳金。

(6)对未办理临时务工许可证的外来劳动力,在失业时一律不予支付失业救济金。

(7)失业保险目前由劳动就业管理机构管理,今后要本着社会化的原则,在条件成熟时逐步将失业保险移交社会保障局统一管理。

(8)进一步明确失业保险管理的基本职责。除了失业保险的日常管理外,还包括职业培训、职业介绍、生产自救等。

(9)失业职工和基金的管理费按收缴保险费总额的8%提取使用;在满足失业保险费开支的前提下,可提取保险费总额的15%,用于转业训练费;15%用于生产自救费。生产自救费部分实行有偿使用,以帮助失业者尽快实现再就业。

(10)失业保险基金必须在安全的前提下,投资运用,使其保值增值,以增强其本身的风险承受力。

(11)建立健全失业保险基金的监督机构,完善其监督机构。监督机构要定期向海南省社会保障委员会报告失业保险基金的收缴、管理、给付、使用、运用等情况并定期公布于众。

(四)实施中的几个问题

1. 农垦系统可参照本方案另行制定适合国营农场实际情况的失业保险办法。

2. 驻军部队中的没有军籍的各种用工也须参加海南省统一的职工失业保险。

3. 国营、集体企业的各级干部及派往外资、内联企业工作的干部,应和所在企业工人一样参加职工失业保险。

4. 本方案实施后,过去所颁布、实施的有关职工失业的各种政策、规定凡与此相抵触的均以本方案为准。

七、海南省职工失业保险改革方案的主要特点

失业保险制度是社会保险体系的一个重要组成部分。同时,也是中国劳动就业体制改革的一项重要内容。在社会主义市场经济条件下,失业保险制度的意义和作用将显得日益突出。几年来,在总结中国劳动就业制度经验教训的基础上,通过对世界上不同类型的失业保险制度的对比研究,经过大量实地考察、调查研究和咨询论证,我们提出了《海南省职工失业保险制度改革方案》,并于 1992 年 1 月以海南省政府令的形式付诸实施。经过近一年的实践,我们对原方案进行了一些必要的修改,力求使其日趋完善,努力建立起适应社会主义市场经济需要的新型的失业保险制度。

(一)建立失业保险制度是社会主义市场经济的内在要求

在传统的计划经济体制下,我国实行的是高度的就业保障政策。国家为职工从就业到生老病死统统包了下来。职工端的是"铁饭碗",没有失业的风险。改革的实践使我们逐步认识到:传统的保障就业政策使劳动力资源配置效率低下,束缚劳动者劳动积极性的发挥,也使企业缺乏应有的活力。在市场经济条件下,就业表现为劳动者与企业连续的双向选择过程,必然导致优胜劣汰,造成失业现象。同时,企业竞争机制的强化,关停并转的出现,也会导致失业的伴生。因此,在社会主义市场经济条件下,经济的发展客观上要求建立与之相适应的失业保险制度。

1. 海南省失业现状与未来 5 年失业前景的分析和预测

海南省经过建省办特区后几年的改革开放先行试验,已基本实行市场经济新体制,海南省现有各类企业 14431 家,职工 59.5 万人,1991 年失业人数为 13951 人,失业率为 2.4%。

在对 1991 年的 7620 名失业人员的调查中,我们发现其失业的情况分为以下几种:①退职 913 人;②除名 3198 人;③开除 720 名;④辞退 969 人;⑤辞职 445 人;⑥终止合同和解除合同的 1375 人。

从文化程度上看,在 7620 名失业者中,大专以上占 2.5%、高中占 45%、初中和初中以下 52.5%。

从行业分布上看,工厂占 35%、商业饮食业占 49%、房地产业咨询服务占 5%、其他占 11%。

从工龄结构上看,3 年和 3 年以下工龄的占 80%、4 年以上的占 12%、5 年至 7 年的占 8%。

从再就业的方向上看,转入第三产业的占 41%、转入工厂(包含外企)的占

35%、转入个体经营的占20%、到外地就业及其他的占4%。

上述2.4%的失业率是否反映了海南省1991年失业率呢？西方国家通常采用以下公式计算全年失业率：

$$年失业率 = \frac{年度失业人数}{就业人数 + 失业人数} \times \frac{平均失业持续时间}{365 天}$$

从以上公式可看出,年失业率不仅与失业人数有着正比例关系,而且与平均失业时间成正比。即平均失业时间越长,年失业率就越高,反之,年失业率就越低。

上面提到海南省1991年失业人数为13951人,平均失业时间为7个月。因此,按照上述公式计算,海南省1991年的年失业率实际为1.4%。

在1993～1997年未来5年里,海南省失业状况的前景如何呢？

要了解这一问题,必须建立在对海南省的经济发展状况、企业发展情况及职工的素质状况等综合因素的充分认识基础上。

随着海南大改革、大开放、大开发新时期的到来,海南省今后5年将进入国民经济高速发展时期。因此,会导致以下结果：

第一,随着经济的大发展,就业机会增多。据专家测算,海南省今后5年内GDP递增速度为16%,每年将创造1.6万～2.2万个工作岗位,即GDP每提高一个百分点,将多创造1000～1600个工作岗位。

第二,随着产业结构的调整。"结构性失业"和"技术性失业"会相应增加,失业人数也会增加(见表3)。同时,随着海南省旅游业的超常规发展,第三产业在整个产业结构中的比重将进一步扩大。预计今后五年内,第三产业就业人员在三次产业结构中的比重将由1991年的21.2%上升到33%以上。第三产业迅速发展,就业容量也相应扩大(见表4和表5)。

表3　1991年海南省企业职工结构式性失业情况　　　　　（单位:人）

被调查失业人员总数	农林、渔业、水利业	工业		交通运输	商业饮食业	房地产管理与咨询服务	卫生社会福利业	科技服务业
8882	78	3085	其中技术性工种	744	4400	421	154	7
占比例(%)	0.8	34.5	85	8.3	49.8	4.7	1.7	0.08

数据来源:《1992年海南统计年鉴》

第三,"三资"企业发展迅速。目前,海南省"三资"企业已达2173家。其中,1992年1月至5月就批准了453家,据估计今后五年内,"三资"企业每年将以近千家的速度发展,就业容量将随之增大(见表6)。

第四,劳务市场发展快,就业手续简便,平均失业时间将缩短(见表7)。

表4　1991年海南省第三产业提供就业岗位表　　　　(单位:个)

全年新增就业人数	第三产业就业数	房地产管理服务公用咨询服务业	科技服务	金融保险业服务	商业饮食服务业
17294	7350	3300	250	1200	2600
	占就业总数比例	占第三产业比例	同前	同前	同前
占比例	42.5%	44.9%	3.4%	16.3%	35.4%

数据来源:《1992年海南统计年鉴》。

表5　海南省各产业就业比例情况变化表

1985 年			1987 年			1990 年			1991 年		
第一产业	第二产业	第三产业	第一产业	第二产业	第三产业	第一产业	第二产业	第三产业	第一产业	第二产业	第三产业
74%	9.2%	16.8%	72.4%	9.5%	18.1%	70.3%	9.5%	20.2%	68.8%	10%	21.2%
职工总数(含农垦系统)			职工总数(含农垦系统)			职工总数(含农垦系统)			职工总数(含农垦系统)		
97.99(万)			100.29(万)			105.93(万)			108.06(万)		

资料来源:《1992年海南统计年鉴》。

表6　海南省"三资"企业发展状况表

	1988 年前	1989 年	1990 年	1991 年	1992 年 5 月
批准企业数(个)	294	469	672	1723	2173
占现有总数比例(%)	13.5	21.6	30.9	79.3	100
就业人数	7334	11323	15353	23446	31543

资料来源:海南省经济合作厅统计资料。

表7　海南省经济发展速度与平均失业时间对照表

GDP	16%	17%	18%	19%	20%	21%	22%
提供就业岗位(个)	16000 ~ 22000	17000 ~ 23000	18000 ~ 24000	19000 ~ 25000	20000 ~ 26000	21000 ~ 27000	22000 ~ 28000
平均失业时间(个月)	7	6	5	4	3	2	1

因此,在未来5年里,海南省职工失业现象将会不断发生,但相应的就业机会也很多,因而年失业率将不会突破现在的1.4%。

2. 现行的待业保险制度的主要弊端

海南省现行的待业保险制度是根据国务院 1986 年关于《国营企业职工待业保险暂行规定》在全民企业中实行的。其主要问题是覆盖面小、筹资比例不合理、给付标准偏低、给付期限过长及管理措施不得力等。如果按照这套办法继续实行下去，就不能充分发挥失业保险应有的功能和作用，不适应社会主义市场经济新体制的要求。

3. 失业保险的基本作用

失业保险是保障劳动者在失业期间的基本生活，维持社会稳定的必要措施。在社会主义市场经济条件下，失业保险尤为重要和紧迫。同时，它不是政府的被动应付措施，而是实现劳动者再就业的主动的措施，是允许劳动力在不同性质和地区的企业和单位之间合理流动、对劳动力资源实现宏观优化配置的手段。按照保险的基本原理，保险来自于对风险的预计；有风险，就应有保险。就海南省总体而言，在未来几年内，经济的高速发展提供的劳动岗位将大于职工的失业人数，但就劳动者个体而言，失业的风险是客观存在的，时常不以劳动者本人的意志为转移。因此，建立和完善失业保险制度是社会主义市场经济的内在要求。

(二)海南新型的失业保险制度的框架及其依据

迄今为止，世界上大约有 56 个国家建立了失业保险制度。由于各国国情不同，在失业保险制度的类型、实施范围、基金筹集、享受条件、待遇标准以及管理等方面均有自己的特点。概括起来，主要分为强制性失业保险（如美国、加拿大等 23 个国家实行这种制度）、受补贴的自愿保险（如丹麦、冰岛等实行）、储蓄性失业保险（如赞比亚等 11 个国家实行）、国家失业补助制度（如阿根廷、澳大利亚等 8 个国家实行）等四种类型以及它们之间的结合类型。

我们根据国务院的统一要求和海南省的实际情况，选择了强制型失业保险的模式，即凡属于海南省内的职工均须按照有关行政法规参加统一的失业保险，并在以下方面对失业保险的框架做了调整和重新设计：

在筹资模式上，过去是按企业标准工资总额 1% 收缴失业保险费，现改为按企业职工工资总额（工资总额以国家统计局公布的《关于工资总额组成的规定》计算）1% 筹集，使收缴金额实际提高一倍。这样从一定程度上增强了失业保险的承受力，适应扩大失业保险范围及对象后的实际需要。

在实施范围上，过去仅限于全民所有制企业职工，现扩大为不同性质的所有企业的所有职工（含干部），将保险对象由 4 种人扩大为 8 种人。其目的是为各种性质的企业和各种身份、各种原因造成失业的职工创造一种平等竞争的环境，有利于促进社会的稳定和经济的发展。

在给付标准上,采取给付标准与失业者本人原工资挂钩的办法,以区分不同贡献的劳动者在失业时享受的不同标准的待遇。在给付时间上,分为前后两个阶段,前一阶段给付其原工资总额的60%;后一阶段给付其原工资总额的40%,以促使失业者主动积极争取早日再就业。

在给付期限上,将过去的最长为给付24个月,缩短为最长为给付12个月,以鼓励失业者尽快重新就业。

在享受条件上,将投保半年以上为条件改为投保一年以上为享受条件,以体现在失业保险上的权利与义务相统一的原则。

在管理环节上,要求失业者在失业后一个月内去失业保险机构登记,从登记之日起,接受为期一个月的等待期,经审查合格后才有资格享受失业保险待遇。

设置等候期主要有以下考虑:一是失业保险机构有审查失业救济金申报者的资格;二是促使失业者尽快寻找就业渠道,尽早再就业;三是有利于社会保险机构不陷入大宗小额保险金给付的琐碎事务之中,从而有利于减轻失业保险机构管理、审查、核算等工作负担。

上述失业保险制度新框架依据的主要原则是:

(一)保障失业者基本生活的原则。失业保险的目的就在于保障劳动者在收入中断期间的基本生活。海南省的《失业保险制度改革方案》按照失业者失业前一个月工资的60%的比例给付失业保险金。经测算,这笔失业保险金能够维持失业者的基本生活。

(二)权利与义务一致的原则。只有在企业为其投保一年以上的条件下,失业者才有权利享受失业保险费。同时,投保时间越长,享受的时间也相应越长。反之,没有在一定时期内尽投保的义务,也就没有享受失业保险的权利。

(三)公平与效率统一的原则。社会主义制度要求有公平,而市场经济条件下要强调效率。在失业保险制度中,公平不等于平均主义的"大锅饭",给付标准一样,而要体现贡献与索取一致、权利与义务统一的原则。效率原则要求失业保险要为促进经济建设,促进劳动者自我知识与技能更新、重新就业服务。因此,失业保险的给付标准和期限一定要适应,决不能让失业保险成为"养懒汉"的"避难所"。

(四)鼓励就业的原则。失业保险是鼓励失业者再就业的手段,而不是目的。因此,给付标准与给付期限都要为促进尽快再就业的目的服务,不能定得过高、过长,而应当控制在一个水平上。

(三)关于失业保险基金运行机制的设计与测算

失业保险基金的运行机制问题是失业保险的一个重要的问题。我们在设计和修改方案时,特别注重了其安全运行与再就业的有效对接。

在缴费机制上,《失业保险制度改革方案》规定,企业按其工资总额1%缴纳失业保险金。企业(雇主)如果拖欠、不缴失业保险费,失业保险机构有权按规定标准通过银行强制扣缴并按规定增加滞纳金。

海南省1992年职工工资总额为15.2亿元,按1%比例收缴,应收缴失业保险金总数为1520万元。

在给付机制上,《失业保险制度改革方案》不仅规定了给付条件,须投保满一年以上,而且规定了给付标准,分为前后两阶段,前阶段为其本人失业前工资总额的60%,后阶段为40%;同时规定了给付期限最长为12个月。《失业保险制度改革方案》还规定对冒领、多领失业金的惩处措施,以防止失业金的浪费和流失。

这笔失业保险金能否完成失业人员的给付和用于生产自救和培训及管理费用开支呢?

《失业保险制度改革方案》规定,失业保险费的15%将用于组织失业人员生产自救的费用;15%将用于失业人员再就业训练费用;8%将用于失业保险管理费用;三者合计为38%。若以1992年收缴失业保险费计算,保险费总额为1520万元,其中上述三项费用共需578万元。1992年失业人数为3755人,平均失业时间为7个月,1992年海南省职工人均月工资为210元,给付标准平均为其工资的50%,计算的结果是:1992年失业保险基金将为3755人支付7个月保险费,总额为276万元。而1992年失业保险基金应收缴总额1520万,除去578万元的培训费等三项费用后剩余942万元,支付276万元后尚结余666万元。经测算,1992年失业保险基金的实际支付能力是:能为13000名失业者支付7个月的失业保险金。为15000名失业者支付6个月的失业保险金。因此,按照职工工资总额1%的比例收缴失业保险费,能够在现有年失业率1.4%的条件下保持五年以上收支平衡,尚有结余(见表8)。

表8　海南省年失业率与失业保险费率对照表

年失业率(%)	1.25	1.13	1	0.88	0.75	0.63
失业保险费率(占工资总额)(%)	1	0.9	0.8	0.7	0.6	0.5
可支付的失业人数(人)	15000	13460	11968	10476	8968	7500
平均失业时间(月)	6	6	6	6	6	6

注:以1992年失业保险费总额为1520万元,除去管理费、培训费和生产自救费后为计算基数。

在运用机制上,《失业保险制度改革方案》规定:失业保险基金必须在安全的前提下,投资运用,使其保值增值。这种投资运用一般是委托金融机构间接投资。海南省正考虑设立社会保险银行,统一完成这一社保基金的营运使命。

在管理机制上,《失业保险制度改革方案》规定除了失业保险的日常管理外,还将行使职业培训、职业介绍、生产自救、咨询服务等社会职能,并规定了专项资金保证。

在监督机制上,《失业保险制度改革方案》提出要建立健全失业保险基金的监督机构,完善其监督职能,从而保证失业保险基金的安全运行,与帮助失业者与再就业职能有效地衔接。

在失业保险与医疗保险的衔接上,经修改后的《失业保险制度改革方案》提出,失业人员在失业给付期内生病住院的,由医院出具证明,失业管理机构核实后,其住院医疗费予以实报实销。增加这一条,目的在于保障失业者获得治疗的权利,这是维持劳动力的延续和保证劳动者再就业必不可少的措施。

(四)失业保险制度改革需要探讨的问题与建议

1. 适应市场经济条件下劳动力竞争的状况,允许适度失业和劳动力合理流动

随着企业经营机制的转换,企业的富余人员(有人称此为"稳性失业者")将被推向社会。尤其是全民企业的富余人员,将在竞争中被淘汰出一部分。据统计,海南省近 3 年来,每年有 3000 多名全民企业职工转入"三资"企业或从事其他工作。今后,全民企业的富余人员将更多地面临失业的风险,这是市场经济条件下的正常现象。那么,应该将失业率控制在怎样的一个适度比例上呢? 按照上面对海南失业率的分析,海南省现行失业保险费每年可以为 1.5 万名职工提供 6 个月的失业保险费。这样,要求年失业率在 1.4% 以下。根据对海南省经济发展状况的分析,海南省今后 5 年内,年失业率将不会突破 1.4%,且平均失业时间将会逐渐缩短,劳动力流动的频率将会加快。因此,要适应这种劳动力流动的新形势,为失业人员迅速再就业创造必要的社会条件。

2. 大力开展职业培训、全面提高职工文化技能素质

海南省的大开放、大开发的建设高潮已经到来。为了适应这种建设形势的需要,必须大力开展职业培训工作。从统计资料可见,海南省人口的文化程度、技术熟练程度低于全国平均水平。其中大专以上文化程度占人口总数的 1.41%(见表 9)。因此,必须大力改变这种状况。前面提到的统计资料表明,文化程度不高、技术能力不强是造成职工失业的自身内在原因。

表 9　海南和全国文化程度比较　　　　　　　　　　　　(单位:人)

每千人中有文化的人数	全国 603	海南 597
每 10 万人中有大专以上文化的人数	全国 599	海南 380

资料来源:《1992 年海南统计年鉴》和国家科委 1992 年 5 月 9205 号研究报告。

政府要鼓励社会举办各种职业培训活动。要建立和发展各种专业性的职业培训基地,在政策上、资金上等方面给予支持。失业保险基金中用于培训的费用要保证专款专用,不得挪作他用。

3. 努力培育和发展劳务市场,建立健全失业人员的再就业机制

劳务市场通常可以分为有形的劳务市场和无形的劳务市场。有形的劳务市场,如职业介绍所、人才交流中心、人才供需洽谈会等;无形的劳务市场主要是指通过报纸、电台、电视、杂志、墙报等媒介进行职业介绍的活动而形成的一种功能。目前海南省前者发展不足,后者比较兴旺、活跃。虽然海南省 19 个县市、除个别县外都建立了职业介绍所,但没有真正发挥其应有的功能和作用,必须大力加强此项建设。

4. 加强政府的宏观管理和调控职能

失业保险制度改革是一项涉及面广、政策性强的工作,需要加强政府的宏观管理和调控的职能。一是要加强失业保险制度的法制化,除了积极做好立法工作外,还要积极做好执法管理;二是有步骤地调整产业结构,大力发展第三产业,扩大就业容量。在发展第三产业方面,根据台湾的经验,海南的潜力是很大的(见表 10)。同时,也要适当发展一些劳动密集型产业;三是兴建公益事业,组织失业人员以工代赈,生产自救。

表 10　海南和台湾的三次产业结构比较

项目		国民生产总值		就业人数		劳动生产率		人均国民生产总值(元/人)
		绝对数(亿元)	比重(%)	绝对数(万人)	比重(%)	绝对水平(元/人)	相对水平以农业为1	
海南	第一产业	24.2 (25.9)	52.4 (56.1)	200.8 (203.4)	73.2 (74.2)	1205.5	1	
	第二产业	8.7 (10.4)	22.5 (18.8)	26.0 (23.4)	9.5 (8.5)	39929	3.3	
	第三产业	11.6	25.1 100	47.4 274.2	17.3 100	2441.5	2.0	
	合计	46.2				1684.9	1.4	744
台湾	第一产业	1384	7.62	130.8	17.61	105810	1	
	第二产业	8236	45.34	307.9	41.47	267489	2.5	
	第三产业	8545	47.04	303.8	40.91	281271	2.7	
	合计	18165	100	742.5	100	244647	2.3	95542

注:海南的数字是 1986 年的,其中包括农垦系统。台湾的数字是 1984 年的,货币单位为新台币。

资料来源:国家科委研究中心 1992 年 5 月 9205 号研究报告。

5. 提高失业保险管理人员自身的素质

失业保险管理人员自身素质的提高是保证失业保险工作顺利进行的前提。失业保险管理人员不应仅限于收收发发等具体工作,而要在理论上加强学习,在业务上提高管理水平。为此,失业管理人员首先必须接受一定期限的培训,以适应失业保险制度改革的需要。

八、海南省职工工伤保险制度改革方案

(一)职工工伤保险概况

海南省自 1989 年开始在海口市实行职工工伤保险。固定工参加工伤保险的正式有 177 家(其中全民企业 172 家、三资企业 3 家、集体企业 2 家),人数 2.19 万人。合同工参加工伤保险的企业有 341 家(其中全民企业 215 家、集体企业 39 家,中外合资企业 7 家、事业单位 74 家、其他单位 6 家),职工 0.86 万人。临时工参加工伤保险的单位 152 家(其中全民企业 90 家、中外合资企业 6 家、集体企业 4 家、个体户 27 家、事业单位 18 家),人数 6500 人。参加工伤保险的总人数 3.70 万人,占海南省企业职工人数的 6.6%(不含农垦)。

职工工伤保险的保险费全部由企业承担,按职工工资总额的 1% 缴纳。目前已收缴保费 34 万元。参加工伤保险的职工,每人发给一份劳动保险手册,实行卡册管理。

(二)原有的工伤保险制度存在的主要问题

1. 覆盖面小。工伤保险在海南省企业中的覆盖面仅占 6.6%,大多数企业没有参加工伤保险,这一部分职工没有得到应享受的保障,一旦发生意外工伤事故,企业和个人均无法处理。

2. 社会化程度低。目前这种完全由企业独立承担工伤保险的体制不能使工伤事故的处理在全社会范围内共担风险,使企业加重了工伤赔偿费用的负担。企业一旦发生工伤事故,除了按照规定要给予长期性的赔偿外,还必须为处理工伤事故的善后工作耗费大量的人力、物力和财力,从而严重影响企业劳动生产率的提高。

3. 工伤保险费筹集的不合理性。现行的工伤保险体制规定,参加保险的企业不分行业。均按职工工资总额的 1% 收缴。无论是易发工伤事故的矿山、重工业,还是不易发生工伤事故的服务行业,缴纳的比例都一样,使企业负担苦乐不均。

4. 现行体制不适应海南省经济发展的需要。许多来海南省投资的外商愿意依照法规缴交工伤保险费用、由社会管理,而不愿独立承担工伤后的待遇给付。因此,随着海南省"三资"企业所占比重的日益加大,继续沿用旧的工伤保险办法,会直接影响外商企业投资的积极性。

5. 管理制度混乱,缺乏统一规范。"国家规定标准,企业支付待遇"的结果,是各企业从自身的经济承受能力出发,支付工伤医疗费和工伤抚恤费或补助费。各企业给付标准高低不一,处理办法往往各不相同。许多企业对于完全丧失劳动能力的工伤者往往按现行办法退休处理,费用从退休养老基金中开支,这就违背了养老保险基金专款专用的原则。在给付上,工伤越多,国家的补贴越多,不利于企业搞好安全生产。搞活用工制度后,一些职业病和工伤责任在劳动力的流动中无法界定由谁支付待遇。工伤鉴定制度不健全、评残标准既不规范也不合理。关于工伤鉴定和赔偿费用的争议无章可循,处理一次工伤事故所支出的费用往往远超出国家规定的标准,等等。

由此看来,改革现行工伤保险制度,是保障职工权益、增强企业活力的重要条件之一。

(三)改革的目标和原则

1. 基本目标

改变企业(雇主)长期支付待遇、自管工伤保险的现状,有步骤地建立以工伤保险基金为基础的社会化程度较高的工伤保险新体系。

2. 主要原则

(1)有利于保护工人健康、保障因公伤残职工的利益和有利于安全生产。

(2)改革工伤医疗与赔偿费用由企业(雇主)独立负担的办法,引入社会保险机制,逐步实现社会化管理。

(3)工伤保险费费率按不同危险程度和工伤事故发生不同频率分行业加以规定。并依照实际情况逐步调整。

(四)改革的主要内容

1. 扩大保险范围

在海南省范围内的全民所有制企业、实行企业化管理的事业单位、城镇集体所有制企业、私营企业、内联企业、外商投资企业的工作人员,包括管理人员、技术人员、固定工、合同工、临时工、学徒工、见习人员和农民轮换工(不含民工),在海南省驻军中没有军籍的固定工、合同工,国家行政机关和事业单位招用的合同工和临时工。扩大保险范围,使全社会的企业来共担风险,使那些发生意外事故的职工能得到更安全的保障。

2. 保费筹资的改革

（1）改变旧体制中不分行业，统一缴纳保费的比率的做法，按不同危险程度、不同工种和工伤事故发生频率分别规定工伤保险费费率。按职工工资总额，依不同行业分别提取 0.5% 至 1.2%。工伤保险费完全由企业（雇主）承担，个人不缴纳保险费。工伤保险费在税前列支，计入成本。

（2）建立工伤保险基金，改变企业单独承担风险的现状，扩大到各行业共担风险。企业向工伤社会保险机构缴纳保险费后，不再自行管理工伤保险的给付，由社会保险机构统一管理。

3. 工伤保险金给付办法的改革

（1）职工因公负伤治疗期间的保险金给付办法。

①职工因公负伤治疗（从抢救到指定医院治疗或医院提出转院），其医疗费用（包括抢救治疗费用和住院费），由社会保险机构支付；就医路费由单位负担；住院期间的膳食费由本人负担 1/3，单位负担 2/3。

②职工因公负伤治疗期间，工资照发，由本人所在单位支付。治疗期一般不超过一年，特殊情况可经社会保险机构批准后延长。

③职工工伤治疗终结，经劳动鉴定委员会确定为残废，必需定装假肢、镶牙和配置轮椅、拐杖等康复器具的（配置康复器具应限于辅助生产劳动及日常生活必需），经劳动鉴定委员会批准，其购买安装费用由社会保险机构负担，但总额不超残废补偿金的 15%。

④职工在工伤医疗期间，单位不得除名、解雇、解聘、辞退和终止劳动合同。医疗终结后确定为部分丧失劳动能力或康复后尚能工作的固定工和合同工，由原单位安排力所能及的工作。

（2）职工工伤确定残废后的待遇：

①因公负伤医疗终结后，按劳动鉴定委员会发给的《因公残废鉴定证明书》，根据残废程度的不同，享受不同的因公残废待遇。

②被鉴定为永久性完全丧失劳动能力的，由社会保险机构根据其残废程度，发给一次性的补偿金和按月发给残废补助金。残废补助金按本人上年度月平均工资的 75% 发给。其中饮食起居需要人护理的，由社会保险机构按本企业起点工资标准发给护理费。

③永久性完全丧失劳动能力的人员，在达到退休年龄后仍享受工伤待遇的，不再享受养老保险待遇。

④永久性部分丧失劳动能力的，其补偿金由社会保险机构一次性支付，不另按月

支付残废补助金。

（3）职工工伤死亡的待遇：

①职工因工伤死亡后，由社会保险机构发给丧葬费和一次性直系亲属抚恤费。丧葬费按人民币 1000 元标准发给。一次性直系亲属抚恤金标准为：有供养直系亲属的发给人民币 5000 元，没有供养直系亲属的发给人民币 3000 元。

②职工因公死亡后，其生前实际供养的直系亲属由社会保险机构按月发给生活补助费，直至受供养人失去受供养条件时为止。生活补助费的标准为：户口在城镇的，每人每月 68 元；户口在农村的，按城镇户口的 80% 发给。不论城镇或农村，发给受供养人的补助费合计不得超过本人生前的月工资标准。孤老及孤儿的生活补助费按城镇标准的 130% 发给。生活补助费标准根据工资和物价变化情况定期调整。

③因公死亡被授予烈士称号的，其一次性抚恤金仍由民政部门按有关规定计发。

4. 工伤保险管理办法的改革

（1）改变过去那种企业自己管理的办法，建立统一的工伤社会保险机构，归口于社会保险部门领导。所有投保企业缴纳的工伤保险费建立起工伤保险基金，由基金工伤保险部门统一管理，不混合于其他的社会保险项目中去，工伤保险基金负担独自的义务。

（2）成立各级劳动鉴定委员会，由各级劳动、卫生、民政行政主管部门和工会及医疗、社会保险机构的有关人员组成。劳动鉴定委员会办公室暂设在劳动行政主管部门。

劳动鉴定委员会办公室负责组织有关医务人员，对职工因公受伤和患职业病后的劳动能力做出鉴定。

（3）劳动鉴定委员会负责督促检查单位和医院对工伤职工的抢救和职业病检查、治疗，确定医疗终结。根据医疗技术鉴定小组对工伤人员的医疗鉴定，确定丧失劳动能力程度，并签发《因公伤残鉴定证明书》；复查残废状况变化并相应变更残废等级，指导职工康复工作，完成其他劳动鉴定工作。

（五）改革的实施步骤

拟分两步进行。

第一步，从 1991 年开始，在海南省试行工伤保险暂行条例；

第二步，根据试行情况进一步修改条例，而后，提请海南省人代会以立法形式颁布执行。这一工作争取在 1992 年下半年进行。

九、海南省职工工伤社会保险的现状与建议

工伤保险是社会保险项目中开展最早的一项社会保险,是保障企业工人在劳动过程中负伤、致残、致死后使其本人和其家属有一定生活保障的一种社会保险。

(一)海南省工伤保险现状

海南省 1989 年开始在海口市实行职工工伤保险。参加工伤保险的总人数 3.70 万人,占海南省企业职工人数的 6.6%(不含农垦)。职工工伤保险的保险费全部由企业承担,按职工工资总额的 1% 缴纳。参加工伤保险的职工,每人发给一份劳动保险手册,实行卡册管理。

海南省职工工伤保险的改革是从 1990 年开始。海南省社会保障制度改革领导小组办公室进行调查研究,根据海南省各类企业的特点,参照了中国和世界其他国家工伤保险制度后,制定了《海南职工工伤保险暂行条例》(以下简称《暂行条例》)并于 1991 年年底开始在海南省实施。《工伤保险暂行条例》中规定的实施范围,包括了海南省所有类型的企业和企业化管理的事业单位(农垦除外),涉及的职工大约 60 万人。

海南省职工的工伤保险改革在按照《暂行条例》实施近一年的时间里有几个方面较改革前有明显的变化:

第一,参加投保的人数有所增加。1989 年海口市参加工伤保险投保的人数为 3.70 万人,实行《暂行条例》后到 1992 年 9 月止,海口市企业参加工伤投保的人数为 7.05 万人,几乎翻了一番。占应参加投保人数的 11.75%,海南省比改革前增加 5.15%。

第二,保险的社会化程度有所提高。在工伤保险改革前,企业的工伤保险完全由企业独立承担。改革后,工伤保险由所有参加投保的企业共担风险,在更大的范围内分散风险。

第三,保费缴纳根据不同行业合理分担。在改革前,所有投保企业均按职工工资总额的 1% 收缴,无论是易发生工伤的重工业,还是不易发生工伤的服务行业,缴纳比例都一样。改革后,工伤保费的缴纳根据不同行业和发生工伤的频率不等,按不同比例,从 0.5% 到 1.5% 等不同等级收缴。

第四,管理上进一步完善。改革前各企业根据自己的经济承受能力,支付工伤抚恤金或补助费,各企业对职工工伤的赔负相差不一。如果一个小厂,同时承担几个职工工伤的赔付,将会给企业带来很大负担,既影响了生产,对伤残工人的安置处理也

达不到伤残后保障基本生活的水平,同时也对生产人员造成不安心在该企业工作。改革后,海南省成立了专门的管理机构——社会保障局,下设工伤保险处,统一管理海南省的工伤保险的投保和赔偿。赔偿的水平比改革前有一定提高,使伤残人员的保障得到进一步完善。

(二)海南省工伤保险改革存在的问题

1. 社会化程度不高。海南省执行工伤保险改革暂行条例已近一年,参加投保的人数为7.05人,仅占应投保人数的11.75%。远没有达到工伤保险改革构想中所要达到的在各类型企业中均建立工伤保险的那种社会化程度。以海口市改革后有7.05万职工参加工伤保险来看,多数是海口市原有没有参加工伤保险的全民企业和集体企业,而多数的三资企业、内联企业、私营企业、个体户没有参加工伤保险。海南建省以来成立了一大批三资企业、内联企业、私营企业和个体户,这些企业的人数在海南省企业人数中占较大比例。这些企业的保障水平跟不上,会影响海南特区建设和改革的整体步伐。另外,在海南省19个市县中,除海口外,仅白沙县搞了一个月工伤保险,其他市、县的工伤保险仍以各企业独立管理。因此,要解决海南省职工工伤保险改革社会化的问题,仍要下大力气。

2. 保费筹资问题。实行不同行业按不同费率缴纳工伤保险费是改革的一个方面。但在目前保费筹资方面还有不足之处。目前,世界各国筹集工伤保险基金,是根据过去几年工伤事故的赔偿费来定收缴标准,当年收费当年平衡。因此,大多数国家是"以支定收,略有节余",不过多地加重企业的负担。海南省实施改革方案后,1992年1~8月工伤保费的筹资为48.22万元,赔付为11.47万元,管理费为1.45万元。当年剩余的保险金过多,不利管理,同时使企业负担过重。

筹资的另一个问题是参加投保的企业并没按规定的筹资比例投保。海口市1992年1~8月,参加投保人数为7.05万人,收保费48.22万人,人均每月投保为0.85元人民币。

3. 工伤保险赔偿方面的问题。第一,在《暂行条例》中规定,保费的收缴是根据人均工资总额来征缴的。每个企业中的每个职工都按一个固定比率来缴纳。职工工资等级的不同,其对工伤保险的贡献必然不同。而《暂行条例》中规定,残废补助金按本人所在地年度社会平均工资的75%发放。这种情况导致不论职工伤残前贡献如何,伤残后只要是伤残程度是同一个等级,则享受的工伤福利都一样。没有体现出义务和权利的对应关系。第二,海口市工伤保费的支付,仅对26名职工工伤医疗费支出了69979元(2691.5元/人均)。而评残工作刚刚开始,已核准5人将获工伤补偿。评残工作进行时间太长,伤残者没有及时得到应有的保障,使伤残的职工和家属的生活水平下降。第三,海口市对 35 人发放了 5720 元抚恤金(163 元/人均),人均水平太低,仅够一个人生活一个月,而"条例"中规定抚恤金最少为 3000 元。

4. 伤残评定项目的不完善。目前工伤赔偿,是按工伤残废补偿表来执行的,而补偿表上所列的项目,大都是肉眼看得到的伤。而一些因伤所致的内科病(如伤残后的胃、肠、肝、肺的部分切除)、泌尿科病等一些肉眼看不见的伤残,也能使伤残者的工作能力大大下降。像这样一类情况,如不包括在工伤保险评残之内,显然不合理。

5. 管理方面的不完善。目前,投保企业是自己去投保,相应的措施没有跟上,使仍有 88.53% 企业中的职工没有参加工伤保险的投保,尤其是三资企业、内联企业、私营企业和个体户。对这几种类型的企业,应根据参加投保的强制性原则,定出具体措施,使这些企业参加工伤保险,为这些企业中的职工争取保险的权益。另外,除海口市外,其他 18 个市县职工的工伤保险仍是企业自己承担。应尽快使这些企业参加投保,改变目前的管理现状。

(三)职工工伤保险改革的内容

1. 进一步提高社会化程度。在现有企业参加工伤保险的基础上,进一步对各市县各类企业实行强制性措施,扩大投保面,使海南省各市县的全民、集体企业和三资企业、内联企业、私营企业以及个体户中的绝大多数都参加投保,在全社会的范围对企业职工工伤承担风险和义务。

2. 进一步完善保费筹资模式。根据目前保费的筹资和保险金的给付情况,同时参照其他各国的工伤保费"以支定收,备有节余的原则"对海南省工伤保险的收费比例应做出调整,海南的大多数企业属轻工、服务行业,而重工业占的比例较少。建议工伤保费的收缴由原来的 0.5% ~ 1.5% 改为 0.5% ~ 1.2%。以后可根据赔付的数量再对保费交缴比例做出调整,这一做法符合工伤保险筹资的基本原则。

3. 进一步完善工伤保险给付的改革。建议改变《暂行条例》中对同等伤残人员一样赔付的原则。应根据其不同职工投保的贡献的差异,在发放保险金时,除一次性补偿以外,按月发放的补偿金部分应参照该人的贡献情况,同该人的工资比例挂钩,以该人伤残时工资总数的 75% 发给,以充分体现义务与权利平等的原则。

4. 进一步完善评残项目的改革。成立由专家组成的评残小组,对肉眼看不见的伤残病,应给予鉴定,判定其丧失工作能力的程度,来给予相对应的赔偿金。

5. 进一步加强管理工作。

(1)改革目前各市县中的企业仍自己承担本企业职工工伤的筹资和赔付的做法,各企业应参加统一的工伤社会保险投保,归口于社会保险部门统一管理和领导。

所有投保企业缴纳的工伤保险费用于建立工伤保险基金,基金由工伤保险部门统一管理,不混合于其他的社会保险项目中去,工伤保险基金负担独自的义务。

(2)成立各级劳动鉴定委员会,由各级劳动、卫生、民政行政主管部门和工会及医疗、社会保险机构的有关人员组成。劳动鉴定委员会办公室暂设在劳动行政主管部门。劳动鉴定委员会办公室负责组织有关医务人员,对职工因公受伤和患职业病后的劳动能力做出鉴定。

(3)劳动鉴定委员会负责督促检查单位和医院对工伤职工的抢救和职业病检查、治疗,确定医疗终结。根据医疗技术鉴定小组对工伤人员的医疗鉴定,确定医疗终结。根据医疗技术鉴定小组对工伤人员的医疗鉴定,确定丧失残废状况变化并相应变更残废等级,指导职工康复工作,完成其他劳动鉴定工作。

6. 建立与工伤保险相配套的机制,促使工伤保险顺利发展。

(1)工伤社会保险与生产安全相结合:工伤社会保险对伤残者给予补助是解决工伤问题的一个方面。另一方面是做好预防工作,避免发生事故,不给企业和个人造成遗失,可大大减少工伤社会保险的开支。

(2)工伤社会保险与非工伤社会保险统一。目前一些专家认为,目前生产过程中的事故与非生产过程中的事故、工业事故与职业病伤害,这些方面的界限,已经很难区分。专家们认为,工伤与非工伤不必区分,这两项伤残社会保险应该统一按照伤残者及其家属的需要来建立。

(3)工伤社会保险的经济补偿与职业康复结合。许多残废人希望能康复身体,参加力所能及的工作,这对他们个人可以解除精神空虚,增加收入,改善生活,对社会和国家也可以减轻负担,增进财富。在国际劳工大会的呼吁下,许多国家在支付工伤保险金的同时,积极开展了康复工作,建立康复工作机构、康复医院等,给残废人以治疗、护理、训练等工作。把职业康复同工伤社会保险的经济补偿紧密地结合起来,收到了良好的社会和经济效果。目前这种结合已被越来越多的国家和社会保险机构所接受。

中国(海南)改革发展研究院《社会保障制度改革》课题组
课题组组长:迟福林
课题组成员:周传业　邓传明　吕　杰　高树生　胡万福

第七篇　突出"特"字的新阶段

　　按照"努力构建具有海南特色的经济结构和更具活力的体制机制,突出经济特区的'特'字,推动海南省经济又好又快发展"的要求。2007 年 2 月,中政院形成了《突出"特"字——构建具有海南特色的经济结构和更具活力的体制机制研究报告》。本报告力图通过对海南改革开放发展历程的纵向分析和对国内外的横向比较,研究影响海南经济发展的体制机制因素,为海南省有关决策提供参考。

在决定一个国家或地区的经济增长和社会发展方面,制度具有决定性的作用。技术革新固然为经济增长注入了活力,但人们如果没有制度创新和制度变迁的冲动,并通过一系列制度构建把技术创新的成果巩固下来,那么人类社会长期经济增长和社会发展不可设想。由此出发,实现海南经济持续的又好又快发展,必须突出"特"字,推进以开放为主题的综合改革,进行体制机制创新。

突出"特"字,构建具有海南特色的经济结构和更具活力的体制机制

(2007 年 7 月)

新制度经济学认为,在决定一个国家或地区的经济增长和社会发展方面,制度具有决定性的作用。技术革新固然为经济增长注入了活力,但人们如果没有制度创新和制度变迁的冲动,并通过一系列制度构建把技术创新的成果巩固下来,那么人类社会长期经济增长和社会发展不可设想。由此出发,实现海南经济持续的又好又快发展,必须突出"特"字,推进以开放为主题的综合改革,进行体制机制创新。

与制度和制度环境变迁相联系,制度分析方法有其独特的优势。制度分析方法明确要求从制度角度考察经济运行,分析制度产生原因、发展方向以及对资源配置和绩效的影响。制度分析方法将制度本身作为研究的对象,其比较属性对于海南在对比、借鉴的基础上进行制度创新,并以此推动经济社会发展具有很强的适用性。这也是本报告主要使用的分析方法。

从海南"特色"角度出发,制度分析涉及到经济和社会制度的各个层面,远非本

综合研究报告所能全面包容。选取适当的主题和角度进行切入是整个报告形成框架的关键。结合中改院对海南体制的历年研究,我们选取了四个角度进行论述,分别为经济开放、经济结构、环境保护以及体制机制。我们认为,这几个切入点是海南当前急需解决的问题。

一、经济开放度与经济增长

由于地理位置的特殊性,岛屿经济的发展更加依赖开放。相关的岛屿经济发展经验说明,只有通过开放使各种生产要素更加合理流动,才能推动经济快速增长。本章分别从经济开放度总体趋势、外资外贸基本情况、对外劳务与技术合作、国际旅游等层面,展开经济开放度与经济增长的分析。

(一)理论与实证研究的新进展

经济增长理论百花齐放,有平衡增长与非平衡增长理论,有“大推动”和“增长极”理论,也有进口替代和出口导向理论等。不同的理论对经济增长的原因也有不同的理解。其中一种理论认为,经济开放可以促进经济增长。在其他条件不变的情况下,对要素与商品流动的限制越少,要素与商品就越能够自由流动,市场配置资源的作用越强,经济发展就越快。

157 个国家或地区的《2007 经济自由指数》证明了,经济自由度与经济增长之间并非呈现严格的线形关系,但总的来说,这种正相关性比较明显。在自由度排名中,中国排名 119 位(54 分),中国香港排名第一(89.3 分),美国排名第四(82 分)。总体情况表明,经济自由度是经济增长的一个重要指标;单一样本的偏差则说明,经济自由度并不是经济增长的唯一因素。经济开放与经济增长之间的联系,必然与要素的差异化、比较成本等相联系;也与人们对经济开放的认识及利用的能力相联系。

如果某地区在自身的某方面有先发优势,则在这方面的开放必然会形成一定的竞争优势,如开曼群岛;反之亦然。由此我们认为,经济开放促进经济增长最重要的前提是,在开放之前必须有自己的“比较优势”,并有条件将之转化为竞争优势。如果这一前提不具备,则经济开放度越大,给经济体带来的负面冲击就越大。因此,希望通过开放促进经济增长,必须通过内生发展,打下自己的特色经济基础,这样才能抓住全球化和区域经济一体化所带来的机遇,同时也能有效应对这些趋势带来的挑战。

(二)经济开放度总体趋势

根据相关研究结果,本报告中的经济开放度由贸易开放度、资本开放度、国际旅游外汇收入额占 GDP 比重、生产开放度等指标加权合成,并做成曲线图 1;同时将相关年份 GDP 增长做成图 2。从两图形状大致可以看出,海南的对外开放度与经济增长基本保持同步。

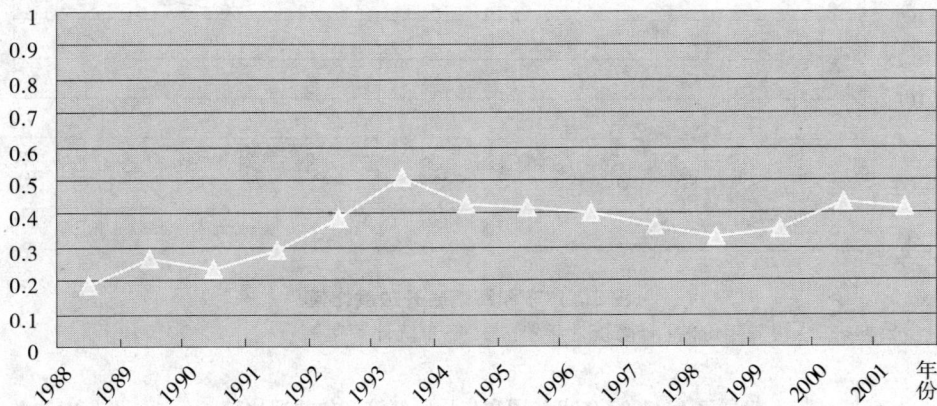

图 1 海南经济开放度

数据来源:相关年份的《海南统计年鉴》。

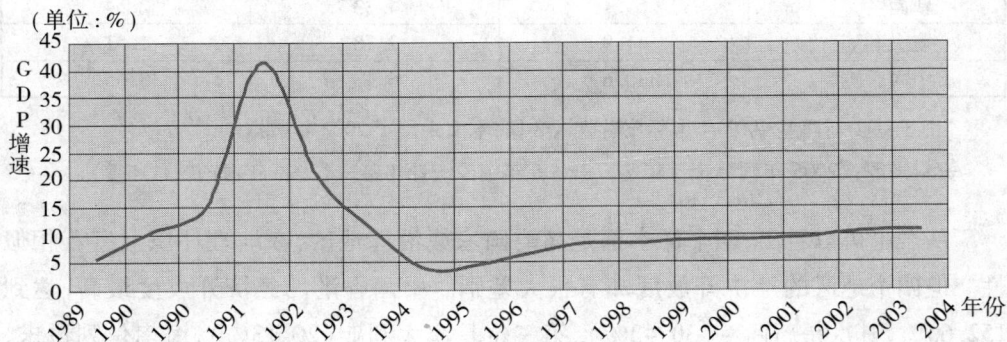

图 2 海南 GDP 增长图

数据来源:相关年份的《海南统计年鉴》。

通过图 3 可以看出,曾作为广东一部分的海南,即使在成为经济特区后,其经济开放度与广东也存在较大差距,而且这个差距基本保持不变。值得注意的是,1996年以前,天津、上海经济开放度低于海南,但 1996 年前后,上海和天津先后都超过了海南。

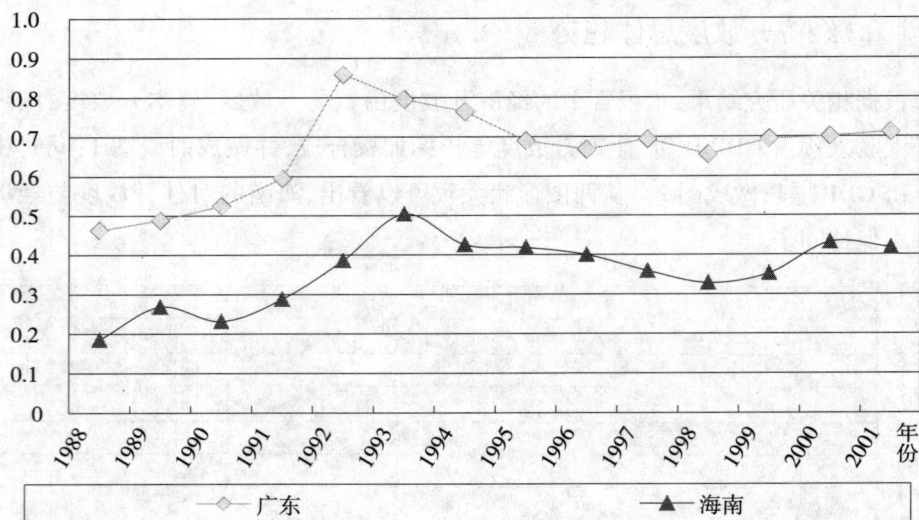

图3　广东和海南省开放度比较

数据来源:相关年份的《海南统计年鉴》与《广东统计年鉴》。

表1　2003年岛屿国家与地区经济开放情况比较　（单位:%）

国家/地区	进出口总额 占 GDP 的比重	国际旅游收入 占 GDP 的比重	实际利用外资 占 GDP 的比重
中国海南	26.4	0.92	6.73
新西兰	63.1	4.33*	2.54
澳大利亚	41.9	2.78	1.51
中国香港	330.6	6.13	8.65

* 由于缺少新西兰 2003 年国际旅游收入数据,本文采用了 2002 年数据。

资料来源:《2005 年国际统计年鉴》、《2006 年中国统计年鉴》、《2006 年海南统计年鉴》。

　　从表 1 可以看出,四个样本都是岛屿国家或沿海地区,在地理环境上有着相似性。但四个地区的经济开放度却有很大差别。中国香港的经济开放度最高,达到152.65%,其次是新西兰(30.42%),第三位是澳大利亚(20.13%),海南位列最末,经济开放度仅为 13.56%。这说明海南的经济开放度相比世界其他岛屿国家和地区,还处在低水平。

（三）外资外贸

1. 吸引外资(FDI)情况

　　吸引外资是发展中国家和地区经济发展的一条通行之路。海南吸引外资,经历了高峰,也经历了低谷。海南实际利用外资的波动,反映了海南在外资利用方面处于不稳定状态,没有形成一种良性循环。

表2 海南历年吸引外资情况　　　　（单位:万美元）

年份	合计	增长(%)	FDI	增长(%)	对外借款	增长(%)
1987	911	-72.05	893	-70.94		
1988	12771	1301.87	11421	1178.95	526	—
1989	16097	26.04	10707	-6.25	5153	879.66
1990	18982	17.92	10055	-6.09	8911	72.93
1991	22232	17.12	17606	75.10	4570	-48.72
1992	53160	139.11	45160	156.50	8000	75.05
1993	128584	141.88	104784	132.03	23800	197.50
1994	126441	-1.67	87441	-16.55	39000	63.87
1995	145501	15.07	105501	20.65	40000	2.56
1996	118960	-18.24	78960	-25.16	40000	0
1997	112134	-5.74	71134	-9.91	41000	2.50
1998	109715	-2.16	71715	0.82	38000	-7.32
1999	84149	-23.30	48449	-32.44	35700	-6.05
2000	61280	-27.18	43080	-11.08	18200	-49.02
2001	57291	-6.51	46691	8.38	10600	-41.76
2002	99878	74.33	51178	9.61	48700	359.43
2003	61782	-38.14	58062	13.45	3720	-92.36
2004	66998	8.44	64343	10.82	2655	-28.63
2005	70711	5.54	68401	6.31	2310	-12.99
1988~2005	1366666	—	994688	—	370845	—

资料来源:相关年份的《海南统计年鉴》。

（单位：%）

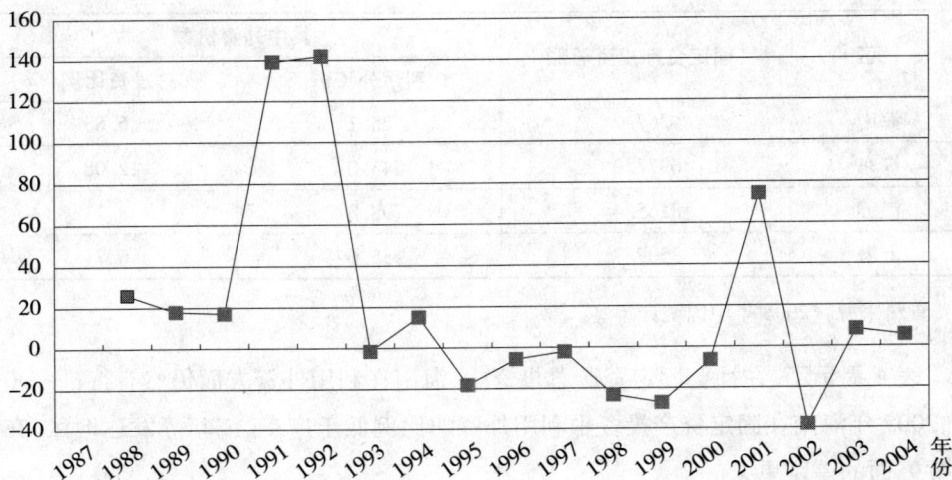

图4 海南实际利用外资增长速度

数据来源:相关年份的《海南统计年鉴》。

从表2可以看出,从1988～2005年,海南累计实际利用外资136.67亿美元,其中利用外资贷款37.08亿美元,外商直接投资(FDI)99.47亿美元。但从增长率来看,波动很大,说明海南还缺乏有效吸引和利用外资的良好环境。

表3　有关地区外商投资企业年度注册登记情况简表

指标	企业户数(户)			投资总额(亿美元)		
	2004 年	2005 年	同比增长(%)	2004 年	2005 年	同比增长(%)
全国	242284	260000	7.31	13112	14640	11.65
上海	26657	28978	8.70	1722	2007	16.55
江苏	29939	33321	11.29	2170	2657	22.44
浙江	17792	19009	6.84	834	1019	22.18
福建	17236	17854	3.58	689	753	9.28
广东	55259	58762	6.33	2610	2889	10.68
海南	2329	2456	5.45	86	92	6.97

资料来源:《2006 年中国统计年鉴》。

从表3可以看出,海南外资企业登记户数增幅低于全国平均水平,年末登记投资总额2005年仅为广东的3.18%,递增速度不仅远低于全国平均水平,在对比地区中排名也最低。

表4　2005 年一些省市社会固定资产总投资中利用外资比例　　(单位:亿元)

地区	固定资产投资总额	其中外资份额:	
		利用外资额	占总投资比例(%)
海南	367.2	25.1	6.83
广东	6977.9	843.0	12.08
江苏	8165.4	793.3	9.71
上海	3509.7	235.6	6.71

资料来源:《2006 年中国统计年鉴》。

表4揭示了,在社会固定资产总投资中,海南在利用外资方面仍然有待进一步提高,2005年海南在固定资产投资中利用外资的比例低于广东、江苏等发达地区,在绝对额方面的差距更大。

2. 海南对外贸易发展

(1)基本情况

表 5　海南对外贸易进出口总额及增长速度

年份	进出口总额（万美元）	增长率（%）	出口（万美元）	增长率（%）	进口（万美元）	增长率（%）	差额（万美元）
1987	29241		11545		17696		-6151
1988	66462	127.29	29496	155.49	36966	108.89	-7470
1989	109620	64.94	36082	22.33	73538	98.93	-37456
1990	93697	-14.53	47138	30.64	46559	-36.69	579
1991	134876	43.95	66964	42.06	67912	45.86	-948
1992	169450	25.63	88120	31.59	81330	19.76	6790
1993	256866	51.59	90157	2.31	166709	104.98	-76552
1994	269719	5.00	98698	9.47	171021	2.59	-72323
1995	226744	-15.93	83000	-15.91	143744	-15.95	-60744
1996	228667	0.85	84132	1.36	144535	0.55	-60403
1997	194901	-14.77	88966	5.75	105935	-26.71	-16969
1998	190913	-2.05	88463	-0.57	102450	-3.29	-13987
1999	121867	-36.17	74860	-15.38	47007	-54.12	27853
2000	128784	5.68	80289	7.25	48495	3.17	31794
2001	176238	36.85	80094	-0.24	96144	98.26	-16050
2002	186686	5.93	81930	2.29	104756	8.96	-22826
2003	227871	22.06	86916	6.09	140955	34.56	-54039
2004	340168	49.28	109252	25.70	230916	63.82	-121664
2005	259175	-23.81	102254	-6.41	156921	-32.04	-54667
1987~2005	3411945	平均增长 18.43	1428356	平均增长 16.88	1983589	平均增长 23.42	

资料来源:《2006 年中国统计年鉴》。

从表 5 可以看出,1987~2005 年,海南省累计外贸进出口 341.19 亿美元,其中,出口为 142.84 亿美元,年均增长 18.43%,进口为 198.3 亿美元,年均增长 16.88%。但该表也反映出,海南建省以来,有 15 年是贸易逆差。一定程度上说明,出口对经济的拉动作用较弱。

（2）外贸依存度

表 6　海南外贸依存度及相关比较　　　　　　　　　　（单位:%）

年份	全国	海南	广东	上海	福建
1987		18.48			
1988		34.01	99.87	41.57	13.75
1989		47.30	96.84	42.36	14.99
1990		46.38	128.46	46.95	22.41
1991		58.19	147.58	47.88	27.01

年份	全国	海南	广东	上海	福建
1992		48.84	148.02	48.24	30.80
1993		56.22	131.49	48.51	26.34
1994		68.73	184.48	69.36	33.08
1995	40.6	52.81	151.41	64.50	30.77
1996	35.5	48.76	140.17	63.74	27.21
1997	35.9	39.25	147.45	61.09	28.58
1998	33.7	35.67	135.71	70.36	25.10
1999	36.4	21.12	137.31	79.21	24.14
2000	43.9	20.19	145.77	99.53502	32.49
2001	44.0	25.13	137.24	101.8485	27.10
2002	50.0	24.02	155.99	111.2377	30.72
2003	60.4	26.39	172.29	148.8843	33.50
2004	70.0	34.32	184.36	177.848	39.60
2005	68.9	23.11			

资料来源:《新中国五十五年统计资料汇编》。

（单位：%）

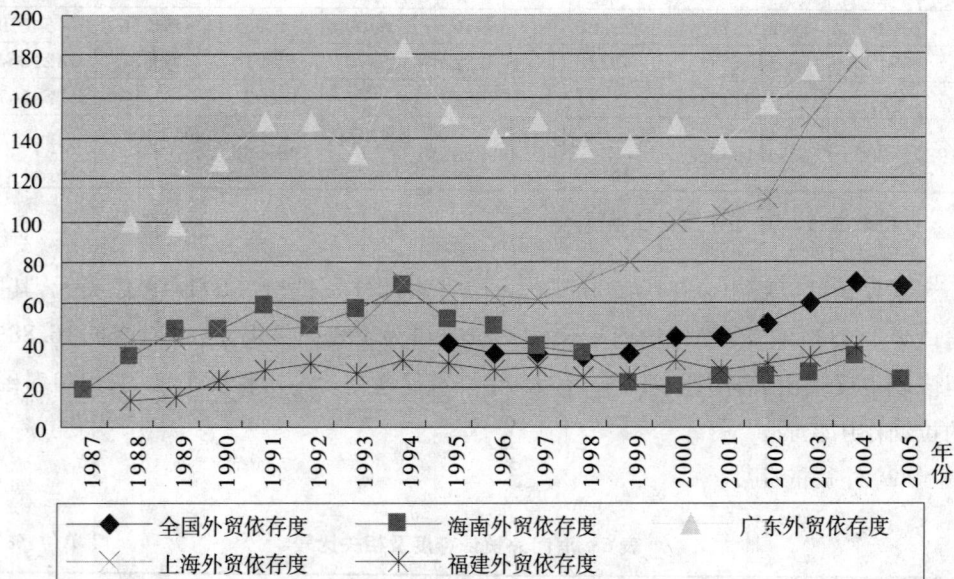

图 5　海南与全国、广东、上海、福建外贸依存度比较

资料来源:《新中国五十五年统计资料汇编》。

通过表 6 和图 5 可以看出,海南从建省到 1994 年前后,外贸依存度一直高于上海、福建;从 1996 年以后,海南外贸依存度不断下降,直到 2001 年才开始回升,但到

2005 年止,仍低于全国平均水平。

（3）FDI 占 GDP 比重

表 7　海南与上海、福建、广东 FDI 占 GDP 的比重

年份	上海	福建	广东	海南
1988	2.09	1.26	2.96	5.52
1989	2.28	2.70	3.15	4.41
1990	1.12	2.65	4.48	4.69
1991	1.04	5.53	5.12	7.77
1992	6.23	9.95	8.00	13.46
1993	8.83	14.64	12.58	23.18
1994	14.12	19.09	17.93	22.70
1995	11.02	15.72	14.82	24.25
1996	13.50	13.24	14.82	16.84
1997	11.86	11.70	13.27	14.34
1998	8.17	10.61	12.57	13.45
1999	6.25	9.39	11.94	8.42
2000	5.75	9.57	10.49	6.77
2001	7.35	7.63	10.09	6.68
2002	7.70	7.52	9.25	6.59
2003	7.75	7.84	9.47	6.73
2004	7.27	7.27	5.17	6.50

资料来源:《新中国五十五年统计资料汇编》。

从表 7 可以看出,海南 FDI 在 GDP 中的占比波动剧烈。1998 年以前,海南这一比例较高,但 1999 年广东和福建超过了海南,2001 年上海又超过了海南,到 2004 年,海南 FDI 占 GDP 的比重只有 6.5%,且呈下降趋势。进一步的数据表明,2002 年海南引进外资的三次产业分布比例为 6.6∶24.3∶69.1,分布明显不平衡,第一产业偏低。在引进外资企业中也存在较大泡沫:2002 年累计批准设立的外资企业有 9011 家,但到当年年底仍在办理年审的外资企业只有 1500 家左右,正常生产经营的只有约 1000 家。

（四）对外劳务交流与技术合作

1. 海南对外劳务交流情况

到 2002 年年底,海南在境外设立企业 89 家(其中贸易公司 20 家,办事处 13

家),累计投资额 4201 万美元,其中中方投资额 3970 万美元。但由于种种原因,这些企业都解散或停止经营。经年检调查,2002 年参检的境外企业仅 8 家,通过年检的仅 5 家。在对外承包工程方面,海南在 2003~2005 年分别为 21 宗、69 宗和 1 宗,合同金额分别为 159 万美元、238 万美元、890 万美元,营业额分别为 744 万美元、68 万美元、715 万美元。这些数字在全国的比重微乎其微,比如 2005 年营业额为 744 亿元,只占全国的 0.027%。

表 8　海南对外承包工程与劳务合作数

项　　目	2003 年(占全国%)	2004 年(占全国%)	2005 年(占全国%)
签订合同数(宗)	21(0.05)	69(0.012)	1(0.001)
合同金额(万美元)	159(0.008)	238(0.009)	890(0.003)
营业额(万美元)	744(0.043)	68(0.003)	715(0.027)

资料来源:相关年份的《中国统计年鉴》和《海南统计年鉴》。

2. 海南对外经济技术合作情况

相关资料表明,从 1988~2002 年,海南累计签订技术合作合同 139 项,合同额 10 亿美元,争取国际无偿援助项目 19 个,金额 2800 万美元。2005 年,海南省签订对外承包工程合同 2 份,比上年减少 57 份,合同金额 890 万元,增长 273.9%;完成营业额 715 万美元,增长 951.5%。由于基数太小,在全国的比重反而下降了。外派劳务人员 333 人,减少 13.5%,签订技术引进合同 8 项,合同金额 4369 万美元,分别减少 68% 和 55.7%。

(五)国际旅游

1. 海南国际旅游收入

表 9　海南国际旅游收入　　　　　　　　　　(单位:万美元)

年份	国际旅游外汇收入	增长(%)
1988	1547	—
1989	2002	29.41
1990	2717	35.71
1991	3821	40.63
1992	5715	49.57
1993	6155	7.70
1994	7560	22.83

年份	国际旅游外汇收入	增长（%）
1995	8098	7.12
1996	8542	5.48
1997	10121	18.49
1998	9625	-4.90
1999	10506	9.15
2000	10883	3.59
2001	10602	-2.58
2002	9199	-13.23
2003	7957	-13.50
2004	8160	2.55

资料来源：《2006 年中国统计年鉴》与《2006 年海南统计年鉴》。

从表 9 可以看出，建省以来海南国际旅游外汇收入波动频繁，但收入最高也是在1 亿美元左右徘徊。国际旅游业收入在 GDP 中的比重不断下降。这与海南旅游业在经济中的地位不相称。

2. 海南旅游业的收入结构

2005 年海南国内、国际旅游收入分别为 115 亿元和 10.63 亿元，全国分别为5286 亿元和 2425 亿元。海南国际与国内旅游收入的比值为 1∶11，全国的这一指标为 1∶2。按照世界一般规律，国际旅游收入与国内旅游收入的比例为 1∶9，按这个比例计算，海南国际旅游收入还有进一步发展的空间。其占全国的比重由 1998 年的0.767% 急剧下降到 2005 年的 0.438% 也从反面印证了这一点。

表 10　海南及全国国际、国内旅游收入情况

项　　目	1998 年		2005 年	
	全国	海南	全国	海南
国际旅游收入（亿元）	1043.33	7.99	2424.68	10.63
国内旅游收入（亿元）	2391.18	58.97	5285.86	114.56
国际与国内旅游收之比	1∶2	1∶7	1∶2	1∶11

注：以当年的人民币汇率基准价为换算单位。

资料来源：1999 年、2006 年两年的《中国统计年鉴》与《海南统计年鉴》。

表11　海南与亚洲主要国家及地区国际旅游效益比较

国家及地区	国外游客人数 （万人）	外汇 （亿美元）	人均消费 （美元）
中国海南（2005年）	43	1.28	298
中国（2005年）	5326	292.96	550
中国香港（2003年）	1554	96	618
日本（2003年）	512	115	2246
韩国（2003年）	475	69	1453
泰国（2003年）	1008	104	1032

注：①中国、中国海南的外汇换算以当年的人民币汇率基准价为准；
　　②中国的国外游客人数为各地区接待入境旅游人数之和。
资料来源：《2006年中国统计年鉴》、《2005年国际统计年鉴》。

　　表9、表10和表11反映出，海南接待国际游客人数和国际旅游收入与亚洲主要国家和地区相比有较大的距离。2005年海南接待国际游客人次仅为2003年香港的3%、日本的8%、韩国的9%、泰国的4%；海南旅游业创汇水平，也仅为香港的1/36、日本的1/12、韩国的1/11、泰国的1/23。海南国际游客人均消费不到300美元，远远低于2003年亚洲主要国家或地区平均1300美元的水平，也低于国内平均550美元的水平。

二、经济结构与经济增长

　　经济结构与经济增长的关系在一定程度上就是经济增长的数量和质量的关系。经济结构优化必将有力地推动经济发展。本章主要从所有制结构、产业结构、地区经济结构、投资消费结构、城乡结构和陆海结构等方面加以展开。

（一）理论与分析框架

　　经济结构是一个内涵非常广泛的概念，它一方面反映的是各种经济成分、要素互相联结、互相作用的方式及其运动变化规律，另一方面也是各类经济行为体在各个不同的经济领域按照一定的方式活动、构造不同效能的经济侧面，进而介入经济生活的直接体现。任何一个社会的经济结构都是在多方面因素共同作用下的结果。就经济结构的组成而言，它会涉及到产业结构、分配结构、就业结构、供给结构、需求结构等等。总的结论是：经济结构与经济增长本质上是一个相互影响的关系。

好的、合适的经济结构能够促进经济增长；而经济增长又会导致经济结构的变迁与优化。

（1）经济结构的状态如何取决于各类要素在各个经济领域的聚集趋势及聚集程度，而现代经济意义上的增长应是指可满足社会需求、能顺利实现自身价值的包括商品和服务内容在内的社会总产品在量上的增长。因此，各类要素在不同经济空间的集聚如果符合社会经济发展方向，符合外部各项需求，那么，这种经济结构就会对经济增长带来有利的影响，经济增长速度自然就会快一些，各类资源就会有效得到利用；反之，经济结构就会对经济增长造成阻碍，经济增长就会放慢或者停顿，最终导致社会资源的损失和浪费。

（2）经济结构也影响到经济增长方式。经济增长方式是指生产要素组合使用的方式方法，它决定着生产力系统的整体效能和发展状况。在不同的经济结构形态之下，对要素的占有要求各不相同，各种要素间的相互替代水平亦不同，经济增长的源泉构成也势必会有所不同。比如，当经济结构处初级形态之时，社会的经济增长主要依赖于劳动力、土地和其他初始资源的大量投入，经济成分间的聚合要求较弱，社会生产力处于一种比较低下的水平。而当经济增长进入"创新阶段"之时，创新技术成分将在经济结构中占主导地位，传统的要素将大量地被技术创新所替代，创新将成为增长的主导部门。

（3）经济结构变化会影响到经济增长的质量。经济增长的质量就是经济增长的效率，也就是投入产出的比率。而投入产出既同经济结构的需求结构有关，又同经济结构中的供给结构有关，如投入会影响需求的水平，产出会影响供给的水平，需求和供给又与社会的收入水准和分配结构紧密相联。因此，如果经济结构中的各个组成部分能够相互协调，各要素能量可得到充分释放，那么，经济增长质量的提高也就顺理成章。

（4）经济结构会影响到经济增长的稳定性。受全球经济一体化影响，现代社会的经济结构越来越多地表现出了世界性的特征，各种社会经济体系之间的联系越来越多，相互间的依赖性越来越强。由此，一个社会的经济结构开放度、该社会在世界产业分工中所处的位置及经济专业化程度、产业转换的弹性大小等方面，都会对经济增长的稳定性带来影响。

（二）产业结构

1. 海南三次产业对经济增长贡献

建省以来，海南三次产业结构的变动趋势基本上与全国相吻合，即第一产业比重下降，第二、第三产业比重上升。这可以通过三次产业的产值比重的变化、从业人员构成变化、三次产业对国内生产总值增长速度贡献的变化以及三次产业对国内生产总值的弹性系数的变化体现出来。

（1）海南三次产业对经济增长贡献历史变迁。建省前10年,海南各产业的发展波动较大,对经济增长的贡献也是起伏不定。第一产业近几年对GDP的贡献率大致在40%左右,在海南经济中起着支柱作用;第二产业经过发展—回落—恢复—再发展,近几年呈上升趋势,1998年贡献率为22.1%,其中工业为14.6%;第三产业相对第一、第二产业来说,发展较为平稳,1998年贡献率为40.6%,对经济增长的作用最大。近几年,经过产业结构的调整,第二产业的增速居三次产业首位,成为拉动经济增长的主动力。2006年,三次产业对经济增长的贡献率分别为24.4%、38.8%、36.8%。

表12　海南产业发展的总量和速度

指标	国内生产总值（当年价、亿元）		2005年比2000年增长情况（%）	
	2000年	2005年	平均年递增	2005年比2000年增长
GDP	526.82	905.03	10.0	61.3
第一产业	192.00	300.75	8.4	49.3
第二产业	103.97	230.53	14.7	98.9
第三产业	230.85	373.75	9.1	54.5

资料来源:相关年份的《海南统计年鉴》。

表13　海南GDP三次产业构成变化　（单位:%）

项目	1988年	1990年	1995年	2000年	2005年	2006年
GDP	100.00	100.00	100.00	100.00	100.00	100.00
第一产业	49.95	44.63	35.49	36.45	32.96	32.71
第二产业	18.43	19.72	21.61	19.74	26.07	27.35
第三产业	31.62	35.65	42.91	43.82	40.97	39.94

资料来源:相关年份的《海南统计年鉴》、《2006年海南经济和社会发展统计公报》。

（2）三次产业比较劳动生产率。从表14可以看出,海南第一产业的比较劳动生产率有所下降。同样可以看出历年来海南第一产业的比较劳动生产率相对较低,而第二、三产业的比较劳动生产率较高,全国及其他地区也普遍存在这种情况。这说明我们用了大量的劳动力从事低水平的农业生产,资源配置极不合理,使得产业结构的经济效益水平较低。

表14 海南三次产业比较劳动生产率

年份	第一产业	第二产业	第三产业
1988	0.72	1.96	1.55
1990	0.69	2.22	1.51
1995	0.59	1.85	1.55
2000	0.60	2.12	1.47
2005	0.60	2.92	1.15
全国(2005)	0.28	2.00	1.27
北京(2005)	0.20	1.20	1.00
上海(2005)	0.13	1.29	0.93
江苏(2005)	0.29	1.47	1.05
浙江(2005)	0.27	1.28	1.19
广东(2005)	0.19	1.65	1.18

注:产业的比较劳动生产率 = 产业增加值占 GDP 的比重÷产业劳动力占总劳动力的比重。

资料来源:相关年份的《海南统计年鉴》和《中国统计年鉴》。

(3)海南产业的弹性系数。从表15 可以看出,第一产业的弹性系数逐渐降低,对经济增长的作用下降。第二产业的弹性系数上升,对经济增长的作用在增加。第三产业的弹性系数较为平稳,对经济增长的作用保持稳定。

表15 海南三次产业对国内生产总值的弹性系数

年份	1988	1990	1995	2000	2005
第一产业	0.80	0.87	3.02	1.13	0.59
第二产业	0.85	0.99	- 1.50	0.86	1.66
第三产业	1.45	1.20	1.05	1.00	1.00

注:产业对 GDP 弹性系数 = 产业增加值增长率/GDP 增长率。

资料来源:相关年份的《海南统计年鉴》。

(4)产业结构的国际比较。从 GDP 的三次产业结构比较中可以看出,三次产业产值结构中,海南第三产业比重虽比全国高,但这是一种在经济发展低水平基础上的高比重,而不是现代服务业升级后的高比重。即使如此,与其他一些国家相比,海南第三产业比重的数值偏小,差距较大。

表16 海南与各国三次产业在国内生产总值中的比重比较　　　（单位:%）

地区	年份	第一产业	第二产业	第三产业
中国海南	2003	34.2	24.6	41.2
中国	2003	14.4	52.2	33.4
美国	2001	1.6	23.0	75.3
印度	2003	22.2	26.6	51.2
日本	2002	1.3	30.4	68.3
韩国	2003	3.2	34.6	62.2
新加坡	2003	0.1	34.9	65.0
巴西	2003	5.8	19.1	75.1
泰国	2003	9.8	44.0	46.3
新西兰	2000	9.0	25.3	65.7

资料来源:《2005年国际统计年鉴》、《2005年海南统计年鉴》。

2. 海南第一产业结构

从产业结构看,2005年海南的农业产值仍占据首位,比重为37.75%;牧业的比重是20.01%,已大大超过林业位居第三;渔业发展最快,由1987年的6.24%到2005年的27.78%;林业却由33.12%下降到12.38%。可见,牧业尤其是渔业的发展较快,而林业、农业的发展也蕴藏着巨大的能量。

表17 海南第一产业总产值结构　　　（单位:%）

指标	农业总产值比重			
	1987年	1996年	2002年	2005年
农业	41.44	45.48	39.44	37.75
谷物及其他作物	39.05※	40.89※	12.7	9.90
蔬菜园艺作物			14.8	14.10
水果、坚果、饮料和香料作物			11.8	13.50
中药材			0.10	0.20
林业	33.12	19.53	11.79	12.38
牧业	18.20	19.05	16.54	20.01
渔业	6.24	15.94	26.17	27.78
海水产品		13.69	23.15	24.50
淡水产品			3.02	3.20
农业服务业			1.56	2.09

注:※为种植业数据。从2002年起农业总产值按新标准计算。
资料来源:相关年份的《海南统计年鉴》。

表 17 可以反映出,建省以来,海南农业对经济发展所做出的贡献,不仅提高了主要农产品的产量,而且促进了农业内部产业结构的调整。农业内部的结构发生变化,蔬菜园艺作物和水果、坚果、饮料和香料作物占到 27.6%,谷物及其他作物仅占9.9%,其结构已经向高效农业转变。其次是海水产品,由 1990 年的 9.42% 到 2005年的 24.5%。其原因,一是热带高效农业的优势已开始发挥,最突出的就是瓜菜和热带水果生产发展迅速。二是渔业生产发展迅猛,充分利用四面环海的优势,扩大海淡水养殖,积极发展远洋捕捞,合理调整渔业结构。三是畜牧业根据市场需求,不断调整畜禽生产结构,优化品质,积极扶持饲料转化率高的畜禽品种和草食家畜饲养,养牛、养羊、养猪和养禽业有较快的发展。牛、羊、猪、禽及其他动物肉类产量在肉类中的比重,由 1987 年的 18.2% 提高到 2005 年的 20.01%。四是通过林业生产结构的调整,发展人工造林,实施生态保护。2005 年森林覆盖率由 18 年前的 38% 上升到 55.5%。

3. 海南第二产业结构

(1)海南工业的所有制结构。从 1988 年至 2005 年,海南省工业生产规模不断扩大,工业总产值从 1987 年的 29.2 亿元(1990 年不变价,下同)上升到 2005 年的548.5 亿元。海南省工业增加值由 1987 年的 7.69 亿元增加到 2005 年的 166.62亿元。

工业的所有制发生变化,形成了各种经济成分竞相发展的格局。建省前一直在全岛工业中占主导地位的国有工业比重已大幅度下降。海南省国有工业的总产值占全部工业总产值的比重由 1988 年的 71.4% 下降到 2005 年的 15.6%,集体经济更是急剧下降。其他所有制工业总产值由 21.5% 上升为 83.6%,多种经济成分共同推动海南工业增长的态势已经形成。

表 18 各类所有制工业占工业总产值比重的变化状况 (单位:%)

年份	国有工业	集体工业	其他工业
1988	71.4	7.0	21.5
1990	75.2	5.1	19.7
1995	35.0	5.0	60.0
2000	20.9	3.0	76.2
2005	15.6	0.8	83.6

资料来源:相关年份的《海南统计年鉴》。

(2)海南重轻工业结构。工业产业内部中,重工业比重不断提高,轻工业比重不断下降。这一趋势实际上反映了以轻工业为中心逐步转向以重工业为中心的工业化过程。

表19 海南省轻、重工业总产值结构变化

年份	轻工业		重工业	
	轻工业总产值占 工业总产值比重(%)	企业单位数 (个)	重工业总产值占 工业总产值比重(%)	企业单位数 (个)
1988	71.51		28.49	
1990	68.06		31.94	
1995	62.49		37.51	
2000	66.50		33.50	
2001	60.17	325	39.83	264
2002	56.36	347	43.64	254
2003	46.17	323	53.83	297
2004	42.77	349	57.23	297
2005	40.77	334	59.23	313

注:数据统计口径为规模以上工业总产值(当年价格)。

资料来源:相关年份的《海南统计年鉴》。

(3)海南大中型企业结构。建省后,海南省大中型企业作用增强,集中度有所提高,但从总体构成看,企业平均规模小,缺乏合理的生产联系和协作配套,专业化协作程度低,两者结合,严重影响了资源配置的效率。海南省大中型企业不能带动周边的小企业,大中小企业不能有效结合,市县地域间的各自为政、低水平重复,在一些产业中形成过度竞争,造成投资浪费,高耗低效,规模经济效益低下。

4. 第三产业结构

(1)海南第三产业总体结构。海南第三产业"十五"时期年均递增9.1%,高于第一产业(8.4%),低于第二产业(14.7%),由于基数大,其份额仍超出第二产业62%。建省以来,从三次产业的就业结构看,海南省第三产业劳动就业人数2005年比1987年增长165%,增长率最高,吸收了大量就业人员。从固定资产投资增长看,1987年至2005年海南省固定资产投资总额从11.45亿元增长到346.47亿元,增长了30倍。同期第三产业固定资产投资额增长了37倍,分别高于第一、二产业8倍、34倍的增长速度。2005年第三产业固定资产投资额比重达海南省固定资产投资总额的57%。

表20 海南三次产业投资、就业情况

指标	国内生产总值(亿元)		劳动就业人数(万人)		固定资产投资额(亿元)	
	1987年	2005年	1987年	2005年	1987年	2005年
第一产业	28.68	300.75	202.03	211.82	2.30	17.69

续表

指标	国内生产总值（亿元）		劳动就业人数（万人）		固定资产投资额（亿元）	
	1987 年	2005 年	1987 年	2005 年	1987 年	2005 年
第二产业	10.89	230.53	26.83	33.40	3.87	129.85
第三产业	17.73	373.75	51.89	137.31	5.28	198.93
总计	57.30	905.03	280.75	382.53	11.45	346.47

资料来源：相关年份的《海南统计年鉴》。

表 21　GDP 及第三产业增加值增长速度

时期	GDP 年均增长速度（%）	第三产业增加值年均增长速度（%）
"七五"时期	9.2	11.5
"八五"时期	17.8	21.8
"九五"时期	7.5	7.2
"十五"时期	10.0	9.1

资料来源：相关年份的《海南统计年鉴》。

（2）海南国民经济第三产业固定资产投资额及结构比较。从表 22 可以看出，海南投资主要集中在少数行业，一些新兴产业和技术知识密集型产业基础薄弱。2005 年，海南第三产业中房地产投入比重为36.44%，居第一；其次是运输邮电业，比重为15.89%。相比之下，科研、卫生、文体等行业的投入比重只占 0.68%、2.31% 和 2.77%，投入极其有限。值得注意的是，教育投入提高较快，已占6.17%，比 2003 年提高了 1.57 个百分点，绝对额增长了 78%。但总的来看，海南第三产业的结构不尽合理，发展比例失调。

表 22　海南国民经济第三产业固定资产投资额及结构比较

指标	2003 年			2005 年		
	固定资产投资额（万元）	比重（%）	位次	固定资产投资额（万元）	比重（%）	位次
固定资产投资总额	2384335	100.00	—	3464666	100.00	—
第三产业	1495190	62.71	—	1989266	57.42	—
运输邮电业	352090	23.55	2	316186	15.89	2
信息传输软件业	50353	3.37	8	139800	7.03	5
批发和零售业	16788	1.12	11	40727	2.05	10
住宿和餐饮业	185062	12.38	3	182357	9.17	4
金融业	8093	0.54	12	21631	1.09	11
房地产业	397472	26.58	1	724894	36.44	1
租赁和商务服务业	35124	2.35	9	10925	0.55	13

续表

指标	2003 年			2005 年		
	固定资产投资额（万元）	比重（%）	位次	固定资产投资额（万元）	比重（%）	位次
科学研究、技术服务和地质勘察业	4881	0.33	13	13610	0.68	12
水利、环境和公共设施管理业	173961	11.63	4	195692	9.84	3
居民服务和其他服务业	3200	0.21	14	3014	0.15	14
教育	68847	4.60	7	122690	6.17	6
卫生、社会保障和社会福利业	17125	1.45	10	45996	2.31	9
文化、体育和娱乐业	93486	6.25	5	55141	2.77	8
公共管理和社会组织	88708	5.93	6	116603	5.86	7

资料来源：相关年份的《海南统计年鉴》。

（3）海南第三产业结构变化。从表23可以看到，第三产业内部结构不断调整变化。与1995年相比，除交通邮电业和房地产业外，第三产业其他行业种类在2005年都有所下滑，特别是金融业，其占比从5.3%降到3.33%。这对于经济增长的融资推动而言，无疑是一个不好的消息。

表 23　海南第三产业结构变化表

指标	增加值（亿元）			构成（%）		
	1988 年	1995 年	2005 年	1988 年	1995 年	2005 年
第三产业	24.35	155.87	373.75	100.00	100.00	100.00
交通邮电业	4.07	26.35	87.32	16.71	16.90	23.36
商业饮食业	8.66	52.47	107.57	35.56	33.66	28.83
金融保险业	3.25	8.25	12.44	13.35	5.30	3.33
房地产业	1.17	13.69	33.61	4.89	8.78	9.00
其他服务业	7.18	55.11	123.81	29.49	35.36	33.13

资料来源：相关年份的《海南统计年鉴》。

（4）海南旅游业结构。建省以来，海南把旅游作为发展的重点和主要产业，已形成一定规模和特色。其主要特点是：

——海南旅游业近几年发展迅速。2005年旅游人数为1995年的4.2倍。"十五"期间，年均递增8.5%。

——海南旅游业对国民经济的贡献度提高。2005年海南国际国内旅游总收入达到 125.05 亿元,是当年社会消费品零售额的 46.6%,"十五"期间,年均递增 9.7%;旅游业新增价值为 57.42 亿,对 GDP 的贡献率为 6.4%。此外 2005 年旅游业外汇收入占出口额的比重为 12.5%,说明旅游业在海南国民经济中是一个高创汇的产业。

——海南旅游业成为吸收就业的主渠道。2004 年海南旅游企业直接就业人员已达 4.9 万人,占第三产业企业法人单位就业人员的 18.64%。但与全国横向相比,差距也明显。

表 24 海南旅游业历年发展状况

项目	1995 年	2000 年	2001 年	2002 年	2004 年	2005 年
旅游人数(万人次)	361.9	1008	1125	1255	1403	1516
增长率(%)	24.7	8.5	11.6	11.56	13.7	8.1
国际游客人数(万人次)	32.8	48.7	45.7	38.9	30.9	43.2
增长率(%)	—	7.0	-6.1	-14.9	5.4	39.8
旅游总收入(亿元)	52.4	78.56	87.89	95.38	111.01	125.05
增长率(%)	9.9	8.4	11.9	8.5	18.7	12.6
旅游创汇收入(万美元)	8098	10883	10602	9199.03	8160.17	12845.77
增长率(%)	—	3.5	-2.5	-13.2	2.6	57.4
旅游收入占 GDP 比重(%)	16.28	14.9	15.2	14.8	13.5	13.8

资料来源:相关年份的《海南统计年鉴》。

(三)所有制结构

1. 海南不同所有制工业与经济增长

各种类型工业对工业总产值增长的贡献在不同发展时期呈现出不同的特点。由于海南特殊的地理位置及历史原因等,国有工业规模不大,发展也极不稳定,但从总的趋势看,国有工业的贡献份额逐步下降,非国有经济作用明显提高。

表 25 各类所有制工业对工业增长的贡献 　　　　(单位:%)

年份	国有工业	集体工业	其他工业
1988	71.4	7.1	21.5
1990	75.2	5.1	19.7
1995	35.0	5.0	60.0

年份	国有工业	集体工业	其他工业
2000	20.9	3.0	76.2
2005	15.6	0.8	83.6

注:本表按可比价格计算。

资料来源:相关年份的《海南统计年鉴》。

2. 企业所有制结构

从表26可以看出,从私营企业的比例来看,海南是41.2%,比全国的总体水平低了20个百分点;再从国有企业占比来看,情况正好相反,海南为16.7%,不仅远高于广东、江苏的1.2%和2.45%,也高于全国的5.9%。

表26　2004年海南企业所有制结构比较　　　　（单位:万个）

单位类型	全国		海南		广东		江苏	
	个数	%	个数	%	个数	%	个数	%
合计	325	100.0	1.41	100.0	13.76	100.0	34.28	100.0
国有企业、国有联营企业、国有独资公司	19.2	5.9	0.23	16.7	0.16	1.2	0.84	2.45
集体企业、集体联营企业、股份合作企业	45.6	14	0.12	8.8	1.07	7.8	3.51	10.24
股份有限公司、其他有限责任公司	40.6	12.5	0.37	25.9	1.48	10.8	2.69	7.85
私营企业	198.2	61	0.58	41.2	7.45	54	24.88	72.58
港澳台商和外商投资企业	15.2	4.7	0.07	4.8	3.33	24.2	1.82	5.31
其他	6.2	1.9	0.04	2.6	0.28	2	0.54	1.58

注:以上为第二、第三产业单位数据。

资料来源:根据第一次全国经济普查统计资料整理。

从国有企业改革情况来看,截止到2006年12月,海南国有中小企业总的改制面是42%。同沿海发达地区相比,海南国企改革方面尚有较大差距。全国大多数地区国企改革在2003年和2004年基本进入收尾阶段,而海南国企改革在2003年和2004年才刚刚起步。

3. 固定资产投资结构

从表27可以看出,与广东和全国平均水平相比,海南个体经济在全社会固定资产投资中的比例较低,海南发展民营经济的空间较大。

表27　2004年海南按经济类型分全社会固定资产投资　　（单位：亿元）

地区	总计	国有经济	比例（％）	集体经济	比例（％）	个体经济	比例（％）
全国	9237.33	2728.97	29.54	1220.65	13.21	1127.08	12.20
广东	5870.02	1719.25	29.29	897.93	15.30	846.08	14.41
海南	317.05	100.41	31.67	13.94	4.40	27.72	8.74

资料来源：《2005年中国统计年鉴》与《2005年海南统计年鉴》。

4. 上市公司发展比较

截止到2005年年底，海南省21家上市公司仅占全国1246家上市公司的1.7％，上市公司流通市值119.54亿元，仅占上市公司总流通市值0.37％。海南上市公司存在的主要问题：一是股权分散，没有一家有绝对控股股东。二是非国有控股上市公司所占比重较大。海南21家国内上市公司中有14家为非国有控股。三是控股股东在外地注册的多。在21家上市公司中，控股股东注册地在海南的有11家，大股东在外省的上市公司有10家。一家公司已退市，另有4家公司已重组外迁。

表28　2006年部分地区上市公司数量比较　　（单位：家）

省市	上市家数	省市	上市家数	省市	上市家数
广东	135	上海	120	江苏	84
浙江	78	北京	76	山东	64
福建	43	安徽	43	湖南	38
黑龙江	23	天津	22	山西	22
海南	21	广西	21	江西	21

注：统计时间截止到2006年6月1日。
资料来源：《2006年海南省企业发展报告》。

5. 非公有制经济发展比较

海南非公有制企业在GDP增加值中的作用比较小，到2005年，海南省非公有制企业经济总量约占海南省经济总量的50％，不仅低于沿海地区，也低于全国平均水平；海南非公有制经济结构调整滞后，80％集中在劳动密集度高、附加值低的餐饮、娱乐和商业等第三产业，对一些技术密集型和知识密集型等高附加值行业涉足较浅。而浙江、广东民营企业已率先调整经济结构，制造业成为主导产业，第三产业也从低层次的贸易餐饮业进入到高层次的信息传输、房地产业、公用事业、教育卫生、环境保护以及金融等。从税收收入来看，与全国相比，税收贡献比较高。需要在一定程度上为非公经济成长创造更加公平的环境。

（四）投资消费结构

海南建省以来经济发展得益于需求的扩大，但不同时期有不同的特征。建省之初,海南基础设施薄弱,投资需求快速增长,1988 年投资对经济发展的贡献为 41%,到 1991 年提高到 48%。1992 年邓小平南方谈话后,海南固定资产投资迅速扩张,投资需求成为推动经济增长的主要动力。1992～1995 年,投资需求对经济增长的贡献率上升到 50% 以上,1994 年甚至接近 60%。而消费贡献率降到 41%。1996～2005年,随着经济总量扩张,基础设施相对完善,投资对经济增长的拉动作用逐渐减弱;消费拉动作用有所增强,消费贡献率一直处于 52%～54% 之间,高于投资贡献率。消费对海南经济的影响越来越大。

表 29　投资、消费对经济增长的贡献率

地区	投资率(%)			消费率(%)		
	1995 年	2000 年	2005 年	1995 年	2000 年	2005 年
全国	40.3	35.3	42.6	58.1	62.3	51.9
海南	67.7	46.48	47.4	47.3	54.95	52.4
北京	83.3	61.2	52.0	36.6	49.27	51.4
上海	58.4	46.54	45.7	44.3	42.78	48.3
江苏	49.8	46.50	50.9	42.4	43.74	41.2
浙江	44.5	44.26	48.0	44.0	45.94	47.4
广东	46.7	36.10	37.5	51.5	55.23	51.6

注:由于出口拉动的作用较低,未被计入。

资料来源:相关年份的《中国统计年鉴》。

(五)城乡结构

1. 农村劳动力的流动性

2004 年江苏农村劳动力向城镇转移的比例超过 50%,而海南不到 10%。2004年海南进入省级人才劳动力市场招聘的用人企业有 3150 家(次),提供岗位 37851个,进场求职人数 16 万人次,约 2.9 万人找到了工作岗位,求职成功率仅为 19%。

表 30　2004 年海南、江苏两省乡村劳动力向城镇转移比较　　(单位:万人)

地区	乡村劳动力总数	向城镇转移从业	
		人数	占比(%)
海南	265.94	25.96	9.76
江苏	2664.81	1478.38	55.48

资料来源:《解决海南农村劳动力就业的根本出路》、江苏省统计局《江苏省农村劳动力有序流动和转移问题研究》。

2. 海南统筹城乡发展现状

纵向比较,海南省的农村收入、城镇收入都逐年增加,收入差距也在逐年缩小。但是海南城乡收入差距还是比较严重,根据国际劳工组织发表的 1995 年 36 个国家的相关资料,绝大多数国家城乡人均收入之比为 1.5：1 左右,超过 2：1 的国家只有 3 个。海南从 1987 年以来基本上都超过了 1.5：1。截止到 2005 年,差距达 2.7：1。

表 31 海南城乡人均收入差距纵向比较

年份	农村人均纯收入（元）	城镇人均可支配收入（元）	城乡收入差距（%）
2003	2588	7259	2.80
2004	2818	7736	2.74
2005	3004	8124	2.70

资料来源：《2006 年中国统计年鉴》。

从横向比较,海南农村人均纯收入和城镇居民可支配收入绝对值均低于全国和其他省市水平,海南省城乡收入差距较大。虽然低于全国和广东等地的水平,但高于浙江省和上海等省市。

表 32 2005 年各地区城乡居民收入差距横向比较 （单位：元）

项目	全国	上海	浙江	广东	四川	海南	湖南
农村人均纯收入	3254.93	8247.77	6659.95	4690.49	2802.78	3004.03	3117.74
城镇可支配收入	10493.93	18645.03	16293.77	14769.94	8385.96	8123.94	9523.97
城乡收入差距	3.22	2.25	2.45	3.15	2.99	2.70	3.05

资料来源：《2006 年中国统计年鉴》。

造成海南城乡人均收入低的原因是海南本身经济发展水平落后的制约,海南是农业比重较大的地区,目前还处于工业化初期。第二、第三产业的相对落后难以带动第一产业的发展。

表 33 2005 年城乡储蓄差距 （单位：%）

地区	比例			
	2001 年	2002 年	2003 年	2004 年
全国	4.34	4.64	4.701	4.76
上海	12.64	14.41	15.25	15.25
广东	4.11	4.42	4.611	4.54
海南	7.68	7.61	7.55	7.83

资料来源：《2006 年中国统计年鉴》。

由表33可知,海南的城乡储蓄差距高于全国和广东的水平,上海城乡储蓄差距最大。但上海和广东的储蓄差距都在逐年减少,而海南城乡储蓄差距在逐年加大。海南城乡人均收入基数低,相比其他省市,本身用于储蓄的部分就少。这种情况更说明了海南城乡之间二元的金融结构现象突出。

(六)陆海结构

1. 海南的海洋产业总体情况

海南是我国最大的海洋省份,海洋面积大,资源丰富。在促进海南发展的进程中,海洋的作用不容忽视。但客观地对比,在我国沿海地区中,海南海洋产业发展相对滞后。大力发展海洋产业已经刻不容缓。

表34　海南海洋水产业情况

年份	海洋捕捞		海洋养殖	
	捕捞产量(万吨)	比上年增长(%)	养殖产量(万吨)	比上年增长(%)
1999	51.1	16.1	6.0	36.4
2000	60.0	17.4	7.7	28.3
2001	69.1	15.2	10.4	35.1
2002	78.9	14.2	12.9	24.0
2003	89.6	13.6	15.0	16.28
2004	98.8	10.3	15.4	2.7

资料来源:相关年份的《中国海洋统计年鉴》。

表35　海南油气工业情况

年份	石油天然气总产值(亿元)	比上年增长率(%)
2003	14.98	11.5
2004	26.0	73.8

资料来源:相关年份的《中国海洋统计年鉴》。

从表34可以看出,近年来海南海洋捕捞和养殖产业发展速度有所减缓,这应引起我们的高度重视。与之相对比,表35显示,2003和2004年两年的海南油气工业增长速度异常迅猛,油气工业发展势头良好。

2. 海南与沿海省份的对比

从表36、表37可以看出,在海洋捕捞和海洋养殖两个指标上,海南的总产值在沿海地区中处于中下水平。在11个省区中,海南排名第7。但进一步分析主要海洋产业总产值指标,海南在沿海省区中倒数第一。2002 年这一指标,海南仅为广东的 6.46%。

表36 2003 年海南与沿海地区海洋渔业经济比较

地区	海洋捕捞（亿元）			海洋养殖（亿元）		
	捕捞总产值	增加值	总产值排名	养殖总产值	增加值	总产值排名
海南	60.60	38.18	7	29.95	19.47	7
天津	3.54	1.66	11	4.61	2.35	10
河北	17.84	9.15	9	12.85	6.68	9
辽宁	85.49	51.99	5	90.29	56.24	4
上海	10.93	2.52	10	0.65	0.15	11
江苏	61.42	30.70	6	43.94	21.97	6
浙江	149.55	52.01	1	89.81	36.84	5
福建	88.17	51.29	4	176.10	102.45	1
山东	134.72	80.83	2	167.97	99.10	2
广东	89.57	51.1	3	97.04	55.31	3
广西	37.40	19.45	8	20.55	11.30	8

资料来源:《2004 年中国海洋年鉴》。

表37 海南与沿海地区主要海洋产业总产值比较

地区	1999 年		2002 年	
	主要海洋产业总产值（亿元）	占全国海洋总产值比重（%）	主要海洋产业总产值（亿元）	占全国海洋总产值比重（%）
海南	54.66	1.50	109.44	1.60
河北	56.60	1.55	127.32	1.80
天津	103.54	2.84	416.08	5.90
辽宁	277.97	7.61	459.33	6.50
山东	734.90	20.13	994.61	14.20
上海	519.14	14.22	721.96	10.30
浙江	373.24	10.22	1082.72	15.40
江苏	142.46	3.90	221.54	3.20
福建	393.15	10.77	1037.08	14.80

地区	1999 年		2002 年	
	主要海洋产业总产值（亿元）	占全国海洋总产值比重（%）	主要海洋产业总产值（亿元）	占全国海洋总产值比重（%）
广东	896.05	24.54	1693.71	24.20
广西	99.59	2.73	150.50	2.10
总计	3651.3	100.00	7014.29	100.00

注：2002 年数据中的海洋产业总产值未包括国内旅游收入。

资料来源：2000 年、2003 年《中国海洋统计年鉴》、《2003 年中国统计年鉴》。

三、环境保护与经济增长

实现经济与环境的协调发展，是全世界面对的重大现实课题。如何处理"保护中开发"和"开发中保护"的关系，有不同的理论。本章从理论切入，介绍有关环境经济学的基础理论，客观地描述海南环境情况，在此基础上，提供了其他国家或地区在环境保护方面的一些经验以供借鉴。

（一）环境经济学相关理论

1. 基础理论

纵观环境经济相关研究发展的历史，在不同时期出现了各种各样的理论与模型。如外部性理论、资源稀缺论、人地关系论、可持续发展思想等。

（1）外部性理论。自 20 世纪初外部性概念提出后，越来越多的经济学家从不同的角度对外部性问题进行了深入地探讨，对于外部性及其补偿提出了深入的研究。

（2）资源稀缺论。将环境作为一种资源来进行分析，既有必要，也刻不容缓。如果人类认识不到自然资源的有限性，后果将不堪设想。在现实经济中，李嘉图考察了自然资源的品位及区位差异，提出自然资源不存在均质性，资源会按从高到低的质量排序逐步得到利用。穆勒在构想"稳态经济"时，充分相信人类克服资源相对稀缺的能力，但他并不赞赏人类利用这种能力去征服自然，随意开发自然资源，供人类消费。

（3）人地关系论。人地关系论可以归纳为以下三类，一类强调自然环境对人类社会发展的决定作用，以地理环境决定论为代表；第二类强调人定胜天，忽视或贬低地理环境的作用，如生产关系决定论，唯意志论等；第三类强调人类社会与地理环境之间的相互作用，重视人地关系的适应与协调。

（4）可持续发展思想。可持续发展最早出现于 1980 年的《世界自然保护大纲》，其定义是"满足当代人的需求又不危及后代人满足其需求的发展"。它鲜明地表达了两个基本观点：一是人类要发展；二是发展要有限度，特别是要考虑环境限度，不能危及后代人生存和发展的能力。可持续发展的核心是环境—经济系统的协调发展。

2. 环境与经济增长的关系

与以上理论相联系，关于环境与经济增长的关系，研究者甚多。极端的观点有两种：一是环境与经济增长具有完全替代关系，即经济增长以破坏环境为代价，没有环境破坏就不会有经济增长。二是环境与经济增长完全互补，环境越好，经济增长越快；反之亦然。但普遍认同的观点是，环境与经济增长问题既不是完全替代，也不是完全互补。具体而言，有以下四种观点：

（1）矛盾型。即传统的经济发展观点与环境保护主义观点，认为经济发展对资源与环境相对立。经济发展将导致污染物产生量与排放量的增加，同时也使资源短缺问题更加突出。因此，最终引起生态环境恶化与资源供需矛盾尖锐化；为了获得高水平的环境质量，必须保持经济的低速发展甚至零增长。

（2）失调型。经济发展引起排污量的增加、资源短缺，导致环境质量恶化、资源承载力水平降低，进而通过增加环保投资解决资源环境问题。由于短期内解决环境问题需要大量投资，会相应压缩经济扩大再生产的投资，引致物质生产部门投入的直接减少，因而会影响到经济发展，对经济与环境的协调发展起妨碍作用，结果经济与环境的协调失败。由于在环境恶化过程中考虑到环境保护，所以经济环境协调程度较矛盾型有所提高，但仍属于消极管理的"被动型"，形成了"先污染，后治理"的发展模式。

（3）调和型。适当的环保投资不会降低经济的发展速度，反而对经济有拉动作用，可以产生一定的经济效益，"调和型"的发展关系表明，随着经济的发展，整体环境质量仍在继续恶化（局部区域可能好转）。但随着环境保护逐步得到重视，在环境方面的投入逐步增多，这有可能促进经济发展。

（4）协调型。这是经济社会协调发展的最高阶段。在发展经济的同时，把保护资源环境纳入经济决策进程中，既减少排污量、改善环境质量；又促进经济的发展，形成环境保护与经济发展的良性循环。

环境与经济增长的四种主要类型之间存在发展的必然性和连续性，是不同阶段的典型特征。在经济发展过程中，经济与环境关系经历了不协调、较协调到协调的演变，表现出矛盾型、失调型、调和型和协调性阶段性特征。这就是环境库兹涅茨曲线理论。该理论通过发达国家经济发展历史进程的经验模拟，得出环境与经济增长之间的经验结论：在经济增长过程中，环境状况先是恶化而后得到逐步改善。这也提醒我们，在分析环境保护与经济发展的问题时，必须把一个国家所处的发展阶段作为基本的前提条件。但需要注意的是，在处理环境保护与经济增长的关系时，并没有理论和实践支持以下结论:一个国家和地区的经济增长必须经历完整的环境库兹涅茨曲线,即:一个国家的经济增长完全有可能从环境库兹涅茨曲线的第三、甚至第四阶段起步。这也是海南在建设生态省时需要关注的问题。

(二)海南环境基本情况

1. 省际比较,海南生态环境全国第一

根据生物丰度指数、植被覆盖指数、水网密度指数、土地退化指数、污染负荷指数等5项指标,分别计算全国各省市环境质量指数,评价结果表明,在全国31个省市、自治区和直辖市中,海南生态环境质量指数(92.6),全国排名第一。

(1)海南生态环境各项指标在全国的排名

表38 海南生态环境各项指标在全国的排名

指标	指数	全国排名
生物丰度指数	100	1
植被覆盖指数	88.93	8
水网密度指数	81.47	2
土地退化指数	2.68	3
污染负荷指数	0.92	2

资料来源:《环境专项评价:海南生态环境质量指数全国第一》,网址:http://www.sina.com.cn,2004年6月4日。

(2)海南人均水资源量居全国第一

(单位:立方米/人)

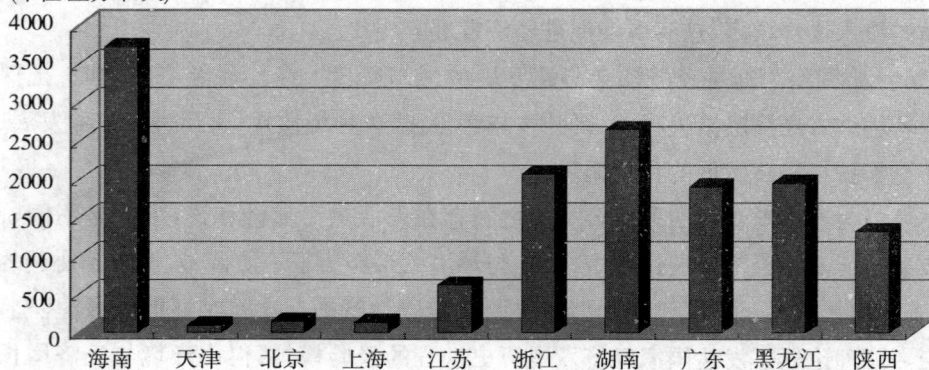

图6 海南人均水资源量情况比较

资料来源:《2006年中国统计年鉴》。

（3）垃圾无公害处理率

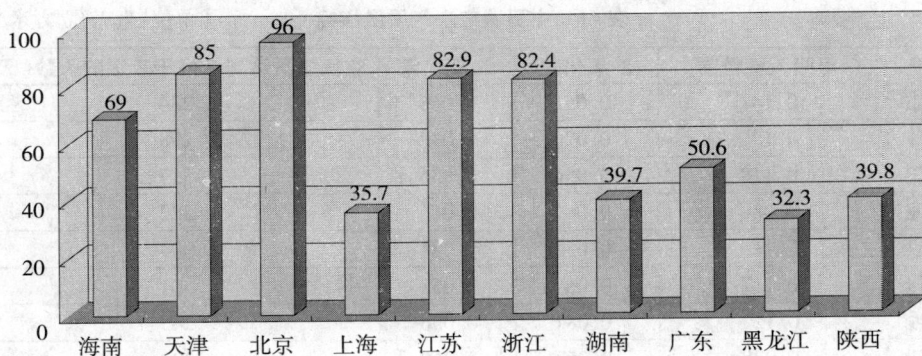

图7　垃圾无公害处理率比较

资料来源：《2006 年中国统计年鉴》。

（4）海域污染情况

表39　各海域污染情况　　　　　　　　　　　　　　（单位：万平方公里）

海区	较清洁海域面积	轻度污染海域面积	中度污染海域面积	严重污染海域面积
全国	5.78	3.406	1.815	2.927
渤海	0.899	0.624	0.291	0.175
黄海	2.188	1.387	0.404	0.315
东海	2.108	1.049	1.073	2.295
南海	0.585	0.346	0.047	0.142

资料来源：《2006 年中国统计年鉴》。

（5）海南空气质量居全国第一

表40　空气中负氧离子含量　　　　　　　　　　　　（单位：个/cc）

地区	含量
一般城市	0～200
海南	5000～10000
五指山市	8000
三亚	4000～6000
海口	2000～4000
海南的森林	80000
北京香山	300

资料来源："来自椰林海韵的邀请——海南省以落实科学发展观为契机打'旅游牌'建设'生态健康岛'"；网址：http://www.stdaily.com/gb/kexuefazhan/2005 - 03/22/content_368414.htm.

（6）主要城市空气质量指标

表41　主要城市空气质量指标　　　　　　（单位:毫克/立方米）

城市	可吸入颗粒物	二氧化硫	二氧化氮	空气质量达到及好于二级的天数（天）
北京	0.141	0.05	0.066	234
天津	0.106	0.076	0.047	298
沈阳	0.118	0.054	0.036	317
上海	0.088	0.061	0.061	322
南京	0.11	0.052	0.054	304
杭州	0.112	0.06	0.058	301
长沙	0.122	0.081	0.036	245
广州	0.088	0.053	0.068	332
海口	0.04	0.012	0.015	365
成都	0.125	0.077	0.052	293
西安	0.129	0.044	0.032	291

资料来源:《2006年中国统计年鉴》。

（7）森林覆盖率全国第四

表42　2005年森林覆盖率比较　　　　　　（单位:%）

区域	2005年森林覆盖率	区域	2005年森林覆盖率
福建	62.96	重庆	22.25
江西	55.86	北京	21.26
浙江	54.41	全国	18.21
海南	48.87	内蒙古	17.70
广东	46.49	河北	17.69
广西	41.41	河南	16.19
云南	40.77	山东	13.44
湖南	40.63	山西	13.29
黑龙江	39.54	西藏	11.31
吉林	38.13	天津	8.14
辽宁	32.97	江苏	7.54
陕西	32.55	甘肃	6.66
四川	30.27	宁夏	6.08
湖北	26.77	青海	4.40
安徽	24.03	上海	3.17
贵州	23.83	新疆	2.94

资料来源:《2006年中国统计年鉴》。

2. 海南生态环境破坏严重

主要环境指标自身纵向变化及横向变化省际比较

海南目前生态环境全国排名靠前,缘于过去天然的良好基础。事实上,海南近些年较其他省份,在一些环境指标上破坏更为严重。

(1)二氧化硫排放量

从海南二氧化硫排放强度与全国其他省份比较来看,2002年二氧化硫排放强度为0.011吨/万元工业增加值,低于全国平均水平(0.026吨/万元工业增加值),位列全国第6位,到2003年海南二氧化硫排放强度就上升了一倍多,为0.026吨/万元工业增加值,全国排名下降了5个位次。2004年,全国二氧化硫排放强度都有所降低,海南降至0.0074吨/万元工业增加值,全国排名第四。

(2)化学需氧量排放(COD)

根据环境科研部门测算,海南水体COD环境容量限度为13.5万吨/年,2003年海南省COD排放量已经达到7万吨。保守估计,如果COD排放量每年增长10%,七年后海南COD排放将超过环境容量限度。

表43 化学需氧量排放总量及海南占全国的比例 （单位:万吨）

项目	2002年	2003年	2004年	2005年
全国	1366.9	1333.6	1339.2	1414
海南	6.6	6.7	9.3	9.5
海南占全国比例	0.48%	0.50%	0.69%	0.67%

资料来源:2003~2005年《中国环境统计年鉴》与《中国统计年鉴》。

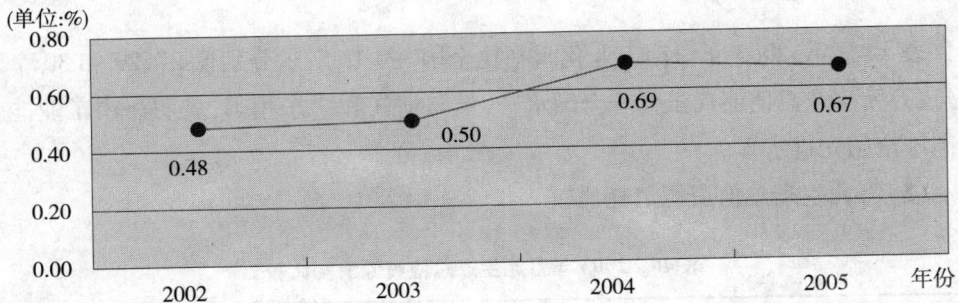

图8 海南化学需氧量排放总量占全国比例图

资料来源:2003~2005年《中国环境统计年鉴》与《中国统计年鉴》。

表44 2003年万元工业增加值COD排放量

指标	海南	广东	浙江	全国
工业增加值(亿元)	123	6358	4310	53612
工业COD(万吨)	1.2	21	25.6	511
万元工业增加值COD排放量(千克)	9.9	3.3	5.9	9.5

资料来源:《2003年中国统计年鉴》。

从表 44 可以看出,2003 年海南万元工业增加值 COD 排放量与全国平均水平相当,却比广东高出 2 倍,比浙江高出 80%。2003 年海南工业增加值仅为浙江的 1/40、广东的 1/50,而其 COD 排放量却达到浙江和广东的 1/20。

(3)化肥施用水平

海南具有天然生态环境优势,应当在农业上倾向发展绿色农业,种植无公害的特色作物。但有关资料显示,海南化肥使用水平在全国是比较高的。以氮肥使用水平为例,2002 年海南氮肥使用水平为 31.3 千克/亩,排在全国第三位,比农业大省山东还要高。到 2003 年,海南氮肥使用水平比 2002 年增加了 20 个百分点,为 37.6 千克/亩,排在全国第二位。2004 年海南氮肥使用水平有所下降,为 26.3 千克/亩,但从全国平均水平来看,海南氮肥使用水平仍然偏高。

(4)万元生产总值能源消耗量

表 45　2003 年工业化水平与能耗比较

指标	海南	广东	浙江	全国
全年生产总值(亿元)	692	13450	9200	116691
工业增加值(亿元)	123	6358	4310	53612
工业增加值/全年生产总值(%)	17.8	47.3	46.8	45.0
万元生产总值能耗(吨标准煤)	0.89	0.98	0.81	1.50

资料来源:根据各省政府网站资料整理。

表 45 显示,2003 年海南工业化水平比全国、浙江、广东分别低 27、29 和 30 个百分点,万元生产总值能耗虽低于全国水平,但与浙江和广东相当,表明海南工业能耗远高于全国先进水平。

(5)万元生产总值资源消耗比较

表 46　2003 年万元生产总值资源消耗比较

指标	海南	广东	浙江	全国
万元生产总值钢材消耗量(吨)	0.24			0.23
万元生产总值水泥消耗量(吨)	0.68	0.51	0.72	0.72
万元生产总值水资源消耗量(吨)	663	340	224	465

资料来源:根据各省政府网站资料整理。

以钢材、水泥、水资源等紧缺资源的消耗情况,将海南与广东、浙江及全国平均消耗水平进行比较,结果表明,海南在当前经济总量尚小的情况下,单位生产总值的主要资源消耗量已超过发达地区。以水资源消耗量为例,2003 年,海南万元生产总值耗水量为 663 立方米,远高于全国平均的 465 立方米,比广东、浙江高出更多,这已经造成了海南部分地区水资源的紧张(见表46)。

(6)环境污染治理投资占GDP的比重

环境污染治理的努力可以用治理投资总额占GDP的比重来衡量。在此方面,海南排全国倒数第九(以2004年为例)(见表47和图9)。

表47　2004年环境污染治理投资总额占GDP的比重

地区	比重(%)	地区	比重(%)
宁夏	3.93	四川	1.14
重庆	1.81	甘肃	1.06
辽宁	1.73	河北	1.04
新疆	1.72	贵州	0.97
内蒙古	1.63	广西	0.96
北京	1.53	上海	0.94
山西	1.48	海南	0.94
天津	1.46	安徽	0.86
浙江	1.41	江西	0.85
全国	1.4	云南	0.76
青海	1.35	湖北	0.71
江苏	1.33	广东	0.7
山东	1.24	河南	0.69
陕西	1.24	湖南	0.52
吉林	1.2	西藏	0.24
黑龙江	1.15		

资料来源:《2005年中国统计年鉴》。

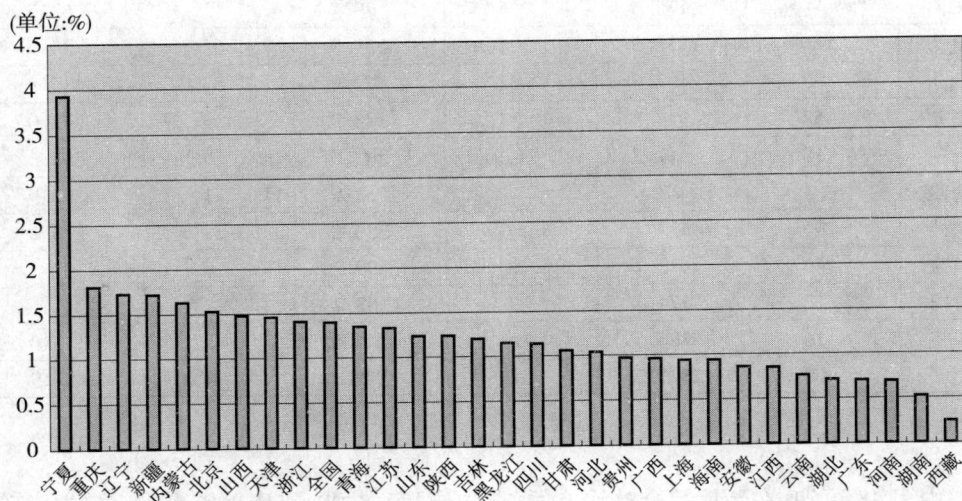

图9　2004年环境污染治理投资总额占GDP的比重

资料来源:《2005年中国统计年鉴》。

表48　2005年各地区环境综合整治情况　　（单位:个;平方公里）

地区	建成烟尘控制区数		建成环境噪声达标区数		建成高污染燃料禁燃区数	
	个数	面积	个数	面积	个数	面积
全国	3452	37240.8	3565	25093.4	601	20260.6
北京	56	832.5	35	350.4		
天津	48	574.6	71	569.9	10	201.3
河北	108	1604.0	90	597.2	31	1057.6
山西	184	688.8	95	439.4	24	70.0
内蒙古	66	619.8	83	425.4	6	66.3
辽宁	104	1523.6	99	1027.8	54	292.1
吉林	234	951.7	231	825.3	7	548.3
黑龙江	295	1149.6	245	936.6	5	143.2
上海	134	1801.9	85	616.7	32	618.6
江苏	142	3030.7	207	2353.7	10	1268.1
浙江	144	4915.7	156	1828.6	23	399.3
安徽	175	850.6	167	501.1	7	156.5
福建	117	1004.2	92	501.1	3	117.7
江西	54	803.0	53	314.0	9	186.0
山东	250	2965.2	312	2197.9	90	955.4
河南	256	2343.7	269	1643.2	45	516.8
湖北	176	1285.5	191	1066.1	26	142.4
湖南	183	1238.6	168	851.8	16	806.8
广东	161	3429.2	244	1909.6	6	3199.4
广西	86	1227.1	60	514.0	5	3749.1
海南	9	175.6	6	79.1	1	62.6
重庆	146	1132.6	306	3559.9	62	724.2
四川	23	567.0	22	273.2	83	434.8
贵州	57	354.8	57	188.3	3	42.0
云南	18	317.2	26	202.0	9	208.6
西藏	1	65.9		65.9	1	65.9
陕西	91	657.2	86	380.2	22	188.6
甘肃	46	472.1	50	299.2	6	3877.1
青海	12	74.7	1	63.2		
宁夏	16	206.5	16	166.6	1	4.0
新疆	60	377.2	42	346.0	4	157.9

资料来源:《2006年中国环境统计年鉴》。

由表48可知,在环境综合整治方面,吉林、湖南、湖北、重庆等省市投入的力度较大。如重庆2005年烟尘控制区146个,面积达1132.6平方公里,相比而言,海南仅为9个,面积175.6平方公里。建成环境噪声污染达标区306个,面积达3559.9平方公里,与此相比,海南仅为 6 个,面积达 79.1 平方公里。

(三)环境与经济增长的国际实践比较

发达国家、新兴工业化国家和发展中国家在工业发展和经济开发过程中出现的环境问题以及环境保护实践,对于海南正确处理经济发展与资源利用、环境保护的关系具有重要启示。海南可以借鉴其他国家或地区的经验与教训,促进经济社会协调发展。

1. 发达国家

(1)美国

20 世纪震惊世界的环境污染八大公害事件就有两件发生在美国。自 1970 年美国环保局(USEPA)成立并开始采用强有力的国家法律,尤其以市场为主导的有效环境经济手段控制环境污染,使环境得到很大改善。美国环境问题的解决,除了归功于健全的环保法律体系外,很重要的因素是建立了完善的环境经济政策体系。

1955 年美国国会制定了第一部联邦大气污染控制法规:《1955 年空气污染控制法》,该法主要规定开展对空气污染现象的研究和对各州的空气污染控制予以援助。此后又出台了《1960 年空气污染控制法》、《1963 年清洁空气法》、《1965 年机动车空气污染控制法》、《1967 年空气质量法》。然而上述各项立法都未能有效地控制和消除其空气污染。为了有效地控制空气污染,国会于 1970 年通过了具有划时代意义的《清洁空气法(Clean Air Act)》,此后,该法又经过多次修订和完善,其中重要的两次修订是在 1977 年和 1990 年。1990 年修正案则是针对 1977 年修订的《清洁空气法》在实施中遇到的问题,再次强调了对未达标区的管理,加强了对汽车污染及危险空气污染物的控制,新增了酸雨条款,强化了空气污染控制的许可证制度。

由此可见,20 世纪 70 年代前美国主要的控制大气污染的方式是法规方式。

20 世纪 70 年代中期直接的污染控制措施,不仅不必要开支和行政繁琐问题日益突出,而且对工业企业的经济压力越来越大。因此,美国逐步在环境管理中引入经济手段。如污染许可证交易制度。以市场为基础的环境政策,不仅降低了污染控制的费用,而且提高污染控制的有效性。如今排污交易等环境经济手段已成为美国环境管理领域的主流。

(2)日本

20 世纪 50～60 年代,日本实现了高速经济增长。日本经济的迅速发展在很大程度上依赖于矿业、冶金、造船、无机化学工业等基础性工业的快速发展,这一阶段为日本后期经济腾飞奠定了坚实的经济、物质和技术基础,但同时也产生了严重的环境污染和公害事件。

面对严重的环境污染和频频发生的公害事件,日本政府从 20 世纪 60 年代末开始制定防治环境污染的法规,陆续颁布一系列环保法规,并于 1970 年设立了在首相府领导下的日本环境厅,各地方政府都相应设立了环境保护部,建立了一套完善的环保管理、执法、研究、监测机构,加大了环保投入,环保产业也应运而生。

与此同时,战后日本产业重点经历了由矿业、冶金、造船等基础性工业—无机化学工业—有机化学工业—高分子化学工业—汽车、电器生产等综合性工业的演变过程,其产业布局也相应由大城市向城市远郊区扩展,最后形成了现在以新干线和濑户内海沿岸为主的产业带和城市带,形成典型的临海型布局。产业重点的变化和布局的空间演变,以及不断地对污染进行防治,尤其通过以法律为主的强硬手段,使污染得到了很大程度的控制,消除二氧化硫、粉尘、重金属等污染物质对大气和水的污染,环境质量有了根本改善。

(3)发达工业化国家的成功经验

——依据经济与环境互动机理,适时制定和完善相应的环境保护法规及环境标准,使之成为环境管理者的执法依据和污染物排放者的环保行为准则。

——建立了完善的环保执法系统和先进的环境情报、监测及管理系统,使环保法规的执行和环境标准的实现成为可能和现实。

——巨大的环保投入是改善环境质量的关键及重要保证。

——注重提高公民的环境意识,尤其注重公众参与环境决策,使政府、公众和专家学者等各界人士的意志能最大程度地结合起来,变环保工作为广大公众的自觉行为。

——各项经济政策的制定及各项经济活动都优先考虑环保,实施前端防治,而非末端治理。

——鼓励支持环保产业的发展。

——环境经济政策的应用是实现经济与环境协调发展的必要市场手段。

2. 新兴工业化国家或地区

(1)中国台湾省

台湾省经济经历了以农业为主的传统发展阶段不断地走向成熟发展阶段。台湾经济快速发展的同时也带来了严重的环境污染问题。岛内 45 条河流均被有毒废水污染。随着环境问题的日益严重,以及环保意识的高涨和环保运动的频繁,台湾开始关注其环境问题,独立的环境管理部门才得以逐步建立和完善,环境政策和环境立法也日益健全,环境投资日趋增长。1987 年隶属于"行政院"卫生署主管环境问题的环保局升级为环境保护署,全权负责环境政策和环保作业和规划、管理实行。环保署遵循"环境保护与经济发展应兼筹并顾,必要时应对环境保护优先考虑"行动准则,不断修订和实施了许多环保法规和命令,把环境保护的基本原则予以法律化、制度化。并在此基础上,陆续在各领域展开了环境政策创新。

（2）韩国

韩国的环境政策从20世纪70年代起步,到90年代有了长足发展。1980年韩国把关于环境的权利作为基本的人权之一写进宪法,1990年成立了环境部,并于当年制定了《环境政策基本法》。至此,相继制定和完善了有关的环境法规,如《自然环境保护法》、《环境影响评价法》、《环境纠纷处理法》、《资源回收与再生法》、《环境技术支援开发法》等,构成了完整的环境法律体系。

（3）新兴工业化国家或地区的经验

——采取清洁生产技术替代老的污染治理技术以减少污染物的排放,从源头消减污染源。

——政府制定有关产业政策激励企业开展清洁生产工艺研究、开发与创新,提高资源的生产效率和重复利用率,节约非再生资源,保护再生资源。

——采取针对措施,帮助中、小型企业减少污染物排放,如对中、小企业进行集中布局,废弃物排放进行集中处理,或鼓励大、中、小企业联合,由大型企业向中、小企业提供帮助实施清洁生产。

——实施生态可持续工业发展战略,加强环境制度建设与监督,如环境标志制度等。

3. 发展中国家——以巴西为例

巴西政府为实现其经济与环境协调发展主要采取了以下可持续发展行动:逐步消除贫困;保护生物多样性;保护和改善人类健康;居民住宅区的可持续开发与改善;推进可持续农业和农村发展;建立生态平衡经济发展区;保护大气,履行相关条约;重视科技强化可持续发展手段的作用。

巴西政府在国家可持续发展行动过程中,注重调动地方政府和相应团体在实现经济与环境协调发展中的作用,如运用妇女和青年团体的力量、强化土著居民的作用,充分发挥地方政府的主动性。促进经济与环境协调发展的研究,巴西政府鼓励将纺织、制鞋等传统工业企业转移到经济相对落后的地区。巴西政府还在东北部地区积极发展无污染有机农业,力争在21世纪初将这一地区建成世界上最大的无污染农业出口基地,目前已经取得一些成效。

4. 中国:由"环境换取增长"到"环境优化增长"阶段

温家宝总理在第六次全国环境保护大会上提出,做好新形势下的环保工作,关键是要加快实现"三个转变":一是从重经济增长轻环境保护转变为保护环境与经济增长并重;二是从环境保护滞后于经济发展转变为环境保护和经济发展同步;三是从主要用行政办法保护环境转变为综合运用法律、经济、技术和必要的行政办法解决环境问题。

（1）"环境换取经济增长"阶段。我国到目前为止的工业化过程，总体上具有"环境换取增长"的特点，即客观上放弃了一部分环境质量和环境福利来获得经济增长，经济取得了快速增长，极大地改善了人民的生活，同时也出现了比较多和比较严重的环境问题。这体现在资源消耗量急剧增加，环境压力越来越大，环境保护形势十分严峻。

与发达国家相比，目前我国环境问题的特点是：发达国家工业化百年来分阶段出现、分阶段解决的环境问题，在我国短短20年的发展中就集中出现，呈现压缩型、复合型。主要表现在以下几个方面：主要污染物排放量大大超过环境承载能力，环境污染相当严重；生态环境边建设边破坏，生态破坏范围在扩大；老的环境问题尚未解决，新环境问题又接踵而至。

有学者统计，过去的20年中，由于环境污染和生态破坏，我国每年造成的经济损失相当于GDP的7%～20%[1]。据水利部研究，1998年度，我国仅水污染对社会经济造成的损失总量高达2475亿元，占当年GDP总量的3.1%[2]；据中科院专家测算，2003年环境污染和生态破坏造成的损失占GDP的15%[3]。新近发布的《江苏省绿色GDP研究报告》指出，"扣除水、大气和土地等自然资本折旧后，江苏省2002年绿色GDP比传统GDP下降了近8个百分点"[4]。显然，"环境换取增长"的发展方式将导致严重后果，这不是一种可以长期采取的发展方式。当经济发展达到一定程度后，这种发展方式必须有一个重大转变。

（2）"环境优化经济增长"的新阶段。当前中央提出用科学发展观统领经济社会发展全局，表明从"十一五"开始，我国经济发展与环境保护之间的关系将发生重要转变：从"环境换取增长"转变为"环境优化增长"。

所谓环境优化增长，就是指把环境保护作为一种手段，使之改善和促进经济增长，从而达到环境保护与经济发展双重目标。在这个阶段，环境不再是被经济增长所牺牲、排斥的因素，相反是促进增长的因素。这就是说，"环境优化增长"是普遍适用。从"环境换取增长"转变到"环境优化增长"具有必然性。

（3）绿色国民经济核算——绿色GDP。2006年9月7日，国家环保总局和国家统计局联合向媒体发布《中国绿色国民经济核算研究报告2004》，这是我国第一次发

---

① 辜胜阻："中国经济如何迈向'又好又快'"，《中国经济时报》2007年1月5日。
② 冯永锋等："建设'生态省'应强调环境价值"，《光明日报》2006年12月27日。
③ 解振华："发达国家百年环境问题在我国集中出现"，《光明日报》2004年11月22日。
④ "绿色GDP的地方实践值得期待"，《领导决策信息》2006年第40期。

布绿色 GDP 核算报告。这份研究报告结果表明,2004 年全国因环境污染造成的经济损失为 5118 亿元,占当年 GDP 的 3.05%。

这给我们的经济增长敲响了警钟。深入研究可以发现,这一结果,还远远称不上完整的绿色国民经济核算,更不是有些人所期待和理解的"绿色 GDP",而只是"经环境污染损失调整后的绿色 GDP"。完整的绿色国民经济核算,应当包括资源耗减成本与环境退化成本。资源耗减成本中的资源包括耕地、矿物、森林、水、渔业等 5 大项内容;环境退化成本包括环境污染、生态破坏等两大项内容。此次公布的核算结果,只计算了环境污染造成的损失,而且还只是其中的一部分。环境污染损失成本至少应当包括 20 多项指标,此次核算只涉及了其中的 10 项,即大气污染造成的健康、农业和材料损失、水污染造成的健康、工农业生产、人民生活和污染型缺水损失,以及固废侵占土地造成的经济损失等,地下水污染、土壤污染等重要部分都没有涉及。如果把所有的环境成本都纳入计算范畴,我们的环境成本将会更高,GDP 增长的效果将更多地被环境成本所抵消。

四、体制机制与经济增长

体制机制涉及到经济增长的各个层面,是促进经济增长的关键因素。本章从体制机制与经济增长之间的关系入手,分别从财政体制、金融体制、行政管理体制、社会体制和立法体制等方面,结合统计数据进行对比分析。

(一)理论概述

1. 经济学对经济增长的分析

经济增长是实现和谐社会的基本条件,同时也是经济学研究永恒的话题。但直到斯密发表《国富论》后,经济增长才得到系统、深入的研究。斯密从分工角度提示了经济增长的玄机,纠正了前人的一些错误理念,为英国的崛起提供了思想源泉;沿着斯密的道路,许多经济学家从不同侧面探讨了经济增长的奥秘。纵观经济增长思想的历史,新古典经济学更侧重于经济增长的资源(资本与劳动)投入,认为资源的优化配置是经济增长的主要原因。由此,浩如烟海的经济学论著,大部分都在论述如何实现资源的优化配置,如何提高生产要素的效率。由于各自的切入点不同,形成了不同的理论。

2. 制度在经济增长中的作用越来越受到重视

随着研究的深入,经济学家发现,生产要素的投入与配置并不能有效解释经济增长。除去资本与劳动的投入外,还有很大一块"剩余"无法解释。在这个背景下,越来越多的研究者把视野放宽到制度上,对制度在经济增长中作用的研究也越来越深入。

总结制度在经济增长中的作用,基本结论是:制度的好坏在很大程度上决定了一个国家或地区的增长绩效。《西方世界的兴起》一书明确提出,"我们列出的那些因素(创新、规模经济、教育、资本积累等等),它们并不是经济增长的原因,它们就是经济增长本身"。换言之,制度是经济增长的根本原因。

3. 政府在很大程度上决定着制度的绩效

已有文献表明,制度是经济增长的主要原因,但同时,制度要发挥绩效也受到多方面限制。其中最重要的一个因素是政府。诺斯的"政府悖论"反映了政府对经济增长的双重影响:政府既能促进经济增长,但也会阻碍经济增长。

即便如此,从经济增长的角度看,政府应该在制度变迁中发挥重要作用。无论是发展中国家的政府还是发达国家政府改革实践说明了这一点。经济学的研究表明,由个体(企业或个人)提供制度,成本太大,导致新制度无法有效替代无效制度。因此,政府需要在这方面发挥更为重要的作用,不能仅限于中立的"守夜人",必须为经济增长提供低成本的制度环境,尤其是制定和保护产权等。在实施的过程中,政府也要注意政策和措施的有效性。历史上大国的崛起,例如,荷兰、英国和美国等经济起飞的经历,清楚地证明了这一点。

(二)财政体制

财政体制是经济社会发展的体制基础之一,尤其是财政支出结构,反映了一个地区经济社会发展的重点。

1. 海南财政收支总况

表49 2005 年相关地区财政收入及财政支出结构比较   (单位:亿元)

财政收入		占 GDP 之比	财政支出金额	财政支出结构(%)					
				基本建设	农业支出	教育事业费	卫生经费	社保补助支出	行政管理费
地方合计	14884	8.13	25154	10.63	3.44	14.82	4.03	6.28	9.61
上海	1417	15.48	1646	22.42	1.49	11.11	3.16	4.37	4.19
江苏	1323	7.22	1673	9.18	3.95	15.43	4.48	3.80	10.88
浙江	1066	7.93	1265	7.30	4.57	18.29	5.12	2.28	11.21
福建	432	6.58	593	8.24	3.42	18.80	4.37	1.73	8.32
广东	1807	8.07	22.89	11.55	1.97	14.38	3.59	1.72	9.72
海南	69	7.67	151	11.56	3.83	16.00	4.31	7.74	9.90

资料来源:《2006 年中国统计年鉴》

从表49中可以看出,海南地方财政规模相对较小,在GDP中所占比重低于全国平均水平。这说明海南地方财政规模有待进一步扩大。在财政支出结构中,海南用于社保支出的比例在对比地区中最高,体现了海南在社会保险改革方面的成效;用于农业、教育和卫生事业的支出比例相对较高,海南对农业及文教卫生社会事业的重视在财政支出上得到了应有体现;海南基本建设支出占比高于全国平均数,我们初步判断,这一现象与海南处于经济起飞期有密切关系。

表50 近三年海南各级财政收支对比表 （单位:亿元）

项目	财政收入			财政支出		
	2003年	2004年	2005年	2003年	2004年	2005年
海南省	61.60	69.30	84.90	115.18	140.74	167.58
市县合计	35.92	41.19	49.93	68.66	86.86	105.57
市县占海南省之比（%）	58.30	59.43	58.81	59.61	61.71	63.00

资料来源:《2006年海南统计年鉴》。

表50反映出,海南市县财政收入占海南省财政收入比重相对较高;在财政支出中的比重也逐年提高。但结合财政收支可以看到,海南市县一级的财政缺口也在逐年扩大,财政自给率不断降低。

2. 海南历年财政支出结构

进一步分析海南近五年财政支出结构可以更清楚地看到以上趋势。

表51 海南近五年财政支出结构 （单位:亿元）

项目	2001年		2002年		2003年		2004年		2005年	
	金额	同比增长（%）	金额	同比增长（%）	金额	同比增长（%）	金额	同比增长（%）	金额	同比增长（%）
财政支出总额	84.58	19.90	98.45	16.40	115.18	16.98	140.74	22.19	167.58	19.06
其中:农业支出	5.53	16.73	6.03	8.92	7.02	16.34	10.36	47.62	12.30	18.72
教育事业费	11.15	15.85	14.13	26.64	14.80	4.74	17.93	21.14	24.21	35.05
科学事业费	0.41	7.31	0.43	4.31	0.39	-9.24	0.49	26.24	0.54	10.08
卫生经费	1.60	-17.57	1.82	14.02	4.65	154.99	5.43	16.78	6.52	20.12
行政管理费	7.84	21.06	9.31	18.65	10.51	18.17	12.42	18.17	14.97	20.59

资料来源:相关年份的《海南统计年鉴》。

从表51可以看出,海南用于农业和教育、卫生等社会事业的财政支出比例一直保持较高的增幅,保持了较好的政策连续性。与之相对应,行政管理费用不仅在财政支出中占较大的比重,而且增幅连年提高。

3. 财政收支结构的比较

2006 年海南 GDP 超过千亿,地方财政收入超百亿,但与其他地区相比,海南 GDP 增长速度和财政收入增长速度偏低。结合海南 GDP 基数小、财政收入较少的现实,表明海南与其他地区的经济总量差距与财政收入差距在不断扩大。

表 52　一些地区连续五年 GDP 及财政收入增长统计表　（单位:亿元）

地区	GDP						财政收入					
	2001 年	2002 年	2003 年	2004 年	2005 年	年均增长（%）	2001 年	2002 年	2003 年	2004 年	2005 年	年均增长（%）
全国	109655.2	120332.7	135822.8	159878.3	183084.8	13.67	16386.04	18903.64	21715.25	26396.47	31649.29	17.89
上海	4950.84	5408.76	6250.81	7450.27	9154.18	16.61	609.47	708.95	886.22	1106.19	1417.39	23.49
江苏	9511.91	10631.75	12460.83	15403.16	18305.66	17.78	572.14	643.69	798.10	980.49	1322.67	23.31
浙江	6748.15	7796.00	9395.00	11243.00	13437.85	18.79	500.69	566.85	706.56	805.94	1066.59	20.81
福建	4253.68	4682.01	5232.17	6053.14	6568.93	11.48	274.28	272.88	304.70	333.52	432.60	12.07
广东	10647.71	11735.64	13625.87	16039.46	22366.54	20.39	1160.51	1201.61	1315.51	1418.50	1807.20	11.71
海南	545.96	597.50	670.93	769.36	894.57	13.14	43.76	46.23	51.32	57.03	68.68	11.93

资料来源:2002～2006 年《中国统计年鉴》。

（三）金融体制

海南金融发展曲折颇多,既有 20 世纪 90 年代初的高潮期,也有随后的低谷期。从金融促进经济发展的角度出发,我们从多个层面对海南金融进行分析。

1. 海南金融总体状况

表 53 反映,与其他经济发达地区相比,海南金融机构总资产明显偏低;从相对值来看,金融增加值占 GDP 之比最低,金融产业萎缩十分明显。

表 53　2005 年有关地区金融资产及增加值比较　（单位:亿元）

项目　地区	金融机构总资产	金融业增加值		增加值占 GDP 比重
		总额	同比（%）	（%）
海南	1202.5	12.44	7.6	1.38
厦门	1959.3	49.22	18.0	4.78
深圳	11992.7	307.30	11.6	9.50
上海	30032.7	689.87	11.6	7.50

资料来源:依据 2005 年各省市金融运行报告及相关省市政府工作报告整理。

从表 54 可以看出,2005 年只有海南的金融机构利润为负,这很清楚地表明,海南金融业赢利能力有待进一步提高。

表 54　2005 年各省区金融机构规模 （单位：亿元）

地区	资产总额	实现利润
海南	1202.50	--1.93
上海	30032.74	352.50
北京	37766.60	407.40
重庆	5225.80	29.10
厦门	1959.77	26.12
浙江	23966.47	401.60

资料来源：依据 2005 年各省市金融运行报告及相关省市政府工作报告整理。

在海南各项金融指标中，存款总体增幅高于贷款增幅；2005 年，海南省金融机构存差超过 300 亿元，2006 年存差进一步扩大；股票、期货交易额增长率不稳定；保费收入增幅呈现逐年递减的局面。

表 55　海南省金融近五年数据指标 （单位：亿元）

项目 / 年份		2001	2002 数额	2002 同比增长（%）	2003 数额	2003 同比增长（%）	2004 数额	2004 同比增长（%）	2005 数额	2005 同比增长（%）
银行	本外币存款余额	828.16	891.90	7.69	1050.5	17.18	1159.31	10.35	1302.29	12.33
银行	本外币贷款余额	776.22	780.42	0.53	874.8	12.09	920.55	5.22	996.32	8.23
保险	保费收入	7.60	10.62	39.73	13.55	27.58	14.39	6.19	14.95	3.89
证券	股票交易额	650.44	382.12	−41.25	418.76	9.58	476.44	13.77	336.17	−29.44
期货	期货交易额	293.09	205.62	−29.84	2085.86	914.29	2764.6	32.54	1191.12	−56.91

资料来源：《2006 年海南年鉴》。

从表 56 可以看出，在存贷款的增长速度的比较中，海南存款增长最低，反映出海南企业和居民收入增长较慢；海南贷款增长率也最低，反映出银行对海南企业的支持有待进一步提高。

表 56　2005 年年末有关地区存贷款比较 （单位：亿元）

项目 / 地区	本外币存款 余额	本外币存款 同比增长（%）	本外币贷款 余额	本外币贷款 同比增长（%）
海南	1302.29	12.33	996.3	8.23
厦门	1662.64	25.9	1212.7	19.0
深圳	9486.70	16.7	7596.7	15.6

项目 地区	本外币存款		本外币贷款	
	余额	同比增长（%）	余额	同比增长（%）
上海	23320.86	16.1	16798.1	12.3
北京	28970.00	21.3	15335.5	14.7
浙江	21117.90	18.3	17122.0	14.3

资料来源：依据 2005 年各省市金融运行报告及相关省市政府工作报告整理。

2. 企业融资结构

从表 57 可以发现,海南企业融资结构严重不合理,波动幅度大。企业对银行贷款依赖度相当高,这也与我国金融市场结构的不平衡增长相关。金融结构不平衡还体现在所有制和地区分布方面。据相关部门统计资料表明,2004 年,银行贷款新增额中,只有 1.42 亿元借款给海口中小企业,仅占贷款总额的 0.2%。贷款的地区差异也十分明显。2004 年,海口和三亚地区新增贷款占海南省金融机构新增贷款总量的 99%。

表 57 海南企业融资结构表 （单位:亿元）

年份	新增融资	比重（%）		
		银行贷款	债券（含可转债）	股票
2000	68.0	89.6	0.0	10.4
2001	14.2	100.0	0.0	0.0
2002	75.3	90.3	0.0	9.7
2003	125.6	90.8	0.0	9.2
2004	124.5	100.0	0.0	0.0
2005	98.0	100.0	0.0	0.0

资料来源:《2005 年海南省金融运行报告》。

表 58 2005 年相关地区企业融资结构比较 （单位:亿元）

地区	新增融资	同比增长（%）	贷—债—股之比
海南	98.0	21.28	100.0：0.0：0.0
上海	2381.0	16.66	75.0：11.4：13.6
北京	1925.0	1.10	75.9：23.9：0.2
重庆	549.9	0.68	97.0：3.0：0.0
浙江	2209.9	−11.92	96.88：2.87：0.25

资料来源:2005 年相关省市金融运行报告。

表 58 反映出,尽管海南企业融资增长较快,但整体规模较小,融资结构单一,企业过分依赖银行贷款,没有充分利用债券与股票市场。尤其是在有关部门重新启动新股发行后,海南的新股发行和上市公司配售等处于空白。

3. 证券与保险市场

表 59　2005 年有关地区证券业状况　　　　　　（单位:亿元）

地区	证券交易额	与 GDP 之比（%）
海南	336.2	37.20
厦门	571.5	55.50
北京	9322.5	136.80
重庆	846.4	27.57
浙江	4044.4	30.26

资料来源:中国证监会网站及各省市证监局网站。

表 60　2005 年有关地区保险机构保费收入　　　　　（单位:亿元）

地区	保费收入	同比增长（%）	与 GDP 之比（%）
海南	14.95	3.89	1.65
厦门	23.31	12.22	2.26
深圳	106.40	16.00	2.15
上海	333.62	27.10	3.64
北京	497.70	78.40	7.30
重庆	73.46	10.10	2.39
浙江	313.30	7.60	2.34

资料来源:依据 2005 年各省市金融运行报告及相关省市政府工作报告整理。

从表 59 可以看出,与其他地区相比,海南证券交易额与 GDP 之比只处于中游水平。表 60 则表明,海南保费收入与 GDP 之比在对比地区中最低,进一步的资料说明,保险业与历史年份相比增速递减,与经济发达地区相比规模偏小,对地方 GDP 贡献率也较低。

(四)行政体制

行政管理体制改革已成为全面深化改革和提高对外开放水平的关键。它是影响政府绩效的重要体制因素。

1. 行政成本比较

政府行政成本是政府向社会提供一定的公共服务所必需的行政投入或耗费的资

源。行政成本可以用很多指标量化,如公务员数量、政府机构设置等,但主要采用财政支出结构进行衡量。影响行政成本的因素众多,但一般而言,政府公务员越多,行政成本越高;反之亦然。

表61　部分省区行政成本比较　　　　　　　　　　（单位:亿元）

地区	财政支出	公务员工资支出	比例(%)	GDP	行政管理费	比例(%)
广东	2289	262	11.45	22366	222	0.99
福建	593	60	10.13	6568	49	0.75
浙江	1265	187	14.81	13437	142	1.06
江苏	1673	164	9.83	18305	182	0.99
上海	1646	58	3.55	9154	69	0.75
天津	442	33	7.62	3697	26	0.70
海南	151	16	10.71	894	15	1.67

资料来源:《2006年中国统计年鉴》。

从表61可以看出,上海、天津、江苏三地公务员工资支出占财政支出的比重在10%以下,上海仅占3.55%,包括海南在内其他4省市均超过10%。从某种意义上可以说明,浙江、广东和海南等地行政成本较高,公务员队伍庞大。结合三地的经济社会发展程度,公务员成本比例较高,并不一定对经济造成负面影响。但从行政管理费占GDP比重分析,海南比例远高于其他发达地区,甚至是天津、上海、福建等地的两倍以上,清楚地表明了海南的行政成本较高。

2. 行政效率比较

行政效率由年末人口(万人)与党政机关和社会团体(万人)之比来表示。一般而言,每个公务员服务的市民人数越多,表明该城市的行政效率越高。

表62　行政效率地区间比较

地区	面积 (万平方公里)	人口 (万人)	GDP (亿元)	公务人员* (万人)	公务人员 服务率(人)
广东	17.80	9194	22366	79.9	115
福建	12.40	3535	6568	27.9	126
浙江	10.18	4898	13437	42.2	116
江苏	10.26	7475	18305	53.2	140
上海	0.63	1778	9154	16.0	111
海南	3.40	828	894.57	8.2	100

*公务人员包括公共管理与社会组织人员。

资料来源:《2006年中国统计年鉴》。

从表 62 可以看出,海南省总体行政效率有待进一步提高。如以海南与上海做比较,海南省国内生产总值是上海的 9.8%,但海南政府公务员规模是上海的 51%,这就说明海南省公务人员服务率水平还有很大的提高余地。

(五)社会体制

社会体制对经济增长的作用并不是直接的,但经济发展的历史表明,社会体制不完善,将对经济的可持续发展产生重要的负面影响。

1. 教育情况

表 63　2005 年部分地区受教育人口比较　　　　　（单位:%）

指标 \ 地区	6 岁及以上人数（人）	未上过学比重	小学比重	初中比重	高中比重	大专及以上比重
浙江	610461	11.72	35.83	34.87	12.14	5.42
广东	1144620	5.90	32.51	40.41	15.40	5.81
海南	101346	8.60	30.90	40.66	14.36	5.40

资料来源:《2006 年中国统计年鉴》。

表 64　2005 年部分地区义务教育普及水平比较　　　　　（单位:%）

指标 \ 地区	适龄儿童入学率	小学毕业生升学率	初中三年保留率
浙江	99.99	101.44	98.37
广东	99.68	97.15	93.14
海南	99.80	97.87	90.19

资料来源:《2005 年全国教育事业发展统计快报》。

从表 63 和表 64 可以看出,与浙江与广东比,海南大专及以上学历人口的比重低,人口文化素质低。由于受教育基础的相对差距,导致在知识积累和应用方面的后劲不足。这将在专利申请数的指标上得到进一步证实。

表 65　2005 年国内三种专利申请数和授权数　　　　　（单位:项）

指标 \ 地区	上海	浙江	广东	海南
三种专利申请数	32741	43221	72220	498
三种专利授权数	12603	19056	36894	200

资料来源:《2006 年中国统计年鉴》。

相比浙江、上海、广东,海南的专利受理数和授权数少,属于低水平。海南2005年三种专利受理数只占广东的0.68%。由此表明,在学习能力、知识扩散效应等因素直接影响下,海南的科技事业发展水平相对较低。

2. 医疗基本情况

表66　2005年卫生机构数及医疗床位数比较

指标 地区	全国	浙江	比例(%)	广东	比例(%)	海南	比例(%)
卫生机构数(个)	298997	12555	4.2	16318	5.5	2464	0.8
医疗机构床位数(张)	3350810	140734	4.2	208936	6.2	18651	0.6

资料来源:《2006年中国统计年鉴》。

表67　2005年部分地区财政对卫生经费的支出　　　　（单位:%）

指标 地区	上海	浙江	广东	海南
卫生经费占财政支出比例	3.17	5.13	3.60	4.31

资料来源:《2006年中国统计年鉴》。

由表66和表67得出,尽管海南财政对卫生经费支出比例较高,但由于海南财政收入基数低,在卫生经费的支出绝对数方面与其他地区有较大差距。这也导致了海南的卫生医疗水平落后,低于广东与浙江等沿海发达省份。

3. 社会保障基本情况

表68　2005年部分地区财政对社会保障的补助支出比较　　　（单位:%）

地区	上海	浙江	广东	海南
社保支出占财政支出比例	4.38	2.29	1.72	7.75

资料来源:《2006年中国统计年鉴》。

表69　2005年部分地区社会保障情况比较　　　　（单位:%）

指标 地区	养老保险参保率	医疗保险参保率	失业保险参保率
浙江	30.04	20.0	13.9
广东	38.20	26.3	23.4
海南	32.0	23.1	15.0

注:参保率＝2005年年末参保人数/2005年年末就业总人数。

资料来源:《2005年各地区国民经济和社会发展统计公报》。

从表 68 和表 69 可以看出,海南在社会保障体制方面的建设相对较好。财政对社会保障的补助支出比例在比较的几个省区中最高,尽管绝对数比其他地区低。在三险参保率方面,海南的比例也相对较好。

4. 基础设施基本情况

表 70　2005 年部分地区城市设施水平比较

指标 地区	人均住宅建 筑面积（m²）	城市用水 普及率（%）	城市用 气普及率（%）	每万人拥有 公交车辆（标台）
上海	33.7	99.98	100.00	12.95
浙江	34.8	99.10	98.47	11.71
广东	26.46	98.80	95.42	6.45
海南	24.18	85.97	82.56	6.49

资料来源:《2006 年中国统计年鉴》。

从表 70 可以看出,海南居民享受公共服务设施水平低于其他发达省市。城市用水普及率仅为 85.97%,城市用气普及率 82.56%,在其他指标上,与发达地区也有一定的差距。

(六)立法体制

海南不仅享有省级一般立法权,还享有《宪法》和《立法法》所规定的由全国人大和人大常委会授权的经济特区立法权。根据全国人大授权,中央允许海南省在立法上借鉴和移植境外成熟的法律法规。

在市场经济的法制机制形成过程中,海南较早地运用了特区立法权。一些地方性法规规章在全国属于首创,如企业法人登记、国有资产委托运营、生态省建设等。但近几年来已经大大落后于其他经济特区。

表 71　经济特区立法权比较　　　　　　　　　　　（单位:件）

到 2004 年年底 特区立法总数	现行 有效数	其中				
		海南	深圳	厦门	汕头	珠海
325	250	20	122	59	25	24
获得立法权时间		1988 年	1992 年	1994 年	1996 年	1996 年

资料来源:江材讯:"地方立法数量及项目研析",《人大研究》2005 年第 11 期。

从表 71 可以看到,在五个经济特区中,海南取得立法权的时间最早,但到 2004 年止,制定的特区法规却最少,其数量不及深圳的 1/6。从全国省级立法数量进一步分析,也可以佐证海南立法的相对滞后。

表72　到2004年年底部分省、特区人大常委会立法总数比较　（单位:件）

省际排名	前三名			后三名			深圳
省市名	黑龙江	广东	四川	青海	海南	西藏	
立法数量	182	178	173	99	93	69	139

注:海南、深圳不含特区立法。
资料来源:江材讯:"地方立法数量及项目研析",《人大研究》2005年第11期。

从表72可以看到,在全国省市人大常委会制定法规数量的排名中,海南倒数第二,仅多于西藏。

表73　到2002年年底海南省人大共审议
通过或批准的地方性法规分布　（单位:件）

总数	其中			
	经济方面	文教卫社会方面	完善人代会制度方面	法规性决定决议
194	75	48	14	22

资料来源:顾时宏、赵武:"海南以立法促开放步伐取得显著成效",中新网。

表73从海南立法结构进行分析,海南立法范围涉及到诸多方面,在经济和文教卫等社会方面的立法达到63%,曾经有些立法具有超前性。但在诸如服务型政府建立、"三农"服务、投资环境和社会诚信度、产业开放和涉外经济、中外投资企业和职工的合法权益等方面的立法尚未取得实质性突破。

中国(海南)改革发展研究院课题组
课题负责人:迟福林
课题组成员:苗树彬　陈文　赵雄飞　征庚圣　匡贤明　夏锋

第八篇　全面建设海南特色的小康社会

　　2007 年 7 月，中改院课题组在调查研究的基础上形成了"以科学发展观为指导，全面建设具有海南特色的小康社会——海南全面建设小康社会的现状、目标及建议"，作为提交 2007 年海南省委理论研讨会的主题报告。本研究报告在分析海南全面建设小康社会现状的基础上，提出海南全面建设小康社会的总体目标、指标体系及相关政策建议。

全面建设小康社会指标体系要全面反映科学发展观的总体要求,反映统筹城乡发展、统筹区域发展、统筹经济社会发展、统筹人与自然和谐发展、统筹国内发展和对外开放程度,反映实现可持续发展。能够全面反映走生产发展、生活富裕、生态良好发展之路等目标方面的发展趋势。海南进入新的历史发展时期,充分发挥资源、环境等优势,构建具有海南特色的经济结构,将资源环境优势转化为经济优势,将加快海南全面建设小康社会的实际进程。

以科学发展观为指导, 全面建设具有海南特色的小康社会

——海南全面建设小康社会的现状、目标及建议

(2007 年 7 月)

　　自十六大提出全面建设小康社会以来,伴随着改革发展进程,全面建设小康社会的内涵也更加丰富。2007 年 6 月 25 日胡锦涛总书记在中央党校讲话中强调指出,全面把握我国发展的新要求和人民群众的新期待,认真总结我们党治国理政的实践经验,科学制定适应时代要求和人民愿望的行动纲领和大政方针,从新的历史起点出发,带领人民继续全面建设小康社会。胡锦涛总书记的重要讲话,将指导我国全面建设小康社会进入新阶段。

　　中共海南省五次党代会对海南全面建设小康社会做出了重大战略部署。海南省五次党代会报告指出,争取在 2020 年之前,建省办经济特区 30 周年之际,海南省生

产总值再翻一番以上,提前实现全面建设小康社会的目标,为本世纪中叶基本实现现代化奠定更加坚实的基础。

海南全面建设小康社会取得了重要进展,总体态势良好。站在新的历史起点,我们要深入贯彻落实科学发展观,从海南基本省情出发,突出"特"字,进一步充实和深化全面建设小康社会的内涵,努力走出一条具有海南特色的全面建设小康社会之路。

本研究报告在分析海南全面建设小康社会现状的基础上,提出海南全面建设小康社会的总体目标、指标体系及相关政策建议。

一、海南全面建设小康社会的现状

(一)海南全面建设小康社会的进程分析

"十五"期间,海南全面建设小康社会取得了一定的进展。按国家统计局建立的全面建设小康社会指标体系测算,海南全面建设小康社会发展指数年均上升1.24个百分点,总体态势良好。但"十五"期间,海南全面建设小康社会进程明显慢于全国,全国全面建设小康社会发展指数年均上升2.16个百分点。2000年海南全面建设小康社会发展指数为60.1%(全国为57.4%),比全国多2.7个百分点,说明海南的起点比全国高;而2005年海南全面建设小康社会发展指数为66.3%(全国为68.2%),比全国少1.9个百分点(海南省统计局测算)。

2005年,海南比全国高的是社会和谐指数和环境质量指数,分别比全国高8.02个百分点和14.19个百分点;比全国低的是经济发展指数、生活质量指数、民主法制指数和科教文卫指数,分别比全国低2.11个百分点、10.02个百分点、9.39个百分点和9.73个百分点。

表1 "十五"期间海南全面小康实现程度与全国对比 （单位:%）

监测指标	2000年		2005年		5年升降	
	海南	全国	海南	全国	海南	全国
一、经济发展	54.96	54.57	61.92	64.03	6.96	9.46
二、社会和谐	69.91	56	76.91	68.89	7	12.89
三、生活质量	38.85	43.73	49.96	59.98	11.11	16.25
四、民主法制	87.5	87.5	78.77	88.16	−8.73	0.66
五、科教文卫	57.22	60.37	65.29	75.02	8.07	14.65
六、资源环境	81.28	64.9	83.7	69.51	2.42	4.61
总体指数	60.1	57.4	66.3	68.2	6.2	10.8

资料来源:海南省统计局。

表2 "十五"期间海南全面小康社会实现程度与全国、部分省对比 （单位:%)

年份 地区	2000 年	2001 年	2002 年	2003 年	2004 年	2005 年
全国	57.4	59.6	61.4	62.6	65.4	68.2
海南	60.1	62.2	61.9	63.2	64.8	66.3
江苏	56.3	57.4	58.1	66.7	68.6	71.6
河南	46.1	53.0	52.8	49.2	57.1	59.9
甘肃	38.0	42.5	43.2	43.4	45.3	47.6

资料来源:各省统计局网站。

1. 2001～2006 年海南经济总体呈现快速发展的趋势

（1）2003 年以前,海南省经济处于恢复增长期,GDP 增长速度大多数年份在 10% 以下。从 2003 年以后,GDP 增长速度均超过两位数。

（2）近五年农业经济增长较快,瓜菜、水果和水产品等农产品的优势凸显,成为海南农业经济较快增长的主导力量。同时,由于农产品和农民的利益直接挂钩,农产品的发展也使农户直接受惠,促进了广大农民收入的明显增加,2006 年农民人均纯收入为 3256 元,比 2001 年的 2285 元增长 42.5%。

表3 2001～2006 年海南主要经济情况比较

年份 指标	2001	2002	2003	2004	2005	2006
GDP(亿元)	579.17	642.73	713.96	819.66	905.30	1052.43
增长率(%)	9.00	10.90	11.10	14.80	10.40	16.20
农业增加值(亿元)	201.79	223.48	251.34	287.74	300.75	344.20
增长率(%)	2.60	10.70	12.50	14.40	4.50	14.40
农民人均纯收入(元)	2285	2423	2588	2818	3004	3256
增长率(%)	-27.90	6.00	6.80	8.90	6.60	8.40

资料来源:海南省统计局。

2. 海南全面建设小康社会开始呈现某些重要特色

目前,海南全面建设小康社会实现程度在全国处于中游水平。但与内地许多省市不同的是,海南全面建设小康社会呈现出了自己的特色,并为未来实现全面建设小康社会的目标奠定了后发优势。

（1）资源环境优势凸显。

海南自然资源丰富,气候条件优越,环境景观优美,发展基础良好,潜力巨大。与全国相比,海南环境质量指数 2000 年就已超过 90%。最近几年,一直保持在较高水平。

　　海南进入新的历史发展时期,充分发挥资源、环境等优势,构建具有海南特色的经济结构,将资源环境优势转化为经济优势,将加快海南全面建设小康社会的实际进程。

表 4　"十五"期间全面建设小康社会资源环境实现程度比较　　（单位:%）

监测指标	2000 年			2005 年			5 年升降	
	海南	全国	差距	海南	全国	差距	海南	全国
万元 GDP 综合能耗	92.20	60.15	32.05	91.30	58.91	32.39	-0.90	-1.24
万元 GDP 用水量	23.94	36.09	-12.15	38.60	56	-17.40	14.66	19.91
常用耕地面积指数	100	100	0	96.08	74.20	21.88	-3.92	-25.80
环境质量指数	90.50	64.24	26.26	92.08	75.99	16.09	1.58	11.75

资料来源:海南省统计局。

　　（2）人类发展指数较高。

　　根据相关数字,2005 年海南的人类发展指数（HDI）位于全国第十位,属于较高水平。而依据国家统计局全面建设小康社会统计监测指标体系测算,海南全面建设小康社会的实现程度大约排在全国第 16 位。

表 5　2005 年海南与全国人类发展指数比较

指数 地区	人类发展指数	健康与寿命指数	教育指数	生活质量指数
全　　国	0.7500	0.7818	0.8666	0.6016
海　　南	0.7724	0.7837	0.8912	0.6422

资料来源:根据本院课题组计算结果。

　　通过国际比较发现:海南的人类发展指数不仅高于中国平均水平,也高于世界的平均水平。海南在预期寿命方面具有明显的优势,高于全国平均水平和世界平均水平。预期寿命指数填补了教育指数尤其是 GDP 指数较低所造成的差距,拉高了海南人类发展指数。

表 6　2003 年中国、海南人类发展指数与国际比较

排名	国家或地区	HDI	预期寿命	成人识字率（%）	毛入学率	人均GDP	预期寿命指数	教育指数	GDP指数
1	挪威	0.963	79.4		101	37670	0.91	0.99	0.99

排名	国家或地区	HDI	预期寿命	成人识字率（%）	毛入学率	人均GDP	预期寿命指数	教育指数	GDP指数
2	冰岛	0.956	80.7		96	31243	0.93	0.98	0.96
3	澳大利亚	0.955	80.3		116	29632	0.92	0.99	0.95
73	泰国	0.778	70	92.6	73	7595	0.75	0.86	0.72
85	中国	0.755	71.6	90.9	69	5003	0.78	0.84	0.65
108	越南	0.704	70.5	90.3	64	2490	0.76	0.82	0.54
177	尼日尔	0.281	44.4	14.4	21	835	0.32	0.17	0.35
	海南	0.761	73	90.9	60	4,742	0.85	0.81	0.63
	发展中国家	0.694	65	76.6	63	4359	0.67	0.72	0.7
	世界	0.741	67.1		67	8,229	0.7	0.77	0.75

注：表中 GDP 按购买力平价（PPP）美元计算。

资料来源：联合国开发计划署《2005 年人类发展报告》、《中国人类发展报告2005》。

3. 区域性经济社会发展加快

"十五"时期，海口、三亚等中心城市在经济社会发展中保持着良好的势头，这为拉动海南省全面建设小康社会的进程起了重要的作用。

（1）海口、三亚 2003～2006 年的经济增长速度和城乡居民收入增长幅度明显高于 1999～2002 年。

（2）海口、三亚市的辐射功能明显增强，带动了周边市县经济较快增长和城乡居民收入水平的提升。

4. 农村全面建设小康社会的进程加快

全面建设小康社会，重点在农村，难点也在农村。《2006 年中国农村全面建设小康监测报告》显示，2005 年海南农村全面建设小康社会实现程度为 22.8%，在全国排名 16 位，但进程提高幅度高于全国平均水平。

（1）2004 年海南农村全面建设小康社会实现程度同比上年，增长幅度为 24.6%，2005 年同比上年增长幅度为 40.7%。对比可以看出，2005 年海南农村全面建设小康社会实现的增长幅度高于 2004 年 16.1 个百分点。

（2）2004 年全国农村全面建设小康社会实现程度同比上年，增长幅度为 27.8%，2005 年同比上年增长幅度为 30.6%，2005 年全国农村全面建设小康社会实现的增长幅度高于 2004 年 2.8 个百分点。

表7　海南与全国农村全面建设小康实现程度增幅对比　　　　（单位:%）

年份 项目 费率	2004		2005	
	实现程度	比上年增长幅度	实现程度	比上年增长幅度
海南	16.2	24.6	22.8	40.7
全国	21.6	27.8	28.2	30.6

资料来源:2006年中国农村全面建设小康监测报告。

2005年,从农村全面建设小康实现程度看,海南比全国好的是社会发展指数、人口素质指数和资源环境指数,分别比全国高1.3%、2.8%和15%。

表8　2005年海南与全国农村全面建设小康实现程度对比表

指标	海南实现程度(%)	全国实现程度(%)
A. 经济发展	10.4	20.8
B. 社会发展	35.2	33.9
C. 人口素质	17.8	15.0
D. 生活质量	24.8	38.5
E. 民主法制	56.7	72.7
F. 资源环境	14.3	−0.7
农村全面小康实现程度合计	22.8	28.2

资料来源:2006年中国农村全面建设小康监测报告。

（二）海南全面建设小康社会存在的主要问题

2003年以来,海南经济连续几年以高于10%的速度增长,已从恢复性增长步入健康、稳定较快增长的轨道。但海南仍然是经济欠发达省份,海南全面建设小康社会,仍面临以下几个难点问题:

1. 人均GDP和居民可支配收入偏低

人均GDP和城乡居民收入是衡量小康社会的重要指标。海南省统计局《"十五"期间海南全面建设小康社会统计监测报告》显示,2005年海南人均GDP和人均可支配收入分别低于全国平均水平5.85和6.71个百分点,较东部发达省份相差更大。

2. 产业结构不合理,非农产业比重偏低

海南第二、第三产业占GDP比重仍然偏低,调整产业结构,大力发展第二、第三产业仍然是海南面临的突出矛盾。

(单位:元)

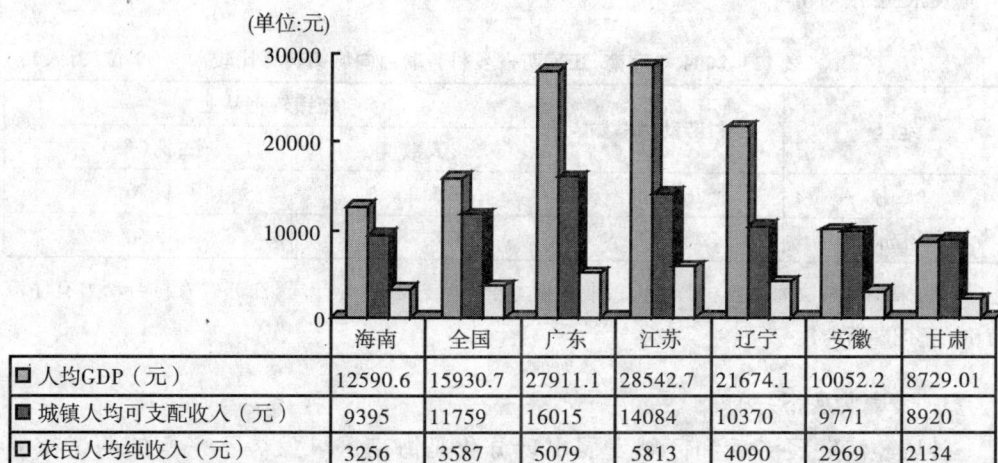

	海南	全国	广东	江苏	辽宁	安徽	甘肃
■ 人均GDP（元）	12590.6	15930.7	27911.1	28542.7	21674.1	10052.2	8729.01
■ 城镇人均可支配收入（元）	9395	11759	16015	14084	10370	9771	8920
□ 农民人均纯收入（元）	3256	3587	5079	5813	4090	2969	2134

图1　2006年海南与全国、部分省区人均GDP、居民收入对比

资料来源:2006年全国及各省国民经济和社会发展统计公报。

表9　2006年海南第二、第三产业结构省际比较　　　（单位:%）

地区 指标	全国	海南	江苏	辽宁	安徽	甘肃
第二产业比重	48.7	27.35	56.5	51.0	43.24	46.04
第三产业比重	39.5	39.94	36.3	38.5	40.03	39.28

资料来源:2006年国家及相关省份国民经济和社会发展统计公报。

从表9看,海南2006年第二产业比重远低于全国平均水平,第三产业比重和全国平均水平相当。

（1）自建省以来,海南第一产业就业人口比重大幅度下降,第三产业就业比重大幅度增加,第二产业就业比重有所下降。

表10　海南GDP三次产业比例和就业情况

指标	国内生产总值（亿元、%）				劳动就业人数（万人、%）			
	1987年	占比	2005年	占比	1987年	占比	2005年	占比
第一产业	28.68	50.05	300.75	33.23	202.03	71.96	211.82	55.37
第二产业	10.89	19.01	230.53	25.47	26.83	9.56	33.40	8.73
第三产业	17.73	30.94	373.75	41.30	51.89	18.48	137.31	35.90
总　计	57.30	—	905.03	—	280.75	—	382.53	—

资料来源:相关年份《海南统计年鉴》。

（2）海南乡村劳动力向城镇转移的速度远低于江苏。这也表明海南第二、第三产业发展还相对滞后。

表11 2004年海南、江苏两省乡村劳动力向城镇转移比较 （单位：万人）

地区	乡村劳动力总数	向城镇转移从业	
		人数	占比（%）
海南	265.94	25.96	9.76
江苏	2664.81	1478.38	55.48

资料来源：《解决海南农村劳动力就业的根本出路》、江苏省统计局《江苏省农村劳动力有序流动和转移问题研究》。

3. 区域发展不平衡

县域经济发展滞后和区域发展出现分化是海南区域发展不平衡的两个重要特征。

（1）县域经济的地位不断下降。

1998年以来，海口、三亚规模以上工业产值占海南省的比重由36.7%提高到2005年的65%，而县域规模以上工业产值比重则由63.3%下降到2005年的35%。

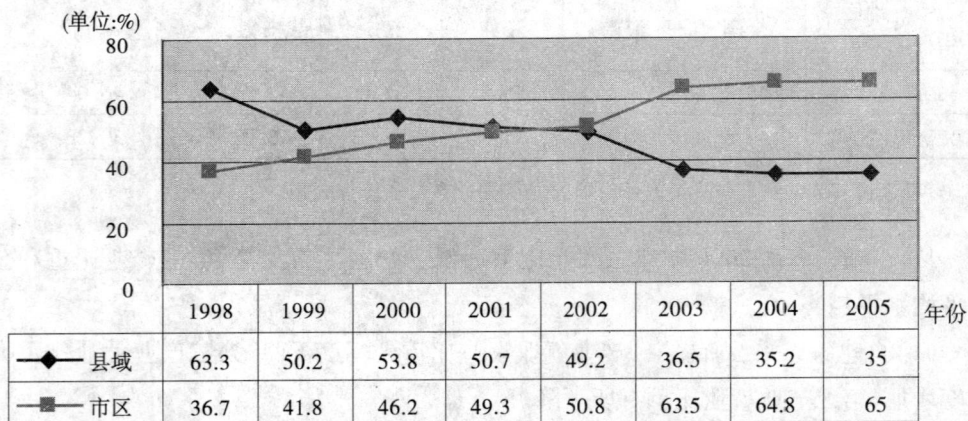

年份	1998	1999	2000	2001	2002	2003	2004	2005
县域	63.3	50.2	53.8	50.7	49.2	36.5	35.2	35
市区	36.7	41.8	46.2	49.3	50.8	63.5	64.8	65

图2 1998~2005年海南县域、市区规模以上工业总产值占海南省的比重

注：图中市区指海口、三亚和洋浦。

资料来源：相关年份的《海南统计年鉴》。

海南县域人均GDP远低于市区水平。尤其是2003年以后市区增速快，县域增速慢。

（2）南北两极与中部山区分化严重。

中部山区欠发达，人均GDP不到海口的1/4。

(单位:元/人)

	1998	1999	2000	2001	2002	2003	2004	2005
◆ 县域	4646	4945	5193	5361	5785	6450	7840	7404
■ 市区	13786	14321	15561	16315	14342	14243	15190	18016
▲ 全省	5912	6294	6798	7315	8041	8849	10067	10998

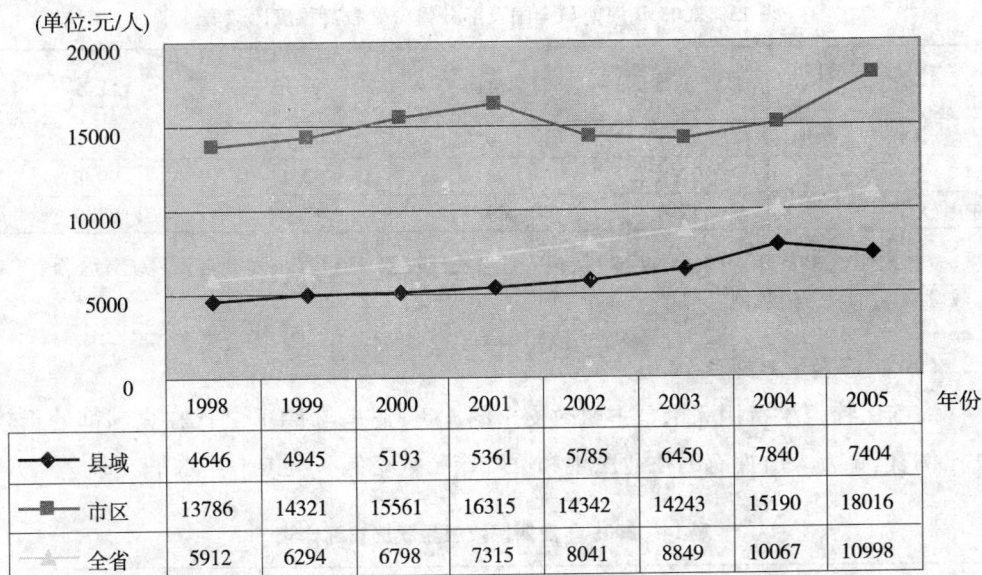

图3　1998～2005 年海南县域、市区以及海南省人均 GDP 水平

注:图中市区指海口、三亚和洋浦。

资料来源:相关年份的《海南统计年鉴》。

表 12　2005 年海南省部分市县经济社会相关指标对比表

监测指标	海口	三亚	乐东	琼中
人均地区生产总值(元)	21473	14559	5039	5052
第三产业比重(%)	63.5	45.5	28.5	25.8
城乡居民收入比(以农为 1)	2.54∶1	2.46∶1	2.23∶1	3.88∶1
城镇人口人均住房面积(平方米)	21.3	24.6	19.89	23.31
农村人口人均住房面积(平方米)	26.97	22.33	21	25.88

资料来源:①人均地区生产总值、第三产业比重来自《2006 年海南统计年鉴》。②其他数据出自各市 2005 年经济和社会发展统计公报。

4. 社会事业虽有很大发展,但还相对滞后

近年来,海南加大了对社会事业的投入,社会事业取得很大发展,尤其是教育方面,取得显著成效。但总体来讲,海南社会事业发展还相对滞后。

(1)受教育程度的差距。

海南九年制义务教育普及率与全国水平相当,但初中毕业生升高中的比例低于全国平均水平 12 个百分点,较江苏低 32 个百分点。

表13　2005年海南与全国及部分省份受教育程度比较表　　（单位:%）

指标 省份	海南	全国	广东	江苏
学龄儿童净入学率	99.45	99.2	99.68	99.8
小学升初中率	97.8	98.4	97.15	99.8
初中升高中率	57.6	69.7	42.62	89.9

资料来源:《2006年中国统计年鉴》及相关省份统计年鉴、国民经济和社会发展统计公报、海南省教育事业"十一五"规划。

（2）医疗卫生差距。

海南医疗卫生费用无论是占财政支出的比重,还是与GDP之比在全国都处于较高比例,但每万人所拥有的执业医生和医院床位数略低于全国平均水平。

表14　2005年海南医疗卫生状况省际比较

项 目 省 份	海南	全国	广东	江苏	辽宁	安徽	甘肃
每万人拥有医院、卫生院床位数(张)	21.11	23.97	20.97	24.65	38.20	19.55	23.07
每万人拥有执业医生人数(人)	14.26	14.82	12.84	14.54	21.68	10.80	13.59
医疗卫生支出占财政支出比(%)	4.31	3.06	3.60	4.49	2.85	3.51	4.16
卫生经费与GDP之比(%)	0.73	0.57	0.37	0.41	0.43	0.47	0.92

资料来源:《2006年中国统计年鉴》、《2006年中国财政年鉴》。

（3）科技事业发展的差距。

海南的科研投入在所比较的省份中最低,仅为全国平均水平的1/6。

表15　R&D经费支出占GDP比重省际比较　　（单位:%）

年 份 省 份	海南	全国	广东	江苏	辽宁	安徽
2005	0.21	1.30	1.12	1.48	1.59	0.8

资料来源:相关省份国民经济和社会发展统计公报。

二、海南全面建设小康社会的总体目标、指标体系

总的考虑是,按照深入贯彻科学发展观和构建和谐社会的要求,立足海南省情,突出"特"字,走出一条具有特色的海南全面建设小康社会之路。

（一）总体目标

深入贯彻落实科学发展观，突出以人为本，全面协调可持续发展，走特色之路，力争到 2018 年，把海南建设成为经济水平显著提高、居民生活比较富足、公共服务体系健全、持续协调发展能力强、生态环境良好、体制机制充满活力的全面小康社会。

1. 着力于人的全面发展

（1）经济水平显著提高，富民强省。

到 2018 年，经济水平显著提高，海南省生产总值达到 3000 亿元，人均生产总值达到 32000 元。产业结构趋向合理，第三产业的比重达到 50% 以上。在城镇化的道路上取得历史性的进展，城镇人口的比重达到 60%。自主创新能力明显增强。

（2）居民生活比较富足。

居民健康更加改善、平均预期寿命明显延长。收入水平和家庭财产拥有量大幅度提高。生活方式和消费结构发生重大转变；精神生活更加丰富，人际关系更加和谐，社会安全感大大增强。

（3）公共服务体系健全。

实现基本公共服务均等化。形成比较完善的现代国民教育体系和公共卫生及医疗服务体系。居民享有教育、医疗、文化、体育等公共服务的公平机会。社会就业比较充分，覆盖城乡居民的社会保障体系基本建成。合理有序的收入分配格局基本形成。

2. 突出全面协调可持续发展

（1）可持续发展能力明显增强。

——人口、资源、环境与经济发展相协调。人与自然和谐发展，经济持续发展，社会全面进步，资源的利用效率得到显著提高，生态良性循环。

——以速度和结构、质量、效益相统一，推进经济的持续发展。着力推进结构调整，加快经济增长方式转变，实现速度、结构、质量、效益的统一。

——增强科技创新能力。进一步深化科技体制改革，加大科技投入，建立政府有效投入和社会多元化投入机制，切实加强技术开发和应用研究，培养和引进高层次科技人才，实现科技创新新突破。

表 16　2005 年国内三种专利申请数和授权数　　　　（单位：项）

指标 ＼ 地区	上海	浙江	广东	海南
三种专利申请数	32741	43221	72220	498
三种专利授权数	12603	19056	36894	200

资料来源：《2006 年中国统计年鉴》。

（2）实现城乡、区域协调发展。

——实现城乡协调发展。加快推进城镇化进程，实行高起点规划、高标准建设、高效能管理，努力缩小城乡居民在收入水平、生活水平和公共服务方面的差距，实现城乡协调发展。

表17　近几年海南城乡人均收入差距比较

年份	农村人均纯收入（元）	城镇人均可支配收入（元）	城乡收入差距（%）
2003	2588	7259	2.80
2004	2818	7736	2.74
2005	3004	8124	2.70

资料来源：《2006年中国统计年鉴》。

——实现区域协调发展。把全岛作为一个整体进行规划，按照人口资源分布、产业布局和环境承载能力，统筹地区间的协调发展，通过区域资源的有效整合，形成各具特色、功能互补的区域经济新格局。

3. 走海南特色之路

（1）以环境优化经济增长。

良好的生态环境，是海南特有的资源优势，是海南的生命线，是海南发展的根本。努力在建设资源节约型和环境友好型社会中走在全国前列，充分发挥良好的生态环境对可持续发展的直接拉动作用。创新环保的体制机制，保持生态环境全国领先，海南省进入生态良性循环的新阶段。

（2）发挥特色经济结构的比较优势。

特色是比较优势，是竞争力。依托独特的资源、环境和区位优势，构建具有海南特色的经济结构，提升综合经济实力。提高热带特色的现代农业水平，形成具有海南特色的新型工业体系，以旅游业为龙头的现代服务业成为重要支柱产业，海洋经济有较大发展，逐步形成产业特色鲜明、陆海并举、城乡一体的经济结构。

（3）体制机制充满活力。

构建更具活力的体制机制是推动经济社会又好又快发展的根本动力。随着全国进入系统性、综合性改革的新阶段，深化改革、扩大开放，进一步破解影响发展的体制机制难题。

（二）指标体系框架设计

1. 指标体系设计的基本思路

（1）体现以科学发展观指导全面建设小康社会的总体要求。

我国已进入以科学发展观为指导全面建设小康社会的新阶段。全面建设小康社会指标体系要全面反映科学发展观的总体要求,反映统筹城乡发展、统筹区域发展、统筹经济社会发展、统筹人与自然和谐发展、统筹国内发展和对外开放,反映实现可持续发展。能够全面反映走生产发展、生活富裕、生态良好发展之路等目标方面的发展趋势。

(2)与"十一五"等重要的中长期规划指标相结合。

"十一五"规划是全面建设小康社会进程中的一个重要五年规划。"十一五"规划是在提出科学发展观和构建和谐社会的重大战略思想后编制的第一个五年规划,反映了全面建设小康社会的最新思想。全面建设小康社会指标体系应与"十一五"规划指标相结合。

(3)与国际接轨,便于国际比较。

国际上衡量人类发展程度比较通用的指数是人类发展指数、国民幸福指数,其典型特征是从更加有利于人类生存和发展的角度,突出强调教育、环境、寿命、幸福感等方面。海南全面建设小康社会指标体系在具体指标设置上应尽可能地考虑到国际性,既有利于海南的国际比较,也有利于海南站在更高的角度来判断、衡量和规范自身的发展。

表18　国际上通用的人类发展指数、国民幸福指数

名称	人类发展指数			国民幸福指数				
特点	综合反映人类发展数量与质量			反映一国国民的幸福程度				
指标	预期寿命	教育	人均 GDP	生产总值	社会健康	社会福利	社会文明	生态环境
项数	1	2	1	1	5	7	8	6
权数(%)	33.3	33.3	33.3	a	b	c	d	e

注:a,b,c,d,e 分别表示生产总值指数、社会健康指数、社会福利指数、社会文明指数和生态环境指数所占的权重,具体权重的大小取决于政府所要实现的经济和社会目标。

(4)既与全国相衔接,又反映海南实际。

指标体系的制定,既要符合中央提出的全面建设小康社会的奋斗目标,又要切合当地实际和经济社会发展需要。本报告提出的指标体系,以科学发展观为指导,从我国进入全面建设小康社会新阶段的新机遇、新矛盾出发,立足于海南独特的环境、资源、区位优势和发展中一些突出的问题,结合海南"十一五"规划的发展目标,努力反映时代特征,突出海南特色。

2. 指标体系设计的基本原则

（1）实用性原则。

能够对海南全面建设小康社会的进程做出比较准确的评估和判断,通过对不同指标进展情况的监测,找出全面建设小康社会进程中存在的问题,为有关决策提供科学依据。

（2）系统性原则。

体现科学发展观的总体要求和构建和谐社会的战略思想,体现新阶段全面建设小康社会的内涵。同时,指标体系与海南省"十一五"规划、省五次党代会提出的奋斗目标相衔接,力求指标体系的系统性。

（3）可比较原则。

能够反映海南自身的具体特点,具有导向性,通过指标的设置和考核,把海南省工作重点引导到全面建设小康社会的实践上来。同时,具有可比性,既能进行自身纵向比较,也能进行省际横向比较,又具有一定的国际可比性。

（4）重点突出原则。

指标体系的建立力求精简明了,尽量使用最少的、最有代表性的指标来客观、合理地反映小康生活水平。同时,指标的选择尽可能采用现行基本统计制度运用的指标。

（5）尽可能选择客观指标和最终成果指标的原则。

全面建设小康社会指标体系作为一种绩效评价体系,其目的在于反映经济社会发展的最终成果。要尽可能选择最终成果指标,而不选择措施性和对策性指标。同时,为避免人为因素,尽可能选择具有客观性的指标。

3. 指标体系设计的参照系

（1）2005年国家统计局建立的全国全面建设小康社会统计监测指标体系。

从经济发展、社会和谐、生活质量、民主法制、科教文卫、资源环境六个方面25个指标进行监测。比较突出经济指标。

（2）国务院发展研究中心课题组2004年提出的全面建设小康社会指标体系。

从经济、社会、环境和制度四个方面提出16个指标。注重经济和社会主题,突出强调制度的重要性。

（3）国家发改委小康指标体系课题组2007年提出的全面建设小康社会指标体系。

从经济发展、社会发展、人民生活、民主法制、资源环境五个方面提出50个指标。指标涉及领域较广。

（4）不同省份的指标体系。

江苏的指标体系。从经济发展、生活水平、社会发展、环境质量四个方面提出18

项指标。在强调发展经济的同时,侧重人与社会的协调发展,关注民生问题。

浙江的指标体系。从经济发展、社会事业、人民生活、社会和谐、生态环境五个方面提出 24 项指标。每部分各占 20% 的权重,体现了全面、同步发展的特点。

福建的指标体系。从经济水平、生活质量、人口素质、环境状况、安全保障五个方面提出 30 个指标。对经济水平和生活质量比较重视,对安全保障做了突出强调。

(5)联合国开发计划署建立的人类发展指数(HDI)。

包括人均国民生产总值、预期寿命和教育程度三方面指标。人类发展指数比较准确地反映了人类发展的主要方面,自 20 世纪 90 年代初诞生以来,一直被认为是非常好的衡量长期经济社会发展进程和跨国比较的工具。

分析以上参照指标体系可以看出:指标体系都由重点突出经济因素转向衡量人的全面发展,包括经济水平、社会和谐、生活质量、资源环境等方面;不同的指标体系有其侧重点,尤其是各省的指标体系,突出了其发展取向。

4. 海南全面建设小康社会指标体系的总体框架

从经济水平、社会发展、生活质量、生态环境、制度环境五个方面设置 24 个指标。

表 19　海南省全面建设小康社会指标体系

	序号	指标名称	单位	2005 年		均增速（%）	2018 年目标值	权数
				2005 年现值	实现程度（%）			
								20
经济水平	1	人均地区生产总值	元	10998	34.37	8.6	32000	8
	2	服务业增加值比重	%	40.97	81.94	1.5	50	4
	3	城镇化率	%	45.2	75.33	2.2	60	4
	4	城乡居民收入比	(以农为1)	2.7	92.6	-0.6	2.5	2
	5	地区经济发展差异系数	%	47.6	84.03	-1.3	40	2
								20
社会发展	6	平均受教育年限	年	8.68	82.67	1.5	10.5	4
	7	基本社会保障覆盖率	%	35.5	44.38	6.4	80	4
	8	城镇调查失业率	%	3.6	83.3	-1.4	3	4
	9	5 岁以下儿童死亡率	‰	15.42	100	—	≤20	4
	10	城乡最低生活保障人口比重	%	2.9	86.2	-1.1	2.5	4

序号	指标名称	单位	2005 年		均增速（%）	2018 年目标值	权数
			2005 年现值	实现程度（%）			
							20
11	平均预期寿命	岁	73.02	97.36	0.2	75	4
12	城镇居民人均可支配收入	元	8124	40.62	7.2	20000	4
13	农村居民人均纯收入	元	3004	37.55	7.8	8000	4
14	恩格尔系数	%	53.06	75.39	-2.2	40	4
15	人均住房面积	平方米	21.41	79.3	1.8	27	4
							20
16	水质量综合指数	%	60.24	66.93	3.1	90	4
17	空气质量	级	1	100	—	1	4
18	万元 GDP 综合能耗	吨标准煤	0.92	91.3	-0.7	0.84	4
19	森林覆盖率	%	55.5	92.5	0.6	60	4
20	自然保护区面积占国土面积的比重	%	13.8	69	2.8	20	4
							20
21	市场化程度	分	5.54	69.25	2.9	8	5
22	对外开放度	%	14.5	58	4.3	25	5
23	社会安全指数	%	76.29	76.29	2.1	100	5
24	廉政指数	件/万人	22	63.6	-3.4	14	5

注：左侧纵向合并单元格依次为"生活质量""生态环境""制度环境"。

5. 海南全面建设小康社会实现程度分析

（1）海南全面建设小康社会指标实现态势总体良好。利用本指标体系对海南全面建设小康社会的实现程度进行测算，2005 年海南全面建设小康社会的实现程度为 71.8%，其中经济水平、社会发展、生活质量、生态环境、制度环境方面的实现程度分别为 62.9%、79.3%、66%、84%、66.8%。

表 20　2005 年海南全面建设小康社会五大方面实现程度　　（单位：%）

总体水平	经济水平	社会发展	生活质量	生态环境	制度环境
71.8	62.9	79.3	66	84	66.8

海南省统计局按国家统计局制定的指标体系进行测算,2005 年全国和海南全面建设小康社会的实现程度分别为 68.2%、66.3%。

比较以上两套指标体系测算出的 2005 年海南全面建设小康社会的实现程度,该指标体系测算结果比海南省统计局按国家统计局制定的指标体系测算的结果高出 5.5 个百分点。这也说明了构建的本套指标体系反映了海南的特色优势。

(2)海南到 2018 年实现全面小康社会目标的可能性分析。

从表 19 的 24 项指标目前的实现程度来看,海南的生态环境优势十分突出,经济水平、社会事业、生活质量的某些指标如服务业增加值比重、城乡居民收入比、平均预期寿命、5 岁以下儿童死亡率等,也达到了较高的实现水平,这为海南实现全面小康社会目标奠定了坚实的基础。

海南实现全面小康社会目标的难点,主要体现在人均地区生产总值低,2005 年为 10998 元,实现程度为 34.37%;基本社会保障覆盖率低,2005 年实现程度为 44.38%;城镇居民人均可支配收入和农村居民人均纯收入低,2005 年实现程度分别为 40.62% 和 37.55%;制度环境亟待创新,2005 年市场化程度、对外开放度、社会安全指数的实现程度分别为 69.25%、58% 和 76.29%。

根据近几年海南全面建设小康社会的进程以及当前和今后一个时期经济社会发展的走势,海南完全可以在 2018 年实现全面建设小康社会的目标。人均地区生产总值是衡量经济发展水平的重要指标,尽管目前实现程度还比较低,但海南缘于独特的区域和生态资源,有持续发展的后发优势,只要保持年均 8.6% 以上的增长速度,这一指标就可以实现;相应地,随着特色经济结构的构建,第三产业的大力发展,城镇居民人均可支配收入和农村居民人均纯收入也会得到明显提高;在社会事业方面,这几年投入力度较大,只要保持这一趋势,这方面的指标是可以实现的。海南省五次党代会提出重塑特区意识、重振特区精神,强调要在体制创新上有新的突破,在对外开放上有新的举措,必将推进市场化改革和对外开放的进程。

(三)实行本指标体系的可行性分析

1. 本指标体系适应了以科学发展观为指导全面建设小康社会监测的需要

小康社会是一个动态的过程,其涵义在不断发展,相应的对其衡量标准也要做出某些调整。十六届三中全会提出以科学发展观为指导全面建设小康社会,客观上要求构建新的全面建设小康社会评价指标体系,以对新阶段的全面建设小康社会进程进行监测。

近年来,国家有关部门在原来的基础上,探讨建立新的评价指标体系。但至今,全国还没有一个统一标准。一些省份也在按照科学发展观的要求,调整建立本省的全面建设小康社会评价指标体系。本指标体系正是从我国进入全面建设小康社会新阶段的现实背景出发,按照以科学发展观为指导全面建设小康社会的要求而设立。在指标设置上突出人的全面发展,既鲜明突出以经济建设为中心毫不动摇的要求,又充分强调协调经济社会、城乡、区域发展,走可持续发展道路。

2. 本指标体系强调以人为本,关注民生问题,反映了民众的新期待

全面的小康,是人的发展需要不断得到更高程度满足的小康。本指标体系的设置,按照构建和谐社会对全面建设小康社会的要求,把人民群众最关心、最直接、最现实的利益问题、社会事业和公共服务体系问题、社会管理体制问题,直接或间接地作为指标的重要内容。本指标体系把人的发展需要和社会发展需要协调起来,把人的眼前发展和环境保护协调起来,促进全面小康建设走向生产发展、生活富裕、生态良好、人与自然和谐发展的文明发展之路。在强调经济发展的同时,着重体现富民优先,体现百姓对全面建设小康社会的切实感受,以百姓得到实惠为依据,以人民满意为标准。

3. 本指标体系立足于海南发展的基础与优势,拥有实行的现实条件

进入新的历史发展时期,海南经济结构调整取得重要进展,发展基础更加坚实;新农村建设扎实推进,农村面貌发生了新的变化;社会事业较快发展,城乡人民生活有了新的改善;民主法制和精神文明建设取得明显成效,加快发展的政治、文化基础更加稳固,这为实行本指标体系奠定了坚实基础。海南的后发优势明显,这种优势突出表现在环境优良、资源丰富、特区政策、区位优势、人口规模小上。设置具有海南特色的指标体系,利用海南的自然禀赋、特区政策环境,建设具有海南特色的小康之路,既是海南全面建设小康的现实选择,也是各方面对海南的殷切期望。

4. 本指标体系的实行有利于推动海南经济社会又好又快发展

本指标体系着眼于海南长远发展,体现海南特色小康社会建设要求。一是关注经济发展,突出人均地区生产总值、城镇化率等指标;二是关注百姓教育、医疗、社会保障、收入水平等,突出改善民生问题;三是突出生态环境保护,从水质量、空气质量、森林覆盖率、综合能耗等多方面设置了评价指标;四是突出营造经济特区的制度环境,设置了其他全面建设小康社会指标体系都没有的市场化、对外开放指数等指标。依本指标体系建设海南全面小康社会,有利于海南发挥比较优势,走生态立省、开放强省、产业富省之路。从全国来讲,可以起到创新特色小康的启示作用,增加海南特色小康的吸引力;从国际来讲,既便于海南与国际社会进行比较与交流,也有利于发挥海南的开放优势,增强海南的国际竞争力。

三、海南全面建设小康社会的政策建议

站在新的历史起点,深入贯彻落实科学发展观,全力推进具有海南特色的全面小康社会进程。

(一)海南实现全面建设小康社会的目标建议

1. 提前实现全面建设小康社会的奋斗目标

(1)到 2018 年海南省总体实现全面建设小康社会目标。

海南省五次党代会对海南全面建设小康社会做出了重大战略部署。海南省五次党代会报告指出,争取在 2020 年之前,建省办经济特区 30 周年之际,海南省生产总值再翻一番以上,提前实现全面建设小康社会的目标,为本世纪中叶基本实现现代化奠定更加坚实的基础。按照这一要求,预定时序进度,到 2018 年以省为单位实现全面建设小康社会五大类 24 项指标,基本达到新阶段以科学发展观为指导全面建设小康社会的总体要求。

(2)海口、三亚市要先行一步,率先实现全面建设小康社会目标。

针对省内区域发展不平衡的现状和发展趋势的预测,对不同的市县分别提出不同的实现时间要求,通过指标的设置和考核,把各地工作重点引导到全面建设小康社会的实践上来。2015 年前,海口、三亚市要率先实现全面建设小康社会的目标,其他市县要加快全面建设小康社会进程,确保达到时序进度。

海口、三亚市经济总量、产业结构、居民收入水平等经济指标实现程度已较高,率先实现全面建设小康社会目标的工作重点在于,进一步加大政府资金投入力度,完善公共服务供给的体制和机制,提高公共服务的质量。同时,进一步加强环保力度,保护好生态环境。

2. 全面建设小康社会的战略步骤

海南全面建设小康社会进程大体分为推进、提升两个阶段。

(1)推进阶段(2010 前)。

本阶段与"十一五"规划相重合,是全面建设小康社会的关键阶段。海南省生产总值保持年均增长 10% 以上,到 2010 年海南省生产总值达到 1400 亿元以上,人均生产总值达到 16000 元以上。海南省经济结构得到有效调整;社会事业较快发展,城乡居民生活有了新的改善;基础设施条件和投资软环境进一步改善;经济与各项社会事业的发展比较协调,城乡、区域之间的发展差距明显缩小;对外开放提高到新的水平,市场经济体制进一步完善。

（2）提升阶段（2011～2018年）。

到2018年海南省生产总值达到3000亿元，人均生产总值达到32000元。以旅游业为龙头的现代服务业成为重要支柱产业，形成具有海南特色的新型工业体系，热带特色的现代农业水平明显提高，具有海南特色的经济结构形成；统筹区域发展有重大突破，城市化率水平明显提高；体制机制创新取得突破，行政效能明显提高，形成对外开放新格局，海南经济特区的投资吸引力、区域竞争力和影响力明显增强；综合生态环境质量保持全国领先水平，人与自然和谐发展；社会事业发展取得更大进步，城乡居民生活质量明显改善，城乡居民收入明显提高。海南全面建设小康社会的目标如期实现。

3. 全面建设小康社会的着力点

着重体现富民优先，体现百姓对全面建设小康社会的切实感受，以百姓得到实惠为依据，以百姓满意为标准。

（1）加快经济发展。

海南还是经济欠发达地区，这一基本省情决定了加快经济发展对于全面建设小康社会更具有特殊意义。加快经济发展是解决海南社会事业发展滞后的重要前提，是解决区域发展不平衡的重要基础，也是解决城镇化水平低、城乡居民收入低、经济总量小的根本途径。迅速提升经济总量和质量是从根本上解决当前海南经济社会发展中深层次问题的关键。

（2）着力解决民生问题。

全面建设小康社会的核心在于关注民生、重视民生、保障民生、改善民生。海南近几年在解决民生问题上加大了投入，取得了很大进展。在推进全面建设小康社会的进程中，要继续解决百姓关注的就业、教育、医疗等民生问题，进一步体现发展为了人民、发展依靠人民、发展成果由人民共享，不断满足人民群众日益增长的物质文化生活需要，实现最广大人民的根本利益，促进人的全面发展。

（3）保持优良的生态环境。

独特、优良的生态环境是海南在全国乃至国际上的特色和优势。要始终把保护好生态环境的理念贯穿始终，坚决落实环保优先方针，坚持经济建设与生态建设一起推进，产业竞争力与环境竞争力一起提升，经济效益与环境效益一起考核，物质文明与生态文明一起发展。

（二）海南全面建设小康社会的对策建议

1. 加快经济发展，为全面建设小康社会奠定物质基础

人均地区生产总值、城镇居民人均可支配收入、农村居民人均纯收入，是全面小

康建设中衡量经济发展水平的重要指标,是海南全面建设小康社会的难点问题。

(1)保持经济较快发展,努力提高人均地区生产总值。

近几年海南经济得到了较大发展,但人均地区生产总值仍然较低。按全面小康的标准衡量,2005年人均地区生产总值为10998元,实现程度只有34.37%。海南还是欠发达地区,经济总量小,经济基础弱,不能与经济大省、经济发达地区比速度、比总量,要在突出自己的特色中保持一定的持续增长速度。据测算,只要保持年8.6%的增长速度,就能在2018年实现人均地区生产总值32000元的目标。

发达地区实现经济高速增长的实践证明,欠发达地区要实现经济的快速发展,要保证较高的投资增长率,而且要保持较长的增长期。坚持"不污染环境、不破坏资源、不搞低水平重复建设"的前提,有效实施"大企业进入、大项目带动"战略,以大项目支撑大产业、以大产业支撑扩张海南经济总量、提升质量,是海南近期快速提高人均地区生产总值的路径选择。

(2)以特色的经济结构提高居民收入水平。

海南居民收入水平还比较低,2005年城镇居民人均可支配收入8124元、农村居民人均纯收入3004元,实现全面小康程度分别只有40.62%和37.55%,这也是实现全面小康的难点。

第三产业是就业程度相对广泛的产业,也更能直接地提高从业者收入。要以加快推进海南国际旅游岛建设为载体,把以旅游业为龙头的现代服务业打造成支撑海南长远发展的重要支柱产业,大大提高现代服务业的增加值比重。与此同时,大力发展热带绿色高效农业,加快推进农业结构调整,建立农业投入稳定增长机制,提升农业产业化水平,明显提高农民收入。

表21　海南省城乡居民收入预期目标　　　　　(单位:元)

指标	2005 年	2010 年	2018 年
城镇居民人均可支配收入	8124	11501	20000
农村居民人均纯收入	3004	4373	8000
城乡居民收入比(以农为1)	2.7:1	2.6:1	2.5:1

(3)控制人口规模,实现人均资源效益。

海南经济发展滞后,但人口规模相对较小,资源丰富,人均资源占有率相对较高,具有明显的可持续发展能力和后发优势。海南应维持低生育水平,严格控制外来人口,有效缓解人口、资源、环境压力,使经济发展与人口、资源、环境相协调,走可持续发展之路,使人均地区生产总值、收入水平得以较快提升。

表22　海南省人口预期控制目标

指标　　　年份	2005	2010	2018
常住人口(万人)	825	860	950

2. 加大社会事业投入,着力解决民生问题

近几年海南社会事业发展较快,但与全国相比还有较大差距。推进社会事业发展是政府的主要责任,也是全面建设小康社会的重要内容。政府要进一步加大对社会事业的财政投入,进一步改善民生。

(1)千方百计增加就业,降低失业率。

建省以来,随着经济的不断发展,创造了大量的就业岗位,就业规模不断扩大,市场导向的就业机制基本形成。"十五"期间,海南登记失业率虽然在合理区间,但呈扩大趋势。解决就业问题要采取多种举措。调整经济结构,大力发展现代服务业,提高就业容量;提供就业信息、就业指导与技能培训,强化政府促进就业的公共服务职能;引导转变就业观念,建立多层次、多渠道的就业体系;注重农村劳动力综合素质培养,建立比较稳定的劳资中介体系;加大再就业帮扶力度,着力解决城镇零就业家庭、就业困难人员和农村贫困家庭就业问题。

表23　海南省城镇调查失业率预期控制目标

指标　　　年份	2005	2010	2018
城镇调查失业率(%)	3.6	3.35	3

(2)加大教育投入,提升教育水平。

坚持"科教兴琼"战略,扩大教育的财政支出比重,优先确保教育支出高于GDP增长速度。高标准、高质量普及义务教育,推进义务教育均衡发展,提高办学质量和水平。重点发展高中以上教育,大幅度提升初中升高中比率,力争到2018年,高中阶段教育毛入学率达到90%左右。积极发展高等教育,多渠道发展职业教育,进一步提高平均受教育年限,争取到2018年达到人均受教育10.5年。

表24　海南省人均受教育年限预期目标

指标　　　年份	2005	2010	2018
人均受教育年限(年)	8.68	9.35	10.5

（3）大力发展科文卫体事业，丰富人民生活，提高人口素质。

深化科技体制改革，增加科技投入，着重支持重点科研项目研究。大力发展文化事业，加强文化设施建设，开展多种形式的文化交流活动。加快建设覆盖城乡、功能完善的疾病预防控制和医疗救治体系，建设好农村卫生院、所和城市社区医疗卫生公共服务体系。加强城乡社区体育设施建设，广泛开展全民健身活动。

（4）加快完善社会保障体系。

按照"低水平、广覆盖"的原则，积极探索建立城乡统一的社会保障制度，确保基本社会保障覆盖率以每年 6.4% 的速度增长，不断扩大社会保障范围，争取到 2018 年基本保障覆盖率达到 80%。加大社保工作力度，完善城乡最低生活保障制度，努力将所有的贫困人口纳入最低生活社会保障体系。

表 25　海南省基本社会保障覆盖率预期目标　（单位：%）

指标 \ 年份	2005	2010	2018
基本社会保障覆盖率	35.5	48.41	80

（5）维护社会公共安全，建立突发事件应急处理机制。

进一步从制度上解决关系到群众生命的生产、卫生、食品等公共安全方面的问题。务实高效地抓好社会治安综合治理，重点打击"两抢一盗"犯罪活动，打击毒品犯罪，努力降低刑事发案率指数。认真总结近年来"西瓜事件"、"香蕉事件"等危及民生的突发问题，完善应急处理机制，提高防范各种风险的能力。

3. 统筹区域、城乡协调发展

与全国相比，海南的区域、城乡发展较为协调。但应该看到，这种"较为协调"是低水平发展中的协调。海南推进区域、城乡高水准协调发展面临的任务还很重。

（1）统筹区域发展。

2005 年，海南地区经济发展差异系数实现程度为 84.03%。海南地区经济发展差异系数实现程度较高，是除海口和三亚市外，其他市县普遍欠发达的结果。

立足海南省情，海南统筹区域发展的现实途径是统一规划，整合资源，优势互补，互相带动，整体提高。以规划建设海南省琼北综合经济区、琼南旅游经济圈、西部工业走廊、东部沿海经济带、中部生态经济区"五大经济区"为目标，重要资源统一规划和配置，产业布局统一规划和安排，重大基础设施统一规划和建设，城乡建设统一规划和协调发展，通过强有力的政府协调，实现区域联动、优势互补，把潜在的资源优势转变为现实的经济效益，加快推进区域统筹发展。

（2）统筹城乡发展。

努力推进城镇化建设。实施海口、三亚南北两极带动,实行"以市联县"的特殊管理体制,带动海南北部和南部地区城镇化进程。积极稳妥推进行政区划调整,建设琼海、儋州、五指山等中心城市,强化中心城市的地位和作用,提高县城和中心镇的品位与质量,发挥中心城市对周边市县的辐射和带动作用,发展壮大县域经济,提高城镇化率。争取海南城镇化率由 2005 年的 45.2% ,达到 2018 年的 60% 。

表 26　海南省城镇化率预期目标　　　　　　（单位:%）

指标 \ 年份	2005	2010	2018
城镇化率	45.2	50.4	60

着力解决"三农"问题,加大政府对农业和农村的扶持力度。海南的文明生态村建设已经形成了品牌和特色,在全国产生了重要影响。目前海南省文明生态村总数已达到 6900 个。海南文明生态村建设要与新农村建设有机结合和统一起来,为真正解决海南的"三农"问题,全面实现小康社会做出更大的贡献。建设以"路、水、电、气、通讯"五网合一为主要内容的城乡一体化基础设施,增加政府对农业灌溉工程、农田林网等基础设施建设的投入,进一步改善农民生产生活条件。

4. 保持和发挥好独特的生态环境优势

优良的生态环境是海南发展的最大资本,是海南的生命线,要充分保持和发挥好海南独特的生态环境优势,全力建设绿色之岛。

(1)坚持"生态立省",发展循环经济,走可持续发展道路。

以环境优化经济增长。走科技含量高、资源消耗低、环境污染少的发展道路,通过政策、经济、技术等手段的调控和引导,保护好环境;始终按生态省的理念来培育产业发展,在大力、优先发展生态产业的同时,对传统产业实施生态化改造;大力发展循环经济,建设环境友好型社会。

(2)尽快对海南生态环境进行全面客观的评估,加强环境综合治理力度。

海南生态环境全国排名领先主要缘于自然的良好基础。应充分认识到,海南近些年较其他省份,在某些环境指标上问题较为严重。二氧化硫排放量、化学需氧量排放还没有得到有效控制,氮肥施用水平居全国之首,万元生产总值能源消耗量、万元生产总值资源消耗居高不下。海南环境的承载力有限,环境风险因素在逐渐加大,必须尽快对海南生态环境进行全面客观的评估,加强环境综合治理力度。

(3)探索海南环保的体制机制创新,积极争取建立环保特区。

环境保护既有经济方面的问题,又有社会方面的问题,更重要的是体制机制的安排问题。建议把生态省作为规划的基本目标,采取更严格的环保措施并运用世界上先进的治理环境技术和治理机制,努力使海南成为我国第一个环保特区。

（4）建立生态补偿机制。

率先制定专项生态保护法,为建立生态环境补偿机制提供法律依据,对自然资源开发与管理、生态环境建设、资金投入与补偿的方针、政策、制度和措施进行地方立法。

逐步建立政府引导、市场推进、社会参与的生态补偿和生态建设投融资机制,支持鼓励社会资金参与生态建设、环境整治的投资、建设和运营。

积极争取国家对海南生态补偿的财力支持。加大对生态效益地区转移支付力度,设立对重点生态区的专项资金支持模式,并开征生态环境费（税）,设立"生态补偿与生态建设专项资金"。

5. 进一步扩大对外开放

前些年,海南经济发展同沿海发达地区差距逐步拉大,主要在于经济开放度的差距。按全面建设小康社会的指标体系测算,海南目前的对外开放度的实现程度只有58%。特区的使命在开放,岛屿经济体的生命线是开放。海南作为经济特区,只有把提高经济开放度作为经济工作的重中之重,才能形成独特的优势,推进又好又快发展。

（1）积极推进区域经济合作。

海南是我国联结东南亚各国的重要桥梁,在中国与东盟贸易投资自由化进程中能够扮演独特的角色。当前,海南应积极参与环北部湾的区域合作,并发挥重要作用。

（2）在扩大开放中加快形成具有海南特色的经济结构。

以旅游产业的全面开放提升海南旅游的国际化水平,实现旅游产业的转型和升级。立足于充分发挥海南独特的生态环境优势,借鉴国际成功经验,建设以旅游开放为主要内容的国际旅游岛。争取在 2018 年,以旅游业为龙头的现代服务业成为海南的重要支柱产业,海南省服务业增加值比重达到50%以上。

积极争取尽快建立洋浦保税工业港区,加快发展以南海油气资源开发为重点的资源加工区,逐步把海南建设成我国南海油气资源开发的重要基地。积极争取国家的支持,尽快使洋浦成为区位优势突出、具有国际竞争力的现代保税工业港区。即在洋浦经济开发区范围内,以油气综合开发为重点,以实行自由港区的政策和发展模式为目标,把洋浦建成现代化油气综合开发基地和新型工业基地,成为我国对外开放程度最高的保税工业港区。

积极主动地在琼台农业合作上有所作为,大力发展热带绿色农业。海南热带绿色农业蕴藏着巨大的能量,也呈现出良好的发展势头。但由于农业的经济开放度不够,农业技术和相关服务的引进同农业的发展需求有很大的差距。农业经济的开放关键是琼台农业合作要有新的突破。这些年来,琼台农业合作虽然有所进展,但与福建等省相比,差距逐步拉大。至 2006 年 6 月海南实际利用台资 3.35 亿美元,仅为福建的 1/4。

(3)继续实施"大企业进入,大项目带动"战略。

紧紧围绕培育壮大优势产业,着力引进有影响的大企业、大集团、大项目。培育发展以资产为纽带、产品为龙头的大型企业集团,形成一批产值超百亿元的产业集群。进一步促进中小企业发展,发挥中小企业为大企业配套服务方面的积极作用。

放宽市场准入,允许境外投资者通过并购、参与重组、受让股权、BOT 等方式来海南投资,促进利用外资方式向多元化转变。通过实行土地、贴息、政府采购等优惠政策,鼓励外资方转让关键和核心技术,提高利用外资水平。

6. 加快市场化改革,完善市场经济体制

市场化指数反映了一个地区的市场化程度。《中国市场化指数 2006 年报告》显示,海南市场化指数近些年大幅下降,在全国排名由 2001 年的第 8 位,下降到 2005 年的第 20 位。海南应加大市场化改革力度。

(1)大力发展混合所有制经济。

加快完成国有经济布局结构的战略性调整。绝大多数企业实现投资主体多元化,使股份制成为公有制的主要实现形式。大型国有企业向混合所有制企业方向转制,中小国有企业通过民营化改造有序退出国有,或者关闭破产退出市场。

努力营造民营经济发展的良好氛围。2004 年,海南私营企业的比重是 41.2%,比全国的总体水平低了 20 个百分点;在全社会固定资产投资中,个体经济只占 8.74%,低于全国 12.2%。

(2)积极培育和扩大中等收入者比重。

加快分配制度改革,探索劳动、资本、技术和管理等生产要素按贡献参与分配的有效途径。充分发挥市场在资源配置中的基础性作用,建立统一、开放、竞争、有序的现代市场体系。加快产权制度改革。我国正处在经济转轨和社会转型时期,产权制度改革对于理顺重大利益关系,推进分配制度改革有着特殊的作用。要把积极培育和扩大中等收入者比重,作为最终实现共同富裕的重要举措。

(3)以提高农民收入为目标,实现农村市场化改革的新突破。

引导农民以市场为导向,调整农业产业结构。促进农村富余劳动力向第二、第三产业转移,千方百计解决失地农民的就业问题。探索土地流转的有效机制,允许耕地使用权抵押、入股,大力发展农民专业合作组织,积极推广小额信贷。

7. 推进以落实科学发展观为目标的行政管理体制改革

加快行政体制改革,是深入贯彻落实科学发展观,全面建设小康社会最为关键的体制保障。

(1)为可持续发展创造良好的政策和制度环境。

改革开放走到今天,各类企业已成为经济建设的主体。在这种背景下,政府继续扮演投资建设主体的角色将造成大量的经济社会矛盾。为此,行政管理体制改革要实现由经济建设型政府向公共服务型政府的转变,政府的主要职能是提供良好的经济性公共服务,加大基础设施投入力度,加大力度提高政府的办事效率,为经济社会发展创造良好的政策和制度环境。

(2)大大强化政府在公共服务体制建设中的主体地位和主导作用。

进一步优化财政支出结构,解决公共产品短缺问题。未来一个时期需要尽快解决好与城乡居民利益直接相关、广大群众要求强烈的基本公共产品的供给,如就业、基本公共卫生和医疗服务、义务教育、社会保障、公共安全和环境保护。

把建立农村公共服务体制作为新农村建设的重要任务。从广大农民的现实需求出发,今后海南省对新农村建设资源配置的重点应当放在农村基本公共产品的供给方面,为缩小城乡差距、破解"三农"问题提供有效途径。加强政府公共服务机构建设。改变公共服务机构"上下一般粗"、职能趋同化严重的现象。克服公共服务管理事务分工过细,有关部门职能交叉、相互扯皮的现象。尽快解决政府公共服务机构不健全、公共服务信息管理系统不科学、公共服务人才队伍配备不合理等问题。

按照构建公共服务体系的要求,统筹设计和推进事业单位改革。事业单位改革的基本目标是建立有效的公共服务体系。"十一五"时期,如果把事业单位改革置于整个公共服务体制建设框架下统筹设计和安排,这项改革就有可能取得历史性突破。

(3)按照科学发展观的要求,完善干部绩效考核机制,提高行政效率。

改进绩效评估体系,尽快将全面建设小康社会的相关指标纳入干部政绩考核体系中,使广大群众的评价成为影响干部升迁的重要因素。逐步理顺和深化干部问责机制。借鉴国外行政问责的良好做法,重视法律与制度建设,重视专门机构监督,重视行政问责的实施与监督机制,重视行政问责体系建设,重视行政公开、公众参与和媒体监督相结合。

(三)海南全面建设小康社会的组织实施

1. 高起点编制《海南全面建设小康社会总体规划》

2007 年 6 月 25 日胡锦涛总书记在中央党校的重要讲话,将指导我国全面建设小康社会进入新阶段。站在新的历史起点,尽快高起点编制《海南全面建设小康社会总体规划》。《规划》要符合以科学发展观为指导全面建设小康社会的总体要求,立足海南实际,将海南省工作重点引导到全面建设小康社会上来,努力走出具有海南特色的全面小康社会之路。

2. 科学制定《海南全面建设小康社会评价指标体系》

本研究报告初步提出了《海南全面建设小康社会评价指标体系》。建议由省直有关部门参加,对该套指标体系进行调研、评估、测算、调整,使其更科学,更符合海南实际,以指导海南全面建设小康社会实践。

3. 建立海南省全面建设小康社会的监测体系

建立由海南省统计局、各市县统计局负责的全面建设小康社会的统计监测系统,对海南全面建设小康社会进程进行评估,为相关决策提供依据,确保海南在 2018 年提前实现全面建设小康社会的奋斗目标。

中国(海南)改革发展研究院课题组
课题组负责人:迟福林
执笔:迟福林　苗树彬　赵雄飞　王建浩　张飞　甘露

中改院立足海南的探索实践
（大事记）

时　间	内　容
1991 年	
1991 年 11 月 1 日	我院建院之日召开了"海南对外开放战略研讨会"。中央、国务院 10 多位部级干部和一大批全国著名经济学家,与海南省的各级领导、专家学者共同讨论海南深化改革、扩大开放的战略思路和实际措施。提出了实行"大开放"方针的思路和具体对策。
1991 年 11 月 16～25 日	国家体改委和我院联合举办"全国体制改革系统社会保障制度改革培训班",全国 14 个省、市、自治区和部分计划单列市体改委有关方面的负责人及海南省直有关单位、各市县体改办的负责人共 50 余人参加了学习。培训班邀请了国内外知名的社会保障研究和管理方面的专家学者讲课。培训期间,学员们不仅较系统地学习了国内外社会保障制度的理论和实践经验,而且对国务院相关文件下发后各地贯彻执行的情况及出现的问题、海南省的社会保障改革方案对各地的借鉴作用等进行了广泛的交流和讨论。
1991 年 12 月 17～20 日	在"中国金融体制改革国际研讨会"上,我院常务副院长迟福林提交"海南经济特区的改革开放——关于改革进程的报告"。
1991 年以来	海南市场化改革问题一直是我院对海南问题研究的重点之一,从 1991 年以来我院提出了一系列建立和完善市场化改革的研究报告。如"建设适合海南实际的新型社会保障制度"等。这些成果对海南社会主义市场经济体制框架的初步形成,推动海南经济社会的迅速发展产生了积极影响。
1991 年至 1992 年间	我院先后 4 次在海口、北京召开建立海南特别关税区,在海南"再造香港"的国际研讨会和咨询会。一些全国人大代表、全国政协委员和国家有关部委的领导,国际国内知名专家学者对海南建立特别关税区的可行性进行了反复研讨、论证,我院提交"建立海南特别关税区可行性研究报告",并由省委省政府转报中央。

续表

时　间	内　容
1992 年	
1992 年 1 月 24 日	在海南省体制改革工作会议上,我院常务副院长迟福林做了标题为"按照大开放的要求,加大改革分量,加快改革步伐"的演讲。
1992 年 2 月 21～22 日	国家经济体制改革委员会主任、我院名誉院长陈锦华在率团考察海南企业改革、社会保障制度改革等情况期间,来我院视察,并在我院与刘剑锋省长一起听取了海南部分企业界人士参加的企业股份制改革情况汇报。
1992 年 3 月 30 日	我院向联合国开发计划署申请援助的项目"海南体制政策设计与人员培训"签字生效。"社会保障制度改革"是本项目中的一大重要课题,中国(海南)改革发展研究院社会保障制度改革课题组认真调查了海南省社会保障制度改革方案实施后的实际情况,并考察了其他省市和国家的社会保障现状,经过比较分析,深入研究,课题组对方案进行了进一步修改,形成海南新型社会保障制度改革方案。
1992 年 4 月 8 日	由我院发起,并与海南大学等机构共同主办的"建立海南特别关税区研讨会"在我院召开。会议的主题是:以洋浦开发区为突破口,不失时机扩大改革开放,争取早日建立海南特别关税区。我院常务副院长迟福林提交了"按自由港模式建立海南特别关税区"的论文。
1992 年 4 月 30 日	我院在北京人民大会堂海南厅主办了"建立海南特别关税区可行性研究报告咨询会"。来自中央相关部委的领导和全国著名的专家学者共 40余人出席了会议。与会领导和专家对我院起草的研究报告一致表示赞同,认为报告阐述的建立海南特别关税区的基本思路,是正确的、可行的。
1992 年 7 月 1～2 日	我院主办"建立海南特别关税区国际咨询会"。这次会议的目的是,在更大范围内,邀请中外专家学者,对海南建立特别关税区进行更深入的研究论证,以便尽快形成一个比较成熟的、比较完善的操作性的具体方案,供海南省委省政府决策时参考。我院常务副院长迟福林提交"建立海南特别关税区的几个重要问题"的论文。
1992 年 8 月 9 日	海南省委宣传部、省体改办、省政府社会经济发展研究中心、省社科联等单位联合在我院召开"海南特区市场体系研讨会"。我院常务副院长迟福林做了"建立社会主义市场体系若干问题"的专题发言。
1992 年 9 月 10～11 日	我院常务副院长迟福林赴香港参加由香港中文大学亚太研究所举办的"国际新秩序与亚太区域发展国际研讨会",并在会上做了题为"海南的发展与东南亚国家的经济关系"的演讲,引起与会代表对海南问题的关注。会议期间,迟副院长与香港亚太二十一学会会长黄枝连先生联合建议建立"南中国海(南海)论坛"。该论坛旨在把南中国海及其周边地区办成一个和平的、友好的、合作的、发展的海洋(地区),对于各种新旧问题,在和平共处五项原则下协商处理。同时,为了系统深入的研究,极大地促进南中国海周边国家(地区)的友好关系和经贸合作,双方还初步商定由我院东南亚研究所和香港亚太二十一学会联合在海南筹建"南中国海研究中心"。

续表

时 间	内 容
1992 年 9 月 15 日	我院常务副院长迟福林赴北京参加由国务院发展研究中心和美国斯坦福国际研究院共同主办的"发展中的中国经济区域"北京国际商务研讨会,并在会上做了题为"海南岛:向世界开放的岛"的发言。
1992 年 10 月 5～10 日	由我院和海南省体改办、省工业厅共同举办的"海南省转换企业经营机制研讨班"在我院开班。我院常务副院长迟福林做了题为"社会主义市场经济发展中的国有企业经营机制问题"的报告。
1992 年	我院参加了《海南省旅游规划大纲》的讨论和撰写,提交了"海南旅游业:战略行动纲领"专题研究报告。
1992 年 12 月 7～9 日	我院同联合国开发计划署、世界银行、国际劳工组织联合举办了"中国社会保障与经济改革国际研讨会"。前国务院副总理兼外交部长黄华,国家计委副主任郝建秀,国家体改委副主任高尚全,劳动部部长令狐安,卫生部副部长孙隆椿,全国总工会副主席章瑞英,联合国开发计划署驻华代表贺尔康,世界银行副行长、高级顾问宋默之以及海南省委、省政府领导邓鸿勋、刘剑锋等出席会议。这次会议对加快建立和完善社会主义市场经济新体制起到了重要作用,同时也为海南社会保障制度的改革提供了一次借鉴国内外先进经验的良好机会。这是我院以自己为主举办的一次最高级别会议,也是国内较早的一次社会保障方面的高级国际论坛。
1992 年 12 月 21～22 日	由我院、海南大学、香港亚太二十一学会、香港中文大学组织与管理学系和香港香江国际集团联合举办的"'海南再造香港'研讨会"在我院召开。
1993 年	
1993 年 2 月 16 日	由我院与中国世界经济学会联合主办的"海南新发展的国际经济环境研讨会暨海南世界经济对华投资咨询有限公司成立大会"在我院召开。
1993 年 3 月 5 日	在海南省体制改革工作会议上,我院常务副院长迟福林做了题为"以放手搞活和发展企业为目标加快推进各项改革"的发言。
1993 年 3 月 15～20 日	由我院和世界银行驻中国代表处共同举办的"中国社会保障制度改革国际培训班"在我院开班。前来授课和参加研讨活动的有世界银行、国际劳工组织、美国的社保专家,及来自国家劳动部、民政部、卫生部、人民大学的专家学者和来自全国省、市、自治区及计划单列市体改委、劳动厅、人事厅、社会保障局等单位的80多名学员参加了培训学习。
1993 年 6 月	在香港"海南现代化与台湾发展经验"研讨会上,我院常务副院长迟福林提交"坚定依靠市场经济力量加快海南现代化建设"的论文。
1993 年 9 月 1～2 日	美国斯坦福国际研究院原经济竞争力中心副主任莱曼先生来我院访问,并与迟福林常务副院长就我院联合国开发计划署援助项目子项目之一:"海南省旅游发展战略"的合作研究事宜进行座谈。

续表

时　间	内　容
1993 年 9 月 10 日～ 10 月 18 日	由我院和国家体改委生产司共同举办的"全国股份制企业规范化管理培训班"经过 20 天的课堂学习和研讨活动,以及赴海南、深圳、香港等地进行针对性实地考察和在香港的短期培训,圆满结束。这次培训邀请了在我国股份制改革研究、咨询和管理方面著名专家教授和管理干部授课,来自全国 14 个省、市、自治区及海南省内各股份制企业的 80 多名学员参加了学习。中共中央政治局委员、国务委员兼国家体改委主任李铁映,国家体改委副主任贺光辉,国家证券委副主任、中国证监会副主席童赠银等同志到培训班看望了学员并分别做了重要讲话。
1993 年 10 月 25 日	在中南七省(区)市党建工作经验交流会上,我院常务副院长迟福林做了题为"海南改革发展的现状和前景"的发言。
1993 年 11 月 1～3 日	由我院、香港亚太二十一学会和海南大学联合主办的"中华经济协作系统国际研讨会"在我院召开。会议就中华经济协作系统经济合作的现状和前景、产业结构及其政策、经济市场与市场开发、海南与港澳台经济协作等专题进行了广泛的探讨。
1993 年 11 月 24 日～ 12 月 3 日	中共中央政治局委员、全国人大常务委员会副委员长田纪云考察海南,在海口期间下榻我院。田副委员长在我院接见了海南省部分股份制企业高级管理人员,就企业改革问题进行了座谈,发表了重要意见。田纪云副委员长愉快地接受了作为我院名誉顾问的邀请,并为我院题词,勉励大家再接再厉,为推动中国的改革开放做出更大贡献。
1993 年 12 月	在"海南省旅游发展战略研讨会"上,我院常务副院长迟福林做了题为"在改革开放中加快海南旅游业的发展"的发言。
1994 年	
1994 年 1 月 20 日	海南省理论研讨会上,我院常务副院长迟福林提交"以产权制度改革为重点加快建立完善海南市场经济体制"的论文。
1994 年 3 月 7 日	在"建立与发展海南产权市场研讨会"上,我院常务副院长迟福林做了题为"海南产权交易实践当中五个亟待解决的问题"的发言。
1994 年 3 月 10 日～11 日	"海南台湾经济金融发展研讨会"在我院召开。我院常务副院长迟福林提交了"在加速海南特区经济体制改革中促进琼台经济合作"的论文。
1994 年 11 月 8～10 日	我院主办"海南旅游发展与投资研讨会"。来自香港、台湾、北京和海南的一批专家学者和海南 61 家旅游开发公司的代表参加了会议。我院常务副院长迟福林在会议上做了"以开放带动旅游,以旅游促进开发"的主题报告。
1994 年 11 月 26 日	由我院与海口市政府、海南省计划厅、工业厅、经济合作厅、贸促会、农垦总局等共同发起主办的"海南九四国际融投资洽谈会"在我院召开。美国摩根·斯坦利投资银行、日本大和证券株式会社等多家海外财团、金融机构参加融资投资洽谈。

续表

时　间	内　容
1994 年 12 月 3 日	由我院与民盟海南省委共同主办的"增创大特区新优势,实现经济早日腾飞"研讨会在我院召开。
1994 年 12 月 5～6 日	我院与香港科技大学、海南省社科联、琼台(港、澳)经济合作促进会联合主办"海南现代农业发展研讨会",来自台湾、香港、广东、广西、福建、陕西、北京和海南省的专家学者探讨了海南现代农业的发展道路以及海南热带亚热带水果、蔬菜、花卉、水产养殖等产业开发的问题,介绍了世界生物科学的最新发展、台湾现代农业发展的经验与教训、台湾高科技产业发展案例等。我院提出了"全面推进琼台农业合作的十点建议"。
1995 年	
1995 年 1 月 23～25 日	我院协助海南省委办公厅主办了"95'海南省理论研讨会"。我院常务副院长迟福林提交"做好'很了不起'这篇大文章"的论文。
1995 年 4 月 3 日	由海南省股份制企业协会、海南省总商会和亚太集团共同主办的"95'海南经济发展新趋势研讨会"在我院召开。
1995 年 4 月 13～14 日	我院与联合国开发计划署联合召开了"中国经济特区发展国际研讨会"。海内外 80 位专家学者和官员,就中国经济特区问题进行了热烈的讨论,提出了一些很有价值的建议。
1995 年 6 月	我院提出"海南经济特区向新目标过渡的建议"。这份建议报告是我院几年来紧密结合海南经济特区改革开放的实践,开展深入研究的成果。
1996 年	
1996 年 1 月 26 日	我院提出"关于海南经济特区进一步扩大对外开放的建议(二十三条)",报国家计委、国家体改委等中央有关部委和海南省政府,该建议受到多方重视。
1996 年 2 月 15～16 日	由(中国)海南改革发展研究基金会资助,我院协办,海南省委主办的"96'海南省理论研讨会"在我院召开。我院常务副院长迟福林提交了"关于海南经济特区进一步扩大对外开放的建议"的论文。
1996 年 8 月 27 日	驻琼工委在我院举办"经济特区发展讲座",我院常务副院长迟福林应邀做讲演。并提交了"中国经济特区进一步发展的建议(二十二条)"。
1997 年	
1997 年 1 月	在政协海南省二届五次会议上,我院常务副院长迟福林做了题为"多方努力尽快促成琼台农业项下的自由贸易"的发言。
1997 年 2 月 1～2 日	由海南省委主办,我院协办的"海南省 1997 年理论研讨会"在我院召开。我院执行院长迟福林做了题为"我国经济特区下一步发展的战略目标"的发言。
1997 年 4 月 17～18 日	我院与洋浦管理局、海南省社科联联合主办了"以工业项目带动洋浦开发,以洋浦开发带动海南经济"研讨会。会议集中讨论了"洋浦经济开发区在海南特区建设中的地位和作用"、"洋浦经济开发区重化工业体系框架"等问题。

续表

时　间	内　容
1997 年 6 月 12 日	为纪念邓小平同志提出创办海南经济特区讲话 10 周年,我院会同海南省社科联在我院召开了"邓小平创办海南经济特区讲话十周年座谈会"。
1997 年 7 月 29～31 日	由中华全国台湾同胞联谊会、全国台湾研究会、中国社科院台湾研究所联合举办的"第六届海峡两岸关系学术研讨会"在海南儋州召开。我院常务副院长迟福林参加了会议,并在会上做了题为"关于实行琼台农业项下自由贸易的十点建议"主题演讲。
1998 年	
1998 年 1 月 20～22 日	由海南省委主办,我院协办的"1998 年海南省理论研讨会"在我院召开。
1998 年 3 月	我院提出"关于实行琼台农业项下自由贸易"的建议报告,上报中央、国务院,受到各方面重视。海南省委主要负责同志批示有关部门,对建议报告进行研究,省政府还为此专门召开了一次办公会议,讨论建议报告的内容。
1998 年 4 月 9 日	在海南建省办经济特区 10 周年之际,我院与省委宣传部在我院联合举办了"海南跨世纪发展研讨会"。
1998 年 4 月 13 日	在"海南建省办特区 10 周年座谈会"上,我院常务副院长迟福林做了题为"以邓小平创办海南经济特区的战略思想为指导,加快海南发展的建议"的发言。
1998 年 4 月	我院对"建设三亚国际化旅游城市"进行专题研究,形成了"关于建设三亚国际化旅游城市的建议报告",该报告的观点被海南省政府采纳,写入政府工作报告中。
1998 年 5 月	我院执行院长迟福林向省委提交"关于确定洋浦经济开发区为出口加工区的几点建议"的政策建议报告。
1998 年 10 月 30 日	由(中国)海南改革发展研究基金会资助,海南省委党校、海南大学、海南省社会科学界联合会和我院联合举办了"十一届三中全会路线与海南特区的发展——纪念十一届三中全会 20 周年座谈会"。
1998 年 11 月 16 日	全国政协副主席周铁农一行听取了我院执行院长迟福林关于"关于实行琼台农业项下自由贸易建议报告"主要内容的汇报。周副主席等就建议报告中的一些重要问题同迟福林执行院长进行了座谈讨论。
1998 年 11 月 26 日	在省政协举办的十一届三中全会 20 周年大会上,我院执行院长迟福林做了题为"改革是推动发展的直接动力"的发言。
1999 年	
1999 年 4 月 23 日	我院召开"海南跨世纪发展座谈会",专门就海南跨世纪发展目标的定位问题进行讨论。
1999 年 6 月 15 日	在省政协常委会上,我院执行院长迟福林发表题为"以提高经济效益为目标,大力发展休闲度假"的发言。

时　间	内　容
1999 年	在海南省规划新世纪发展蓝图之际，我院 1999 年组建"海南经济发展战略研究"课题组，组织专家学者近 30 人，开展了中国加入 WTO 背景下的海南经济发展战略研究。此课题在 2000 年年初被批准为国家软科学研究计划项目。研究成果荣获 2001 年海南省第三次社会科学优秀成果省级论文一等奖和海南省 2001 年优秀精神文明成果奖。
1999 年 7 月	我院提出"热带高效农业发展之路——海南发展热带高效农业的政策建议"。
1999 年 8 月 15 日	在海南省理论研讨会上，我院执行院长迟福林提交"对经济特区扩大开放的再认识"的论文。
1999 年 11 月 19 日	国家外经贸部副部长龙永图在我院做"中国与 WTO"专场报告。海南省委书记杜青林、省长汪啸风等省领导，各厅局主要领导、企业高级管理人员及在我院培训的学员 200 余人参加。报告会由我院执行院长迟福林主持。
2000 年	
2000 年 2 月 24 日	"海南省 2000 年理论研讨会"在我院召开。会议对未来 5 年海南省经济发展战略进行了深入广泛地讨论。
2000 年 3 月 11 日	全国政协副主席陈锦华同志在北京主持了"海南'十五'发展战略座谈会"，海南省委书记杜青林、省长汪啸风出席了会议，中央有关部委领导、在京的专家教授 23 人参加了会议。会议就我院提交的"以产业开放拉动产业升级，实现海南经济持续快速增长"的研究报告进行了讨论，座谈会肯定了研究报告的基本思想。
2000 年 4 月 14 日	海南省委财经领导小组会议听取"以产业开放拉动产业升级，实现海南经济持续快速增长"研究报告的专题汇报。与会领导认为，从开放产业的角度研究"十五"发展战略，符合海南的实际，思路很好，很有价值，报告有新意，为制定"十五"规划提供了基础。
2000 年 9 月 16 日	我院召开"新经济与海南发展学术报告会"，著名经济学家、诺贝尔经济学奖获得者、美国科学院院士、美国宾夕法尼亚大学克莱因教授，著名经济学家、美国科学院院士、美国普林斯顿大学邹至庄教授，著名经济学家、美国科学院院士、美国斯坦福大学安德森教授，美国南加利福尼亚大学教授、中国台湾"中央研究院"院士萧政教授，美国纽约城市大学粟庆教授，日本庆应大学黑田昌裕教授等在会上做了专题演讲。海南省副省长李东生在会上致欢迎辞，我国著名学者乌家培、汪同三与省直机关领导、科研院所和高等院校的专家学者和部分企业的领导 250 人参加会议。我院执行院长迟福林主持了报告会。邀请世界级经济学家讲学并举办如此高规格的学术报告会，在海南是第一次。

续表

时 间	内 容
2000 年 下半年	我院组织了 10 多位专家对"海南油气综合开发利用"课题进行了研究,经过大量的调研和座谈讨论,形成一份建议报告"加快海南油气综合开发利用建议"和四份专题研究报告:"海南岛天然气综合开发基地建设的研究报告"、"洋浦经济开发区应成为海南油气综合加工产业集中发展的新兴地区"、"未来 5～10 年海南电力产业发展的建议报告"、"海南省海洋油气资源的认识与评价"。
2001 年	
2001 年 2 月 15 日	我院转轨经济研究中心、海南发展研究所举办 2001 年度第一期学术沙龙活动,重点探讨了"加速南海天然气开发与利用的对策",来自政府、企业、高校、学术研究机构近 30 名学者参加了此次沙龙活动。
2001 年 2 月 19～20 日	"海南省 2001 年理论研讨会"在我院召开。每年一次的省理论研讨会,已经在我院连续举行了 8 次。我院除全力协助省委、省政府办好研讨会外,还积极参与研讨,为改革献计献策。此次研讨会上,我院执行院长迟福林以"以改革开放的突破,实现发展的突破——对海南'十五'时期实现快速增长的初步分析"为题在大会上做了发言。
2001 年 4 月 13 日	我院与海南省社会科学界联合会共同举办了"纪念海南建省办特区十三周年圆桌会议"。70 余名各界专家学者围绕"学习江总书记重要讲话,争创经济特区新优势"这一主题,就经济特区如何在新的环境下创造新的优势、海南产业结构调整的方向与政策、海南如何解决人才问题等议题进行了讨论。我院执行院长迟福林提交了"以体制创新推动经济结构调整"的论文。
2001 年 8 月 8 日	海南省委财经领导小组会议听取了我院关于洋浦开发建设有关问题的汇报。
2001 年	我院提出"把海南省天然气发电建设重点放在洋浦开发区的建议"以及"洋浦经济开发区应成为海南油气综合加工产业集中发展的新兴地区建议报告"。
2001 年 6 月	中改院《海南天然气基地建设暨南海资源开发战略》课题组形成"加快海南油气开发利用的建议"、"海南岛天然气综合开发基地建设的研究报告"。
2001 年 12 月 12 日	在海南省委党校"领导干部 WTO 知识培训班"上,我院执行院长迟福林做了题为"我国加入 WTO 与海南的发展机遇"的演讲。
2001 年 12 月	我院提交"建立海南国际旅游岛的框架建议"后,海南省委、省政府领导做了批示,要求召开专题研讨与汇报会。此项建议被评为海南省第四届社会科学优秀成果二等奖和海南省政协三届五次会议优秀提案。
2002 年	
2002 年 1 月 8 日	我院提出"建立海南国际旅游岛(框架建议)"。

续表

时　间	内　容
2002 年 2 月 2 日	省政协三届五次会议，我院执行院长迟福林提交了"建立海南国际旅游岛的建议"的提案。
2002 年 3 月 18 日	我院海南改革发展研究专家委员会召开成立会，会议通过了专家委员会主任、副主任人选，通过了专家委员会的章程。迟福林执行院长代表我院董事局主席陈锦华、院长高尚全向委员们表示感谢并颁发了聘书。随后，召开了我院海南改革发展研究专家委员会第一次会议。委员们就我院 2002 年海南问题研究计划和洋浦发展问题进行了讨论。
2002 年 3 月	我院课题组形成"洋浦经济开发区应成为海南油气综合加工产业集中发展的新兴地区"的报告。
2002 年 4 月	我院课题组形成"中国加入 WTO 与洋浦开发新机遇"的报告。
2002 年 5 月 4 日	我院提出"WTO 与中国自由贸易区——建立中国自由贸易区的八点建议"。
2002 年 5 月 16 日	海南农垦创建 50 周年，我院执行院长迟福林做了题为"以制度创新实现新世纪农垦改革发展的全面突破"的演讲。
2002 年 6 月	我院课题组提出了"建立海南国际旅游岛可行性研究报告"。
2002 年 7 月	我院课题组提出了"关于洋浦开发区几个重要问题的建议"。
2002 年 8 月 27 日	我院执行院长迟福林在海南省委党校给海南省高级专家研讨班授课。海南省 31 名高级专家参加了研讨班。迟福林院长就"我国加入 WTO 背景下海南产业开放战略的确定"、"海南实现产业开放突破的建议"、"如何创造有利于产业开放的经济社会环境"等问题授课，并回答了专家们的提问。
2002 年 10 月 14 日	我院执行院长迟福林教授以"改革开放中发展的海南岛"为主题，为来琼参观的西藏班禅额尔德尼·确吉杰布一行介绍海南建省办经济特区 14 年的发展历程。
2002 年 11 月 5 日	我院提出"以开放促改革发展，步入海南经济持续快速增长的新阶段——关于我院贯彻落实十六大报告精神，加快经济发展若干建议"。
2002 年 12 月 19 日	在海南省领导干部培训班上，我院执行院长迟福林做了题为"以开放促改革，实现海南经济的持续增长——关于海南实现全面建设小康社会的建议"的演讲。
2002 年 12 月 24 日	在海南政协三届二十六次会议上，海南省政协为我院迟福林执行院长颁发优秀提案"建立海南国际旅游岛的建议"荣誉证书。
2002 年 12 月	我院提出"紧紧依靠制度创新和产业开放全面建设海南小康社会"的建议。

时　间	内　容
2003 年	
2003 年 1 月 22 日	我院提出"海南市场化改革继续走在全国前列的几点建议"。
2003 年 1 月	在省政协四届一次会议上，我院执行院长迟福林做了题为"关于加快发展海南混合所有制经济的建议"的发言。
2003 年 3 月 14 日	海南省社会科学界联合会三届四次全会、"以十六大精神为指导，加快海南经济社会发展"理论研讨会以及海南省第四次社会科学优秀成果颁奖大会在我院举行。我院执行院长迟福林教授的"从基础性改革转向结构性改革"论文获论文一等奖，我院课题组的"建立海南国际旅游岛（框架建议）"、"承认和实现创业型企业家价值的框架建议"分别获论文二等奖和荣誉奖，王景新教授"中国农村土地制度的世纪变革"获专著三等奖，其与他人合作的"由国营农场走向社区农业——海南省国营三道农场调查报告"获论文荣誉奖。
2003 年 4 月 4~7 日	我院组织研究人员对海南相关市县的"三农"现状进行系列性调研，在海南琼海、陵水组织农民权益保护问卷调查，形成"海南省农民权益与保护调研报告——对琼海市和陵水县的调查"。
2003 年 5 月 7 日	我院与海南省社科联合办"'非典'对海南经济社会的影响座谈会"，来自海南省政府有关职能部门近 20 位领导、专家学者出席了会议。
2003 年 6 月 18 日	在省政协四届二次常委会上，我院执行院长迟福林做了题为"关于海南'三农'问题的十点建议"的发言。
2003 年 8 月 16~17 日	海南省人民政府与国家开发投资公司联合举办了"海南省港航业与经济发展研讨会"，来自国家和海南有关部门、规划、研究方面的 20 多位专家、领导参会。我院海南改革发展研究所所长陈文应邀出席研讨会，并就海南优势产业发展与港口开发的关系问题在会上进行了交流。
2003 年 8 月 19 日	应海南省委组织部的邀请，我院执行院长迟福林教授以"海南对外开放与制度创新"为题，为海南省引调的 20 名博士后岗前培训作专题报告。
2003 年 12 月 28 日	我院完成了海南省发改厅的正式委托课题"海南高尔夫产业发展框架性研究建议"。
2004 年	
2004 年 1 月 14 日	在政协海南省四届四次常委会上，我院执行院长迟福林做了题为"实现新的发展观，走出一条符合海南实际的协调发展路子"的发言。
2004 年 2 月 23 日	在政协海南省第四届委员会第二次会议委员提案中，我院执行院长迟福林提出"全面取消农业税、统一城乡税制的建议"的提案。

时 间	内 容
2004 年 3 月	我院组成课题组在海南省三亚市、陵水县、保亭县等地调研,完成三亚市委委托课题"以市联县,城乡统筹,带动琼南地区全面协调持续发展——'建立'三亚旅游经济区'建议报告"。报告提出"市联县"体制是实现海南南北带动的发展思路;三亚市及其周边县城乡统筹发展是中央提出的城乡统筹、经济与社会统筹、人与自然协调等思想在海南的重要体现。
2004 年 3 月 30 日	我院执行院长迟福林教授作为特邀嘉宾,应邀参加在博鳌举行的第八届"世界海南乡团联谊大会",并以"建设海南旅游经济特区"为题在大会上做了演讲。
2004 年 4 月 26 日	海南省政府咨询顾问委员会、科技顾问委员会在海口成立。咨询顾问委员会由 14 位德高望重的老领导和专家学者组成,聘请全国政协原副主席、我院董事局主席陈锦华任委员会主席,聘请中国经济体制改革研究会会长、我院院长高尚全,全国政协委员会常务委员、全国政协外事委员会主任、我院董事刘剑锋,博鳌亚洲论坛秘书长、我院董事龙永图,中国社会科学院原副院长、我院顾问刘国光,全国政协经济委员会委员、我院学术委员会副主任张卓元,我院执行院长、中国经济体制改革研究会副会长迟福林等为委员会顾问。海南省委副书记、省长卫留成在会上宣读了海南省政府关于成立咨询顾问委员会、科技顾问委员会的决定,并向与会顾问们颁发了聘书。
2004 年 5 月 26 日	我院海南改革发展研究专家委员会举办"建设海南旅游经济特区"座谈会。
2004 年 5 月 27 日	我院执行院长、海南省社会科学联合会主席迟福林教授出席在海口召开的"海南省实施人才强省战略研讨会",并以"实施人才强省战略的几点思考"为题做大会发言。
2004 年 11 月 6 日	我院执行院长迟福林教授应邀出席以"建立岛屿观光促销新型伙伴关系"为主题的第八届岛屿观光政策论坛。在第八届岛屿观光政策论坛上的发言摘要中,我院执行院长迟福林提出"建立国际旅游岛、环境旅游特区与海南旅游业的持续、快速增长"。
2004 年 11 月 28 日	我院执行院长迟福林应邀参加由中国南海研究院主办的"南海与中国的能源安全"研讨会,并就"南海能源开发对海南的作用"等问题和与会的专家学者研讨。
2005 年	
2005 年 3 月 5 日	中改院建议将海南确立为我国南海开发的战略基地并列入国家规划。向国家发改委呈报了"把海南作为我国南海开发战略基地的 18 条建议"。国家安全政策委员会和中国太平洋地区合作委员会认为,我院提出的"把海南作为我国南海开发战略基地"的建议具有现实意义,提议我院组织专家进行跟进研究;农工民主党中央经济工作委员会和中国太平洋学会邀请我院共同深入研究"海陆统筹、兴海强国战略"。

续表

时　间	内　容
2005 年 3 月	根据吴仪副总理视察洋浦经济开发区时提出的"打造新模式、创造新洋浦"要求,我院对洋浦发展的总体规划和产业定位进行了深入研究,提出"洋浦自由工业港区建设的总体设想"。研究成果被海南省政府采纳。
2005 年 4 月 7 日	我院提出"对海南'十一五'规划的两点建议"。
2005 年 4 月 20 日	我院海南改革发展研究专家委员会在我院召开"洋浦工业港区建设的总体设想"专家座谈会。
2005 年 5 月	我院提出"以建设'一省三地'为目标的海南'十一五'时期对外开放新选择"的研究报告。
2005 年 5 月 26 日	我院执行院长迟福林教授应邀出席由国家安全政策委员会和中国太平洋地区合作委员会在三亚共同举办的"经略海洋与国家安全"会议,并做了题为"南海开发计划与海南战略基地建设"的发言。
2005 年 6 月 27 日	在海南省委四届六次全会小组会上,我院执行院长迟福林做了题为"对海南改善投资环境的 5 点建议"的发言。
2005 年 7 月 1 日	我院提出"对海南改善资环境的 5 点建议"。
2005 年 8 月 25 日	在政协关于"海南制定'十一五'规划建言献策"专题座谈会上,我院执行院长迟福林做了题为"确立'一省三地'的经济发展目标"的发言。
2005 年 8 月 28～30 日	我院执行院长迟福林教授应邀参加海南省委理论研讨会,并在会上就"十一五"时期海南发展的相关问题做了发言。
2005 年 10 月 20 日	在省委"十一五"规划专题会上,我院执行院长迟福林做了题为"对海南'十一五'发展的四点建议"的发言。
2005 年 11 月 21 日	在政协海南省第四届委员会常务委员会第十六次会议上,我院执行院长迟福林做了题为"海南'十一五'发展中的环境建设"的发言。
2005 年 11 月 22 日	在"海南省人才工作协调小组第三次会议"上,我院执行院长迟福林做了"对海南人才发展建设的几点建议"的发言。
2006 年	
2006 年 1 月 15 日	在省政协四届四次会议上,我院执行院长迟福林做了题为"如何以科学发展观统领政协工作"的发言。
2006 年 4 月 25 日	在海南省政府咨询顾问委员会上,我院执行院长迟福林提出"'十一五'时期海南改革发展 8 项重要相关研究课题的建议"。
2006 年 7 月 20～21 日	由我院协办的"第一届环北部湾经济合作论坛"在广西南宁举行。我院执行院长迟福林教授应邀出席本届论坛,并做了题为"环北部湾区域合作与南海开发"的演讲。

时　间	内　容
2006 年 7 月	我院就海南省自然旅游资源整合运作进行研究,形成了"整合旅游资源,加快建设海南旅游强省的建议"等报告。
2006 年 12 月 28 日	中改院举办"构建海南特色的体制机制专题座谈会"。中改院海南研究所专家委员会主任、海南省人大常委会原副主任毛志君主持会议。海南省政协原副主席肖策能、中改院执行院长迟福林等 20 余位政府官员、专家学者出席了会议。
2006 年 12 月 31 日	在海南省政协常委会上,我院执行院长迟福林做了题为"突出'特'字,实现海南改革开放的新突破"的发言。
2007 年	
2007 年 2 月	海南省经济工作会议提出,要"努力构建具有海南特色的经济结构和更具活力的体制机制,突出经济特区的'特'字,推动海南省经济又好又快发展"。为贯彻海南省经济工作会议精神,我院成立专门的课题组,重点做出了三件事:第一,召开了"构建海南特色的体制机制专题座谈会";第二,赴相关市、县进行实地调研;第三,2007 年 2 月我院形成了《突出"特"字——构建具有海南特色的经济结构和更具活力的体制机制研究报告》。本报告力图通过对海南改革开放发展历程的纵向分析和对国内外的横向比较,研究影响海南经济发展的体制机制因素,为海南省有关决策提供参考。
2007 年 2 月	我院提出"建设海南环境保护特区"的建议。
2007 年 5 月 9 日	在海南省直机关学习贯彻省第五次党代会精神党务干部培训班上,我院执行院长迟福林做了题为"突出'特'字与实现海南又好又快发展"的演讲。
2007 年 6 月	按照中共海南省五次党代会落实中央关于"构建具有海南特色的经济结构和更具活力的体制机制"的要求做出的重大战略部署。2007 年 6 月我院形成"推进海南国际旅游岛建设方案建议"。本方案在以往研究的基础上,提出了海南国际旅游岛的现实背景、基本内涵和总体目标、总体布局、政策框架、综合改革措施、组织实施等方面的研究建议。
2007 年 7 月	为落实中共海南省五次党代会对海南全面建设小康社会做出的重大战略部署。2007 年 7 月我院形成"以科学发展观为指导,全面建设具有海南特色的小康社会——海南全面建设小康社会的现状、目标及建议",作为提交海南省理论研讨会的主题报告。本研究报告在分析海南全面建设小康社会现状的基础上,提出海南全面建设小康社会的总体目标、指标体系及相关政策建议。
2007 年 9 月 17 日	在海南省委理论研讨会上,我院执行院长迟福林做了题为"以科学发展观为指导全面建设具有海南特色的小康社会"的发言。